# 南师附中文革反思录

## 2006－2017 网文汇编

## （上）

傅中人 主编

华忆出版社
Remembering Publishing, LLC

Copyright © 2023 by Remembering Publishing, LLC. USA

ISBN： 978-1-68560-064-8 (Print)
　　　978-1-68560-065-5 (eBook)
Remembering Publishing, LLC
RememPub@gmail.com

## 南师附中文革反思录

### 2006－2017 网文汇编（上）

傅中人　主编

出　　版：美国华忆出版社
版　　次：2023 年 5 月　第一版，第一次印刷
字　　数：366 千字

All rights reserved.
No part of this book may be reproduced in any form or by any electronic or mechanical means including information storage and retrieval systems, without permission in writing from the publisher. The only exception is by a reviewer, who may quote short excerpts in review.

作品内容受国际知识产权公约保护，版权所有，侵权必究

# 前　言

　　南师附中——南京师范大学附属中学，是一所有一百二十年历史的老校，早年是中国中学教育科学化试验的中心，开展了六三三新学制实验、学习心理实验等，奠基了中国现代中学学制、课程和教法，为中国现代中学的鼻祖，享有"全国第一中"之誉。

　　1965年初，她成为江苏省教育大改试点中学，后又成为中国教育部教育改革的试点中学。从此，学生的思想和家庭出身受到了学校格外的重视。在接踵而来的文革中，学校的红卫兵以"血统论"为引领，将学生分成"红、黑"两个阵营。黑方同学（出身不好的）被迫自我忏悔和交代留在自己身上的"阶级烙印"（俗称"挖烙印"）。针对这样的迫害，南师附中的同学们曾奋力抗争。这些经历是否需要记录，这段历史是否需要反思，一直是南师附中老三届同学的热议话题。

　　2006年是文革四十周年。之前，南师附中老三届有同学在中国同学录网站（5460.net）开设了班级教室，以供聚会和发言，到了2006年，班级教室里的文革内容逐渐多了起来，作为文革四十年的反思活动，有同学提议制作电子版的南师附中文革反思录。在大家积极响应下，这个由几十篇回忆文章组成的汇编终于成行，并在"南师附中老三届"班级教室发表（有16位海内外校友参与）。

　　5460.net的"南师附中老三届"，于2007年3月搬到新浪博客。此后，网站经多次搬迁，最终留在了谷歌旗下的nsfz2.wordpress.com。

　　"南师附中老三届"网上文章与评论的主流观点是：文革是一场残酷的政治迫害；南师附中受迫害一方的学生，同参与迫害的红卫兵之间长达两年的对抗，是迫害与反迫害的斗争。南师附中老三届网文汇编的出版，把南师附中文革迫害与反迫害的历史，实实在在地记录了下来。

南师附中老三届网的校友们，在对的时间，做了一件对的事情。

傅中人
2022 年 10 月 8 日

# 目　录

前　言 ............................................................. I

1. 难以忘却的愧疚
   陈干梅（66届高三丁）............................................. 1
2. 关于血统论的思考
   李得宁（66届高三丁）............................................. 4
3. 从红挺、红野到红联
   王虹（66届高三丁）............................................... 9
4. 文革心路
   王伟民　史安琪（66届高三丁）.................................... 12
5. 理想追求与激情偏见
   ——"文革"和"红卫兵"40年祭
   曾小渤（66届高三甲）............................................ 18
6. "运动"中的三位语文老师
   曾海燕（66届高三乙）............................................ 70
7. 纪念红联成立40周年
   宋杰（66届高三丁）.............................................. 75
8. 文革记事——红联，工宣队和胡百良
   王虹（66届高三丁）.............................................. 77
9. 1966年"挖烙印"
   戴相陵　朱琼瑶　孙重明.......................................... 81
10. 在困难的环境中坚持教和学
    亓超（75届）................................................... 92
11. 批斗胡百良
    王虹　史安琪（66届高三丁）..................................... 94

12. 回忆王亮
    戴相陵 孙重明（66届初三丙）..................98

13. 关于68年清队的回忆
    戴相陵（66届初三丙）..........................108

14. 文革时期附中两位女教师的印象
    张明珠（66届初二丁）..........................111

15. 新华书店劳动
    孙重明（66届初三丙）..........................113

16. 学工感想
    苏锡育（66届初三丙）..........................114

17. 下乡学农
    胡多佳 苏锡育 毛永年（66届初三丙）......115

18. 忆龙祥生
    李得宁（66届高三丁）..........................118

19. 江宁劳动记趣
    赵恒利（66届高三甲）..........................125

20. 在东辛农场的日子里
    施立平（66届高三乙）..........................132

21. 那年月，我们全都饿得慌
    施立平（66届高三乙）..........................144

22. 我们对红卫兵创立宣言的看法
    何纪宁 杜红月 吴惠蓉 李修竹 郭有辛 秦志宁......146

23. 《不革命的，滚蛋——致一些小鬼子们》
    毛泽东思想红卫兵战犹酣..........................149

24. 红卫公社创立宣言
    毛泽东思想红卫兵外围..........................152

25. 我校毛泽东思想红卫兵究竟想沉默到哪一天？
    野战军报第一期..................................153

26. 我眼中的陈光华
    戴相陵（66届初三丙）................................ 155

27. 罪孽、忏悔与反思
    戴相陵（66届初三丙）................................ 157

28. 谢王亮
    ——一个关于日记的故事
    宛小蓉（68届高一戊）................................ 159

29. 关于"反右派"的回忆
    牟承晋（66届初三丙）................................ 163

30. 和张钰哲老先生的一面之缘
    宛小蓉（68届高一戊）................................ 165

31. 父母亲、附中、附中校长
    戴相陵（66届初三丙）................................ 169

32. 《关于毛泽东之我见》
    曾小渤（66届高三甲）................................ 173

33. 深刻的历史与浅薄的反思
    ——有关反思等问题的我之见解
    曾小渤（66届高三甲）................................ 177

34. 虫虫虫虫飞飞
    钱南秀（66届高三丁）................................ 189

35. "幽灵悖论"与事实真相
    ——三谈对文革反思的反思
    曾小渤（66届高三甲）................................ 196

36. 文革反思座谈会纪要
    王虹（66届高三丁）.................................. 208

37. 四谈对"反思"的反思
    曾小渤（66届高三甲）................................ 211

38. 忏悔无门
    刘钟宁（66届高三丁）................................ 217

39. 致钱南秀同学的公开信
    纵晨光（66届高三乙）............ 221

40. 与王虹李丹柯的PK
    ——反思的困惑二
    纵晨光（66届高三乙）............ 226

41. 对文革灾难的反思是一道没有解的题吗？
    杨洪常（66届初三甲）............ 234

42. 高二乙班关于"自来红"整同学往事的一次交流讨论
    张人则（67届高二乙）............ 235

43. 人与人活着时的差异
    ——文革中南师附中干部子弟的两种不同行为选择
    杨洪常（66届初三甲）............ 245

44. 是"阶级斗争扩大化"吗？
    张人则（67届高二乙）............ 248

45. 能让人不疯狂的一种东西叫理性
    杨洪常（66届初三甲）............ 252

46. 我的反思
    ——关于杨长庚李夜光老师
    原红色造反军某某 木疙瘩............ 254

47. 谈老三届的忏悔
    戴相陵（66届初三丙）............ 258

48. 是"不忘阶级苦，牢记血泪愁"吗？
    ——二评曾小渤
    张人则 于含英............ 261

49. 我参与的一次"抄家"
    王虹（66届高三丁）............ 267

50. 署实名、重史实、缓反思
    ——力挺王虹和网管
    戴相陵（66届初三丙）............ 270

51. 反思文革
     梁东黎（67届高二丙）..................................274

52. 红联广播站
     孙重明（66届初三丙）..................................276

53. 老三届网站是"公共讨论"的园地吗？
     张人则（67届高二乙）..................................277

54. 批判谭氏路线大事记
     井冈山兵团 红色野战军报第二期........................279

55. 文革小报《共产党宣言》
     南师附中红色造反军....................................286

56. 在公共讨论中反思文革
     张人则 于含英........................................287

57. 上山下乡
     金朝红（66届初三丁）..................................292

58. 关于恢复"公开信"
     王虹（66届高三丁）....................................294

59. 周钦被捆绑示众事件
     吴小白（68届高一甲）..................................296

60. 改名
     王燕玲（66届高三乙）..................................300

61. 南师附中校园格局
     戴相陵（66届初三丙）..................................304

62. 家庭出身
     戴相陵（66届初三丙）..................................309

63. 下农村劳动
     戴相陵（66届初三丙）..................................316

64. 一颗红心，两种准备
     戴相陵（66届初三丙）..................................326

65. 重回高三甲
    金勤（66届高三甲） ..................................................... 329
66. 名人报告
    戴相陵（66届初三丙） .................................................. 331
67. 教改中的思想革命化
    戴相陵（66届初三丙） .................................................. 333
68. 浅论南师附中的教改
    吴小白（68届高一甲） .................................................. 336
69. 金朝红同学的香港来信
    金朝红（66届初三丁） .................................................. 346
70. 朱之闻坠楼前后
    张人则（67届高二乙） .................................................. 349
71. 南师附中教改大事记（1964—1966）南师附中革总编印
    张人则 于含英 .......................................................... 355
72. 朱之闻、刘顺元与附中教改
    于含英（66届高三丙） .................................................. 378
73. 纵晨光、曾小渤、戴相陵有话说
    戴相陵（66届初三丙） .................................................. 385
74. 文革中高一甲班的大字报
    吴小白（68届高一甲） .................................................. 389
75. "血统论"大字报《快滚》
    吴小白（68届高一甲） .................................................. 393
76. 金玉鸾老师
    于含英（66届高三丙） .................................................. 395
77. 也谈教改
    ——读《朱之闻、刘顺元与附中教改》有感
    李得宁（66届高三丁） .................................................. 398
78. 关于《朱之闻、刘顺元与附中教改》一文的几点说明
    于含英（66届高三丙） .................................................. 409

79. 也谈刘顺元

   网友 MDC .................................................. 413

80. 育才与附中教改
    ——与李得宁商榷

   张人则（67届高二乙）.................................. 415

81. 文革历史资料

   "井冈山"编辑油印（1967年夏）..................... 423

82. 关于"朱之闻、沙尧言论"的说明（1）

   张人则 于含英 .......................................... 436

83. 关于"朱之闻、沙尧言论"的说明（2）

   张人则 于含英 .......................................... 439

84. 《进入文革》及《结束语》

   戴相陵（66届初三丙）.................................. 443

85. 公共讨论中的史料运用

   张人则 于含英 .......................................... 446

86. 历史研究中的史料运用
    ——以《李秀成自述》为例

   张人则 于含英 .......................................... 450

87. 南师附中1969年下放教职员工的情况

   王虹（66届高三丁）..................................... 454

88. 《记得插队》

   洪小宁（68届初一丙）.................................. 456

89. 祖国的花朵

   戴相陵（66届初三丙）.................................. 465

90. 全家下放农村

   戴相陵（66届初三丙）.................................. 499

91. "挖烙印"的经历

   吴小白（68届高一甲）.................................. 505

92. 文革中的一次研讨会

　　王虹（66届高三丁）...................................................514

93. ×××现象

　　×学友...............................................................518

94. 高二乙一位学友有话说

　　学友高二乙...........................................................528

95. 我的几点说明

　　×××（67届高二乙）.................................................531

# 1. 难以忘却的愧疚

陈干梅（66届高三丁）

一提起"文革"那场风暴，我就会马上想起我弟弟的事。我弟弟是个个性很强的人，对很多事有自己的独立思考和见解。不是那种人云亦云，跟着跑的。红卫兵在班上实行高压政策时，他不服，觉得有些做法明显不对，就时不时地喜欢发表一些意见相左的言论，或发发牢骚，渐渐地他被看不顺眼，成了眼中钉，再加上出身不好，很快被揪出来批斗。他平时随意写的一些词、句，被秘密搜剿，然后断章取义、任意曲解、无限上纲，被当作反革命来斗争、遭毒打，失去了做人的尊严。同时受到非人待遇的还有其他四五个同学。

那天，回到家，他躺在床上一动也不动。我回来后，他要我先保证不告诉父母，然后才把他遭批斗、毒打的经过大概说了一遍，我一听，头脑"嗡"的一下，只觉得浑身发抖、心也在抖，是愤怒？！是恐惧？！平生第一次遇到这样的事，竟一时慌了神，不知如何是好。"怎么会有这种事？都是同学啊，他们怎么能这样对你！"，我要看他的伤，他不给。那天晚上他和我几乎一夜没有睡觉，一直沉浸在痛苦和无助之中，我们悄悄地商量对策，下面怎么办？还能怎么办，就像李得宁说的一样在那种氛围，疯狂和令人窒息的氛围下不敢去找任何人商量。我很快想到逃走，弟弟说"我逃走，你要遭殃。若我俩都逃走，父母要遭殃。最后我还是会被抓回来的。那时是罪上加罪。"听他这一说，我一时没了主意。弟弟思前想后，毅然作出了独自一人承受这一切的决定，"大不了就是个死"。躺了一天后，怀着忐忑不安的心情，他坚持又回到了班上。

之前，我们商量好，若再发现有什么不测，我俩一起逃。那几天，谁也不知道我心里有多么害怕和难受。谁也不知道我每天四、五次地像做贼一样溜到他班教室门口观察动静。一次，我看见他戴着高帽子，低着头，跪在教室前面。我当时揪心地痛，有种冲动想进去找他们论理，但在那种巨大压抑的氛围下终因胆小害怕而止步，眼睁睁地看着自己的弟弟再次遭到非人的摧残而没有去救他。我还是姐姐吗？我一点不能保护弟弟，有什么用！我还配做姐姐吗？我不配！我非常憎恨自己。我一直以来都为那次没能像宋杰一样勇敢地挺身而出，公开反对错误观点和行为而内心深感愧疚和后悔。

对于自己班上那些受迫害的同学，我非常理解他们当时的境地，多么需要关心、帮助和支持啊！哪怕是给一点点心灵的慰藉也是好的，可我同样没有反应。这又是一次内心深深地愧疚。

弟弟也曾反思，当时怎么那么麻木，一场灾难就要降临，自己还毫无察觉。当时班上有不少同学都很顺从地迎合他们，不是真心情愿，但却可以明哲保身哦，非常明智。当时自己如果也这么做了就可能不会受到这么大的伤害，姐姐内心也就不会有那么大创伤，也就不会几十年以来你还在为我的事愤愤不平了。

不久前弟弟跟我说了一件事，说多年以后，有次在街上碰到他班曾整过他的同学，两人意外碰面，先是一愣，然后对方跟他点头、笑笑，他也点头、笑笑，虽然没有说道歉的话，但弟弟说有这就够了，说明他有歉意了，要我不要再计较，淡化吧。我愿意相信这事是真的。不管怎么说，弟弟比起那些"文革"中数以万计的屈死的冤魂还是幸运多了。

几年前弟弟到上海一家外企工作，老板非常赏识，因为几十年来他所积淀下来的工作经验、能力和水平，还有敬业精神，是当今年轻人所不能比的。公司把他当个宝，生怕他走，创造各种有利条件让他安心工作。尽管已快60岁，还不断有猎头公司登门，他们是不搞年龄一刀切的，只要你能干。弟弟事业上的成就，让我感到欣慰。我后来一直经常主动帮弟弟和他家做一些事，总希望能减轻我内心对弟弟那永远抹不去的深深的愧疚。

我一生遭受的坎坷不少，全家下放，推荐工农兵大学生受阻，上调回城也曾受挫。结婚后爱人曾因眼病失明一年半，那时我遭受的打击也很大。后来女儿出国，赶上美国9.11，求学受挫，这也给我很大的打击。但相比之下，还是"文革"期间发生在弟弟身上的那件事和自己当时无作为的表现使心灵震荡最激烈。也可能那是特殊时期，又是平生第一次，给人的刺伤太深太痛了。四十年过去了，人经过一次次坎坷的磨炼，变得成熟起来，对很多事都能用今天的眼光和认识高度来看待。唯独对"文革"期间弟弟遭迫害、自己没能站出来保护弟弟这件事一直是我内心深深的痛。我感觉，一个人一生当中，对有些事是很难用理智来战胜情感的。

# 2. 关于血统论的思考

李得宁（66届高三丁）

## 2.1. 关于血统论的思考

王伟民、史安琪两位同学11月26日的帖子，好就好在涉及了一些重要而有争议的课题。随之展开的讨论，促进了我们的回忆和思考，令人受益匪浅。下面是我对血统论的一些思考，同诸位探讨。

文革中的所谓"血统论"，通常被简单化为"老子英雄儿好汉，老子反动儿混蛋"。准确一点，就是"家庭出身决定政治态度"。作为一种思想，作为一种思维模式，其本身无所谓善恶。你可以批评其不科学，但你不能说它就是罪恶。否则，就又回到文革中那样以言治罪，以思想治罪的老套路上去了。

我不赞成上述血统论，但更不赞成把血统论等价为"邪恶"。其之所以在文革中经常同邪恶相伴，在于红卫兵用血统论来迫害别人。这里的要害在于"迫害"，而不在于血统论。把血统论等同于邪恶，混淆了思想的正误与人性的善恶，实际上为邪恶提供了一把保护伞。譬如我申请参加某红卫兵组织，由于血统论，被拒绝了。这本身并非邪恶，无可指责，人各有志，我不能要求别人想的同我一样。其邪恶在于不准别人组织自己的红卫兵，在于压迫别人，训话，挖烙印，参加劳改队，乃至体罚。

"干部子弟当时都有血统论"，这本身就是另一个版本的血统论。我们大家都有自己的亲身经历，知道这不是事实。在这里，我想强调的是：即使有血统论思想，仍然并不排斥人性之善，仍然可以有良知和正直。这一点，往往容易为人所忽略。

至于宋杰当时脑子里究竟有没有、或有多少血统论，即使我是他肚子里的蛔虫，我也不敢说。即使宋杰自己说了，是不是就准确？别人是否认可？这就纠缠不清了。我想说的是：这无关紧要。从他解散劳改队（此事我听吴至婉老师亲口对我描述过），乃至最后公开加入反迫害的队伍，表现出的是正直和正义感，这才是宋杰令人敬佩的东西。对于那些在红卫兵内部，但不赞成迫害的人，也应同样看待。当然，像宋杰那样最终公开站出来，是要有勇气的，其他人不一定有这种勇气。扪心自问，在当时那种红色恐怖的氛围中，我们自己又何尝有这种勇气？

反过来说也一样，不赞成血统论并不等价于正直，并不自动就成了圣人，不赞成血统论也可以邪恶而无人性。文革中的毛，就是头号不信血统论的，你看看被他直接迫害的老干部名单就知道了。在文革中，一个人信不信血统论并不是要害，关键在于是否以血统论来压迫他人，要害在于"迫害"。所以，在我们回顾那段历史时，对于红卫兵或红野中有什么人，什么时候有过血统论的思想，我看不必细究。否则，很容易陷入捕风捉影，主观臆测的歧途。我觉得，要紧的是，当时红野是用血统论对他人加以迫害呢，还是反对这种迫害。这才是我们今天检验红野成立及活动意义的试金石。

说实话，我一直心里疑惑，到底有多少人当时是真的虔信"自来红"版的血统论？有些人貌似狂热，恐怕不过是个幌子，以掩饰其人性中的阴暗。红野成立的正面意义，并不在于其成员思想上是否清除了血统论的影响，而在于其反迫害，争平等。在当时，则表现为反对和批判在血统论旗号下的迫害。

## 2.2. 写在红野成立四十周年

同女儿谈文革，最难的是让她体会当时的氛围。当然，各人境遇不同，感受也不同，不是有部文革故事片叫"阳光灿烂的日子"吗？

从六六年八月下旬起，就几乎每天要自我批判，挖烙印，随时面临被抄家，训话，就像宋杰和陈干梅所说的那样，毫无人的尊严，只是一株任人践踏的小草。记得在九月间，有次在山西路邮局门口的路上走着，就被我校两个初中的红卫兵拦下训话。至于在家附近，更是经常听到小孩子们指指点点，骂"资本家狗崽子"。十一月，红卫兵组织的大规模整学生，挖烙印是停止了，但自己仍然是入"另册"的人，仍然是回避的对象。记得当时只有同与我差不多的王亮常联系，更不敢奢望批判前一段时间的迫害。

红野以及红联的成立，给校园里带来了批判前一段迫害师生的声音。虽然那时我们许多人并未参加，但是红野的成立，仍然为我们这些"自来黑"的境遇带来改善。那些红卫兵们虽然依旧盛气凌人，但至少不再主动找我们训话了，我们才有了一点点"游离"的自由。

红野从成立起，就受到"矛头指向红卫兵""阶级报复"等指责。这在当时，每一个都是可以致人死命的。离开这样的氛围，就不能理解王伟民"我们没有矛头"的悲哀。后来，对于是否接受王亮和我申请加入，当时红野内部并非没有争议。忘记了当时血统论大迫害余波的氛围，就不能体会红野当时接受我们两个"自来黑"，承担了多么大的压力和风险。

今天，回想起四十年前那个严冬，对红野战友们在这貌似平常的举动中，所展现的良知和勇气，我仍心怀感激。

## 2.3. 关于《出身论》的回忆

我大概对时间太认真了。不过，文革中的事，尤其是66年到67年，发生的日期很要紧。这是因为那时的形势变化太快。同样一个"造反"，6月份的造反，同8月份的"造反"，同12月份的"造反"，实在是天壤之别。其他许多事也一样，不弄清时间，简直没法把握究竟发生了什么。

我之所以对王虹说的"66年9月下旬"看到《出身论》，除了与遇罗文书中所述的时间表不一致外，另一个主要理由同王虹一样，即在于"氛围"。

我觉得，66年9月下旬看到《出身论》，与当时的大氛围不合。王虹12月1日帖子为此提供了一个"氛围"的论据："当初看到《出身论》是有一种神秘感的、像看禁书的感觉。如果是12月或67年就不该是那样的感觉。"但我觉得正相反，即使在12月或67年，《出身论》依然有巨大的精神震撼力。此前虽零星有人出来反对血统论，但多是相当肤浅和局限的，远没有《出身论》的系统与深度。当然，各人经历不同，所感觉的氛围也各异。但有些大的氛围，还是有共通性的。

9月下旬的《出身论》，其冲击力将非同寻常，不仅对王虹如此，对红色挺进队的其他成员也应如此。有机会时，请他们也来回忆一下此事，应该可以核对的。要体会当时的氛围，可以回顾一下："红八月"刚过，九月份（谁还记得具体日期？能否补充一下？），北操场毛泽东思想红卫兵带领同学到江宁六郎，劳动挖烙印。我手上有一张当时毛泽东思想红卫兵本报评论员的文章，题目《不革命的，滚蛋！——致一些小鬼子们》，是在挖烙印之后不久所作。其落款时间是：1966年9月24日。

我觉得，在当时那种形势下，遇罗克的《出身论》如果传出他自己身边的一个小圈子，那早就被揪出来，谩骂批判不说，他本人的性命恐怕都难保，但遇罗文书中对此一字未提。我的印象中，是在66年12月或67年1月看到《出身论》的。我那时在北京，收集各种中央首长讲话（为了了解斗争大方向），每一两天就寄回红野，好像是寄到宋杰名下的，还自鸣得意的签上寄件人：红野驻京兵站。记得好像是先见到油印传单，后来在街上看到中学文革报上登载了全文，便一气买了好几份那一期的中学文革报寄回红野（这大概就是沈德辉所见到的）。

要体会当时的氛围，还可以注意这样一个事实：当时虽然小报传单满天飞，除了中学文革报，几乎没有一份是公开表示支持《出身论》的。我说"几乎"，是留有余地，实际上，我从未见到过，遇罗文书中也没有提到，在现存的文革传单小报中也没有任何记录。反之，批判《出身论》的文章，你要多少有多少。私下支持的人很多（包括我在内），但没人敢公开站出来支持，我也不敢。

　　后不久回到南京，发现红野不知什么人，刻钢板翻印了《出身论》，封面上除了有红野字样外，还加了一行小字：（供分析批判用），足以让人回味当时的氛围。这也提供了一个旁证：王虹等人若是9月下旬看到，何以直到一月份才有反应？（沈德辉说的抄成大字报，我没有印象，可能是在我驻北京期间。）

　　还有一个记忆犹新的插曲：六七年春，我班造反军的卢寿春在五四教室楼与东一楼之间拦住我，他手里拿着红野翻印的《出身论》，一手指着我说：你们大量翻印大毒草《出身论》，反动透顶，《出身论》说出了你们的心里话。我不敢反驳，只是向他指出"供分析批判用"那一行字。他并不买账：这只不过是你们的一个幌子。我无言以对。他看得很准。

## 3. 从红挺、红野到红联

王虹（66届高三丁）

66年9月下旬的一天，姜叙找到我，说是余仲华，黎明他们想成立个战斗队，希望我能参加。我觉得这是当时最好的选择，所以立即就答应了。我是9月初到学校的。离开学校一年了，刚到学校很不适应。当时学校已经有了三个红卫兵组织：红色造反军，八一战斗队和毛泽东思想兵（北操场）。学校是红卫兵的天下，教师们不少都进了牛棚。血统论横行，整同学越演越烈。我已经听说了李得宁的反对血统论的大字报。我自己也不认同整同学的行为。所以也不能认同造反军等红卫兵组织（即便当时我还是认为造反军，八一战斗队是造反派）。

姜叙找我的当天晚上，大家在学校建国院东头的一个小房间里，商讨成立组织的事宜。我记得参加聚会的有余仲华，黎明，沈德辉，姜叙和我。我建议让王伟民（朱伟民），沈立志（沈立智）来加盟。王，沈二人也欣然答应了。于是第二天的晚上，大家再次在建国院聚会，这次李志超也来了。战斗队取名为红色挺进队（余仲华或黎明的提议）。最后大家推选王，沈和我为中心组成员。之所以推选王，沈和我，原因是不言而喻的，无非是家庭出身"好"些而已。对于同学们的良苦用心，我是心里有数，毕竟自己还是有些自知之明的。战斗队成立后并没有立即公开发表什么声明之类，只是常在建国院那间"队部"活动。不知是谁拿来了遇罗克的《出身论》，引起了大家极大的兴趣和关注。大家感到走出学校，出去串联已经是当务之急。挺进队的成员这时已经扩大到十多余人，除了家里有事走不开的，其他的人决定国庆节过后就集体上北京。

十月初的一个晚上，红色挺进队一行十人来到火车站，避开了也来乘车的我校个别红卫兵，买了到滁县（滁州）的票登上了北行的火车。火车过了蚌埠后，我们找到了列车长，说明了去北京的愿望。出乎我们的意料，列车长一口便答应了。就这样我们顺利地去了北京。一个半月后，我们回到了南京，回到了学校。

12月初的附中冷冷清清。应该说串联让大家长了见识，再次回到学校就是要批判血统论。我们将高三丁教室作为活动室，战斗队改名为红色野战军（应该还是黎明，余仲华的点子）。我们制作了印章，军旗（插队时被王虹，沈德辉，李雷，苏平私分。现在还存有四份中的三份）。我们开始用红野的名义在校园内贴大字报。这时，同学们开始陆续回到学校，各个班的同学都组织起战斗队。批判血统论的大字报开始成为主流。红野这时也开始了同宋杰沟通。这一期间，红野同造反军曾就血统论的批判进行过辩论，地点就在学校礼堂，其他战斗队也都积极地参加了。各个战斗队开始形成共识：即在各个战斗队的基础上，应该建立一个统一的组织。12月16日，宋杰贴出了退出北操场思想兵的声明。晚上，各战斗队的人都没有回家，学校食堂里是热气腾腾，充满节日的气氛。到了七点钟，各个战斗队的成员都集中在高三丁的教室，商讨联合组织的事情。当时红野是最大的组织，就由红野出一个人来主持会议。我有幸主持了会议。经过一个晚上的议论，联合组织的名称定为红色造反联合会，简称红联。红联保持一个松散的架构，只是在需要统一行动时才发挥作用。红联最初的中心组是由几个大些的战斗队派出。当时有高三丁红野的沈立智和我，从头越的李丹柯，高三乙的张三力，高三丙的顾浩，高一乙的赵生易。后来增添了高一丙的何纪宁，初三甲的周正珑。67年顾浩因井冈山好派观点退出红联，之后又增添了高二丙的吴芸生，胡东光，高一甲的肖邦放。68年吴芸生，胡东光参军后，又增添了高一丙的王义，高一戊的吕忱。

以下是网友议论：

王虹：红野在初期推选中心组成员时，看似有血统论的影响，实际上应该视为党的阶级路线，阶级政策的影响。比如被红卫兵多次抄家的李得宁后来也曾被选入红野中心组的事实就雄辩地说明了这一点。

1966年9月底看到《出身论》的时间有误。应该在10月初。红色挺进队成立的时间最早也只能是9月30日。因为余仲华等从六郎公社回来也到了9月底了。

"1966年10月，北京城市各大路口、各大机关、剧院及各大院校门口，极其震撼地突然出现了数百份题为《出身论》、署名为'家庭问题研究小组'的油印文章。"（引自何与怀的著书《中国的马丁·路德·金》）的记述，与我们当时看到的那个油印本《出身论》的时间是吻合的。我记得黎明说过肯定《出身论》的话："他说的是对的"。当时，我觉得《出身论》的观点同阶级路线，政策有所冲突。另外文笔语气不是我欣赏的那种正面，理直气壮的风格。感到是压迫在底层，带有呻吟的味道（从现在的角度看，当时能做到呻吟已经很了不起）。尽管这样想，我也不认为他是反动的。后来我又重读过《出身论》，却没有了最初的那个感觉，可能是经过修改之故。

# 4. 文革心路

王伟民　史安琪（66届高三丁）

## 4.1. 我和红野（王伟民 66届高三丁）

1966年，正在复习迎高考，文革来了。

于是停课闹革命。大字报，大辩论到处展开。"革命小将"，"红卫兵小将"的大帽子铺天盖地地落下来，谁都可以拣一顶戴上。"老子英雄儿好汉，老子反动儿混蛋"的口号喊得震天响。我们学校当时的情况很特殊，由于是强调"无产阶级办学方针"，学校几乎把全省，市，南京军区所有的高干子弟都收集来了。剩下的名额则给了高级知识分子和知名人士的子弟。也有出身不好但学习顶尖的人。

于是高干子弟理所当然地戴上了"红卫兵小将"的帽子，组织成了"造反军"，造起反来。其他家庭出身的学生则在革命口号的不断鼓舞下，也摩拳擦掌，跃跃欲试。"造反军"是去不了，那就自己组织个"革命组织"吧。于是，在几个军师的策划下，以我高三丁班学生为主的"红色野战军"诞生了。成了和"造反军"对立的组识。谁来当头呢？当然要以"阶级斗争为纲"考虑问题。军师们于是看上了我。因为我的家长也是厅局级干部。但我的观点和"造反军"不一样，"革命"激情不足。游离于"革命洪流"之外。

我当时大吃一惊。因为我从来也没有当过班干部，毫无组织能力。也没有任何野心。但同学好意"推举"我（我记得是余仲华出面），我受宠若惊，不好推辞。就这么成了"红色野战军"第一任的"头"。

文革刚开始时还提倡"大字报，大辩论"。矛头直指"走资派"。当时校长沙尧和在我校蹲点的江苏省教育厅厅长朱之闻就成了"红卫兵小将们"革命的对象。"革命"组织之间也兴开展大辩论。于是，在"红色野战军"军师们的策划下，安排了一场和"造反军"的辩论，地点是在南师附中破旧的小礼堂。大家也没和我商量就把我拉去了。

我只记得一进小礼堂，对面黑压压一片，全是穿着旧军装，戴着"红卫兵"长袖章的初中年级的一帮高干子弟。我想我当时也戴着"红色野战军"的袖章吧。只记得对方出来一个代表，大概是"头"，第一句话就问我，"你们'红色野战军'的矛头是什么"。作为一个普通的中学生，我从来也没有在大庭广众下说过话，这一问话把我问得目瞪口呆，脸红心跳。但当时是个"头儿"，不说点什么看来也不行，没本事现编，只好心里想什么就说什么吧，于是我就说了一句："我们没有矛头"。话刚落音就引来了哄堂大笑，包括我们"红野"的人。都怨我在这种"革命"形势下说出这种糊涂话来，认为我太没"水平"了。我那时候真想找个地缝钻下去才好。不得已，军师们只好从后台站到了前台，和"造反军"辩论了点什么，我记不清了。

从此我就慢慢地"靠边站"了。"红野"也由原来我们班的几个人发展到全校最大的好几百人的组织"红联"。成员的家庭成分基本和"建军"时一样，没有什么"红五类"。我们的对立面"造反军"则已溃不成军。因为家家后院失火，由高干变成走资派。但多数还是放不下架子，加入到"红联"来玩玩，便回家做了逍遥派，组织也散了。

现在想来，尽管当时阶级斗争的口号响彻云霄。很多人都对"阶级敌人"恨得咬牙切齿，都把自己看成是出生入死，拼杀于战场的大无畏的将领。可我当时说那句话时，的确是"阶级斗争"这根"弦"在脑子里没绷起来，对谁也恨不起来。

后来又兴"抄家"。我记得大家在晚上到胡百良老师家抄家，我也是躲在大家的灯影的后面，一句"革命"的话也说不出来。尽管高中时期我不是胡老师喜欢的学生。

如今想来，建立和谐社会。那我当时说的那句话岂不是成了"有远见的糊涂话"了？当然，我以为，当时的任何"作为"都不算数。

## 4.2. 我的文革心路（史安琪 66 届高三丁）

王伟民的文章，真实地回忆了他当时的做法和想法，看到他在辩论时说"我们没有矛头"时，我忍不住笑出声了，笑的同时，又觉得他太可爱了，如果所有人都像他那样，那句"让世界充满爱"的歌词不是就变成现实了吗？他跟帖的结束语是，"我以为，当时的任何'作为'都不算数"，惊叹王伟民说出了这么经典的话！举双手赞同。因为在那段非常时期里，十几岁的青少年谁也不能正确把握自己的行动，谁都会有做对和做错的事。只要不是存心报复老师或同学，或者别有用心地用某种手段达到个人目的，如能在适当的时候以适当的形式赔礼道歉，当然最好。

我和王伟民后来都是"逍遥派"，只不过他是"红色"的，而我是"黑色"的；他是在激流中退缩，而我是无法靠近激流，只好躲进避风港。这话怎么说呢？我也把自己当时的心路在这里暴露一下吧。

66 年文革开始时，红色恐怖席卷校园，我们被关在教室里挖阶级烙印，清楚地记得，教室里一排排的座位已被围成圈，各人按自己的家庭出身的颜色对号入座，"红色"的在前面一排相当于主席台的位子上，"黄色"的在里圈，"黑色"的坐在最外面，我这个资本家兼历史反革命的女儿当然坐在"黑色"的位子上，那天钱南秀挨打了，他们逼问她"想不想蒋介石"，后来就打她了。当时我吓得直哆嗦，生怕把我也拎到中间去逼问拷打，感谢上帝，我担心的事没有发生。

后来有几个同学开始起来反迫害，好像是余仲华、黎明等人打的头，再后来就成立了"红野"，当时的成员也都是"黄色"的，他们不带我们这些黑色的，也难怪，那时血统论甚嚣尘上，每个人的心里多少也会受到影响，有的人可能怕我们连累他们，使他们的组织不纯净，有的人也可能真的认为我们确实比他们"糟糕"，不管怎么想吧，反正最后游离在组织外的就是一批"黑色"的同学，女生有钱南秀、倪安澜、张新院和我（可叹的是这四个人中，现在已有两人离开我们，老钱远隔重洋，又正事繁忙，只剩下我在这里和大家交谈了），男生人数好像比女生多。听说"黄色"同学后来还成立了红卫兵，还要严格政审，最近还听说当年黑色的董炜出去串连前，为了在外行动方便些，向"红色野战军"的同学借一个红卫兵的袖章，遭到了拒绝。我们当时也很自卑，没有人理睬我们，没有人要我们，好在也没有人再来叫我们挖烙印了。

11月份，我和倪安澜，张新院一起从浦口登上去北京的列车，我们去的目的就是看革命大字报，想从首都的革命形势中找到一点对自己有利的东西，捞一根稻草保护自己。我们在北京的大学里穿梭，笔记记了一篇又一篇，一个风景点也没去。由于不适应北京干冷的气候，我得了重感冒，发烧近40度还在看大字报，不敢休息，后来实在不行了，还是接待站的人把我送到北京军区总院，住在医院里挂了好几天水才好起来。回来后，我们好几次去看了同病相怜的钱南秀，有一次是在夫子庙的大成殿，我们看多才多艺的老钱带领一伙人排演革命节目，还有几次是在她家，那时她妈妈已经重病，家里已遭受了灾难，她向我们叙说了发生的一些事，也就是她在"虫虫虫虫飞飞"里记述的情况。

学校里没有我们的位置，可是又怕当逍遥派，秋后算账时有麻烦，我们三个人就去了南京钟表厂学工，认为好歹没在家玩就行了。在那里待了好几个月，住在工人的集体宿舍里，被安排在电镀车间干活，当然没人发工资给我们，在那里我们结识了一些年轻工人，他们对我们很好，他们中有个小管和小柳，后来听说因为反对四人帮，成立反革命组织，被抓起来了，小管被判十五年徒刑，后来又听说平反了，我一直想找到他，可是没能如愿，知道他父亲是九中老师，可是在退休的老教师中也没打听到，也许父亲已经去世，也许他不随父亲姓。

再后来我每天到南工图书馆看书，那时图书馆没人管理，随便进出，我就整天泡在里面。后来老阮来找我，于是我们俩每天到南工看大字报，打乒乓球，在动力楼里打乒乓球时，几个大学生叫我们帮他们印传单，我们就去了，就这样我们被吸收进了革命组织——南京工学院井冈山红色造反军团。在那里也很好，大学生们拿我们当小妹妹，经常开吉普车、摩托车带我们到别的大学去串连，我们每天的任务就是刻钢板，印传单，老阮刻得一手好钢板，我就负责推油印机，我们印了几大本革命歌曲，反正大学里有的是纸张和油墨，每本足有两公分厚，里面每首歌我们都会唱，打扑克就是那时学会的，当然那时只打四十分，现在发展成八十分，甚至一百二十分了。那时的我们很快活，也不觉得空虚，我们只是不想回学校——那个给我们留下太多遗憾，太多不愉快回忆的地方。

## 4.3.打人事件（王伟民66届高三丁）

　　1966年底，随着时间的推移，文革造反走向深入，各级领导部门已经控制不了局势，文斗渐渐走向武斗。同学打老师，同学打同学都出现了。各组织之间的矛盾也加剧起来。我在上次和造反军的辩论会上说"我们没有矛头"，出了个大洋象。其实红野的矛头还是指向造反军的。我记得与造反军的第二次辩论还是发生在小礼堂，不过我记得是在北门（上次辩论我们是从南门进去的）。我想为什么事情总是发生在小礼堂呢？估计造反军的总部是在那里的吧，而且总是我们找上门的。

　　我们没有进入小礼堂，而是造反军迎出来的，把我们迎在北门口。小礼堂的北门小，门外的路也窄，路两旁有冬青。结果红野的人几乎是排成个队伍。我们和造反军就在小礼堂北门口接上了火。我对面的造反军是个虎背熊腰的初中生。不知道叫什么名字。我旁边站的是宋杰。肯定宋杰那时已加入了红野并且已经是红野的头了。我想我当时怎么会又站在前面，并和那造反军面对面地呢？估计我那时还是头，没有完全地靠边站。所以才不得不站在前面。

　　那造反军看了看宋杰，又看了看我，嘴里不知嘟噜了些什么使我一下子愤怒起来，上去就打了他一拳。我又不会打架，也不知道打到他什么地方了。我只是在想，他一还手，后面的这帮小造反军再起哄，这下要打起来了。心里不免有点紧张。谁知他没有还手，只是捂着脖子。这我才知道，这一拳打在他脖子上了。

我这人记性不好，也不爱记旧事，但我是绝对忘不了那一幕。我不是个容易激动人啊，怎么会动手打人呢？估计只有一种解释，就是那小造反军讲了一个那时最最难听和忌讳的："叛徒"之类的话。还好的是，其他造反军只是起哄，不少还是小女生，但并没有一哄而上和我们打起来。我想就是宋杰的威慑力量制止了事态进一步恶化。

现在我分析了一下我们双方力量的对比，记的我们的人数少些，我心里有点"抖嚯"，但我们这边年龄大于他们那边，这占点优势。问题是要是真打起来，是不是个个都敢打的问题。当时不是有这么一说：好人打好人：误会。好人打坏人：活该。坏人打好人：阶级报复。造反军那边个个都是"红五类"，无所顾忌，而我们这边会不会有些人怕被人说成是阶级报复而不敢打架。那我们就倒霉了。好在宋杰在场，大力士镇住了造反军，所以才没有打起来。我们得了所谓上上策：不战而退其兵。

后来这事传开：红野会打人，从此名声坏掉了。而且又是因为我的没有水平。再后来，宋杰又在杂草丛生的土排球场上扔了一个土造的真手榴弹，又是在向造反军示威。我记得由于是土造的手榴弹，所以只炸成两半，而不是多个碎片。其一半正好打在挂排球网用的铁杆上，砸出一个凹陷。这事回头想想

后怕：土造手榴弹提前爆炸怎么办？宋杰也太胆大了。所以我说，宋杰来了之后，红野就真的野起来了。

# 5. 理想追求与激情偏见

## ——"文革"和"红卫兵"40年祭

曾小渤（66届高三甲）

所有人的知识都是人的知识，它混杂着我们的错误、我们的偏见、我们的梦想和我们的希望。我们所能够做到的一切，就是探求真理，尽管它在我们的能力之外。

——（英）卡尔·波普尔《无权威的知识》

"人的一生应当这样度过：当回忆往事的时候，他不会因为虚度年华而悔恨，也不会因为碌碌无为而羞愧……。"

保尔这句脍炙人口的名言曾鼓舞过许多同学，为将自己铸造成像他那样的英雄而立下过雄心壮志。当时我也曾想：等我老了回忆点滴往事时，会是怎样的情景呢？

弹指之间，浮游之际，历史不知不觉终于悄悄地翻开了重大历史事件的这一页：

5月16日：标志"文革"正式爆发40周年；

5月29日："红卫兵"诞生40周年；

8月12日："第三次世界大战备战军校红卫兵红色造反军"正式成立40周年；

8月18日：毛泽东第一次接见"红卫兵"40周年；

9月9日：毛泽东逝世30周年和文革结束30周年。

……

无论从哪个角度看，今年确实都是值得认真回顾和反思的一年。

尤其是亲身冲过"文革"狂风疾雨的人，无论当时是积极参与、拥护还是消极旁观、反对，不管是炽血亢进还是冷静无为，都会留下深深的烙印，那里有我们曾经的理想和追求，也有我们的激情和偏见。

……

战友聚会唱弯弓舞剑、塞马秋风，但同学聚会还是谈熟悉的池畔柳絮、同窗梧桐，而最难忘的当然还是共同渡过的"文革"漩涡风暴。于是决定也不谈什么"与猪共舞""与熊共舞""与老毛子共舞"，还是认真反思"文革"。不管这个话题如何敏感，不管自己见识如何肤浅，不管自己视野如何狭小，就从自己的敏感、肤浅和狭小方面反思。走过这场风暴的人，留在身上这段人生特殊经历的烙印毕竟是无法磨灭的。

## 5.1.《只争朝夕》小组

从《横扫一切牛鬼蛇神》之后，《人民日报》社论一个接一个，标题一个比一个触目惊心：6月2日欢呼北大一张大字报同时，发表社论《触及人们灵魂的大革命》："你是真赞成社会主义革命，还是假赞成社会主义革命，还是反对社会主义革命，必然要在怎样对待无产阶级文化大革命这个问题上表现出来。"5日《做无产阶级革命派还是做资产阶级保皇派》；16日《放手发动群众，彻底打倒反革命黑帮》和《南京大学革命师生揪出反党反社会主义的反革命分子匡亚明》……

当时，高三各班刚在沙尧、朱子闻带领下从苏北农村马坝教改凯旋而归，同学们才接受过教改的洗礼，正处在意气风发争做革命接班人的热潮中，对即将到来的这场政治风暴虽不明了但都充满了激情。《人民日报》一篇接一篇刺激性的社论更像一道道电击，震撼着大家的中枢神经，烙印冒烟般炙灸着人们的精神感官。虽不清楚"文革"的具体概念和最终意图，但要揪出反党反毛主席的"牛鬼蛇神"，打倒反革命黑帮，争做无产阶级革命派，不做资产阶级保皇派，人人情绪高涨，充满亢奋难言的快感，好像高尔基描述的穿击密雨雷电惊涛骇浪的海燕那样准备迎接政治暴风雨的洗礼和考验。沙尧、吴鼎福等校领导一方面组织开展对"三家村"、陆平、匡亚明等报纸点名的牛鬼蛇神的批判活动，一方面又让高三级进行文理分科，准备迎接毕业高考。

天燕毫无疑问具有数理化精密思考一丝不苟的复杂大脑，自然选择了理科，我和苏阜选择了文科，打算考板桥军事外语学院，尽管我俩外语水平都很恶心，但也只有孤注一掷背水一战。我俩还骑车到板桥实地"考察"了一番，商量以后怎么办。

虽然入团和教改使我觉悟迅猛提高，也成了沙校长眼中的"红人"，但批"三家村"我却很被动。并非有先见之明不该批判，而是我根本没看过《燕山夜话》，也不认识邓拓、吴晗、廖沫沙，更不知他们说了哪些夜话，干了哪些鸡鸣狗盗的勾当，害怕上台说错让大家笑掉大牙成了真的瞎批判。看到其他同学们纷纷踊跃登台声讨他们的罪行，我绞尽脑汁也想不出应该怎么骂他们，所以没发过一次言。看到沙尧、吴鼎福和班主任柯绮霞老师有时投来不满的眼光，我当然知道他们希望我能像其他同学那样勇敢地冲锋陷阵，但我还是不知如何声讨，生怕出丑。同学们见多识广，如果当众下不了台面不说，背后笑话，那才无地自容呢。当时真想搞一本书看看他们到底放了哪些狗屁。可惜直到改革开放初，我才买了本新版《燕山夜话》，翻了翻，觉得实在无味，确实没价值，比唐诗宋词差远了。

就在这时，发生了一件所有同学都意想不到又兴奋万分的事：6月13日，中央和国务院发出通知，决定1966年高校招生推迟半年。18日《人民日报》又刊登北京一女中和四中给中央和毛主席的信，要求彻底改革旧的"资产阶级教育制度"。从即日起，全国大、中、小学全部停课集中精力搞文革。这个消息真是太"爽"了啊！校园一片敲锣打鼓，心花怒放。班上很快就收到了一些外地学校的倡议信，我们班也想给党中央写信。我和天燕向沙尧报告，谁知他很不高兴，不仅不同意，还把我训了一顿，说我从马坝回来就没起好作用，批判"三家村"一言不发，搞这套玩意倒很来劲，推迟不等于不高考，好好抓紧复习！不要乱搞，哪有上大学不高考的？就是脑子简单！

我和天燕当时都是班上的"骨干",几乎天天参加沙尧召开的"御前会议"。从批判"三家村"开始后,沙尧便在各班挑出一批骨干天天开会,分析研究同学中的思想苗头、活动动向和可能发生的事件,商量对策,再由这些骨干回班级向同学们做工作。天燕消息灵通,经常向我透露很多当时上层内部消息、毛主席尚未公开的讲话,经常听得惊心动魄。我们便用《人民日报》社论来比照学校领导,结果发现沙尧的一些做法与中央有关运动的方针不很协调。尤其是他每次开会都如临大敌,研究内容总是如何防范学生出问题,似乎学生成了运动对象。我们开始怀疑自己与其是"骨干",莫如说是被沙尧操控的工具。从《横扫一切牛鬼蛇神》到扫"三家村"一个月,扫匡亚明半个月,现在停课了,还要扫什么?部分初中和高一同学将目光扫到了学校领导头上。北大、南大都扫出了牛鬼蛇神,南师附中就没有牛鬼蛇神和封、资、修?沙尧和其他校领导为什么不敢自我批评?

当时在文理分科基础上,又成立"小小组"作为复习和批判的基本单位。不让"自报公议",即便写批判"三家村"、匡亚明等大字报也不能越组讨论。我常和天燕在一起,所以总想打破文理分科的界限成立"小小组"并在一个组内。但几次请示班主任柯绮霞老师,她都不敢违背学校规定,说要校领导同意才行。于是我们找吴鼎福,吴一听就很警惕,狐疑地打量着我们说:"不是不同意你们在一起,而是你们为什么非要在一起不可呢?你俩都是骨干,骨干力量要分散拉平,这样才好分别起模范作用。"说得似乎也很在理,但怎么听怎么觉得他是存心在故意隔离我们。

于是,我们对吴鼎福有了看法,开始慢慢研究他的表现,结果又产生了更多想法。例如他爱向一些干部子弟打听"文革"的动向,尤其喜欢打听上面有什么风声和干部子弟的活动及其他学校形势。我们认为他在"窥测风向",心虚有鬼。这么做既等于引诱干部子弟泄密,又对干部子弟不放心。

其次,他经常在我和那些写入党申请书的学生面前和干部面前讲:"我们要发展党员了,要发展党员了……","你们要注意党性锻炼,在头脑里牢牢树立党的观念、立场……"什么意思?分明是以入党之名拉拢学生，堵我们的嘴，要我们和他保持一致。我们当然是要争取做共产党员，还要加强党性锻炼，但我们要做中国共产党党员，而不是做南师附中的党员。决不拿原则作交易！我想起了他在马坝叫我不要怀疑老师，这与毛主席教改指示也是相违背的。

　　第三，我们觉得他像条"跟屁虫"，整天跟在沙尧后面转，帮沙尧打圆场。如教改从马坝回来后约一星期准备高考，学校决定文理分科，很多同学不理解议论纷纷。沙尧很不高兴地批评："你们就是这个觉悟？这是为了减轻你们的负担，让你们更好地参加文化大革命。"吴鼎福跟着就圆场，一会儿说："分科复习是老早就考虑的，无论从指导思想，从安排措施都是和以往不同的。"一会儿又说："这是从主席的春节指示精神出发的，减轻负担，德智体全面发展，不搞门门五分。"接下来又说："今天你们回家，家长就要讲啦：'你们学校太左啦！''你们学校到底要不要你们考大学？'这个家长来，那个家长来，社会上……，那就被动了。现在搞，是领导上去主动解决矛盾。"结果越圆场漏洞越多。

　　几次交流后，我和天燕意见更加统一。越想越来气，干脆不管学校同意与否，决定自行组成"小小组"给吴鼎福贴大字报，批评批评，"小试牛刀"。天燕取名《只争朝夕》。但即便如此，我俩还很有组织观念，想先征求也属校领导班子成员的胡百良老师的意见，希望得到理解和支持，说："吴书记整天跟着沙校长转……"谁知话没说完，胡就瞪起眼打断说："跟着沙校长转又有什么不好？跟领导跟得紧嘛！我和袁金华这点还不如他呢。"又逐条驳斥我们的依据，不让我们干。

　　我们觉得他有意包庇，但他既然提到袁金华老师，就将计就计也试探试探袁金华，假意说要给胡百良贴大字报，袁果然也为胡说好话："他可是好老师"。我们再找胡百良，说有同学要贴袁金华大字报，胡果然也说："袁金华是好老师"。结果，绕了一大圈也没征求出满意的结果。不得已，只好征求沙尧意见。他更干脆："你们再好好学习文件，分清两类矛盾，据我现在掌握的材料，吴鼎福还不是牛鬼蛇神。"

处处碰壁，铩羽而归，彻底傻眼！显然，沙尧、吴鼎福、胡百良、袁金华早已相互"通水"，都在相互包庇和"贴金"。难道他们都是百分之百布尔什维克？都不能进行半点批评？我们分明是"跪着造反"。于是决定豁出去了，谁也不请示，自己干！一不做二不休，"擒贼先擒王"，干脆将沙尧和吴鼎福"一锅端"！

正在火候关口，恰好又发生了几件事，给我们提供了新的线索。

一是除了报纸公开点名的牛鬼蛇神外，沙尧禁止同学贴校内人员的大字报，我们认为不符合中央精神。《横扫一切牛鬼蛇神》之后，高一戊李鲁闽要贴校内牛鬼蛇神大字报，沙尧生气地说："哪个叫你们搞基层的？上面没来指示，年轻人头脑就是简单！"李鲁闽没法，跑来找我寻求支持，但被我先安慰了下来。但很快高一还是贴了起来，沙尧下令统统收回："要贴，贴到教室去。"陈广阳老师婉转地说："如果大字报质量很好，很有分寸，能不能选几张贴出来？"沙尧仍予拒绝。高三丙、高三丁分别要给葛家罩、胡百良写大字报，沙尧吩咐贴"小字报"。

沙校长的禁令还是被突破了，越来越多的老师开始被贴大字报。当有40几位老师被贴大字报后，沙尧只好又说要分清两类矛盾，又宣布不准学生访问老师收集材料，避免"上当""受骗"。正巧当时有篇《学生可以帮助老师革命》的社论又说学校要依靠学生，发动老师。我们认为沙尧与社论精神不相符，一些老师自己不写大字报，又不把材料给学生，等于蒙混过关。

当时柯绮霞老师看到高三教研组老师没一个被贴大字报，还很高兴地在班上说："我们高三教研组没有被贴大字报，因为是沙校长亲自领导的，问题不大。"直到7月4日，沙校长一手掌握的高三丁这个"死角"终于被"突破"。程江江"大彻大悟"地对我们说："头脑里清规戒律多。高三级教研组有错误，但不是牛鬼蛇神，先定了这个框框，昨天（7月3日）这个框框才打破。"周小阳说："高三教研组都是好的，都不是牛鬼蛇神，不想贴是因为怕混战一场。"高三丁打破了框框，冲破沉寂，给我们很大的鼓舞。

但沙尧同时又在一些场合下通过暗示主动抛出些"牛鬼蛇

神"。当时师生中盛传他在党内一次会议上讲李夜光是党内的资产阶级代表人物，后来李夜光果然被"揪"了出来；他又在一次会议上讲党内的资产阶级权威还没有动，被公认的权威马明也被揪了出来。我们怀疑沙校长一方面压制，一方面暗示，分明是在指导同学按他的目标揪牛鬼蛇神，但却从不主动欢迎大家给他贴大字报。

第二件事是陶强老师打碎毛主席石膏像事件。这在当时是几乎所有学生都无法容忍的"反革命"事件，全校轰动了。她被学生们套着字纸篓，淋上墨汁在学校里"游园"要批斗，沙校长担心失控，虽再三强调还是揭露阶段，要"揭深""揭透""揭完"，但还不是大辩论时候，呼吁一切共产党员、共青团员站出来保卫党的政策。于是有同学给陶强老师打洗头水。结果反而火上浇油，引起正在愤怒高涨的绝大多数同学不满，高呼"打倒陶强"。沙校长说："还没下结论。"打洗头水的同学也遭其他同学奚落，他和沙校长被比喻成《逆风千里》里给国民党送鸡汤的人，没有阶级是非，长反革命气焰，灭革命师生志气。他哭笑不得地感叹："政策真难掌握呀！"

第三件事，是高校招生推迟后，科技大学董一龙等老校友给附中师生写来两封信，说校领导屈服于高考制度。校领导在骨干和干部中读了信，很多人当场骂董是反革命，沙校长一边吸烟一边笑。一位老师对大家说："你们知道董一龙以前表现怎样吗？"沙校长接着说："这两封信以后还要公布。"有人气愤地说："还公布干什么？"我们认为沙校长是在故意"煽情"。更让我们不满的是，有些同学想仿效北京同学给中央写信表达心情，沙尧不仅不让写，还扣压外校来信不准传阅。我们班先后收到华中师大一附中寄来的关于废除高考制度的倡议书、北京40中的倡议书。信中还附了北京4中给全市的题为《敢教日月换新天》的倡议书。沙尧一律扣押，不许在我们班高三各班传阅。理由是："这些信也不一定是符合毛泽东思想的，你们年轻人头脑容易发热，其说法也是冠冕堂皇的，你们看了，脑子一热就轰。"

归拢上述情况后，我们更加认为沙校长害怕群众，正在压制运动向前发展。于是决定来"真格"的，不说让学校领导"吃不了兜着走"，也要让他们"喝一壶"。但两人力量毕竟单薄，天燕就建议扩编人马。首先拉王史维入伙，让我去做工作。我非常赞同，因为我看她的大字报写得很有水平。

这是我第一次和王史维说话。那天晚上我们在建国院图书馆外廊下谈到半夜，还来了个巡查的人警惕地打量我们。我希望他能误以为我们在"风花雪月"，不暴露"谋反"就行。她思忖了很久才答应，我高兴地帮她翻墙出校回家，真够刺激的。第二天，天燕又收编了廖迎凯和金勤。廖不必说，是知根知底的老朋友。和金勤以前也没说过一句话，只知道她作文不错，经常被老师表扬，字也写的规规矩矩，方方正正。

于是兵强马壮，《只争朝夕》壮大成5人战斗小组。白天我们装着平安无事，参加学校活动。一俟夜幕降临，就到一墙之隔的廖迎凯家碰头，汇拢情况，捋清思路，梳列提纲。多数情况他们动口，我和王史维动手，通宵达旦，经常熬到凌晨四、五点钟。紧张神秘劲令人亢奋不已，恍若延安派来战斗在敌人心脏里的地下尖兵在出生入死，简直和电影情节一样"酷毙了"。

王史维很有才华，她给我看了当时写的一首诗："大风起兮灰迷阳，大风烈兮清浊扬，大风息兮喜歌唱。"现在读来，仍觉得蕴味依旧。

还有个同学还咬破指尖，用鲜血写了"思想独忠毛泽东"的誓言，对我震撼很大。为此，我写了平生第一首诗《东日》：

东日喷薄彩霞新，儿女肩负大志行。
玩物丧志千古训，羞泪难报主席情。

7月5日，我们贴出了第一张大字报《为毛泽东思想而战》。即便如此，也没有任何"造反"概念。我们还特意在大字报结尾来了个郑重其事的"告读者"阐明观点：

"革命师生们，我们给领导提了意见，很尖锐。大概有些人认为这样会影响'集中火力、集中目标'。我们考虑过，不会的。首先把领导的情况搞清楚，正是为了更好地加强党的领导，集中火力对准牛鬼蛇神。我们的意见可能不全面，或很片面，甚至有错误。希望大家以适当的方式补充、纠正、批评。牛鬼蛇神们，你们心里是不是有点酸酸的？你们真是比驴子还蠢，比猪还蠢，我们这么做正是为了更坚决、更彻底、更干净、更全部地收拾你们。要知道，谁笑到最后，谁才笑得最好。"

至 8 月 9 日，《只争朝夕》先后贴出三期。这是在初中同学和高一徐小进贴校领导大字报遭"围剿"后，高三年级首次贴校领导的大字报。虽然洋洋洒洒 A、B、C、D，乒乒乓乓，一、二、三、四，但我们始终出于善意，还再次反复声明："我们是为毛泽东思想而战，我们的大字报并没有肯定校领导是牛鬼蛇神。今后校领导的任何指示，只要符合毛泽东思想，我们就照办"，"有人妄图利用我们的大字报发泄对党的不满，向党攻击、向毛泽东思想攻击，全盘否定我校教改，是绝对办不到的！"

现在看来，这些大字报别说火药味，连酒精味都很少。张苏阜、张玉琪、李明、徐慧文、王兰华、孙序珍以及其他各班大批同学立即签名赞同支持。被批评的袁金华等老师看了后也认为"很有分寸"，能被批评的老师反过来称赞，心里很自豪。也显示了袁金华老师确实很有民主雅量，至少，有敢于面对和接受同学批评的勇气和心态。

## 5.2.附中第一张"造反"大字报

然而，我们的大字报还是像重磅炸弹引起了强烈冲击波，遭到校领导层在内的诸多斥责和攻击，说我们"神秘""脱离群众""太左""左得要命""自封左派""不是左派就是右派""动机不纯""对党不满""为什么要对党不满""报复领导"等等，更有人用石头袭击小组中的有些成员，我极为恼火，以个人名义奋笔写了《这是偶然的吗？》等回击。

就在我们的大字报遭到质疑和谩骂时，高二张阳宁、吴芸生等人贴出了《南师附中对谁专政》，尖锐地提出了学校在新生录取和典型培养上的阶级路线问题。问题顿时"上纲上线"，浓烈刺鼻的硫磺和火药味立刻引爆了新一轮冲击波。沸腾炽烈的岩浆终于喷发了。

这时，天燕得到了北京红卫兵及《造反三论》的信息。接着，毛泽东给红卫兵写信，以及哈军工成立"红色造反团"的讯息也接二连三传来。

这些信息火爆刺激撩人，令人血脉贲张。我们的大字报委实太温良恭俭让了！应该学北京红卫兵，把大字报变成手榴弹、爆破筒、炸药包，充满浓浓的火药味！天燕见硝烟既起，就找我和王史维商量，索性一不做二不休，趁热打铁仿效北京，袒臂揭竿，在《只争朝夕》基础上，成立全校红卫兵。哈军工有"红色造反团"，我就建议起名"红色造反军"，清华附中改称"红卫兵战校"，我们就来个"第三次世界大战备战军校"，以示我们"造反"的最终目的，是通过第三次世界大战来个快刀斩乱麻，一举"解放全人类"。大家一致称是，天燕决定先在高三串联酝酿。

8月8日，《十六条》正式公布，其中第4条说"让群众在运动中自己教育自己"，第7条说"警惕有人把革命群众打成反革命"，特别强调"无产阶级文化大革命，只能是群众自己解放自己，不能采用任何包办代替的办法。"这无疑证明我们大字报批评校领导将学生作对象采用包办代替的办法，以及对我们进行指责和人身攻击都是错的，我们愈加兴奋。10日晚，我根据北京的情况和与天燕商量的想法，满怀革命豪情地写了《造反有理》的大字报，连夜跑到王史维家让她"润色润色"。她也很高兴，愿意联名。我们立即铺纸蘸墨挥笔：

"马克思主义的道理，千头万绪，归根到底，就是一句话：造反有理！

文化大革命以来，我校为什么一直冷冷清清，一潭死水？斗争的盖子为什么到今天一直揭不开？教改的关键在于教员，为什么我校的老师，尤其是一些知名人士一言不发？多次质问，仍如死水一潭？死气沉沉？

南师附中素以资产阶级教学质量高而闻名全国，为什么在这场无产阶级文化大革命中却突然无名全国？教改出名的学校，在阶级斗争中更应当是旗手、先锋，但却并非如此。为什么教改几年来的校领导老是由于'认识问题'而落后于群众？教改啊教改啊，到底改了多少老师？到底是表面改了，还是里面改了？有人说，正因为教改好，所以问题少。这种理由是站不住脚的，仅从同学们提出的一些材料来看，里面就大有文章可做，何况还有一些未发动起来的老师！

在当前的斗争中，是不是真正充满了浓厚的火药味？斗争就是生活，生活就是斗争。我们的生活是否真正达到了这种水平，是否还有人感到无所作为？

一天到晚说什么外校搞糟了，附中好——好吗？教改了，同学们认识提高了，可校领导的认识却低了，这也好吗？'关门教改'哟，'关门文化大革命'哟，都是什么呢？把我们关在隔离于世的小天地中，在世外桃源里斗争。有了点成绩，就不知道天高地厚，穷吹嘘，穷卖夸，不是要登报，就是要投稿。外面的斗争如火如荼，犹如火山爆发，洪水冲堤，势不可挡，力不可阻。比我校不知要迅猛多少倍！甚么'基本健康'，统统是骗人，统统是吹牛！'好''坏''健康''不健康''先进''落后'，是比较而言的，请问：我校历来强调'关门主义'政策，那么，这'好''健康'从何而来？我们落在北京时间的后面了！

'万马齐喑究可哀'，这才是我校的面目，这才是我校比之外校的特点。一片安稳，稍有风吹草动就惊恐万分，大事不好。不信吗？

请看事实：

第一张贴校领导的大字报（初二小将贴的）刚出，好家伙，个个新奇，人人骚动，立即来了几张大字报围攻，扼杀了新生力量；

提出怀疑党支部，又人心大乱，纷纷围剿；

徐小进贴校领导，马上骂声一片：'受人利用''反革命'；

第一号《为毛泽东思想而战》一出，人心如箭扣弦，紧张得要死，就怕搞乱，什么'骄傲'等等马上出笼；

张阳宁等贴出了《南师附中对谁专政》，又引起反感，什么'这句话太……'，太、太、太怎么样呢？太'左'了吗？

在这之前,'千年书奴造反'(注:我的另一张大字报标题)、'一切权力归革委会'(注:王史维一张大字报提出的观点)也引起人心大乱,咬文嚼字地反攻。

总之,有些人听了'造反'就不舒服,就认为要乱了、'不行了''胆子也太大了''太左了''头脑发狂了''要打电话请示请示'。

请问:'革命的造反精神'哪一点不对口味?哪一点又不对胃口呢?什么叫'造反'?'造反'就是革命!革命就是'造反'!造谁的反?革谁的命?就是要造资产阶级的反!革资产阶级的命!马克思主义的道理,千条万绪,归根结底,就是一句话:造反有理!

太左了吗?太胆大了吗?不对味吗?看不惯吗?不舒服吗?对'左'好敏感啊!

多少年来,牛鬼蛇神统治着文化阵地、学校阵地,请问:

资产阶级统治学校,抗拒党中央和毛主席,是左是右?

把学生当敌人,是左是右?

对工农干部子弟实行专政,是左是右?

借口'三自',不领导学生学习毛主席著作,是左是右?

把学生培养成一个个资产阶级接班人,是左是右?

事实证明:这些不是太左了,而是太右了,右得要滑到裴多菲俱乐部上去了。对这些,有没有感到太右了呢?有没有像对待左那样敏感呢?革命刚成了口号,还没动起来,就吓了个半死。中央号召我们在运动中争当革命左派,事实说明,我们离左派还差得远,还不够。

不信吗?那就请打破关门主义的破围墙,看看北京的时钟走到哪儿了!

外面的斗争惊天动地,杀声震天,我们还在关着门睡大觉!这种沉闷的空气不破怎么行?破就是革命,破就是造反。革命就是要乱,造反就是要乱,这个反不造怎么行?此时不反,更待何时!

'千秋功罪,谁人曾与评说?'今天,毛主席把这个大权交给了我们,对资产阶级那一套,不评说、不批判,让它们泛滥下去,怎么行?不革命、不造反,怎么行?

'问苍茫大地，谁主沉浮？''你们是主人了'！有毛主席给我们做主，今天我们才成了主人，一切资产阶级都要统统踩在脚下。有缺点、有错误，我们改，我们就叫'红色造反军'！

　　'金猴奋起千钧棒，玉宇澄清万里埃。'要造反，要大闹天宫，没有武器怎么行？我们的武器就是战无不胜的毛泽东思想！毛著为武器，文笔为刀枪，红胆高悬，杀翻阎王殿，杀他个'天翻地覆慨而慷'，就要夺权，这就叫无产阶级专政！

　　有人对我们提出的'革命的造反精神万岁'大为不满，恨之入骨。我们在决心书上写了，他们不高兴，被人涂掉了，他们就拍手叫好。好！你们敢叫就好，我们偏要提'革命的造反精神万岁'！偏要写'革命的造反精神万岁'！这个反，造定了！不造反到底，誓不瞑目！

　　'敢教日月换新天'，这，就是革命造反精神，造他个'玉宇澄清万里埃'！

　　不在沉默中消亡，就在沉默中爆发。今天就要爆发，今天就要造反！

　　反了！反了！！此反必造！！！革命的造反精神万岁！

　　毛主席万岁！万万岁！！"

　　我带着写好的大字报连夜赶回学校，仿佛大战在即，兴奋一夜无眠。11日清晨校园还是一片静谧，我爬起来，在五四草坪靠开水房一侧的路边大字报栏选择了最佳位置开始张贴。一边贴，一边有人开始聚拢。王史维也很早就赶来了，一见面就说，忘了应该让天燕也签名。果然，天燕来了大声叫好，补上签名。

　　人越来越多，开始人头涌涌，水泄不通。这是附中第一张公开鼓吹"造反"的大字报，叫好声、嘀咕声、斥责声混杂一起，还有些人三五成堆聚集在一起指着我戳戳点点。很快，嘈杂议论越来越大，越来越多，各种批判指责和赞同声援此起彼伏，雾推云涌，雨骤风狂，江潮腾起，烟硝弥漫，汤滚锅翻，沸沸扬扬，乱成一片。看到更多的响应签名者蜂拥而至，大字报密密麻麻填满了支持的签名，声援的大字报也纷纷出笼。我非常高兴。

当天，王史维又以"红色造反军"的名义写了份《夺权——交出管理大字报权力》的大字报，敦促学校当局将管理大字报的权力立即移交给筹委会。指出：校领导安排的人"心是红是黑，屁股在左在右，我们不知道，他要涂，他要改，谁人知？谁人晓？"因此，"群众的事，应该群众自己管。我们今天有了自己的组织——革命师生委员会筹委会，这项权力应该移交筹委会"，如果校领导拒不交出，"筹委会立即夺权，呼吁一切革命同学支持我们的革命要求！！"

非常感谢王史维、金钟怡等同学为我誊抄保留了不少大字报底稿，钟怡和小瑜很好，可惜她过早地离开了我们，每当回忆往事，总要想起她。几十年后重新翻看这些"重磅炸弹"，也憋不住为当年这些"为毛泽东思想而战"中的鸡毛蒜皮和夸夸其谈空洞无物的"造反"豪言感到好笑。用现在的话说，脑袋是进水了。

### 5.3. "红色造反军"与"8.18"

天燕一看我和王史维先后把"红色造反军"的讯息透露了出去，决定事不宜迟，立即在全校开始了发动，顿时人人奋勇参加。

"雄心志四海，万里望风尘"。8月12日，《红卫兵第三次世界大战备战军校红色造反军》正式成立，天燕为"军长"，校长会议室借来当"军部"。"军"下属各部自由组合，番号自定，如《秋收起义》《三湾改编》《天兵天将》《红风雷》等等。后来各人干脆称起绰号来，天燕是头，一脸络腮钢丝胡，被尊称"老头子"；刘迎胜足智多谋成为军师，像吴用那样领"教授"衔，俗称"二柄"；张沂文章历来写得一级棒叫"秀才"；廖迎凯因后脑勺平滑为"老扁"；张苏阜小巧玲珑叫"小东西"；邢迎光称"毛躁"、叶伟承称"叶公"、丁曙光称"皮猴"、李明称"喇咪头"；还有什么"匪儿""小天鹅""烂菜花""大烟鬼"等古古怪怪名称。我因近视总眯着眼，就称"老眯"，又以"赤飙"为大字报笔名（以前均署真名实姓）。

"我欲因之称备战，凯旋剑洗太平洋"！一时脉管膨胀，武耀威扬；炽血腾沸，神采飞扬；滔滔天下，舍我其谁？仿佛第三次世界大战一触即发，睡在毛主席身边的赫鲁晓夫和大大小小"走资派""牛鬼蛇神"勾结美帝、苏修即将入侵，红卫兵作为解放军强大后备军和第二梯队，马上就要披坚执锐、效命疆场；赴汤蹈火、大干一场！

指点江山，挥斥方遒。为党和毛主席抛头颅、洒热血的时候到了！光复红场、踏平白宫、解放全人类的宏伟重任历史性地落在我们肩上："天下者，我们的天下；社会者，我们的社会，我们不说谁说！我们不干谁干！"

规模有了，名称也震耳欲聋。但"反"究竟怎么"造"？北京情况又众说纷纭，不甚了了。天燕与我遂和刘力群、王晓鸣、王晓旭等5人向沙校长请示，希望向学校讨点路费进京了解情况。可想而知，又是一鼻子灰！看来对校领导不能再抱任何指望了，我们决定自费前往。老人家不是说，在命运的痛击下，头破血流，仍不回头吗？那就来"真格"的，彻底豁出去"反"了！

8月15日，5人抵京。甫出站台，就被来来往往的胳膊上套着红袖章的"红卫兵"吸引住了，从未见过如此意气风发劲头十足的风景线，果然"靓丽"。天燕带我们到红卫兵的发源地之一北大附中，他初中好友牛皖平正是北大附中"红旗"战斗小组的"CEO"。他的介绍和学校的景象让我们大开眼界，感觉这才叫真正的造反，人人好像在为即将攻打冬宫的十月革命那样充满火热和紧张。后来我又和天燕到101中学，我又到人大附中、石油附中以及通县驻军见到了小学同学阎真、田燕燕、高兵群、钟武、续刚、王连捷等。所闻所见，果然到处都是风雷激、云水怒，"天翻地覆慨而慷"。

18日凌晨，我在迷迷糊糊中被"红旗"人员推醒集合，和天燕、晓鸣、晓旭、力群等一起随牛皖平等"红旗"大队人马上了一辆大巴，匆匆忙忙不知所去。到了灯火通炽的天安门，上了观礼台才估计有重要活动。台上清一色穿着半旧不新军装，胳膊上套着样式不同红袖章的"红卫兵"，很多人还扎着腰带，一派飒爽英姿。金水桥两侧也站立着红卫兵纠察队人墙，外面是解放军纠察线。纠察线之外广场上，聚集着80万红卫兵的方队。北大、清华的旗帜在广场最中间。

天刚刚放亮，四周响起了气势磅礴的《东方红》，整个广场随之撼天动地。"毛主席万岁"的声浪此起彼伏、倒海翻江。7点半左右，大会开始。不久，牛皖平、宫小吉、彭小蒙等开始在队伍中点名挑人：部分标兵到天安门城楼下和金水桥畔，一部分由他们带队上天安门，其余留在观礼台。在天燕的推荐下，我与晓旭被牛批准跟上天安门，力群、晓鸣则留在了观礼台。8点左右，我和天燕、晓旭跟随牛、宫、彭列队进天安门，从东面台阶上至将近一半时，看到陈毅元帅从西边台阶急急忙忙向下跑。原来他穿的是便服，发现毛主席一反往常穿起了军装，知道意义非同小可，就赶回去换军装。这时，我们确信无疑：毛主席要接见。

登城不久，大会开始，果然是毛主席接见。从城楼向下望去，整个天安门广场灯火通明、耀如白昼；人山人海、波涛起伏。林彪在大会上讲话：文化大革命就是要消灭资产阶级思想，树立无产阶级思想，改造人的灵魂，实现人的思想革命化，挖掉修正主义根子；要打倒走资本主义的当权派，要打倒资产阶级反动权威，要打倒一切资产阶级保皇派，要反对形形色色的压制革命的行为，要打倒一切牛鬼蛇神；要大破一切剥削阶级的旧思想、旧文化、旧风俗、旧习惯，要改革一切不适应社会主义经济基础的上层建筑，要扫除一切害人虫，搬掉一切绊脚石！

倚栏俯瞰广场，记得当时身边站着我幼时要好的同学刘洪飞父亲刘浩天，东海舰队政委。据说后来倒向了林彪，而陶勇却遭陷害身亡。

这时，我听到身后有人大声问："谁是外地的？"

我想也没想就说："我是。"

"哪里的？"

"南京的。"

"准备一下，马上到中间讲话。"

他说完就要我跟他走，连我是干什么的也不问。

彭小蒙告诉我，他就是当时的北京市委书记吴德。我立刻告诉天燕，让他去。他是"军长"，无论从身份、职务和与我的感情，讲话更合适。

天燕雀跃而去，却仅三呼"万岁"喜气而归。见到我就伸出手笑着大声说："快和我握手吧，我和毛主席握手啦！"大家顿时纷纷和他握手，当时真觉得这样就能体验和分享到和伟人零距离接触的幸福感觉和炫爽畅酣的愉悦滋味。

此时，彭小蒙也被找去接受主席单独召见，回来后向我们谈她激动的感觉。对红卫兵最有象征意义的是毛主席接受北师大女附中宋彬彬献上的红卫兵袖章，还对她说："要武嘛"！至此，毛主席支持红卫兵确信无疑了，我们成立"造反军"的"大方向"显然也正确无疑了。真是不虚此行，回去看沙校长怎么说！当时我曾这么想。

良久，城楼两侧的红卫兵感到寂寞难耐，开始骚动，一边喊着"我们要见毛主席"，一边簇拥着向城楼中央涌去。如泉难止的泪水伴随嘶哑的呼声，涌动愈来愈大。

终于，周总理来了。他说主席很快就来看大家。为了稳定秩序和焦躁的情绪，他指挥我们唱《大海航行靠舵手》。江青身着军装，双手合掌也过来了。因她对红卫兵反工作组的支持，当然也受到红卫兵的欢迎，亲热称其"江青阿姨"。

约10点、12时，主席真的两次带着浩浩荡荡的一批文臣武将挥手而来，绕场接见。全场红卫兵群情沸腾，热泪盈眶，兴奋无比，激昂万分。在一片"毛主席万岁"声中，大家争先恐后抢着和主席握手。紧跟其后是林彪、康生等。但仍为国家主席的刘少奇和总书记的邓小平，虽也随行，但位居尾后，明显看出其势已失。

当天的新华通讯社是这样报道的："今天清晨5时，太阳刚从东方地平线上射出万丈光芒，毛主席便来到了人群如海、红旗如林的天安门广场，会见了早已从四面八方汇集到这里的革命群众。毛主席穿了一套草绿色的布军装。主席的军帽上一颗红星闪闪发光。毛主席走过天安门前金水桥，一直走进群众的队伍当中，同周围的许多人紧紧握手，并且向全场革命群众招手致意。这时，广场上沸腾起来，人人双手高举过顶,向着毛主席跳跃着,欢呼着,拍着手。许多人把手掌心都拍红了,许多人流下了激动的眼泪,他们欢喜地说:'毛主席来了!毛主席到我们中间来了!'"

接见结束,牛皖平陪我们在天安门和人民英雄纪念碑前摄影留念。为表明"身份"体现"时代感",我向路过的红卫兵借来皮带、帽子和袖章,也"飒爽英姿"了一把。据报道,登上天安门的红卫兵有1500名。

第二天,根据林彪讲话,红卫兵在全市卷起了"砸烂旧世界"的狂飙,北京二中率先冲到街头张贴了《向旧世界宣战》的大字报,对"四旧"发起了大扫荡。不到中午,30万红卫兵就像天兵天将一样出现在照相馆、裁缝店、餐馆、商店、书摊等所有的公共场所,掀起了对"黑五类"抄家和街道改名的浪潮;22日,中央转发公安部报告《严禁出动警察镇压革命学生运动》,为红卫兵行动合法化提供了依据;29日,《人民日报》发表社论《向我们的红卫兵致敬》,对红卫兵"破四旧"大加赞赏。接着,毛泽东接见红卫兵的纪录片在全国上映。31日、9月15日,毛泽东又两次接见红卫兵。林彪在讲话中再次鼓动红卫兵说:"你们的革命行动,震动了整个社会,震动了旧世界遗留下来的残渣余孽。你们在大破四旧、立四新的战斗中,取得了光辉的战果。那些走资本主义道路的当权派,那些资产阶级反动权威,那些吸血鬼、寄生虫都被你们搞得狼狈不堪。你们做得对,做得好!"可当时,谁能知道林副统帅的心计呢?

当我在北京"拽得很"时,父亲却在到处找我,几次打电话到学校。不知谁告诉他我去了北京,上了天安门,他还是疑疑惑惑。我回来后,他才笑了笑:"我当兵几十年,辛苦半辈子,毛主席才接见过三次,国庆观礼也才上观礼台。你倒好,搞个什么红卫兵就上天安门?毛主席也接见?"

不久,《人民画报》和《解放军画报》登出毛主席接见红卫兵的照片,父母问我在哪儿,我找个遍也未见到我的"倩影",只好埋怨运气不佳。而当天燕身着染蓝的军服在天安门毛泽东身边呼口号的形象一出现在银幕上,"反军"弟兄就又拍巴掌又跺脚,大呼小叫,欢声雷动，为"军长"的光彩搏命喝彩。

为纪念"8.18"，特填词《水调歌头》两首：

《其一·主席接见》：

梦寐平生久，八月曙楼东。十里银花火树，达旦待晨钟。百万英姿年少，叱咤狂飙卷起，风展卫兵红。笔下雷霆动，炮火京都逢。

光华涌，磅礴颂，竞相拥。赤潮奔泻，澎湃上下舞碧空。横扫蛇神牛鬼，评说千秋功罪，谁为论英雄？殷情一挥手，呐喊下天宫。

《其二·人民英雄纪念碑》：

征远长安道，伫马仰丰碑。穆穆青松环抱，傲岸自从容。更有楼头旭日，灿烂光辉万里，喷薄九霄空。问春来何处，血沃百花丛。

崑崙志，泰山魂，死生同。千秋日月肝胆，浩气贯长虹。壮烈前赴后继，嘱下接班儿女，永葆大旗红。跪拜英灵去，慷慨满胸中。

## 5.4. 手足情伤，园丁泪恨

在北京，我们曾跟随北大附中"红旗"参加过几次批斗"黑帮"的活动。有一次支援北京电影制片厂造反派。到那儿后才发现"黑帮"都是些著名电影演员。

我因个头稍高，被挑出来押"黑帮"出场，两人押一个。命运安排我押的竟是我曾仰慕和崇拜的大名鼎鼎的本家哥们——《英雄虎胆》中的侦察科长曾泰——于洋。

当我只顾注视这个昔日银幕上的英雄时，耳边传来一阵噼里啪啦声，原来"黑帮"在自报出身后不分好歹个个都在挨耳光。出身不好挨打，活该！出身好也挨打，谁叫你变坏？我感到为难，正在犹豫，但我的搭档还是义愤填膺举起了巴掌。"曾泰"不愧是侦察科长，机灵着偏了偏头就躲了过去，我差点笑出来。李汉光、李月桂两公婆和阿兰小姐、独眼龙的多次试探诱惑都未玩过"曾泰"，一个耳光算什么？太好对付了。好在这时整队进场，搭档也没再进行第二轮攻击。

把"曾泰"等带上场后,我们便列队排在会场和人群之间。当第二拨"黑帮"押上来时,我再次暗暗吃惊:站在我面前的又是一个赫赫有名的英雄偶像——《青春之歌》中的林道静——谢芳。

这时,突然从对面人群中冲出一个小红卫兵向"林道静"猛扑过来,手里拿着一把剪刀,揪起她的长头发就剪,会场立刻大乱,骚动起来。好在她刚伸出剪刀,就被人拽住,但对"黑帮"愤怒的气氛却象冒着火花的导火索,火药味开始浓起来。

一声令下,"曾泰""林道静"们统统被反臂弓腰垂首逼跪在地上,很多人挤上来从背后重重地"踏上一只脚",象征他们将"永世不得翻身"。我不忍心脚踏"林道静",借着挤上来人的骚乱退到了后面,当时我确实想,不管是谁我也不踩。

英雄命蹇,"黄世仁""南霸天"命运更惨。陈强被架着跪在会场中间的一张台子上,成了第一个被批斗的对象。当时我和天燕、晓鸣、晓旭对此都很有想法。

然而,遗憾的是,当我从北京返回后,思想却不知不觉奇怪地发生了变化。当时还看不惯的东西,回到学校后却莫名其妙地成为了仿效的榜样。

"荣耀根苗夸颜色,骄矜凤种诩真龙"。回来后,看到同学中已开始进一步出现根据家庭出身划分等级的倾向:除了以"红五类"为主体的"造反军"成为革命的中坚力量外,还出现了一个"红外围"的附属力量。而非"红五类"不仅被排除在"造反"行列外,还要思想改造和自我反省,接受"红五类"的教育。

看到班上非"红五类"同学集中在教室里规规矩矩写思想检查,我开始还有觉得别扭,毕竟都是朝夕相处的同学。有个曾经在学习上多次帮助过我的女同学要我看她写的思想汇报,我觉得脸涨得发烧。当时便叫她别写了,也别搞这些。但她诚恳地说:"你们干部子弟受革命家庭的教育多,对党和毛主席的感情也深厚,掌握领会毛泽东思想快,思想觉悟确实比我们高,应当要向你们好好学习。"

第一次听到学习好的同学这么高的赞美,虽然很不自然,但也默默接受了。哪里知道,以后便更忘乎所以了。"自来红"的偏见让我很快就头脑发昏，干了蠢事。

对非"红五类"同学的教育很快不再局限写思想检查了，而要"彻底批斗"了。有一次，秦大力、张玉琪等几个同学不知什么原因被拉了出来"接受批斗"。大力和我原先就不错，玉琪曾是班干部，性格坦诚，开放爽朗，一贯对我热情。下乡马坝时曾多次与我谈心，帮助很大，且又最早签名支持我们《只争朝夕》写大字报。但在那次批斗中，阶级斗争这根"弦"把大伙都拼命往左"绷"得紧紧的，热血沸腾得一个劲翻滚冒烟。为了证明自己革命的彻底性和不讲私情，划清阶级界限，我不管青红皂白，也不问因由是非，冲到大力面前，站在椅子上居高临下对他劈头盖脑狂暴怒吼，大叫大嚷。可怜大力紧闭着嘴一声不吭，睁大的眼睛望着我，流露出悲伤和愤怒。

每次回想此事，我都不寒而栗。我知道，当时他只要顶我一句，我一定会采取更暴烈的"革命"行动。真是那样，后果不堪设想。显然，我这个"反"造的太愚蠢、太没道理、太可怜了。因为即便按毛泽东发动"文革"的本意，"矛头指向"也应是"走资本主义道路的当权派"，当初《只争朝夕》不就是因为不满意校领导把同学当运动对象吗？大力、玉琪既非所谓的"当权派"，也无任何证据表明他们是破坏文化大革命的"牛鬼蛇神"。后来我曾苦苦思索，一直想搞清楚自己当时到底是怎么回事，他到底出了什么问题值得我那样狂暴，可至今没有答案。"少年血热赤肠衷，怎奈情迷幼稚中"，"自来红"使得昔日手足之友，竟为不共戴天之仇。

30多年后，我突然接到玉琪从成都打来的电话。她一字不提当年往事，却热情邀请我去她家作客，以后更多次联系。2004年和2005年，我两次和太太旅游途经成都，她都和她的"准先生"到宾馆看望我们，请我和同伴吃当地有名的赖汤圆，到机场送行。而和大力电话联系上后他的第一句话就是："我们是好朋友！"我潸然泪下。

百年校庆时，大力到浦口火车站接我。在出口处几十年后第一眼相见，看到他熟悉的身影也两鬓苍苍，往事潮水般涌上心头，泪花又在我眼眶滚动。我要他带我站在当年他接过我的下关码头，望着滔滔东去的大江流水，百感交集，羞愧不已。他接我住到他家，介绍我与他太太美霞、女儿小勤和小宠物狗"臭臭"认识，他们盛情地款待我。还邀请我和天燕一起到高淳划石船、吃大闸蟹；请我和王瑾、台益时夫妇、石笑海、张苏皋在他的小餐馆聚会，在她女儿的歌舞厅里"卡拉OK"。小勤歌唱得很棒。为了在"同桌的她"面前显示有所长进，我自以为是地唱了首台湾歌曲《我是中国人》：

"沉默不是懦弱，忍耐不是麻木，儒家的传统思想，是带领我们的脚步。八年艰苦的抗战，证实我坚毅的民族，不到最后的关头，决不轻言战斗。忍无可忍的时候，我会挺身而出，同胞受苦河山待复，我会牢牢记住。我不管生在哪里，我是中国人，无论是在何处，死作中国魂！"

一曲歌毕，大家纷纷报以掌声，我又"拽"起来，继而再唱《中华民族》：

"青海的草原，一眼看不完，喜马拉雅山，峰峰相连到天边。古圣和先贤，在这里建家园，风吹雨打中，耸立五千年。中华民族，中华民族，经得起考验，只要黄河长江水不断，中华民族，中华民族，直到永远！"

大力很高兴，"同桌的她"更高兴，问我从哪里学来这么好听的词曲，又提议两人合唱当年老歌《喀秋莎》《小路》。

小勤说："曾叔叔，这是我长大至今第一次听父亲提起同学，以前从来没听他说过同学，非常欢迎以后经常来我家玩。以后我准备养鸵鸟，盖个别墅，你和阿姨就搬回南京和我们住在一起吧。"她好奇和热情的话像针扎般让我既羞惭又高兴。我知道这是"文革"和我对大力的打击使他不堪回首往事，失去了同学们的友情和温暖。

离宁前一天，是传统古老的重阳节，大力和美霞又陪我爬古城墙登高望远。我不顾美霞的劝阻，攀屹在高耸险峻的雉堞上俯眺望远方，想从迷茫中追寻过去的踪影，想得知为什么当时自以为站得高看得远却充满了愚蠢的偏见。

灯火辉煌中，大力送我到车站。躺在列车上我翻来覆去难以入睡，写了几首小诗：

### 相见

知己原曾手足投，心惭底事隔成仇。
眸凝泪眼重相见，惆怅秋风白了头。

### 渡口

似是当年候渡津，又回今日大江迎。
难寻旧浪千重水，唯见故人一片情。

### 倾诉

夜宿秦庐白鹭旁，依稀别梦话衷肠。
天明五鼓意未尽，臭臭帮闲挤上床。

### 出游

一曲欢歌中国人，篙撑舟板荡高淳。
重阳欲别登临日，悬壁攀垣上古城。

### 美霞

一生患难与谁共？赤脚布荆心也同。
回首江淮风雨后，万般瑰丽彩霞红。

### 小勤

漫道歌喉直入云，娇娆胆识更辛勤。
但闻来日驭驼鸟，寸草春晖乖女心。

### 臭臭

臭名不臭实为香，四口之家宠作皇。
说妙称奇最道是，排溲遗矢有文章。

以后每次到南京，大力都邀请我住他家。我深为他们全家对我的宽容、度量和友爱感动，更为自己过去的行为而愧疚。

由于毛泽东认定教育界由"资产阶级"把持，加之初期校方一直将学生作为运动对象，沙尧作为一校之长，自然是"当权派"。为扩大"造反有理"的宣传和声势，"造反军"决定将沙尧和全体老师带到社会上进行公开批判。我母亲反对说："沙尧的问题我清楚，组织有过结论，没有什么历史问题，工作也是好的，南师附中在全国都是有名的，你们不要乱来。"我觉她也是"当权派"，哪里懂"造反"？

批判队伍从学校浩浩荡荡沿中山北路向山西路进发，准备在山西路口开批判会。一路果然引得大批路人跟随围观，交头接耳，叽叽喳喳，指手画脚，戳戳点点。开始我们还精神抖擞，认为是扩大造反声势的大好机会，造反口号不断。但老师们个个垂头耷耳，无论怎么跟着喊，都没有我们声音洪亮有力。

随着围观行人增多，开始有人对老师们的遭遇报以同情的唏嘘，忿忿躁动喧哗愈来愈大，甚至有试图打抱不平者挤过来与我们论理。到了山西路口，论理的人愈来愈多，且情绪激忿地围逼上来。天燕在前头领队，一看就是个领袖级人物，自然成为被论理的中心，很快就被吵吵嚷嚷的人群分割开层层围住，几乎脸对脸胸贴胸地对他大声喝叱斥责。

尽管天燕口才了得，但对方人多声杂，群哄而上，且都义愤填膺，情绪激昂。当时社会上根本还不清楚"造反"是怎么回事，别说接受，听都刺耳。看到这些从来就被誉为人类灵魂工程师的老师们象囚犯似的遭此劫难。群众感情的天平一股脑儿向老师们倾斜，对我们"造反有理"的宣传产生了强烈的反感和愤怒。什么毛主席教导？什么最高指示？根本就是这帮浑小子瞎编乱扯！

眼看天燕被分割陷入重围，如果纠缠下去，或他被对方劫走就麻烦了。那就不是"造反军"在"造""资产阶级"老师的"反"，而是老百姓在"造"要"造反"的"造反军"的"反"。沙校长和全体老师反而被撂在一边轻轻松松"没事偷着乐"，看老百姓对"造反军""造反"的笑话。于是我硬是把他从重围中强拖出来往回撤。

就是在这次批斗游行中，我因没听到柯老师呼喊"毛主席万岁"，就认定她对毛主席没感情，存心和"造反军"作对。便怒气冲冲喝斥道："你为什么不喊？"用皮带在她背上狠狠抽了一下。柯老师没有吱声，没有躲闪，更没有反抗，只是头垂得更低，默默地跟着队伍走。

我成了这次游行中唯一打老师的人。这一皮带让我内疚了一辈子，永远无法消除，也无法原谅自己。每每想起，总感觉到老师心里在泣血。

"造反"掀起高潮后，有次我买了根新的健身扩胸器弹簧回来，明晃晃的像根金属棒，看到一个不熟悉的老师不知什么原因被绑在"军部"楼下的树上，身上有些伤，看来被打过。两个低年级同学围着看。我不知发生了什么事，但估计不是"好人"，否则不会如此。便用弹簧在他面前晃晃，问什么事。他以为我要打，就呻吟起来。这令我生气，皱着眉头骂道："瞧你这孬种！又没打你，装什么蒜？这能打疼你吗？我试给你看！"就用弹簧在自己腿上抽了两下，摇摇头走了。

很快我就有些不安了。有次我在金川河桥边碰到罗文彬老师，他恭恭敬敬地向我鞠了一个躬，掏出几张纸，说写了份思想检查，想请我审查。

我懵了，没有一点思想准备。说心里话，我对罗老师始终存有"私心"，总觉得他有恩于我。是他亲手培养我入的团，多次找我和天燕、苏阜、迎凯等谈心，尽心尽力地帮助我们这些"干部子弟"努力上进！我没给他鞠过躬，现在他来给我鞠躬，还要我对他"思想教育"。我心烦意乱，根本不想看他的"思想检查"，就说："罗老师，你快走吧，有人问就说我同意了。"我扭头就走，实在无法面对他的目光。

有个负责苗圃管理的老师也要向我"汇报思想"，我再也不想听，就叫他直接向"军领导"反映。还有一次，几个低年级"红卫兵"抢吕鸣亚老师的手表被我撞见，立刻大骂这些"小不点"，要他们退回。几十年后方明提起此事，说吕鸣亚到杭州对她说："曾小渤干了一件坏事，但也干了一好事。"我以为没人会记得我也有过良心。

2001年8月2日，我与母亲重回附中母校。尽管我曾几次向柯绮霞老师写信道歉，但都未曾当面表达自己的内疚。"造反"后整整35周年，我第一次重返母校。

那天，沙校长和吕鸣亚、唐长春等老师在学校大门口迎候我和母亲。柯老师非但不记旧恨，还热情地跑前跑后，安排接待室，张罗茶水。沙校长和老师们又陪同我和母亲重游阔别了几十年的校园，合影留念。我问起始终怀念的罗文彬和曹焕三老师，但柯老师说他们都走了，我心里一片冰凉，不是滋味。

当晚，我请老师们吃饭，当着母亲的面，我端起酒杯再次向老师们道歉。沙校长摆摆手说："小渤，别说了，这不能怪你，不是你们的错"。

他还改荀子"芝兰生于深林，非以无人而不芳"一句为我题词：

"芝兰生于深林，不因无人而不芳；
篝火焰于野外，不因风吹而熄灭。"

记得取题词时，柯老师冒着倾盆夜雨为我拦出租车，挥手相送。大雨滂沱，在车窗外溅起水花，望着她雨中身影，又勾起往事。我潸然泪下，心潮久久难以平息。

老师们的宽怀愈发令我感动。不管是什么客观原因造成了昨日的悲剧，也不管我是怎样地卷入这场旋涡，总要对自己的行为负责，至少要对自己打骂老师同学的幼稚和鲁莽有个认识。回来后，填词《念奴娇·回母校》：

校园离去，复归来，已是两鬓秋色。三十三年烟雨过，又梦青春轮廓。岁月韶光，纯真理想，学益求精彻。恩情滋露，润馨初蕊新蘖。

叹息萍起风狂，乘凌梢杀，万林摧萧瑟。伤友鞭师亲骨肉，苦味一生酸涩。负疚苍颜，愧心总在，忆取如刀刻。赤肠犹热，应留肝胆澄澈。

## 5.5. "抄家"和与市委书记辩论

"破四旧"和抄家的旋风迅速由北京刮到了南京。

有次,接到全市红卫兵统一抄家通知,"造反军"分成许多组全军出动,我和天燕等一组,天燕的哥哥李秦燕也参加了我们的行动,他是哈军工"红色造反团"的。

根据提供的名单,我们敲开了据说是国民党特务的门,是一对年轻夫妇。仅一间十几平方小屋,除一张双人床占了大部分空间外,几乎没什么家具,一切简简单单。男的开门后一声不响,连我们半夜三更进来干什么都不问,站在那里面无表情,好像已无所谓,任由我们翻东找西。女的穿着汗衫短裤,睡眼朦胧的坐在床上蚊帐里,呆呆的望着我们不知所措。

我们上下左右打量了一下,绕床转了几步就出来了。前后不到五分钟,既没抄也没翻,什么也没动。秦燕说是一只被"抄"过多次的"死老虎",再抄也是白搭。总之,那次行动既没有抄到"变天账",也没见到"金元宝",更没翻出各种"凶器"。

后来得知,这是省市委为加强对红卫兵的领导指示市公安局进行的,被抄对象也都是公安局早就掌握的。因此"造反军"后来也被斥为秉承市委意志办事的"御用工具"。一无所获还背个黑锅,实在丧气,认为上了市委的当,心里不满。

恰好这时,"造反军"弟兄获得了一些市委文件,要求各级党委加强领导和控制,稳定局势,防止发生混乱,显示市委领导对日趋动荡的局势忧心忡忡。天燕等"军领导"认为文件违背了文革运动的大方向,和"造反有理"唱反调。觉得市委不应"怕",而应"敢",主动到群众中以高姿态接受考验。

于是我们决定就文件和市委书记刘忠展开辩论。

9月5日,"造反军"倾巢出动,一路狂飙"杀"向市委,这在南京中学红卫兵造反史上可能绝无仅有,"史"称"9.5辩论"。

当时南京各高校反工作组虽起高潮,但还没人公开打出"造反"旗号。市委门口周围各种琳琅满目的大字报和标语,也未出现

"造反"的字样。于是我们决定在辩论前再次大造声势，在市委门口高耸的雕檐画栋房顶上刷出"造反"的大标语。

在大家的怂恿和推举下，我和纵晨光承此"大任"。明知一失足将成千古恨、不摔个七零八散也要奄奄一息，但我们还是视死如归，一往无前地爬上去。要让那些"走资派"和群众看看真正的红卫兵是如何誓死捍卫毛主席、如何造反的。在没有任何高空作业安全保护措施下，我拿刷子在前，他拎墨桶在后，在房顶鱼脊刷出了"革命造反有理万岁"八个大字。在"造反军"一片的欢呼和围观群众的哄哄嚷嚷声中，我俩凯旋而归。虽然腿肚子还在打颤，但脸上漫不经心，谈笑风生，显得很轻松潇洒。

现在回想，手心还冷汗津津。如果当时真的不幸"殉职"，是重若泰山，还是轻如鸿毛呢？40年后今天，谁会为我昨天的英勇祈祷呢？

天燕还为我的壮举拍照留念。在我脚踩的瓦檐下，横着一条某校造反派要求市委将工作组长"××"交回接受批判的标语，而"××"正是造反军一成员的母亲。

辩论开始，天燕等上了主席台，我和迎凯坐在主席台下一侧的小方桌前。其他官兵都坐在前面几排。市委机关干部围在周围，整个礼堂挤得满满，把我们紧紧围困中间。他们都是刚被市委调回来的社教工作队，经验丰富，根本不把我们放在眼里。

与之相比，我们虽势单力薄，但毕竟是初生牛犊，气吞万里如虎，面对围困毫无惧色。几个回合下来，对方辩论人员显然由于对文革的发展趋势感到茫然，更对"造反有理"的来历缺少知识，无法招架天燕等咄咄逼人的凌厉攻势。我们胜券在握。

谁知他们辩论不过，就唱起《三大纪律八项注意》。好像我们宣传造反有理是无组织无纪律。人多势众，一时也声高缭绕，震耳欲聋，雄起起来。

谁知仅仅雄起了几句，声音就开始越来越小，最后竟象蚊子般哼哼了。哇噻！原来他们是程咬金耍板斧，只会头三下，往后就"草鸡"了。哪里是我们不懂三大纪律八项注意？分明他们自己不懂还偏要逞能。

"造反军"顿时哄堂大笑，开始向对方拱鼻子挤眼扮鬼脸，呼三喊四喝倒彩。对方则像做错事的小孩子低头垂脑朝后挤，面红脸热往下缩蹲，硬着头皮任由我们哂笑，莫敢出声。我们又赢了第二局。

正当天燕等要乘胜追击，发起下一轮攻击时，突然从台下"造反军"中挤出一个丫头，一蹦上了主席台。只见她身着旧军装，腰系武装带，臂缠红袖章，发扎羊角辫，昂首挺胸，两手叉腰，来了个典型标准的老红卫兵飒爽英姿亮相造型。果然气宇不凡，台上台下都为之一楞，整个礼堂为之一震。

"我是来自北京的首都红卫兵，在伟大领袖毛主席要关心国家大事的指示和无产阶级革命路线指引下，来到了南京，"她乘全场肃静发愣时自我介绍了一番。

大厅继续发楞，双方谁都不知道是谁安排这么个节目。但"造反军"一看她的打扮就觉得是"自己人"，又是北京来的，就以为是天燕或其他"军领导"安排的第二轮突击队，就高高兴兴听之任之；机关干部大概第一次见北京来的红卫兵，又是个漂亮"美眉"，虽然打乱了秩序，但也转移了注意力，至少打破了受本地小子无情嘲弄耻笑的尴尬局面，实际上为自己解了围，转危为安。既松了口气，又激起了好奇心：既是北京的，看看能唱什么曲？眉清目秀的小丫头片子，大概不会象本地傻小子瞎折腾，搞的那么癫狂。机关干部也风平浪静。

"在伟大领袖毛主席的英明领导下，我认为南京市百分之九十以上的机关干部，包括领导干部都是要革命的，是好的！"她用当时流行语甩出了第二句。

"讲得对！"机关干部中有人高喊并拍起了巴掌，情暖心扉啊。

"他们绝大多数是忠于伟大领袖毛主席、忠于毛主席无产阶级革命路线、忠于以毛主席为首的无产阶级革命司令部的，"喊声和掌声使她神采飞扬，抑扬顿挫。

"讲得好！向首都红卫兵学习！"这么高的评价令机关干部大受感动并报以更热烈的掌声，迫不及待的口号又冲天而起。北京红卫兵果然不一样！从毛主席身边来的人就是有水平，哪里象本地小子都是"傻BB"的楞头青！

"造反军"鸦雀无声，感到不太对劲，这搞得是哪路子买卖，耍的什么花枪？

"因此，我代表首都红卫兵向所有勇于坚持毛主席无产阶级革命路线的南京市委机关干部致以最深切的、崇高的、革命的战斗敬礼！"疯丫头磨磨叨叨的放完第二炮，对方又卷起了经久不息雷鸣般的掌声和铺天盖地的欢呼：

"向首都红卫兵小将学习！""向首都红卫兵小将致敬！""毛主席万岁！"

他们象受压抑了很久的火山爆发一样呼啸而起扬眉吐气。几分钟前还憋着的一肚子颓唐晦气和屈辱怨愤顿时倾泻而出，一扫而光，讲的太棒了，畅酣淋漓，痛快极了！

"造反军"开始憋气了，怒火中烧但又无法发作，只好忿忿地瞪着他们相互吹捧。

"但是，"在充分享受和满足了对方一遍遍长久的欢呼和掌声后，面对"造反军"仇恨的目光，疯丫头开始转向："伟大领袖毛主席教导我们造反有理，文化大革命就是要横扫一切牛鬼蛇神，造走资本主义道路当权派的反……"

对方尚未回神，依旧掌声热烈。

"因此，革命就是造反！毛泽东思想的灵魂就是造反！真革命还是假革命，就是看他对造反的态度。不造反就是百分之百的修正主义！百分之百的假革命！百分之百的反革命！……我们就是造反的孙猴子！就是要大闹天空！我们革命的红卫兵就是靠造反吃饭的！对黑帮、对旧世界、对旧思想、旧文化、旧风俗、旧习惯，对一切反毛泽东思想的东西，就是要来一场革命的大造反！……我们就是要大破四旧，大反特反，大闹特闹，大搅大闹，要闹得翻天覆地，闹得资产阶级睡不着觉，无产阶级也睡不着觉！……我们既要造反，就由不得你们了，就是要把火药味搞得浓浓的，爆破筒、手榴弹一起扔过去，来一场大搏斗、大厮杀！……要轰轰烈烈，大风大浪，把旧世界打的落花流水，砸个稀巴烂！杀出一个无产阶级的新世界！此时不反，更待何时！"

她越说越煽情，满嘴火药味漫无边际乱喷，全是当时北京红卫兵时髦超前而又令人胆战心惊的造反专用流行语。像马克辛机关炮一样，一边横七竖八乱扫，一边冒着发烫的白烟。虽说言词离题空泛，与辩论内容根本扯不上。但锋芒凌厉也让"造反军"弟兄听得热血沸腾。开始为她玩的手段和口才技巧及煽动力折服。对方傻了，这才发现上了疯丫头的当，停止了掌声，目瞪口呆。轮到"造反军"掌声为她捧场了。

"要造反的就站出来！不造反的就滚他妈的蛋！"她愈发疯劲十足，开始发号施令，好像她是这次辩论的总指挥。天燕也被她突如其来的莫名其妙给镇住了。

这是哪到哪啊？哪里是什么"美眉"？分明是做人肉包子的母夜叉！比本地的愣头青还要操蛋！这搞的哪门子辩论？分明是在挨骂！真是瞎了眼！连连吃亏的机关干部感到这种羞辱实在忍无可忍，这口气再也咽不下去了。不满情绪终于彻底爆发，也顾不了那么多，再不肯辩论，开始纷纷嚷嚷，人头涌动，嘈杂不迭地对她大声指责，叫她滚下来。又认为是我们蓄意妄为，把气洒向"造反军"。会场秩序开始大乱。

到会不久的刘忠看形势不好，就借口有事出去再未露面。"造反军"见他一去不返，对方又骚动不停，无法辩论，也来了肝火。我和几个人跳上台，要对方代表出去叫刘忠回来辩论，但对方象闷葫芦，再不发一言一语。辩论会只好在混乱中结束。

几天后，一个副市长约天燕等"军领导"，对刘忠离去作了一些解释，又对"造反军"好言好语安抚一番。大概是怕我们再去闹事。

几十年后，我和天燕电话聊天提及往事，想起那个疯丫头，问是不是他拖来的。天燕说他也不认识，不知道到底是从哪里冒出来的，可能是低年级同学的关系串联到南京，就赶上了。

"她叫什么？"我问。

"记不清了。事后和她聊过，好象姓党，名字很古怪，好象叫

'党中央'！"

"什么？党中央？"我笑起来，还有这种名字？

"对！姓党，党中央！她说这个名字好，谁都不敢反，拿她没辙。谁敢反党中央？"

## 5.6."拥军保许"

反军浪潮也冲到了南京。南京军区文化大革命从1966年10月12日开始。被造反派称为"许大马棒"的许世友当天作了不到半小时的军区文化大革命动员大会。但第二天，司、政、后大字报就铺天盖地糊了上来，驻宁军事院校和军区三团两队（前线歌舞团、歌剧团、话剧团、军乐队、体工队）造反派开始冲击军区机关，并在鼓楼广场设立辩论会，要和"许大马棒"辩论。12月10日，造反派又在五台山体育场召开"批判资产阶级反动路线"誓师大会，聂元梓、蒯大富作报告。会后，对军区行动进一步升级；31日11时，军区遭上万多造反派冲击，8个军区首长被抄家，一个副政委和两个部长被抓。

就在前一天，即12月30日凌晨，上海王洪文调动十几万工人造反派对康平路"保皇"的"赤卫队"发起攻击，抓了两万多名"俘虏"，排成单行分成6路集中游街，制造了上海第一场武斗。接着又在1967年刮起了夺权的"一月风暴"。六朝古都也不落后，元旦刚过，几省工人造反派就头戴藤条帽，手执大刀长矛发动了对"赤卫军"围剿，成千上万工人"赤卫军"被列队游街示众。这是轰动一时的南京"1.3"事件。

"工人老大哥"杀上了历史舞台，军校造反派奋勇跟进。1月3日当天，首都召开10万人大会，批判叶剑英、陈毅、徐向前、贺龙；4日，江青、康生、陈伯达等两次接见造反派，指陶铸是刘邓路线的执行者；点名刘志坚的全军文革小组贯彻的是资产阶级反动路线。林彪为打贺龙，当面指示北京军区司令员杨勇要"烧掉"政委廖汉生。7日，总政和全军文革一些成员到北京军区贴廖汉生大字报，8日上午杨勇、廖汉生刚召开军区党委扩大会，军区战友文工团就来抓廖，廖问杨怎么办，杨说还是去看大字报，正确对待群众嘛。廖气愤地说："我看你们是商量好的！"

接着，1月4日（一说8日），昆明军区第一政委阎红彦服药自杀；1月6日刘少奇、王光美被蒯大富等骗出中南海抓获；21日东海舰队司令员陶勇被发现惨死在一口小井中，说是畏罪自杀；1月22日煤炭工业部长张霖之在零下17度严寒中被扒光上衣，头上被戴60多斤铁高帽压趴在地上，用刀捅割，口吐鲜血残酷迫害致死；1月29日，山西省委第一书记卫恒连续惨遭揪斗身亡……而南京军事学院院长张震、政委王平早就被派挂牌批斗，南京街头到处挂着丑化他们的连篇漫画；南京空军司令员聂凤智被装在麻袋里殴打，还要扔到长江里喂鱼。

天燕当时曾向我描绘聂凤智被打惨况，大家听了心里很不是滋味。

紧跟上海"1月风暴"，南京形成了以文凤来为首的"红总"和以曾邦元为首的"8.27"展开了争夺江苏和南京大权的激烈角逐。随着角逐，反军和武斗开始升级，到处抢武器：镇江小衣庄营区枪支被抢、扬州七里甸军械库被抢、苏州军分区藏在礼堂地板下的武器被抢、无锡27军运往战备指挥所武器被抢……

面临军队即将大乱，军委1月初在京西宾馆召开碰头会，讨论处理军队开展文化大革命问题。林彪一改曾对叶剑英所说部队要稳的指示，说："机关要彻底搞"，"对老干部有的要烧，不但烧，有的还要烧焦，有的要关起来，有的戴高帽子，有的抄家，有的贴大字报，有的一般的开会批评。"江青等中央文革在会上则说解放军滑到了"修正主义边缘"，军队不是世外桃源，不能搞特殊，要军队立即开展"四大"。叶剑英、徐向前、聂荣臻等继续主张军队稳定，反对大鸣大放，反对戴高帽、抓人、抄家。

1月11日政治局会议，徐向前任改组后的全军文革小组组长，江青担任顾问，叶群成了组员；徐一上任就于14日发出《关于不得把斗争锋芒指向军队的通知》。但在19日下午军委碰头会议上，围绕肖华，叶剑英、徐向前、聂荣臻再次和江青爆发争吵。江青骂肖华是刘志坚的黑后台，军内执行资反路线总代表，要他参加当晚召开的万人批斗大会。陈伯达嘲笑肖华像个绅士，不像个战士敢参加批斗会。气得肖华站起来反驳说自己12岁跟主席革命，从来没有反过主席。江青一见肖华顶嘴，大怒："你有本事到万人大会上去讲！"散会时，徐向前宣布会议严格保密，不准外传！

但是，杨勇还是在北京军区干部会议上作了传达。总政副主任袁子钦的笔记本也被人偷看，结果都走漏了会议内容，当晚肖华就被总政文工团和军区战友文工团等造反派抄家。肖华从后门逃到总政副主任傅钟家又跑到叶剑英家躲起来，太太被抓。这就是"1.19泄密事件"。

第二天20日，总政乱了套，到处抓人批斗，贴满大字报。徐向前知道后，一开会便追查谁走漏风声，江青故弄玄虚说："总政主任失踪，恐怕来不了啦！"话音未落，肖华便来了，徐向前问他昨晚到哪里去了，肖华便诉苦。徐向前气得拍桌子骂："你这个胆小鬼，怕什么？他们能把你吃掉吗？"江青也愣了，问肖华怎么逃出来的，陈伯达则追问是谁保护的？叶剑英越听怒火越往上窜，也一拍桌子道："是我把他收留的，如有窝藏罪，我来担当！"结果这一拍拍断了掌骨。

老帅一带头，与会的各大军区领导纷纷抢着发言诉苦，许世友也跟着嗷嗷怒吼，众怒一团，被中央文革斥为"大闹京西宾馆"。会后毛泽东接见各路司令，许世友嚷嚷说，造反派点名揪我，我抗议！高帽子是给地富反坏右戴的，为什么要给我戴？我跟毛主席这么久，还把我当地主斗，我想不通！

这就是"1.20大闹京西会议事件"。结果，徐向前要杨勇就泄密作检查，又被林彪抓住，既"烧焦"了杨勇，又怪罪徐向前、叶剑英搞杨勇。

然而，尽管毛泽东体谅许世友，但会议第二天21日，仍在南京军区党委关于造反派要求部队到批斗安徽省委书记李葆华的会场警卫一事的报告上批告林彪说：应派军队支持左派，以后凡有真正革命派要求军队支持、援助，都应该这样做。所谓不介入是假的，早已介入了。此事应重新发出命令，以前命令作废。

于是，1月23日中央、国务院、军委、中央文革联名发布了《关于人民解放军坚决支持革命左派群众的决定》。其中"重申军队不得作一小撮党内走资本主义道路当权派和坚持资产阶级反动路线顽固分子防空洞的指示"，结果这一条为冲击军队留下了借口。叶、徐、聂看了头痛，只好与林彪商量，提出了7条限制措施。根据昆明军区反映有的高干子女参与抄家，影响很不好，26日毛泽东又加上了管教干部子女、不准搞"喷气式"、不准戴高帽子等，成为军委《8条命令》（《军委8条》）。但周恩来和叶、徐、聂等对第5条规定左派冲击军队不追究，要欢迎，右派冲击要抵制还是头痛，28日与中央文革发生了激烈争论。终于还是毛泽东最后钦定："今后则一律不许冲击"，形成了新的《8条命令》，包括不准武斗、不许抓人、不许打人、不许戴高帽、不许搞"喷气式"、不许游街、不许抄家、军队不许夺权、军队人员不许串联、不许冲击和占领军队领导机关，要坚持党委领导等。

"8条"一定，各路将领如释重负，个个精神抖擞，不等正式文件下达，许世友连忙向南京发电。

就在军委碰头会期间，南京夺权也白炽化。"红总"以"江苏省革命造反派联合委员会筹备委员会"名义，抢先发布《江苏省革命造反派联合夺权声明》占了优势，1月26日夺了省委和省人大的印章，然后在五台山体育场召开庆祝大会，要南京军区表态。受毛主席对上海夺权支持的影响，副司令饶子健在大会表态说"好得很"。

这下捅了马蜂窝：一贯强硬反军的"红总"见饶子健俯首称好，喜从天降，愈发威风凛凛；"8.27"则怒火中烧，大骂"好个屁"！这便是"红总"成"好派"，"8.27"为"屁派"的由来，双方又开始恶斗。

为寻求支持，两派都要军区表态。主持工作的张才千副司令只好分别接见。"屁派"温和，注重说理；"好派""牛B"，非要张才千明确表态支持夺权是革命行动不可。张才千不敢再像饶子健那样惹祸，只好含糊其辞说："你们夺权又没和我们通气，现在出了矛盾要我支持，不向上级请示清楚我怎么表态？"

话音刚落，造反派就将一顶高帽子扣在张才千头上：你不支持就是大军阀！警卫团团长来解围，也被扣上了高帽子。

就在温度骤然激升紧急关头，收到了许世友发来的"军委8条"，张才千顿时精神大振，一把扯掉高帽子，立即向"好派"宣布"8条命令"。"好派"顿时也愣了，面面相觑，刚才还好好的，怎么突然说变脸就变脸了？

这下轮到许世友"牛B"了，怀揣"8条命令"开了杀戒：下放"三团两队"统统到野战军；军区报纸《人民前线》停刊；拆散步兵学校，人员疏散，所有有造反倾向的人，全部到省军区、军分区、人武部参加"三支两军"即支左、支农、支工、军训、军管；逮捕了22名军区机关和江苏、安徽、浙江三省及南京市所属部队造反人员，开除8人，看管或隔离反省475人；取缔了南京市10个造反组织，抓了330多个造反头头；所有被看管、隔离、关押人员都要写检讨，交代问题，向毛主席请罪。

接着开始喝酒。在AB大楼摆了8、9桌，为挨整的军队院校"当权派"压惊。一边喝一边说祝酒词：毛主席说搞文化大革命，可他们不搞，而是发泄对党和老干部的不满。我们这些人，哪个不是跟毛主席南征北战打过来的？哪个身上没七八个洞？说我们不跟毛主席革命路线，难道是他们跟？

说完祝酒词，吐完窝囊气，宣布叶剑英以军委名义给南京军区下达的关于军事院校文化大革命的四条指示：军队院校暂停"四大"；暂停战斗组织活动；恢复党委领导，恢复行政领导；进行"三支两军"。一时间，酒喝得喜气洋洋。

2月11日，《8条命令》正式由军委向全国发出。16日，被数千造反派围困了很久的内蒙古军区扬眉吐气架起了机枪，准备对来犯者惩罚。

然而，从2月8日起，周恩来在怀仁堂召开政治局常委碰头会，但在11日和16日的会议上发生了"二月逆流"。情绪化的言论引起毛泽东的极大不满，18日连夜召开政治局常委会说：中央文革小组错误是百分之一二三，谁要否定文化大革命办不到，是要搞资本主义复辟，是要让刘、邓上台。责令陈毅、谭震林、徐向前检讨。

2月23日，周恩来主持中央文革小组开会，确定批陈、谭、徐事宜。无巧不成书，当天青海省军区副司令赵永夫根据《8条命令》，认为《青海日报》社掌权的"8.18红卫兵战斗队"是反动组织，宣布取缔并实行武装包围。又按照"敌人开枪，我还击"的原则大开杀戒，开枪打死169人，打伤178人，还逮捕了一大批。这又给中央文革抓了把柄。赵永夫当即成为残酷镇压造反派的"带枪的刘邓路线"和"军内走资派"。天平的砝码和重心又向不利于"军内一小撮"方面倾斜。

鉴于南京"红总""8.27"对立尖锐，无法达成统一，3月5日，周恩来和中央文革接见两派，决定对江苏省实行军管。3月10日，周恩来批阅了中央给南京军区的电报：鉴于江苏省的群众组织之争一时统一不起来，三结合条件还不成熟，中央决定由南京军区和江苏省军区负责建立军管会，对江苏省实行军管。军管会下设两个班子，一个抓革命，一个管生产，把工农业生产和财贸工作管起来。对重要工厂、轮渡、火车站、邮电等部门可派军代表。"江苏的一般问题，由许世友同志和江苏省军管会同张春桥、姚文元同志商量解决。"军管会由军区政委杜平为主任，张才千、周贯五、赵俊、梁辑卿以及后来的吴大胜、杜方平等为副主任。

4月2日，《人民日报》发表《正确地对待革命小将》的社论，号召"反复辟"；4月6日，军委发布新的"10条命令"，使得《8条命令》完全失效。军队原来相对稳定的局面又回到混乱的状态。

南京形势急转直下，"反军"浪潮第二个洪峰顿涌。被许世友取缔和处置的军内外造反组织死而复生，卷土重来，纷纷杀回军区造反，要求军区认错、平反。他们恨透了"许大马棒"，认定他是"镇压造反派的罪魁祸首""华东走资派的黑后台"。"打倒许世友，炮轰杜平""活捉许和尚""火烧许大马棒"的大字报贴满了南京街头。许世友见局势不妙，躲到无锡尤太忠的27军，不久又转移到大别山126医院，架起机关枪"养病"。找不到"许大马棒"，造反派就向杜平要人，杜平说："大别山那么大，到哪里找？再说，哪有政委带人抓司令的？我军历史上哪有这样的事呢？"

抓不到正的抓副的，副司令王必成、副政委鲍先志倒了大霉，被"三团两队"造反派喝令跪下请罪，不跪就按头、踢腿、戴高帽、淋墨汁。结果二人和林维先被逼一起在机关和部队搞"四大"意见书上签了字。但这又引起了许世友对他们的极度不满。

局势对"造反军"极为不利。作为第一批"老兵"，"造反军"军队子弟多，许世友、聂凤智、王平的子女许经建、聂梅梅、王晓鸣、王晓旭、王晓虹都在"造反军"内。反军浪潮中，昨天还是"革军子弟"，一夜之间就成了"军内一小撮"子弟。地方干部子女就更不要说了，运动刚开始就成为"走资派子女"。总之，"造反军"也被指责成了"保爹保妈派"的"黑字兵"。

特别是随着反"资产阶级反动路线"深入，校内其他造反组织也如雨后春笋般涌了出来，如"红联""井冈山""思想兵"等。彻底打破了"造反军"一统天下的局面，更由于过去受"自来红"的歧视和压制，也开始要讨个说法，形势立刻翻了个。

聂凤智、陶勇的遭遇惹怒了许世友，狠劲一来，在太湖召见装甲兵司令员肖永银，要他收留陶勇的三个小孩当兵，张震的小孩也被他送去杭州。之后，一批批子弟都被送进他的装甲兵营，女的则到后方医院，锁进了"红色保险箱"。

许世友和肖永银自行招兵买马让造反派恼羞成怒，决定攻打装甲兵营，肖永银闻讯，连夜将娃娃兵送到江北坦克训练基地。造反派于是告到中央军委和国务院，说"许大马棒"招"黑兵"、窝藏"老保"。

周恩来办公室很快就给军区来电："我是总理办公室。根据革命群众反映，你们南京军区装甲兵收了几百名黑兵，各地牛鬼蛇神走资派子弟都跑到你们装甲兵窝藏了起来，请你们查一下有无此事。"军区在家几个领导面面相觑，谁作谁当，将肖永银叫来听电话。哪知肖永银笑着说："总理问嘛，我如实报告并签名。如总理找我，当着群众的面发脾气，甚至打我耳光我都没意见。总理那么忙，我不该给总理找麻烦。可是如果我们两人门一关，我就要说：'总理啊，这是后代啊'！"

肖永银的话让在场的军区领导为之伤感。接着他如实用电报将整个事情的来龙去脉向总理报告，并在电报上签名。总理却再也没有过问。

但总参又来电，要查查究竟招了多少黑兵，不够格的要统统清退。肖永银看完电报一拍腿，吩咐立即起草报告：经过半年严格训练，考试及格多少、发展党团员多少、补充到部队多少、继续训练多少。总之全部合格。总参接到报告后也再没继续追查。

许世友听了肖永银跌足长叹的汇报后，哈哈大笑。

"黑兵事件"固然为遭难的子女提供了解救和保护，但"造反军"弟兄一下子走了好多人。不仅自身兵力严重减员，更引起其他组织的不满和反感：不好好检讨反省血统论和"自来红"，还跑去当兵，分明是逃避斗争，对立情绪更加强烈。

3月7日，毛泽东指令对大、中、小学生进行军训。各派外出串联和参加社会造反的人马开始陆续杀回学校。此前，"造反军"一些人外出串联，一些人到逸仙桥畔的511厂"学工"。寒风卷着大雪，《长征组歌》苍凉激越的旋律伴随"造反军"渡过了寒冷的冬天。

无疑，由于"造反军"保许不反军，和军训队关系相当融洽。天燕"军长"与军训队队长建立了很好的沟通。还和负责我们班训练的一个排长在北操场比试过两下子过过招。军训结束时，"造反军"弟兄难舍难别。我眼圈红通通地拉住排长手不放，排长也落泪无限感慨："没想到你曾小渤还这么有感情！"纵晨光则跟着渐离渐远的军车后嚎啕大哭。这个排长后来还"单相思"，给官思桥来信倾情。

这期间，"造反军"经过一番深思熟滤，出人意料地干了三件事：

一是贴出了"解放沙尧"的"通告"。认为经过斗、批、改的检验，"沙尧不是走资本主义道路当权派"，且从历史上看，沙尧"功大于过"。因此，宣布"解放"；

二是向全校各"红卫兵"发出大联合的倡议，尤其向"红联"

伸出了橄榄枝；

三是坚持"拥军保许（世友）"。在南京"反军倒许"踌躇满志，得意洋洋时，"造反军"决定旗帜鲜明地反这个潮流。

不管当初"造反军"对老师、同学和省市委的"造反"因受客观大环境的影响有多么错误，但此三项举措无论是当时亦或现在怎么看，都还不失为正确的。

可惜，三项举措都遭到了拒绝。我们被斥为"假造反、真保皇"，"造反军保皇面目大暴露"，绝不和我们这些"假造反"的"老保"搞"同流合污"，我们成了要被痛打的"落水狗"和宜将剩勇追击的穷寇。

3月15日，"造反军"和愿意联合的几支红卫兵组织在北操场举行全校红卫兵大联合誓师大会，南京多所中学"老兵"纷纷赶来祝贺，大会再次喊出了"拥军保许"的口号，在一片反"许大马棒"的声嚣中确实惊动四方。于是，联合大会遭到围攻，被斥为全市"铁杆保皇"分子在"垂死挣扎"，死保"军内一小撮"和"带枪的刘邓"。攻击者用高音喇叭呼喊反许口号，一边开车冲击会场并被切断电线。

## 5.7. PK《115师》

偏偏这时北京传来有关"联动"和"二月逆流"的消息。"造反军"很快就被和"联动"上挂下联起来，被斥与中央文革唱对台戏、与"联动"一脉相承、一丘之貉，"是'联动'南京大本营"。我最弱智窝囊，成为第一个被锁定为"联动分子"。

从2月份开始，有关我是"联动分子"的议论就在学校开始走俏：

"曾小渤，'红联'的人说你和×××最反动……"；

"曾小渤，我们班同学都说你坏，戴'联动'袖章，写'联动'诗和主席对抗……"

"曾小渤，'红联'人说'造反军'×××坏的不可提，而你和

×××是第二号人物……"

"曾小渤，人家都说你是南京'联动'的……"

"曾小渤，有人说你是'联动红卫兵肃反委员会'的……"

更为出奇的是，有一张小报上的"动态消息"竟言之凿凿称，"据查，北京联动红卫兵军事法庭代表'小飞马'近日到宁，戴有镰刀斧头的袖章……"

愈说愈邪的风声雨声，有鼻子有眼的五彩缤纷，开始我还为这些离奇古怪的传说洋洋得意，煞有其事般"没事偷着乐"。但后来才听出"磨刀霍霍向猪羊"的声音，感觉不妙，这可是要坐班房的，不是在"逗你玩"。于是又哭笑不得。

我怎么会成了"联动分子"呢？还要从"红卫兵"袖章说起。

北京"老兵"最早袖章就是一块红布或红绸，有的在袖章上印上"红卫兵"或其他称号。牛皖平送给我的袖章，就是红绸上印上主席手写体"红旗"二字。"8.18"宋彬彬给毛主席的袖章是三个黑色水印"红卫兵"主席字体，后来成为多数"红卫兵"仿效的制式，也即所谓的"黑字兵"。

"造反军"袖章较复杂，上面一行宋体小字"誓死捍卫毛主席"，中间一行主席体"红卫兵"，下面又是一行"红色造反军"宋体小字，黄色油漆套印。作为区别符号，始戴倒也无妨。但时间一久，油漆就不新鲜或出现裂痕。我崇拜"唯美至上主义"，总觉得设计呆板繁琐，既不简洁，又无视觉冲击力，于是就想搞新花样。

一次在家翻画报，无意中看到一幅秋收起义的油画，一股强烈的冲击波和震撼力顿时划出耀眼的蓝色闪电，眼球立刻被工农红军的军旗图案吸引：这不正是我朝思暮想、苦苦追求的东西吗？真是踏破铁鞋无觅处，得来全不费功夫！

红底、白星、黑镰刀斧头；沸腾的鲜血、跳跃的生命、燃烧的火焰、钢铁的力量！最佳鲜明生动的色彩搭配，强烈反差的视觉对比，囊括历史和现实造反的深远内涵！还有什么比之更慑心肺腑，耀眼刺目？太精彩了！用现在的流行语形容，就是威、靓、酷、爽、炫！真是不谢天不谢地，要谢就谢毛主席！

我当即找来三色绸缎，设计裁剪，以惊人的速度立即学会了缝纫机，连夜制作成功，兴奋得一夜无寐。第二天一早，就佩戴着新袖章，骑车在大街小巷乱转，体验实践是检验效果的唯一标准。果然引来一片吃惊、猜测甚至恐惧的目光，不知道在这诡谲多变、神鬼莫测的风云中，又冒出了哪一彪英雄好汉。毫无疑问，成功了。

我兴冲冲赶到学校，"牛 B 烘烘"的神气，熠熠刺目惊心的袖章顿时哗然一片。"造反军"个个喝彩，恨我的人更是狐疑的目光中充满警惕，揣测我又搞什么鬼，加入了什么诡秘组织。一阵欣狂，我到大街上到处乱转，招摇过市。

我跑到王史维家，高三乙高安东惊叹不已，不禁连连叫好，但建议黑色的镰刀斧头改成绒绣，并连夜帮我改制，果然效果更好。"天兵天将"支队一帮小女生纷纷开始仿效，后来连"军旗"也改成了这种设计。一看大家都这样，我又将毛主席戴军帽佩红领章的版画头像代替镰刀斧头，又与众不同，又引蛙声一片。

总之，老是要标新立异，老是要与众不同，结果是树大招风，枪打出头鸟，不抓你姓曾的作标靶难道还抓假的？"假作真时真亦假，无为有处有还无"。或许就是这个别出心裁的袖章将我与"联动"紧紧捆绑在一起了。都是袖章惹的祸！

"聪明反被聪明误，反害了卿卿性命"。"牛烘烘"不仅给很多人尤其是女同学留下了妖魔般的印象，更被多人视为眼中钉肉中刺。

几十年过去，北大附中"红旗"袖章、黑字兵袖章、造反军袖章以及我这个标新立异的袖章至今都还保存着。百年校庆时，我还在"天兵天将"王党生家看到了她仿效我制作的这种袖章，唏嘘不已。可说真的，至今我也不知道到底有没有"南京联动""红卫兵肃反委员会""红卫兵军事法庭""小飞马"这些古古怪怪的东西，也从来没人给我颁发过这些委任状。

无论今天怎么评价"联动"，无论它有哪些严重的错误和罪孽，但有一点可以肯定，当时有胆量、有规模、有组织敢公开造中央文革反并与之较劲的群众组织，除"联动"外，概无其他。与之相比，别说我，就是"造反军"的锋芒锐气九牛也不及其一毛，甚至还比较

"听话",经常对照"两报一刊"检查自己,虽然有困惑和徬徨,但还从未公开流露对中央文革的不满。我当时也写过一首诗检查过自己的自来红思想:

> 少年血热赤肠衷,无奈情迷幼稚中。
> 荣耀根苗夸颜色,骄矜凤种诩真龙。
> 声名五世遗泽斩,兴败八旗祖业终。
> 一卷左师缘太后,无功何以傲峥嵘?

尽管"造反军"伸出了橄榄枝,但其他组织不愿"同流合污",要痛打我们这只"落水狗"。我们解放沙尧、朱之闻等更惹怒了对方。有些组织还将腿已断的朱之闻拉到太阳下曝晒批斗。2001年8月我和母亲去看望朱子闻,他还笑着提到这件事。

原先的《只争朝夕》早已不在一起了,天燕要抓"全军"和宏观调控的大事;王史维似乎早就厌倦和看透了这场游戏不那么好玩,显得心灰意冷。据点已移师靠校门口池塘边的新实验楼上,苏皋也卷起铺盖回家,上午来陪我转,到山西路吃汤团和臭豆腐;小湖整天对着录音带和留声机学唱样板戏,拼命为"QQ"打基础。总之,都开始懒散起来。为了不被冤枉成"联动",只好自救,以《赤飙》名义孤军奋战。

从1967年3至5月,围绕"造反军"的"假造反、真保皇"、回班"复课闹革命"、大联合、4月1日解放军进校军训、"拥军保许"等,我写了一系列大字报:

《我们是革命的转变论者—兼谈红卫兵大联合》《我们要做彻底的唯物主义者》《"反动"言论,要者来取》《牢骚太盛》《致革命造反队"缚苍龙"》《谁说稻草救不了人?》《锷未残?》《路线斗争与阶级斗争》《警告!》《撼山易,撼解放军难!》《谁在造谣?》《树欲静而风不止》等等。

与我展开笔墨大战的是:《井岗山兵团》《井岗红旗》《钟山风雨》《杀气腾腾》《过大江》《缚苍龙》《刺刀见红》《锷未残》《革命造反队》《反到底》《风雷》《红旗永不倒》《枣园灯光》《红灯

照》《第一风雷》《红旗卷起农奴戟》等等，其主力军是高二胡东光的《115师》。

现在再细究昨日谁是谁非已毫无意义，但看到当年所写大字报标题和与之奋战各路劲旅名称，却也有趣。无需修饰，连起来就是惊心动魄的革命诗句：

> 井岗红旗永不倒，井岗兵团缚苍龙；
> 枣园灯光红灯照，钟山风雨起风雷；
> 红旗卷起农奴戟，革命造反反到底；
> 杀气腾腾过大江，刺刀见红锷未残。

其实，我和东光私下关系还很不错，彼此经常来往，也和气融融。他到我宿舍来炫耀一柄尺把长的日本小武士刀，并当场与其他菜刀等铁器对砍，果然刀不卷刃、吹毛得过，锋利无比，我赞叹不已；我则展示自己的"蔡司"相机，自夸世界名牌、数一数二，他也点头称是。他见镜头上有粒灰尘，竟用大拇指去擦，恼怒了我，说他老土，弄坏了我的相机。为了赔不是，他豪爽地将刀送给我（至今尚在），但第二天我仍在大字报上将他讥笑数落了一通。友情归友情，原则归原则，岂能以情徇私？

很快我就被他逮住机会报复了。4月12日是"造反军"成立8周月，我又一时激动想搞个名堂纪念纪念，便一气凑了10来首"诗"，时间紧迫，无法顾及词语平仄对仗，就找王史维稍加修改，她冠以《不似春光，胜似春光》为题，然后找胡百良老师夫人通宵抄成大字报，一早贴了出去。自以为得意，天燕也高兴，认为全面展现了"造反军"的光辉战斗历程。

谁知满腹诗词天分的东光看后笑掉大牙：这狗屁倒灶的也叫诗？有人批注嘲弄是"瘦驴拉硬屎"。我只好细细重读，果然诘屈聱牙，拗口涩舌，生拉硬扯，平仄不顺。虽重新修改但已无济于事，只好硬着头皮任东光和对方参战部队寻衅羞辱，奚落嘲弄。"牛B"气焰严重受挫，一下就被打趴了。

确实，要想"拽"，就要有"拽"的资本或资源，既无资本又无

资源,"牛"啥?后来,我写了一组《如梦令》自嘲:

《其一·"小飞马"》

惹是生非谁弄?瞽乱"老眯"瞎蹦。瞋目黑白红,搅得满城惊恐。"联动"!"联动"!驰马往来飞鞚!

《其二·"肃反委员"》

"肃反委员"惶悚,"军事法庭"招供。战战又兢兢,岂敢胡言欺哄?听讼!听讼!起义秋收传颂!

《其三·大字报》

呓语疯言杂冗,捞取稻秸顽梗。硬屎瘦驴拉,气煞胡师干瞪。呆楞?呆楞?《杀气腾腾》强横!

《其四·"自来红"》

铁铸血浇梁栋,弟子当承腾踊。可惜"自来红",索落争强孤耸。融众!融众!骄溢势凌难永!

《其五·"联动"》

情断昨宵恩宠,狱冷今朝惊梦。失怙小太阳,雾锁残晖云重。心恸!心恸!《蝶恋花》歌低咏。

25年后的1994年10月23日,因帮战友搞一个项目进京,天燕带我找到东光。开始我担心东光因文革龃龉忘了友谊,谁知他极为热心:"小渤,只要是你的事,我肯定帮。"叫来几个处长一起研究。当晚又与我和天燕、晓鸣、晓虹、力群等欢宴一堂。除天燕外,均为25年后初次见面。想到当年与东光等其他同学因派性而抵牾纷争,感叹不已,乃填词《青玉案·故人京都逢》两首,将各人名字隐匿其中:

《其一·昨日红楼》

当年飒爽称翘楚,激情望,听金鼓。百万红书含泪舞,旭鸣群燕,搂头曾顾,慷慨留诗赋。雄心挥起降魔杵,欲扫奸邪缚龙虎。堪笑相煎同尔汝，引经援典，纷争无数，却把青春误！

《其二·今朝商海》

今朝重聚京都府，叹霜降，秋风促。商海沉浮飘险渡，暗流汹涌，恶潮翻复，归棹疑无路。谁邀旧侣相扶助？紫燕衔泥怎迟暮。更与东光谈笑处，怨消尘散，垂虹披拂，惟有情如故！

又过了10年，2005年4月22日，正是谷雨时分，东光特意由海口来穗给我送他的诗集《铁冷紫玉成》。谈到过去，他讲了当年因对"自来红"有看法，便和吴芸生等离开"造反军"另拉"红联"的情况。他现在是海口椰风集团副董事长兼总经理、高级经济师，甚是辉煌响亮。相形之下，我是那么寒婆寒碜，于是得诗：

谷雨匆匆一夜客，流云十载又飞梭。
管窥波折寒酸嗽，蠡测光鲜富贵哦。
铁砚冷研凝紫玉，诗肠炽恋啸长歌。
天涯霞远红如火，醉在椰风碧浪多。

就在我孤军一人被东光及其统率下的兵马围剿，孤寂零落，无援兵支持岌岌可危时，不知何时从何处钻出个叫"小天鹅"的初一小家伙，开始跟在我屁股后面转。小不点的个，软塌塌的军帽，稍大的旧军服始终扎着腰带，幼稚的圆脸英俊可爱。

他很狡猾地投我所好，我骂东，他不朝西；我说那人讨厌，他说一点不可爱。开始我对他的谄媚很烦，虚头巴脑，阿谀奉承，死皮赖脸。但又撵不走，毫不在乎地嘻皮笑脸，在我前后左右绕来绕去，说长议短、谈方论圆。打也不走，最多皱起眉头噘起小嘴，缩着脑袋不声不响两眼泪汪汪，可怜巴巴样弄得我又心痛。只好由他在我身边盘绕飞翔。他高兴地带我看他骂对方的大字报，很有见识。两人就整日徜徉在大字报栏前，从对方文章的字里行间"抓稻草""揪辫子""找把柄"，挖空心思寻觅各种可以反击的话题和借题发挥的题材，一边看一边评头品足，说些讽刺挖苦的话。还和张苏阜、廖迎凯、张沂、邢迎光、叶伟承、张小湖、张荫谷等带着他和另外叫"匪儿""烂菜花"的两个小伙伴在校园里四处晃荡游弋,合影留念。

后来他不知去向了,开始我没放在心上,最后离校也不知他飞往何处,真名叫什么,心里却开始挂念起他来。直到2002年百年校庆,才打听到他叫任笑和,另两个叫丁嘉华和秦利国。在丁嘉华帮助下,我和天燕一起与"小天鹅"重逢。惊讶的是,眼前的"小天鹅"完全找不到脑海中当年的影子,也头发稀疏起来。他太太也来了,也是"造反军"的,现在是江苏省委宣传部副部长,成了戴嵘的顶头上司"当权派"。更有意思的是,就像我只知"小天鹅"不知任笑和一样,"小天鹅"只知"赤飙"不知曾小渤。

事后得诗,亦将其名嵌入其中:

岁月燃情任尔我,狂飙演绎殆消磨。
芳残春逝说忧散,霜老秋穷谈笑和。
陌路已如新面孔,疏翎怎似俏天鹅。
唏嘘还问匪儿事,又引嘉华话几多。

与我笔墨混战小打小闹相比,"造反军"的栋梁和大脑智库刘迎胜却在搞大动作,创建了"造反军""军报"《共产党宣言》。1967年7月出版了第一期,亲自撰稿《看明日之域中,竟为谁家之天下?》和《小太阳永不落》,气势之恢宏、笔锋之犀利、思想之深邃,远超《造反三论》。

### 5.8. 最后一个"造反军"

1967年7月20日,武汉发生了"百万雄师"事件,陈再道被作为"军内一小撮"揪了出来;22日,江青对河南造反派提出了臭名昭著的"文攻武卫"口号;29日夜,徐向前被当作陈再道的"黑后台"被蒯大富抄了家;8月1日,《红旗》第12期发表社论《无产阶级必须牢牢掌握枪杆子》,正式提出了"要把军内一小撮走资本主义道路的当权派揭露出来,从政治上和思想上把他们斗倒斗臭","这是斗争的大方向";9日,林彪接见武汉军区领导,发出有名的

"现在的革命是革我们原来革过命的人的命"的指示，引发了大规模冲击军队，武斗频繁的反军"第三战役"狂潮。

南京"反许乱军"也上了新台阶。16日，造反派终于冲进许世友和杜平家抄家，还在学校旁军区政治部大门口设立了"揪许前线指挥部"，在山西路西流湾军区党委办公楼前设立好几个联络站，冲击军区作战值班室。

父亲在文革前的1965年已离休，原让他转业上海公安厅，文革前他曾在那里搞"四清"，但他宁离休也不转业。落叶归根，要求回广东老家，等待批准安置。结果在这一轮反军狂潮中也被抄了家。

当时有造反派的密探不知从哪里打听到我家有个地下室，便怀疑藏有武器，招来大队人马，手执大刀长矛，不容分说冲进来直下地下室翻箱倒柜，抢去了父亲的美制大号左轮手枪及嵌满子弹的皮带，这是彭雪枫师长给他的珍贵纪念。邻居郑岗老头被抄去了一部望远镜，是用大刀夺了小日本一挺歪把子机枪后，罗炳辉师长奖给他的。

造反派一见搜到了一只蓝光闪闪的左轮枪、一只望远镜和100多发子弹，高兴得发颠，一哄而散，扬长而去。

父亲叫苦不迭但又无奈。枪后来很快就被追回，但组织上怕造反派再抄家出事，就劝父亲将枪上交不要再带了，安抚说，离休了，带枪也没用处和必要了。父亲除了一肚子恨恨怒火和牢骚怨气，也无话可说，只好作罢。当时我也不知道父亲将枪藏在地下室里，衣服里掖着东光给我的那把小武士刀，作了豁出去的准备。一旦他们对父亲动粗，我就会冲上去来个鱼死网破，白刀子进，红刀子出。

受此大气候影响，学校的文革实际上已搞不下去了。既然大联合搞不成，"造反军"强弩之末，也开始进一步闲散，干脆不再纠缠是是非非的争论。我也终止了和东光及其麾下大字报无聊的"派仗"，和天燕、苏阜、迎凯、张沂、迎光、小湖、阿明、迎胜、晨光、令吾、伟承、力群等或游明孝陵，飞临仲凯墓；或上梅花山，斜倚繁枝下，或逛玄武湖，泛影涟漪边。成群呼啸而去，零星结伴而归；大旗下合影留念，携手中拍照相存。

很多时候我开始呆在家里，和两个弟弟到水库游泳，游琅琊山作诗《逍遥游》：
其一：

　　　　雨霁荷花野渡摇，蝉鸣岸柳艳阳骄。
　　　　汹汹斧棒无心顾，潺潺松溪有意描。
　　　　不为营盘争霸主，廻居茅舍避乡郊。
　　　　依稀听得枪声远，草笠长篙过短桥。

其二：

　　　　繁荫古木蔽云霄，林壑幽幽暗瀑高。
　　　　水落礁浮涂勒令，峰回路转见长矛。
　　　　泉边碑刻乐而乐，寺里鱼敲焦又焦。
　　　　太守不知何处去，琅琊佛祖要火烧？

　　逍遥局面持续到8月中有了改观。躲在大别山的许世友被接到上海受毛泽东召见，形势又开始了翻转。南京"保许派"闻风而动，"许司令是无产阶级司令部的人，谁反许就砸烂他的狗头"！"反许没有好下场"！"谁毁长城就打倒谁"等等大标语立刻盖住了"反许派"的标语。

　　但毛泽东却又发话：这些口号不留余地，过去"红总"提"打倒许世友"不对，现在"8.27"又提"谁打倒许世友就是反革命"也不对，也要犯错误。于是"反许派"又很高兴，决定仍然按计划于9月2日召开声势浩大的批判和打倒许世友大会。谁知中央文革根据毛泽东的旨意电令驻宁各军事院校造反派一律不准参加，结果大会不了了之。10月1日，许世友又被毛泽东拉上天安门。

　　至此，南京的"反许"才彻底落下了帷幕。

　　很快，王（力）、关（锋）、戚（本禹）被当成反军黑手给抓了出来。许世友这把彻底翻身了，到处都在传许世友"杀"回南京时又"拽"又"牛"的威风。叶伟承说：在欢迎许世友大会上，造反派们开始竞相献殷情，纷纷向他献主席像章讨好，挂得许世友一身上下、前后左右都是。许世友还大骂王必成、林维先、鲍先志在同意造反派开展"四大"意见书上签字，指责他们串通造反派反自己说："有人要打倒我，我现在活得更健康，打倒我你们也当不了司令"，"我让你当副司令还反我？你捞到了什么稻草？什么稻草也没捞到，只捞到一泡狗屎！我倒是捞到了一把……。"

叶伟承说得绘声绘色、活灵活现，很是激动人心。"造反军"为自己坚持了正确的大方向而自豪。然而无论怎样激动，谁也没有当初的劲头了。

1968年1月26日，中央、国务院和军委再次批示"南京军区是中央所信任的"，28日，周恩来接见江苏军队和地方代表时又表示："许世友同志是一位身经百战、久经考验的好同志"。接着，中央要求许世友加快三结合成立革委会。

然而，"好""屁"结怨太深，"8.27"认为"红总"反过军区和许司令，是"反军乱许派"，作为群众组织是认识问题，但支持"红总"的领导干部就不是认识问题，都不能进革委会；"红总"则认为支持"8.27"的原省委书记许家屯有历史问题，江苏省军区政委梁辑卿的入党介绍人不承认介绍过他入党。结果，文革一开始就被打倒、两派谁都不要的彭冲这时却谁都能接受进了革委会。3月20日，江苏省革委会成立。

"造反军"也到了结束"历史使命"的时候了。天燕、迎凯、李明等主力终于从军入伍，远征齐鲁。《备战军校》在完成了大多数后备军到正规军的转化后，人走楼空，学校也被改名为《鲁迅中学》，又从武化转回到了文化。

由于近视，我知道肯定过不了体检关，便决定"蓄芳待来年"。送弟弟参军到上海，没有为天燕等人送行。但王史维说我去送行了，还嚎啕大哭一场，故还为我作诗一首：

　　非战斗，何寻友？嚎啕一江春水流。
　　多情未必不丈夫，华盛顿里起飞歌。

我记不起来，问天燕，他说有印象，在浦口上的闷罐车，还有很多人照相，至于我有无"嚎啕"他也记不得，但他"推理"说我感情充沛，发生"嚎啕"很可能，也很正常。但问题是，如果有照相能没我吗？且我的相机也不会放过这悲壮惨烈的生离死别啊，但我却没一张，也没看过有关这次送别的照片……

终于，1969年1月底接到入伍通知，便在雪封寒江中告别金勤离开南京，将东光给我的刀留在她处。我不知道自己是否是最后一个离去的"造反军"：

其一：

少年侠气九洲游，白刃璃缑裹赤绸。
妩媚何须多粉黛，一鞘青锋与相酬。

其二：

舟头离去鼓三更，潮涌寒江浪几声。
从此天涯风雪路，古城隐隐夜沉沉。

其三：

男儿北渡驾长帆，欲做虎贲赤胆悬。
锐气满弓盘马日，痴心腾舞上戎旃。

长长的军列闷罐将我拖到了扬子荣大战座山雕的地方，来到了吉林省长白山二道白河的林海雪原的军区独立1师。当我背着明晃晃的刺刀在原始森林的冰天雪地营房接受新兵训练，月夜站岗时，我想起了天燕、苏阜、小湖、张沂等好友，他们也在接受部队熔炉的陶冶。于是作词《辕门雪》：

雪落貂裘，乱纷纷。风吼林涛扑面，呵气冻须眉。寒星光冷，缺月残辉。千军无声人已息，惟有雄心难寐。料峭里，故园楼舍，已衔枝头春晖？

堪笑傲气当年，稚子可诙。恣纵狂飙笔墨，煮酒共与谁？矫矫君志，耿耿我心；欲扫狼烟靖边陲，逐房搴旗夺旆。携长戟，美人松倚，倩姿更觉巍巍。

5月是长白山春风融雪，图们江冰河开化季节，望着小溪河柳黄

芽吐绿,漫山遍野的金达莱花枝招展,迎风怒放,我又豪情万丈,再作词《醉东风》以抒情怀:

五月东风,摧残雪,尽扫图们江中。看雁回塞北,遥遥飞鸿;冰消溪谷,湍湍游龙。一叶吐翠,万木争葱,落日余晖绣旗红。笛一曲,把关山唱遍,敲响洪钟。

兵之子,一身戎;起征人,婆娑长白峰。堪男儿露颖,才华无限;挥毫激亢,诗犹雷轰。疾蹄奔竞,呼啸峥嵘,踏倒青山万千重,嘶鸣里,汗马急匆匆,羽扣雕弓!

1972年我来到中苏边境,中秋佳节,站在高耸的瞭望楼上,作词《桂月圆》:

皎皎秋月,今又圆,洒下清辉一片。蟾宫桂树,风樯云帆;雾壑松影,露重枫妍。悠悠长鼓,隐隐丝弦,谁家欢杯醉酡颜,依依笑语甜?一曲叟翁歌起,翩翩姁媪鬖鬖。

乡书至,多关切;情似蜜,意如绵。此生披沥,红胆高悬:心驰林海,志扬旗旃。生当冲陷,死无憾言,指弹钢刀烛光颤,飞起斩龙蚖。更上戍楼千尺,嫦娥共我婵娟。

1979年从部队转业后,1987年9月再到南京。和友人重游中山陵时,想到从小在这里长大,理想和"雄心"在这里萌发,"文革"激情在这里炽烈,又从这里参军直抵北国边塞。如烟往事,沧桑已去,却仍历历在目,不胜感慨,填词《水调歌头》:

寺竹簇荫秀,阙柏聚苍青。恍惚昨日身影,历历步踪寻。依旧龙蟠虎踞,多少春风秋雨,浩渺大江情。紫陌翠微远,石马卧幽林。

人如舟,沉浮起,浪难平。当年豪气北渡,冲雪逆帆行。血热边关冻土,心暖天涯霜草,一味问功名。回首儿时路,郁郁复欣欣。

(此文写于2006年,系南师附中校友应征"文革40年反思征文"之一)

# 6. "运动"中的三位语文老师

曾海燕（66届高三乙）

附中的老师们在他们走过的近50年的日子里，经历了许多风风雨雨。从上世纪50年代初开始，镇反肃反、三反五反、社会主义改造、反右、大跃进、反右倾、拔白旗、突出政治、文化革命，可以说是在不间断的运动中走过来的，这是今天的年轻人无法理解的。下面这些文字只是记录了几位语文老师在历次运动中的遭遇。

## 一、高鸿奎

高鸿奎的名字对于文革期间的附中学生来说是很陌生的，因为早在文革爆发前的十年，即1956年，他就离开了附中。但当今天人们回忆附中文革的时候，他的名字却怎么也回避不了，因为他是附中文革期间唯一死去的一位教师。

1955年全国开展的肃反运动被称为"肃清暗藏的反革命分子"的运动，是紧接着肃清"胡风反革命集团"这场文字狱开展的，遍及全国党政军机关、人民团体、大学师生、中小学教职员工、工商企业、文化团体……都在紧张进行。列入"肃反对象"的多达一百四十万人，占当时全国五百万知识分子的四分之一以上。附中当然也不例外，运动期间老师们都被集中到十中，高鸿奎也在其中。几个月后，老师们回到附中，继续上课。而高鸿奎回附中后却被关进东三楼二楼的校部，继续被审查（一直没能"下楼"）。到了1956年，高鸿奎被开除了公职，离开了学校，但有关他的处分决定并没有公开，因此一般人至今也不清楚他的问题（据说高在1949年前曾任附中初中部的训导主任）。

高离开附中后，仍然住在学校附近。

按理说文革时高鸿奎已离开学校很长时间了，当时的学生并不知道他的名字，更不清楚他的情况，但不知什么原因，67年的夏天，他却被附中某学生组织抓到学校，关在五四楼的一间教师休息室里隔离审查。没过多久，人们发现高鸿奎在被关的房间里自杀了，他是将裤腰带拴在窗户的钉子上自缢的。有人说他离开附中后，如果不住在学校附近，或许就找不到他了，就能逃过一劫，但在"阶级斗争要年年讲、月月讲、天天讲"的日子里，这种侥幸恐怕很难存在。例如在后来的打击"五一六"分子运动中，还是将远在农村插队的、被认为是"五一六"的学生、老师都抓回南京了吗？哪里能逃得掉！

## 二、季廉芳

季廉芳是附中语文组的组长，一级教师。当时一级教师很少，附中只有三位，分别是语文组的季廉芳、数学组的陶强和外语组的吴耀卿。季廉芳毕业于中央大学，在文字学、语言学方面颇有造诣，曾被有名的中山大学聘请过。

1958年全国开展了轰轰烈烈的"拔白旗、插红旗"运动，这是"大跃进"过程中，将一些坚持实事求是、反对浮夸的人，以及一些所谓具有资产阶级学术观点的人都作为"资产阶级白旗"加以批判、斗争甚至处分，当时把这种做法叫作"拔白旗、插红旗"。科学教育领域是"拔白旗、插红旗"运动的重灾区。

例如仅北京大学就拔掉了冯友兰等几百面"白旗"，著名数学家华罗庚也被当作"白旗"拔掉。

在拔白旗运动中，附中搞了声势浩大的教学打擂台活动。由无产阶级学说观点的代表和资产阶级学说观点的代表上台开展教学擂台赛，季廉芳的教育背景自然成了被批判的对象。当时无产阶级代表是在众人的帮助下备课的，但擂台打下来后，人们还是觉得季的课上得好。

季廉芳为人老实，生就一副笑脸，尽管是"老运动员"，每次运动都少不了他，但平时没有什么牢骚怨言，不声不吭的，是个逆来顺受的老好人。谁知有次他因病住院，却一反常态，对着来看望的同事，大吐苦水和不满，滔滔不绝。站在一旁的儿子感到很意外，也担心言多必失，再招来是非，连忙上前劝止。不过这只是他的一次"小发作"。

若干年后，季廉芳已是 80 多岁的高龄了，因病再次入院。没想到有一天，季作出了一个让人百思不得其解的举动——他乘人不备，居然逃出了医院。他的两个儿子得知后连忙追了出去，尽管其父身材矮小，年老体弱，谁知此时体内的肾上腺素含量急速上升，两个身高马大的儿子竟追不上他。好不容易追上后，他又力大过人，双臂猛然一挥，挣脱了左右两旁儿子的束缚继续奔跑。儿子们无奈打了 110 报警，在警察的帮助下，将他弄回到医院，注射了镇静剂。第二天醒后，儿子问他昨天为什么要发了疯地逃跑，季廉芳小声说道："附中又有人要来抓我了！"没过几年，他便去世了。他的这次"大发作"表明，这位老教师几乎一辈子都处于"运动"的阴影笼罩下，其内心深处的痛苦、压抑从中可略见一斑。

## 三、吴至婉

吴至婉老师 1953 年到附中工作，1966 年，她教初二语文兼班主任。当年的六一儿童节，附中要在学生中选一名标兵。她所在的班上有一名叫任金秀的女生，出身不太好，家里开了个小饭店。但该生很努力，成绩好，各方面表现都不错，吴老师根据表现，将她的名字报了上去。谁知班上以干部子弟为主的一些学生对此事很反感，甚至有点义愤填膺。鉴于此，分管此事的团委书记孙盛元后来专门为此召开了一个会，让大家发表意见，会后孙认为没有什么原则问题，仍然将任金秀立为标兵。这件事无疑得罪了一些学生，尤其是干部子弟。当时上海的报纸曾刊登了一件事,某学校的一个初中班主任竟然是反革命分子,此事对附中的学生也是有影响的,比如当时就有学生对吴老师所有改过的作文本仔细检查了一遍,看她有无反动言论或对干部子弟进行打击报复。

没过几个月,附中爆发了文革,学校的红卫兵组织就将他们认为平时有问题的领导、老师甚至学生都弄到劳改队里去了。其中有沙尧、赵耀如、樊星白、任义培、吴寿玉、陶强、吴耀卿、丁文卿、王倚琴和吴至婉等。这些劳改队成员没有行动自由,每天被关在屋子里反省、交代问题、灵魂深处闹革命。初二甲的杜某某、初一的胡某某经常拿着棍棒来教室挥舞敲打,厉声训斥劳改队成员,而且他们对这种行为乐此不疲。这期间,陶强和王倚琴被剃了光头,吴寿玉和吴至婉被剃了阴阳头。

66年底,学校成立了学生造反组织红联。一天,吴至婉老师问当时红联的头头宋杰,今后劳改队怎么说?宋杰回答:"解散!"吴老师立刻将这个消息转达到劳改队,并与吴寿玉老师合写了一张大字报,她清楚地记得是红联的赵生易(高一乙)帮她们贴的。

69年,附中搞学农运动时,吴至婉带着学生一起下乡,同时学校还将两名有问题的老师季廉芳和张亦瑾让吴至婉看管。当学生问吴老师,季和张是什么人时,吴没有"出卖"他们,只说是一起来学农的老师。

69年继续展开规模浩大的清理阶级队伍运动,运动要达到的目的简而言之就是"除干于民",即将有问题的干部(当然教师也在其中)发配到乡下去,归宿有二条:终身务农或就地安排。这个运动是有组织、有领导地进行的,其实当时附中以工宣队为首的领导班子已将教职员工梳理了一遍,排了队,其中有20多人是明确要被清理的对象,吴至婉并不在其中。可是吴的爱人单位却将其爱人划入下放之列。附中工宣队得知这个信息后,便上门来动员吴老师下放(当时出于人道的考虑,组织上都是动员全家一同下放的)。工宣队动员下放的做法是"一手拿着大红花,一手拿着批判稿"进家门,如答应下乡,就戴上光荣的大红花,如不答应,便立刻组织批判,反正批判稿是现成的。让工宣队没想到的是，当他们到吴老师家做动员时，吴老师一口答应和爱人一起下乡。工宣队难得碰到这么容易办的事，大喜过望，同时也怕夜长多梦，便以迅雷不及掩耳之势，第二天就召开了吴的欢送大会，并让吴老师的爱人作为代表讲话。可是后来吴老师爱人单位改变了要她丈夫下乡的决定，于是两家单位就吴老师一家下乡的问题进行了交涉。附中坚持下乡的决定不能变，因为已经开了大会了，还讲了话，众人皆知了，如不下乡，影响太坏。结果是让爱人单位再补开一次欢送会完事。就这样，吴老师一家一去就是10年，先在洪泽万集、后到朱坝。

到了79年3月，学校基本恢复了正常，根据上面的指示精神，附中派人到洪泽要吴老师回校，但爱人同回问题不能解决。这次吴老师不好说话了，她明确表示，现在他们年龄已近50岁，生活上需要相互照顾，不能再分开了，如果不答应丈夫同回，她就不回南京。见她态度坚决，学校就答应让其爱人以身体不好，需回宁看病为由同行，但爱人的户口关系不能转。此时吴老师只有一个心愿，只要能在一起，关系在哪里烦不了了。过了一段时间，她爱人的户口关系还是转回了南京。

# 7. 纪念红联成立40周年

宋杰（66届高三丁）

坐在电脑前思绪起伏，仿佛又回到了40年前那个寒冷的冬天。在开水房和小店之间的空房间里一群年轻的同学正热烈地商讨着成立各战斗组织的联合会。人人都抢着发言希望自己的意见能够有助于这一举措。在场的每一位同学都被其他人的热情所感染，个个表情神圣和真挚。他们仿佛觉得自己正在投身一场拯救他人同时也是拯救自我的斗争中，坚信自己所做的是正义的事情，坚信团结起来就什么也不怕，团结起来就能成功！

不久，南师附中红色造反联合会成立的宣言就上了墙。红联大旗的飘展唤起了无数同学的斗志，许多被迫害的同学和老师恢复了做人的尊严。因为正义，所以赢得大多数人的拥护。红联最后成为学校举足轻重的一股力量，压住了邪恶。是红联保护了大多数师生安全地度过了那段不平静的时光。今年10月1日回到学校，还有老师拉着我的手说："就是你当年说了一句解散劳改队的话，解救了那么多的老师。

红联出来讲公正，我们有些老师才有了活下去的勇气，这些可能连你们自己都还不知道。"

用现在的眼光看红联，红联弘扬了人性和尊严，模糊了"阶级斗争"，维护了人的平等，真正促进了和谐。也许当年的红联组织者，并没有这样的深刻认识，但红联确实起到了模糊"阶级斗争"，去争取人与人之间的平等。去维护人类最善良的本性的作用。

红联给了那些孤立无助，茫然失措，遭受不公平待遇，甚至是人格侮辱的人一个大家庭，给了他们力量、自信和自尊，改变了他们灰暗下去的人生观，使他们重新对人生焕发出热情。

时光似流水，我永远怀念和感激那场斗争中的战友，那张张才华横溢，忘我斗争的脸庞：翁毓翡，李丹轲，吴芸生，赵生易，周正龙，何纪宁，余仲华，王虹……。

从那场斗争中我也真正体验到，平等是和谐的基础。如今社会谈和谐就要逐步消除不平等的政策和制度。如果是官欺民，富压贫，特权阶层，行业垄断盛行，分配制度不公等就不会有和谐。和谐是要靠改革，靠努力去争取的。

红联不是派性组织。今天我重提红联，并不是要搞什么"派性"，只是因为那段历史虽然许多人想忘记或口头上说应当忘记，但实际上谁也没有忘记，谁也不可能忘记。反思历史不能只是批判发动文革的人，每个经历者都不可避免地作为当事人参与了文革，对自己当年的经历作出反思的目的是提高自己的操行。我也没有一定要搞什么聚会，但希望同学们都自由抒发，一吐情怀。回首当年，更加感恩胡温倡导的和谐社会是多么英明！

# 8. 文革记事
## ——红联，工宣队和胡百良

王虹（66届高三丁）

到了68年，附中校园开始热闹起来。在复课闹革命的"指示"下，同学们陆续回到学校。但如何复课，谁也搞不清楚。

不久，全国各地都刮起了一股清理阶级队伍之风。学校的教师又成了被清理的目标。当时红联的周围已经聚集了不少教职员工，或许他们抱有希望，希望文革初期揪斗牛鬼蛇神的一幕不会重演。但是这个希望很快就破灭了。红联的一些成员，为了不给对立派组织以"口实"，主动抄了部分教师的家。第二天我到学校才听说这件事。据说张守己老师当时曾高举双拳表示抗议。我觉得这次行动是红联的一个污点。

几个月后，工宣队进驻了学校。工宣队由近邻的3503军工厂工人组成。进驻的目的是帮助学校恢复秩序。工宣队员进驻到各个班级。到我们班的是女工小王。她口口声声工人阶级领导一切，让人觉得不是味儿。想当初，还是我们学生到3503厂去煽风点火，才把"工人阶级"发动起来，现在倒是反过来了。每当小王叨念工人阶级要领导一切的时候，我们就来个不尽相同的提法，工人阶级的领导不是要通过共产党来实现的么？怎么变成工人来领导一切了呢？小王于是就请工宣队负责人老王来班上压阵。老王的观念很明确，就是要狠抓阶级斗争。他把揪阶级敌人比喻成吃馒头。我们就说首先要弄清楚是否是馒头，如果吃的不是馒头而是别的什么，那可是要碰掉牙的。

工宣队很快就开始放火了——清理阶级队伍。他们把教职员工分成若干组，每个组都掺入两派学生的代表（红联和造反军），由工宣队主持对教职员工进行"清理"，人人过关。当时我在的组里有红联的王莉华，余珊萍（我们班余仲华的妹妹），造反军有吕挥英等。

1968年已经到了文革后期，部分学生参军，其余的也在考虑分配的事情。加上"血统论"的思潮又重新抬头，让人们感觉到"秋后算帐"的压抑。对于工宣队搞清理队伍，我们已经无心恋战，倒是造反军表现得相当来劲儿。老实说，我们对工宣队的做法多少有些抵触情绪。67年军宣队进驻学校时，也有过类似的情况。那次我们是采取游行到市军管会的方式表示不同观点（据说后来成了红联矛头指向解放军的证据）。这回的形势已经不允许再采用以往的方式。

工宣队的清理很快就取得了"成果"，许多老师都陆续进了"学习班"，其中电工廖师傅涉及到的"小红房窃听事件"更是引起工宣队的注意。提到小红房就不能不说到胡百良。胡老师是我们的班主任，应该说文革前我们师生的关系非常好。可是66年12月，当我们成立联，开始批判"血统论"的时候，胡老师却公开指责我们把矛头指向红卫兵。尽管"矛头指向红卫兵"的帽子比起"指向解放军，指向党中央"要来得轻，可在当时也有相当的分量。王伟民的那句我们没有矛头的话语至今仍记忆犹新。也就是从那时起，胡老师和他所在的"忠于毛泽东思想战斗队"（简称老忠）成了我们的对立面。老忠的成员都是文革前沙尧当校长时的学校精英。我们对老忠同沙尧的关系一直有所疑惑，所以很想知道小红房（老忠的活动场所）里面的秘密，于是有了"小红房窃听"。为了解决电线等问题，我们找到了廖师傅。当时具体安装器材的还有王亮同学。由于用喇叭代替话筒的效果极差，实际上什么也没听清楚。但是现在这个"窃听"却成了事件，因为有"历史问题"的廖师傅参与其中，性质就可能变为阶级敌人幕后操纵了。这种思维模式在当年应该说是一种既定模式。如果工宣队沿用这一模式去思维的话，红联就会陷入被动。当时王亮同学的压力也很大，因为虽然血统论受到了批判，但出身歧视仍根深蒂固。我们觉得红联被动的局面一定要扭转，突破口就在老忠，突破点就在胡百良。我们集中了火力，用大字报对胡百良进行了狂轰滥炸，果然借工宣队之手把胡弄进了"学习班"。水终于被我们搅浑。

平心而论，我们当时的做法是错误的。但是与其说我们是针对胡百良的，倒不如说是在抵触工宣队的做法。这是我们当时的真实心态。

我们也没有想到这件事竟然会引出如此戏剧性的结局，一个原本一般的事情突然发展成为严重事件。

胡百良在学习班学习中共八届十二中全会公报的时候，鬼使神差地将"粉碎以刘少奇为代表的资产阶级司令部"误读为".．无产阶级司令部"。对于这样的"事件"，工宣队当然不能怠慢，连夜汇报给市军管会。

军管会立即将事情定性为"八届十二中全会之后，南京地区最严重的一起反革命事件"。

第二天的批斗会上，虽然胡老师一再辩解是口误，可是"为什么别人不出错，就你出错！"让胡老师无言以对。批斗会上胡老师吃尽苦头，会后还被扭送"文攻武卫"。

事后，我们也没有忘记袁金华老师。他是我们的副班主任，与胡在同一个战斗队。我们找到了袁老师，帮助他"提高"认识。彼此心里都很明白，只是在做戏，或许只有工宣队不清不楚。至于这出戏该如何收场，那是工宣队的事了（现在想起来都有点儿后怕，万一产生更糟糕的后果…）。

我们很多人想的只是尽快离开学校。第一批去泗洪插队的有我们高三丁班的沈立智，王亮。没有多久，黄小娅（初一）从农村来信写道：知识青年在农村不会大有作为……。尽管如此，我们还是相继离开学校去了农村。

以下是网友议论：

1. 孙重明：也谈军宣队和工宣队

对军宣队印象很深，我们班的同学也和那几个到我们班来的战士结下来很不错的友谊。以后也曾有过通讯联系，他们退伍，我们还去火车站送他们，有点依依不舍，他们撕下自己的领章签上名送给我们留念。

对工宣队就没有多少好印象了，当时叫作什么复课闹革命，组织我们学习毛主席语录。有个北方人蹲在板凳上说话、吃饭，有点印象。当时，我们忙着想出路了，同时对这样的生活已经厌倦，恨不得早点逃离学校，赶快换一种新的生活。再加上报纸上的报道，哪里的学生到黑龙江了、到陕北了等等，还有关于援越抗美的报道。因此，心已经早不在学校，也不屑一顾所谓的复课闹革命。我也好奇怪，当时怎么红联也开始整起老师来了，某某是叛徒、某某曾在中美合作所待过。这些消息究竟从哪里放出来的？其他我都记不得了，红联好像整过沙尧，将他囚禁在原校长室楼下，并把那里戏称为渣滓洞。看守是小费，专门买辣椒给沙尧当菜，他有痔疮。当时，我就想过，这小孩心怎么这样。好像抄过一次沙尧的家，去了一大帮人，是否是找一份什么材料？当时去的人中有石某某，之所以记得她，是因为她问沙尧的妻子东西藏在哪里，甚至要检查她的月经带。

医务室的白房子被戏称为白公馆，不过好像没囚禁过谁，只是审讯、殴打过徐远凡老师。那个地方和广播站好像是当时红联某些人的指挥部一样，我记得包括去内蒙的行动，包括筹资以及去乌兰浩特和呼和浩特都是从那里出发的。张三力、戴佐农、赵民乐等都是那里的常客，我也是常去的。

# 9. 1966年"挖烙印"

戴相陵　朱琼瑶　孙重明

## 9.1. 血统论和"挖烙印"　戴相陵（66届初三丙）

在毛泽东1966年8月18日接见红卫兵前，我校出现了三个红卫兵组织。

"八一战斗队"是以高二某班同学张阳宁为首。他们好像是以军队干部子女为主。当时，文革已经两三个月了。按家庭出身而言，革干、革军、革烈中的"革命干部"，因为涉嫌走资派和黑帮，已有朝夕不保的惊慌。此时运动尚未涉及"革命军人"，而"革命烈士"已是铁板钉钉，所以有着这两种家庭出身的人，底气足，他们的张狂劲才能发挥得淋漓尽致。八一战斗队的队部好像设在东一楼。

"红色造反军"占据着东三楼，以高三同学李天燕、纵晨光等为首。

"毛泽东思想红卫兵"的头目是高二同学陈光华和朱会民。他们占据了北操场的体育教研组的办公室，加上他们的红卫兵袖章上的字是黑色的，后来被人们疟称为"北操场黑字兵""黑字兵"或者"思想兵"。

作为无条件加入红卫兵的局外人，我不知道这三支红卫兵之间有无矛盾，可是有一点，他们是相同的。他们在攀比谁最革命、谁对"旧"社会的破坏最大、谁对"家庭出身不好"的同学整得最狠。且不谈那臭名昭著的对联"老子英雄儿好汉/老子反动而混蛋"了，就我们附中的一幅"老子跟老子干/儿子跟儿子干"，就可以看出这帮人的矛头所向。那第二个老子和儿子是打上了粗暴的红叉叉的。这足使我们这些人不寒而栗了。

我是在文革前不久才得知从小养育我的父亲是继父。而我的生身父亲是"畏罪潜逃"在香港美国的，前美国驻华大使馆新闻处主任助理。我是在十六岁时的一夜间，这位从未谋面过的生父的幽灵，在我原来想当然的、不红但也不黑的"职员出身"上，涂上了浓浓的黑墨汁的。心理上的委屈和不承认，是得不到红卫兵和社会上的同情和认可的。

运动初期，为了显示自己是革命的，我和其他同学一起，上街为红卫兵散发传单。直到有一次，班长梁立成不准我去了。我问：为什么？答曰：你是黑五类出身。我争辩说我不是。但他斩钉截铁地说：你是。这是社会上对我心理上第一次重大创伤。从那天起，到后来的十年时间，我一直在郁闷中生活，有时甚至是提心吊胆。

不久，红卫兵运动进入了大规模的整同学的阶段。此时，资本家和黑帮，也加入了被专政打倒的行列。黑五类已扩充成黑七类，含地、富、反、坏、右、资、黑。

9月9日，本班同学牟承晋走进了教室。他是从八一战斗队来整人的。朱琦琦、余曰辛同学被喝令分别站起来。他们被指责平常有反动言论，表现不好。牟对他进行了严厉大声地训斥。我坐在课桌前，吓得连大气都不敢出，生怕被点到自己的名字。我想其他在台下同学的心灵，也受到了同样的震撼。其中最荒唐的训词是：对女生言行上的违规，干部子弟和你们这些人，性质上完全不一样。

这真是应了当时红卫兵的口头禅：对你们只有斗，斗过来就团结，斗不过来就专政！

还有两位黑七类的同学也受到了责问。所幸的是，我的名字没有被提到，整人没有升级到打人，在场的同学基本上没有帮腔的。

牟还一本正经地对我们进行了教育，要我们和家庭划清界限、造家庭的反。最后，他力竭声嘶地、用昂奋的男高音，向我们朗读那篇杀气腾腾的文章"无产阶级的阶级路线万岁！"。

从9月中旬到国庆前后，北操场黑字兵别出心裁地发起了"挖烙印"的活动。他们要黑七类同学把家庭给自己烙上的黑烙印给挖出来。其余的人得挖黄烙印。他们"里里外外红透了的"的红五类，是想当然的挖烙印的监督者了。

9月20日那天傍晚，我们背着背包，集中在北操场。黑子兵乘下乡支援秋收之际，把挖烙印给掺和进来。我们即将徒步开拔陆郎农村挖烙印。临行前，听司令台上的两位训话。一个是朱会民，另一个，就是陈光华。大概前几天，也在这里，他们两个做过挖烙印的动员。

他们还规定了我们在挖烙印期间必须干的两件事：把日记交出来检查；向贫下中农说清楚自己家庭的问题。当时，我的头脑与天色一样，一片昏暗。

行军的第一站，是在雨花台祭扫革命烈士墓。然后在夜幕里，我们沿着宁芜公路西进。郁闷的心情导致了不活跃。后来累了、瞌睡了，连口号也不喊了。有一段路，竟是昏昏沉沉地走过来的。

有人提醒：这是阶级烙印的表现。于是在休息时，有人就主动站出来挖了。一个高二的女生，当场做检查，公开骂自己是"混蛋"。接着下面来了一阵违心回应：红五类在行军过程中表现比我们好。他们一路精神抖擞，带头唱歌、喊口号。难道他们不累吗？不，因为他们的感情和我们不同。

第二天中午，我们抵达陆郎镇。一夜行军的疲惫使我们在烈日下的场地上倒头就睡。当我大汗淋漓地醒来时，突然想起昨晚动员时的规定。挖烙印时，要把日记交出来的。我马上把日记拿出来检查，生怕有什么出轨的言论。结果，除了对血统论的几句温和异议外，最大的牢骚就是针对买不到〈毛主席语录〉了。学校把分配到的、当时很抢手的语录，分发给红五类同学和工人后，剩下的三百本全退给新华书店了。我偷偷地把"唉，宁可退也不卖给我们这些人！"改成了"为什么还不卖？"。我在希望我的涂改不会被查出。

这天下午，我们初三丙的男生，下到了江宁县陆朗公社朱庄大队三家生产队。

9月22日起的一个星期里，我们都是上午劳动，下午开会挖烙印。邻村的本班女生和高二某班的女生和我们编为一个中队。她们每天下午来我们这里集中。

主持我们这队挖烙印的红卫兵是本班同学的朱晓民，副手是陈光中，陈光华的二弟。还有两个初一初二的女黑字兵被派到我班协助朱晓民和陈光中。一个脸微黑长得很像曹素兰，另一个脸微胖，外号"江胖"。

我们围坐在生产队的场地上，一个接一个地检查、反省、揭发、挖烙印。材料都是前一天晚上在煤油灯下写的。挖烙印是一轮一轮地进行的，一轮比一轮深刻，一轮比一轮激烈，人人过关。

所谓的黄烙印，当时的代表作是"白专道路""万般皆下品，唯有读书高""轻视体力劳动""看不起工人农民""怕当农民、怕下农村"之类的。

黑烙印，如果真要上纲上线，就会很严重。黑的东西涉及对新社会、共产党、阶级路线的不满，甚至是仇恨。窝藏地契、变天账、金银浮财、旧时军用地图，梦想老蒋回来、反攻倒算，包括下意识的"忆甜思苦"，都算是黑烙印的反映了。

我们挖烙印人的受害程度也不尽相同。主要取决于当事人的家庭出身有多黑，本人在文革前受学校的宠爱有多深，本人对红卫兵和挖烙印的态度有多诚。当然，主持挖烙印的黑字兵掌握着决定权，文革前与他们的关系好坏，也是至关重要的。

在挨整的同学中，对挖烙印的态度也不相同。有些同学在历史上就一贯紧跟、要求进步和向组织靠拢的。这次他们也是这样。承认自己是黑崽子，有黑烙印，把自己的父母骂得一钱不值。他们违心揭发自己父母的东西，连他们自己可能都不信。他们都是一些从普通职员到高级知识分子家里出来的孩子，生在新社会、长在红旗下，家里哪有什么耸人听闻的反攻倒算呢？可有一点很讨厌。他们再骂自己的同时，也往往帮红卫兵整其他同学，口碑不好。

另一种态度是对无中生有的指责和高压予以坚决的还击。下面是孙重明同学 2004 年在初三丙班网上的一段述说。

"记得北操场红卫兵把我们押到六郎时，要我们斗私批修，朱晓民要我承认我父母反动，我当时毫不客气的回答他：'我父母不反动！你凭什么说他们反动？'好在朱晓民没有下文，这事也就结束了，但在我心中却刻下了一个烙印，可能永远也忘不掉，尽管我一点也不记恨朱晓民。"我看了后，经回忆，是这样回复孙重明的。

"当时你反而说你父母一直追求进步，并给出凭据：我父亲因揭发某反革命分子立功，单位领导还奖励他一辆自行车！我在场作为被整者之一，只能心中暗暗为你叫好。对你大胆的有理有节的自卫很佩服。当时朱晓民比较尴尬，你是胜者。"绝大多数同学，包括我，都采取了软抵抗的策略。

我最恨与自己的亲人和家庭划清界限。我也没听他们讲过反动话。况且生在新社会长在红旗下，我对反动话有免疫力。加上我父亲还向我讲过他收入比解放前高。我的底线是很明确的：我和生父只是血统关系，我没见过他，所以也谈不上他对我的影响。再说了，违心地说自己有黑烙印，在那无法无天的红色恐怖的日子里，会给家里带来极大的麻烦的。谁能保证不招来抄家驱逐、甚至杀身之祸？

于是在我只挖黄烙印，大谈只专不红之类的东西，既是为了保自己，也是为了保家庭。我只字不提反动黑烙印，即反共变天之类的事情。在场的红卫兵倒是对我的发言未置异议，没想到底下刚过了关的毛永年发言了。他咬牙切齿地问："戴相陵，你的外婆是地主分子，你难道没有黑烙印？"这一军将得我头昏眼花，使我无话可说。

全场沉默、呼吸窒息。感谢朱晓民，他没有对我追究；其他的红卫兵也没有下文，使我逃过了文革的第一劫。总的来说，朱晓民对本班男生，还是高抬贵手、放人一马的。至于毛永年，第二年我就原谅了他。

听说上面嫌我们这组烙印挖得太温和、怪罪了下来。于是当我们的日记交了上去后，两位高二女生的日子就要难过多了。韦楚和余涵琳的父亲都是南京军事学院的教官，是原国民党军队起义投诚过来的，国军少将军衔。红卫兵称这些人为老白党、反动军官。旧军官，算是客气的称呼了。革命军人和旧军官曾是国共战场上的死敌，可是现在是和平年代了，干部子弟对旧军官子弟好像总还是看不惯。其中革军出身的最恨旧军官出身的了。可能有两点特别碍眼。在文革前，后者可以填出身为革命军人。他们的老子还穿着解放军的军装。这与真正的革命军人有什么区别？那幅"老子跟老子干/儿子跟儿子干"的对联，好像就是这个背景和心态下的杰作。

发难那天，黑字兵们先分别对韦、余二人大声呵斥，要她们老实交代。可是两人确实却没有什么新的东西可说了。于是江胖把一本日记本扔了过去，点出一页，叫其中一人读（具体是韦还是余，我记不得了）。

那篇日记的内容是讲当天突然雷声大作，父亲以为是美帝的原子弹来突然袭击了，于是就领着家人跑下楼躲避。就这点事，也得大做文章。先是讽刺挖苦，然后就无限上纲、诬蔑人家欢迎美帝打进来。好在除了在场的黑字兵外，没有任何人想就此跟着做文章。见没人跟着起哄，于是就喝令读另一篇日记。

第二篇写的是参观肉联厂屠宰场的场景和联想。眼看着满地被屠宰的猪羊的头、肉、皮、毛、血，还有那牲口的惨叫，作者联想到了革命烈士临刑遇难时的壮烈情景。于是这个联想被说成是反动和黑烙印。上纲上线后，说把杀猪和革命烈士放在一起说事了。

我们在下面，虽然也觉得这种联想有点奇怪，可是没有任何人跟着干落井下石的事。于是日记的事，也就不了了之了。

我们是上午劳动、下午挖烙印、晚上写交代。直到近几年，我才听说，晚上邻村的女生不像我们一样平静。在她们的茅草房里，有人对本班同学冷扬进行了围攻。整人的具体情况，还有待披露。

一天晚上，朱晓民把我的日记还给了我，连一句评论都没有。

挖烙印的最后高潮是向贫下中农说清楚自己家里的历史问题，再聆听他们的教导。此事一直扭扭捏捏地拖到了打道回府的前一天。朱晓民把我们带到了贫协主席家。他是一个二十多岁的小伙子，像个有文化的农民。我们一个接一个地把自家的祖宗八代都搬出来了。地主、富农、右派、反动军官、特务、国民党区分部书记，这些天天下午提及的黑字眼，又一次地被提及。我把自己的生父和外婆政治面貌点评得非常清楚。

贫协主席耐心地听完了所有人的交代，眼神里有点疑惑和不知所措。尽管他可能为此被红卫兵打过招，可是他似乎在问：这一切究竟是为了什么？出乎意料的是，他没有对我们进行任何呵斥甚至是教育。

当着大家的面——整人者和被整者，他只说了一句话：我相信你们这些同学将来都是好人！

听了朴实的贫协主席的这句话，我的心灵受到了极大的安慰。在以后十年的黑暗岁月里，我一直把这句话看成是普天下对反动血统论的彻底不认同。我感谢全体贫下中农、劳动人民和全国人民的知心知音。

9月27日是挖烙印的最后一天。把自己的检查整理好后，我们去了当地的一座土烈士墓。老贫农在讲话里，只要求我们向贫下中农靠拢、读毛主席的书；而朱会民的，仍然是训词。

第二天，我们分班级分别离开陆郎，步行回南京。中途在宁芜公路上，附中的校车载了我们一段。

9月29日，星期四，晴。我的日记上写着：今天在家，到医院看病。

推出"红外围"的理念、成立"红卫公社"，到底是在挖烙印前、还是挖烙印后，我没有记载。早在9月7日前，附中就有了"学习红卫兵行动队"，只接受非红卫兵又非黑七类子弟参加。它是红卫兵中哪一支的创举、它是否是红卫公社的雏形，我也没有记载。红卫公社的组织路线照旧，把一些非红五类出身的弄了进去。进红卫公社要有人两个条件。一是家里不能沾黑或"有问题"，二是要"表现积极"。这些人虽然是红卫兵不够格，但毕竟进入了红外围。

我当然是连外围也都摸不着的人之一。10月4日，我申请加入红卫公社，结果遭到拒绝。被拒、进入另册的有十几个人。我觉得在班上背后被人指指戳戳。去问过朱晓民，也没有结果。红外围和红卫公社是的是群众斗群众，学生整学生的典范。

红卫公社成立的列队前，一个高二同学被黑字兵任命为红卫公社的头头。他白净净的脸上架着眼镜，说话有点显得底气不足，眼睛都没敢正视我们。虽然红卫公社的寿命不长，不幸的是这位同学，他不止一次地被一些同学嘲讽为"阴"和"二黄"。实践证明，二黄们的整人，有时还真比红卫兵更有特色。自己不是红五类、当不上红卫兵，却要对处境更险恶的同学来雪上加霜。这是那个特定时代的心理言行被扭曲的表现之一。听说高二年级日前对几位同学的殴打，与二黄们的起哄和参与有直接的关系。

我们这些被打入另册的人，也被组织起来、成立了一个支队，由黑字兵直接管着。其中有一个是王亮。他是我的学长和好友。血统论刚兴起的时候，我俩都想不通。一天晚上，我到他家，为此秘密地探讨了一夜，还是想不通。结论是：都是为了实现共产主义，这事何苦来着？

另一个是李得宁。当时我对他勇气是佩服得五体投地。这是因为在八月的红色恐怖中，李得宁贴出了一张大字报支持何纪宁、秦志宁等六同学反血统论的那张大字报。除了有理有节的辩论外，给我印象最深的一句话的大意是：当今我们许多中央首长的家庭出身都有问题，而现代修正主义的鼻祖赫鲁晓夫的家庭，却是三代的血统工人。

不幸的是，我被推选为这个组的负责人，招呼大家学习讨论。大家选我，可能是第一次大家围坐在北操场再次交代家庭问题时，人们发现我的继父和母亲是组里唯一的"本人历史清白"的家长了。

有一天，大家在北操场一角学习，听着喇叭里唱的毛主席语录歌。据说那是沈阳音乐学院院长李劫夫，在一夜之间炮制出来的。不知道我的哪根神经末梢出了差错，我要大家把自己口头上重复多次的自己家里的问题，写出来。这也是我一生中干的该忏悔的事之一吧？所幸的是，全组反应冷淡。事后，没有一人写出来交差。此事不了了之，也没有造成伤害。

10月11日，红卫公社突然宣告解散，没给任何理由。奇怪之余，我似乎有了一丝解脱。以后，也没人再敢提及红外围的概念。这天，离大家一窝蜂地申请加入红卫公社才仅仅七天。也就是说，红外围和红卫公社在附中文革史上只存在了七天到一个月的时间。

挖烙印、红外围和红卫公社为什么如此短命？早在红卫公社解散的前几个星期，北京工业大学谭力夫的那篇鼓吹血统论的讲话，被批判为大毒草。与此同时，人们在开始谈论毛主席的无产阶级革命路线和刘少奇的资产阶级发动路线。而后者被指责是挑动群众斗群众、干扰了运动斗争的大方向。早在运动初期，毛泽东、中央文革和十六条就明确规定：这次运动的重点，是整党内走资本主义的当权派。

回顾历史，可以说挖烙印、红外围和红卫公社的短命不是因为有人要放弃血统论了，而是它与整个运动的大气候存在着暂时的不协调。挖烙印、红外围和红卫公社是典型的群众斗群众、学生整学生。

而黑字兵本身的口碑也开始变得更坏，与"老保"联系在一起。他们自己的父母，被一个个地揪出来。黑字兵本身已经自身难保，面临着解散和被取缔。

后来十年的历史表明，血统论以及它的各种版本，仍然是当权者压在广大青年身上的沉重包袱。直到1978年，血统论才开始彻底崩溃。那年是文革后恢复高考制度的第二年。大张旗鼓地拨乱反正，使我们真正地看见了在分数面前人人平等的择优录取。

在进入二十一世纪第八个年头的今天，根据至今还保留着的日记，我把这段历史整理出来，希望能有抛砖引玉的效果。回忆有误的地方，还希望得到指正。有人常带着质问的口气问我：为什么要写这些不愉快的事情？这是国人的常见心态。过去的事过去就过去了，四十几年了，莫非还想反攻倒算？

几年前，我就说过：到了这把年龄、这个时代，反攻倒算已经毫无意义。我只是不想让这段历史失传。我是为下面三类人写下本篇回忆的。喜欢看我写回忆的人：他们其中有许多不愿意遮掩史实，他们愿意尊重和反思附中的文革初期。那些在挖烙印中整人和参与整人的人：他们其中有些人，把责任通通推给了社会，至今都没有对这段罪孽进行反思、忏悔和道歉。更有甚者，当提及这段历史时，个别人至今还在津津乐道。那些在挖烙印中被人整的人：他们其中有许多人至今还不敢公开地、义正词严地评论自己遭受的创伤。他们还在怕这怕那，那是因为，这段历史对他们的心理上的影响和压力，实在是太大太沉太长了。更有甚者，当提及这段历史时，个别人至今还在违心地说：当年下乡挖烙印，是自己心甘情愿的。

## 9.2. 高二乙班的"挖烙印"情况 朱琼瑶（67届高二乙）

"红外围"是非红五类的所谓积极分子的组织。只有少数人能够被批准参加，没有被吸收的同学都有"不准革命"的遗憾心情。"红外围"积极协助红卫兵搞"挖烙印"，我记得北操场红卫兵动员"挖烙印"后，就以班级为单位在各班自己的教室里"挖烙印"，有一天，我高二乙班像往常开班会一样将桌椅排在教室四周，教室的南墙上有毛主席像，北操场红卫兵的人主持会议，指名叫出身不好的同学自我批判，气氛杀气腾腾，轮到有一男同学（恕我不指名，我们是回忆事情，对事不对人）自我批判，主持人叫他向毛主席像下跪，请罪，他没有完全达到要求，于是皮带就打在他的背上，逼迫他按要求做，事后听说他疼得大小便都失禁了。我们这些亲历现场的出身不好的人心情难过，同情，悲伤，敢怒不敢言。

后来就是到陆郎"挖烙印"，仍以班级为单位进行，由于分散在各生产队，可能黑字兵的人手不够了，这次是由"红外围"组织的人主持开会了，到会的是非红五类的所有同学。在老乡家里，好像没有去田间劳动，白天也开会，更多的人被指名出来自我批判，所谓出身问题大一些的同学更是难以过关，受到更多的训斥和侮辱。会上唱"老子英雄儿好汉，老子反动儿混蛋"的歌，念"龙生龙，凤生凤，老鼠生来打地洞。"人人自危，但也被训得仿佛自己身上真是有阶级烙印，要好好进行思想改造，才能重新做人，记得我在自己的日记上也写了要认真改造思想的话语，好像并不完全是言不由衷。可惜日记早已不见踪影。在陆郎没有打人现象，但精神上对同学的迫害和摧残丝毫不次于肉体的伤害。

## 9.3. 也谈挖烙印 孙重明（68届初三丙）

挖烙印，我们班大部分同学都参加的，当然不是所谓的黑五类的，可能都是所谓的自来黄、自来灰、自来白之类的，也就是说普通人家的出身的居多，也有不少是知识分子家庭的。当时是北操场红卫兵组织的，好像就是叫红外围。我们班的男生朱晓明等人好像都是北操场的。去陆郎挖烙印的同学是分住在农民家的，说是要同吃同住同劳动。除了劳动，每天要抽一定的时间挖烙印，写汇报，还要以班级为单位开会，暴露思想，接受帮助。那时管我们班这几十个非红五类的除了我们班男生朱晓明等人外还有两个初二的女生，是谁我都记不得了。记得开会是让我们围坐一圈，让个人交代自己或父母是如何反动（所谓的挖烙印）。至今让我记得非常清楚地是，朱晓明问我，你父母不反动吗？我给他的回答是：我不认为我的父母反动，他们一点也不反动！他们一直是积极分子，单位的先进工作者，怎么是反动？我也不记得写过什么，反正当时我什么也不怕，跟着到陆郎，当时我和大部分同学的初衷是为了出去散散心，到农村去转一转，结果是这样，不免有点后悔跟着去了。在陆郎我们班同学还合伙用火药炸死了富农家的一条狗，是用食物包着火药的，把狗脑袋炸开花了。

但是，我们班同学始终没挨过大整，也就是仅此而已。我义正词严的反驳了朱晓明等人后也没有遭到什么打击，也就不了了之了。当然，我们班也有同学心思很重的，挖烙印、写汇报，整天忧心忡忡，甚至连觉也睡不好，饭也吃不好，甚至在月光下写思想汇报。反正我当时虽然感觉气氛不好，但也过得很自在，没人对我怎么样，当然，我的骨头也很硬，对他们（北操场）的做法也很不以为是。

以下是网友议论：

如歌：在挖烙印前，因为出了个"周球红"事件，我就再也不写日记了，而且将当时的日记也全烧毁了。好像是高三的钱南秀同学，由于曾和某同学十分要好，给她看过自己的日记，谁知，因为文革运动来了，不知是否为了立功还是自保，揭发了钱的日记，结果，钱同学因此挨了整，好像当时还有很多大字报。那件事，我印象深刻，记忆犹新。从此后，我就再也不曾写过日记，以前的日记扔进了火炉，偶尔写的也都毁了。

## 10. 在困难的环境中坚持教和学

亓超（75届）

从我的办公室窗口望出去，看着在"9.11"事件中被恐怖分子摧毁的纽约世贸中心双塔的废墟，心中不禁联想起另一种形式的破坏和摧毁：良知和道德的破坏和摧残。

我于1970年至1975年在南师附中读书。当时叫鲁迅中学，那时正值文革后期，学校教育还处在文革的混乱和无政府状态，南师附中的老师就是在这样的条件下，作出极大的努力在恢复秩序和教学。但是当时社会上到处都是批判声。批判修正主义教育路线复辟潮，回到从"白卷运动"到"评法批儒"，学校也不例外，运动一个接一个。在这特定的形势下，学生想学是件不容易的事，老师想教又何尝不是件担风冒险的事呢？

我进校的第一天发生的一件事深深地印在我的记忆里，在当时的"五七"院，我看见一个老人穿着工作服，拿着工具正不声不响地想修玻璃窗。突然间，三、五个学生走过来对着他高喊"打倒沙尧走资派"。这时我才知道这个老人就是南师附中的校长沙尧先生，其中一个学生手里拿着石头，一边叫着，一边扔了过去。玻璃窗打碎了，玻璃碎片划破了沙尧先生的手，鲜血不住地涌出。老人面对这群无知的学生，心平气和地说："你们这样做是不对的"。我仿佛看见老人的心在滴血。这位把一生都献给教育的教育家看见学生连基本的良知都被侵蚀，还有什么比这更感到痛心呢？！

就在这样的环境中，南师附中的老师和学生们还是尽力去教、去学。记得我的老师有：陈广阳（语文），马老师（语文，班主任），陶强（英语），徐老师（数学），仇炳生（数学）和柯绮霞（化学）等老师都在尽自己的努力，在复杂的政治环境中安排教学。借着批判"读书无用论"的机会安排了考试记分和评比，在同学中影响很大，一时间，同学的学习积极性提高很快，纷纷你追我赶地要提高成绩。多少年之后，这些成绩和比分，还是我们津津乐道的成就。

有一次陈广阳老师上课，情不自禁地引用了《滕王阁序》中的名句"落霞与孤鹜齐飞，秋水共长天一色"。他对我们做了解释并热情地鼓励我们多学点古代的文学。在当时的环境中，这是要冒着被批判的风险。我想使他更感到担忧的恐怕是同学中没有几个能与他产生对中华文化渊源深大的共鸣。

陶强老师在文革中经受的冲击是巨大的，记得她刚开始上课时，有的学生在课堂上就大喊"打倒陶强！"她虽然痛心和气愤，但是只要她站在讲台上，一切个人的得失都抛在脑后，全神贯注地教育学生，鼓励我们多读一些课外英文书籍。

五年南师附中的学生生活，对我的工作和生活产生了很大影响，南师附中精神不仅仅支持和鞭策着我不断追求和上进，而且指导我做人做事的准则。在南师附中老师的帮助下学到了相当多的文化知识，更重要的是掌握了自学的方法，为我恢复高考后的第一年就考上大学，大学毕业后留在大学当老师，以及1985年赴美留学获得博士学位打下了良好的基础。我虽然身在美国多年，但是回想起中学学习生活，深深地庆幸自己是南师附中的一名学生。感谢南师附中老师的培养，祝愿南师附中这所陈年老校在新的世纪里焕发青春、培养出更多的人才。

（作者1975届校友。美国运通银行公司风险管理主管）

# 11. 批斗胡百良

王虹　史安琪（66届高三丁）

## 11.1. 批斗胡百良　王虹（66届高三丁）

68年10月31日，中共八届十二中全会公报发表的当天晚上，胡百良在工宣队设立的"学习班"里学习公报时，鬼使神差地将关键段落的关键词资产阶级读成了无产阶级。同在学习班的吴耀卿老师当即提醒胡百良赶快去向工宣队报告自己的错误。胡百良这样做了。但工宣队还是将这一情况汇报到市革委会。革委会认为这是八届十二中全会以来，南京地区最严重的一起反革命事件。

第二天，工宣队在学校小礼堂主持召开了胡百良的批斗会。批斗会应该是在下午举行的，因为会前还要有所准备。当时红联的学生很多已经插队泗洪，或去内蒙落户。尽管这样，红联仍是批斗的主力。对于如何批斗胡百良，红联是有计划的。所有的细节，事先都有安排。所以整个过程都不是个别人的行为，而是共同的商定。

首先需要一块牌子，准备给胡百良挂在脖子上。这块牌子越重越好，以达到最大的效果。很快就有人找来了一块小黑板（黑板可比一般的木板重得多），然后配上了铁丝（铁丝显然比绳子更有皮肉效果）。

小礼堂有上场门，胡百良将会从上场门进入到批斗会场的台子上。上台后将会站在靠近上场门这一侧。我们根据这些预想，安排了具体押解胡百良的人员。同时商定进入会场后，由红联事先组织好的人员迅速占领上场门侧前几排的凳子，并将凳子同批斗台的距离作适当调整，一旦胡百良从台上跌下来（既定行动），台下能够迅速拳脚相迎。

批斗会开始后，一切按照红联的程序进行。起初胡百良还不停地辩解说自己是口误，读错了语句。当被问到"为什么别人不错，偏偏你错！"时（这句问话应该也是事前准备好的），胡百良果然一时无言以对。此时会场内口号声此起彼落，会场的气氛也到了顶点。按照策划，此时押解胡百良的同学将"飞机"坐得更低，并顺势连踢带推将胡百良弄下了台子。台下顿时拳打脚踢，一阵混乱。小礼堂的台子虽然不太高，但挂着牌子从台上正面摔下来还是相当够呛。当胡百良重新从上场门押出来的时候，脖子已经被挂牌的铁丝勒出一片红印子。

批斗会结束后，胡百良被押送到鼓楼区"文攻武卫"，这也是红联的主意。那年头谁都清楚文攻武卫是个不那么讲政策的地方，把胡送到那样的去处，无非是想让他再多吃些苦头。工宣队居然也同意了。胡百良据说在文攻武卫呆了四十八天后才得以出来，那时校园内老三届的学生也所剩无几了。

## 11.2. 关于批斗胡百良的补充　王虹（66届高三丁）

68年10月，胡百良进了工宣队的"学习班"后，常受到红联的提审。有一次是高一的学生来提审胡百良，据说在提审过程中胡百良出现了口误，受到殴打。那次提审后，胡百良便从"学习班"升级到校门口东一楼隔离审查。在隔离审查期间，胡百良经常被红联审问，多次遭受皮肉之苦。红联的一位头头曾说过，在提审胡百良的过程中他"出了手"，这是他一直内疚的一件事。据说另有一位头头的"出手"很重，让胡百良吃尽苦头。那次找来胡百良夫人郑老师的"恶作剧"，也可能发生在东一楼隔离审查期间。当时军宣队要求解除胡百良的隔离，放人回家。就在放人的当天晚上，红联的一些人搞了那个"恶作剧"，当时胡百良正躺在东一楼上休息，听到了郑老师的声音，才让"自杀离婚签字恶作剧"未果。胡百良解除隔离返回学习班后，还是没能逃脱厄运，最终还是在学习班因新的口误被市革委会定性为"反革命"。在鼓楼文攻武卫拘留期间，红联和造反军的人都曾经去调审过胡百良，据说胡百良曾被红联的一位头头打得相当惨。

### 11.3. 胡百良与"文攻武卫"　　史安琪（66届高三丁）

批斗会结束后，胡老师被送到了"文攻武卫"。善良的胡老师至今还以为，当时是工宣队为了保护他，不让他在学校继续遭到学生的批斗和殴打，而把他送去的。他哪里知道正是他的弟子们想让他再多吃点苦头，把他送到那里了。弟子们如愿了：胡老师在那里确实遭了大罪，吃了大苦。

当年的文攻武卫总部设在现在的鼓楼公园里，那座红色的建筑鼓楼的二楼是关押人的地方。现在那里是一个休闲茶社，前不久，胡老师去了那里，用相机记下了他曾在那里度过了四十八天非人生活的地方，特别是属于他的那个墙角。

大家都知道，"文攻武卫"就是当年武斗成风的运动中，一些地痞流氓，社会渣子为了便于他们的打砸抢，纠集在一起，成立的一个非法组织，这些人素质极差，在社会上干尽坏事，鼓楼就是他们抢占了作为总部的地方。总部里关押了各种人，有流氓，强奸犯，走资派等，还有就是胡老师这样的"现行反革命"，好多"牛鬼蛇神"都被送到那里，革命群众都知道，以毒攻毒是整人的最好方法。

那里每天供应两顿饭，所谓"饭"，连今天的泔水都不如，烂菜边，糙米饭，清汤寡水，一滴油花也没有。刚去时，胡老师实在吃不下去，硬是扛着饿了两天，后来撑不住了，便开始吃起来。吃了几天后，就便秘了，一是因为肚子里没有油水，二是因为整天坐着不动，由于便秘的人很多，就开始采取措施了。过几天菜里就会加上两片老肥肉，再有就是每天让"牛鬼蛇神"们到屋外放风，别以为放风是什么好事，文攻武卫的打手们决不会放过这个让他们试拳脚的好机会，哪能这么轻易就让牛鬼蛇神们走到屋外呢？每天放风的时候，牛鬼蛇神们排好队，由文攻武卫的战士们一个个用脚把他们踢出去，而放风结束时，又是连打带踢进到屋里，可以想象胡老师当时遭的罪，除了身体皮肉上的疼痛，更有精神人格上的侮辱。那时是68年末69年初，大多数同学都已经下乡插队，还有些没有走的某派性组织的革命小将隔三差五的会去关照他，不是叫他写交代，就是动手动脚，就这样在那里捱了48天，直到文攻武卫被取缔，胡老师才离开那个人间地狱。回学校后，又被革命小将们关起来，尽管工宣队要求放人，某些人还是强迫他写交代材料，要求他从小时候写起。后来在工宣队的干预下，直拖到深夜，才把老师给放了。出来后没多久，四十岁还不到、身体一直挺棒的胡老师就因心脏病住进了工人医院，这心脏病是怎么得的？是不言而知的了。

讲这段经历时，胡老师显得很平静，没有愤怒，也没有怨恨，好像在叙述别人的事情。他说，四十年后的今天，他并不记恨谁，只要大家能跟他说话，能搭理他，这就够了。最后他还再三叮嘱我，不要再去和别人说这件事了，我答应他了，并保证不会说的。可是王虹的这篇文章，让我打破了对胡老师的承诺，还是决定把憋在心里许久的话说出来，因为我觉得胡老师是我们的榜样，他的宽容大度是值得我们学习的，同时也有必要让大家都了解一下胡老师的这段遭遇。如果不是派性斗争，胡老师会被送到文攻武卫吗？他至今会落下心脏病吗？

今天，王虹能勇敢的面对历史，真实地写出了批斗胡老师的过程，并真诚地向胡老师道了歉，他已经赢得了宽容和尊重。

以下是网友议论：

1. 一叶知秋：不是躺在东一楼休息，而是在五四草坪后的写着"造反有理"几个大字的教学楼的三楼的一间教室里，胡百良被迫躺在一张长条桌上，脸上盖着一张黄草纸……

2. 知情者：胡先生56年并没有像人们所说的那样"上街闹事"。尽管如此，57年还是一夜之间被打成右派，在南师附中的右派队伍中占有三分之一的份额。在后来"难忘"的日子里，也不像传闻的那样"带头走上街头"，但还是做了该做的事情。

# 12. 回忆王亮

戴相陵　孙重明（66届初三丙）

## 12.1. 回忆王亮　戴相陵（66届初三丙）

### 12.1.1. 家庭出身的最初冲击

还在小学的时候，有一次偶尔听到外婆和小保姆杨姨在闲谈解放前的事。她们在说，妈妈家那时是地主。我很奇怪。因为从小受到的教育使我以为，解放前，大家都很苦，都是受地主、资本家剥削的。解放使大家过上了好日子。这种想当然的忆苦思甜，其他人家是这样，我们家当然也应该是这样。我马上打破砂锅问到底，最后得到了证实。不仅母亲的家里是地主，而且父亲家里也是地主。

恐慌之余，我向她们耍了小孩子脾气。这实际上是常见的心理上的一种反映：主观上否认对突然发生在自己身上的灾难性的事实。贫农出身的杨姨马上安抚我说：以前很多地主是"苦"出来的，不是靠剥削起家的。你爸爸妈妈家的地主就是这样。你外婆以前是地主分子，可是现在不是变好了，还有选举权嘛。

我似信非信，从此，幼小的心理上就有了阴影。后来，在街头、学校与小孩吵架，当被骂为"地主"时，我还弱弱地反驳过，说是我们家的地主与众不同，便立刻遭到嘲笑和否定。老实说，当时就连我自己也搞不清，地主中真会有好的、有"苦"出来的。

四年级时的一次作文的命题是写自己的家史。这是我首次为家庭出身伤脑筋了。开始，我按照当时的标准说教，编造了一篇"苦难家史"交上去，想"蒙混过关"。可是，在评讲课上，老师点了我的名。她说，据了解，你家解放前的生活并不苦，并责令我重写。我实在是无奈，也没去问父母，又编造了一篇剥削家史。里面说，妈妈本人是地主，爸爸是资本家，还打过要饭的。修正稿交上去后，老师也从来没有给过下文。其实，即使在我们这所平民小学，真正有苦难家史的同学，能有几个呢？

那些拿来进行阶级教育、煽动阶级仇恨的许多典型范例，在我们成长过程中，已经在上刻下了深深的烙印。而这些范例，后来竟被证实与原型和史实有很大的出入，比如电影中的"白毛女"、小说"高玉宝"中的地主"周扒皮"，大型泥塑"收租院"里的四川大邑县大地主刘文彩的庄园。

估计是那一年，政局有点偏左。学校请来了一个叫张秀英的女工，在礼堂给我们讲她解放前的苦难。也就是那一年，学校在刻意拔高一个工人出身的女同学。她叫高玲玲，学习并不拔尖。不管怎样，对一群十岁还不到的孩子，就要搞他们的家史和出身，学校确实是过分了。还好在那个年龄段，同学们对家庭出身，看得是很轻的。

附中的传统之一是学生每周写篇周记，来与班主任汇报和交流思想。1964年开始，政治形势向左转。周记内容也在变，所以当有一次周记要求写家史时，又使我犯难了。随着年龄的增长，我知道，自己既无革命家史，也无苦难家史可写。如今事到临头，也不能像小学时那样瞎写。

经过绞尽脑汁，终于也写出两条苦难家史交了差。第一件是外祖父长期在上海南京做官，娶了姨太太。他从不回乡下，实际上是抛弃了我的外婆。外婆不让，有一次，外祖父竟掏出手枪要打死她。所以对外祖父，我外婆、妈妈和舅舅们是又恨又怕又鄙视。第二件是抗战初期时的逃难。外婆和全家在一条小轮船上遭到日本飞机轰炸。幸好，第一轮炸弹把轮船驾驶员给击毙了。轮船起火失控，在河心打转。日机在上空盘旋观察很久，以为船上的人都死了，才离去。外婆对我说：如果再来一轮轰炸，今天就不会有你妈，也就没你了。就这样，家仇、国难、阶级苦、民族恨，在我笔下，倒也描述得咬牙切齿。

不知什么原因，我曾经瞄过几眼张宁阳、胡多佳和陈双同学周记里的家史，但绝不是蓄意偷看，也没敢细看。对陈双写的"父亲被评为右派"，我还觉得"评"字用得不妥。先进模范才是"评"嘛。应向陈双认错、赔礼道歉的是，我还与一些同学笑话过"评为右派"的写法。现在回想起来，真是罪过。欣慰的是，当时也没给陈双造成直接或间接的伤害。

几乎可以肯定的是，朱晓民蓄意偷看过我的家史，并宣扬过。这也难怪：朱晓民进校后一直被班上的一些男生开涮、欺负。有一次，朱晓民急了，对我大喊："抛弃"。当时我莫名其妙。事后才明白，他表面上指的是我外祖父抛弃了外婆，而实际上是在提醒我家是"官僚地主"。虽然当时没刺伤我什么，但觉得家史有时是能派上用场的。朱晓民处在弱势中，用此招使一些非干部子弟有所收敛，进而退出起哄行列，也无可非议。联想到他还宣扬过李惟德的家史，恐怕是出自同样的心理。

以后，当朱晓民又几次提及我的家庭时，我开始感到委屈起来。初二的语文教学中，有一课是毛泽东的"放下包袱，开动机器"。在讨论时，顾凯蒂同学站了起来，说今后要放下自己家庭出身不好的包袱。接着，又有几个同学站起来，也要"放下包袱"。

最后我也站起来。可是还没说什么，眼泪就要出来了。这时，只听见陈光国轻声说：都怪朱晓民。

于是，班上的全体目光都投向了朱晓民，是指责的眼光。在当时，与其说我是想要"轻装前进"了，还不如说，我想诉说自己的委屈。其实，这点点祖父母辈的事，与后来自己生父的曝光相比，又算得了什么。这些，只不过是家庭出身对自己的最初冲击罢了。

### 12.1.2. 阶级路线的严重冲击

在我尚未意识到阶级路线将威慑自己之前，家庭出身已经冲击到王亮家了。早在五十年代末、六十年代初，王亮家在政治上就遭到了不公正的待遇。1964年以前，王亮的母亲陈颂华老师在南师附中教语文，与我母亲同事。如前所述，王亮是我同校学长，比我大三岁，聪明绝顶。与我一样，小学时，他品学兼优，而且干部做得比我还大——"官至鼓楼区少先队大队长"。我俩一起上学数年，他是我小时候的楷模。

不幸的是，王亮家逐渐陷入困境，起因于王亮的父亲王公铎先生的个人历史。

王公铎是江苏省泗阳人。年少时追随共产党，大革命时期，曾南下广东投身革命。因为当时共产党难以接纳众多的革命青年，故由周恩来介绍，他与一批青年一起，将革命火种引入当时仍是军阀统治的江苏。不料回到江苏后，接头人不是被捕了，就是叛变了。结果王公也被投入大牢，后经家人力保出狱，回到了泗阳老家。后来阴错阳差，王公与国民党中统局（CC）有了关系。解放前夕，他是中统局某高官的侍从官。

解放后，王公就这些历史问题，在历次政治运动中，向党反复交心、交代、检查和认识，有幸通过了镇反、肃反等运动，取得了我们党的谅解和宽大。就历史问题的严重性而言，王公这小小的侍从官真算不了什么。但问题的关键和要害，在于王公是否能够"安分守己"，是否能够"与党同心同德"。如果王公能老老实实地在南京七中当他的语文教师，恐怕其历史问题要拖到文革时，才会遇到麻烦。那么，是什么原因使王公早在1958年就"东窗事发"，以至于一天夜间，全副武装的警察在我家楼下铐走了王公？不久后，人们又听说政府定他为"历史反革命"而判劳改五年。原来，王公被整肃的原因是他的"现行问题"而不是"历史问题"。出事原因，在于他不识大局，不与我党"在政治上保持高度的一致"。

众所周知，1957年我党领导的反右斗争进行得如火如荼。在这样敏感险恶的政治环境下，王公居然"跳了出来"。他在一个公开场合，与语文教师出身的七中党员校长，在学术上，为了两句鲁迅先生的诗句，争辩得面红耳赤。当时，鲁迅先生的名言"横眉冷对千夫指，俯首甘为孺子牛"，被捧为座右铭。根据我们党的官方解释，句中的"夫"字，是指广大劳动群众。而王公却自不量力，争辩着说，据考证，鲁迅先生句中的"夫"字，是指知识分子。

请想一想，在文字狱横行和极力煽动工农群众与知识分子对立的 1957 年，王公此举的性质，在我党眼里，到底是"学术问题"，还是"政治问题"和"立场问题"？而且，王公还推崇一句当时典型的右派言论"外行不能领导内行"。于是乎，整人棍子打了下来。政治批判上无限上纲、组织结论上新账老账一起算。

王公被定为"叛徒、历史反革命和右派分子"，判刑和劳改五年。

四十多年后，据王亮分析，当年王公事发，是我党注重"现行"所致。而那些历史问题，早就做过结论了。换句话说，王公是因为对鲁迅先生的那句名言，与我党有着不同的解读而蹲了五年铁窗。这也给王亮全家带来了深重的灾难。王公出事后，陈颂华老师仍在南师附中教语文，独自抚养王亮和他的姐姐王明，妹妹王星。但没想到，反右运动后，王亮家的灾难一波接一波地到来。

首先，是 1957 年王亮的姐姐王明考高中未录取事件。王明在南师附中以优异的成绩初中毕业，在本校高中的升学考试中，竟然落榜。更不可思议的是，她居然没有被任何一所其他学校的高中录取。王明，作为一个南师附中的高才生，才十四岁就失学了。原因也不言而喻：她爸爸是右派。有本校老师在事后告知了落榜高中的原因和过程。

其实在当年的升学考试中，王明的考分已经远远超出了南师附中高中的录取分数线。在明明知道已经到了考生是否录取的关键时刻，陈颂华老师却本着对党忠诚老实的态度，向南师附中校长沙尧汇报了王公在南京七中被打成右派一事。沙尧随即召集了全校老师开会讨论"南师附中能不能录取王明上本校高中的问题"。1957 年本是个资讯相当不发达的年代。陈老师事后大概也后悔自己当时实在太老实了，她本应该推迟几天再向校方如实汇报。可是历史不可逆转、悲剧已经造成。一个优秀学生原本可以读高中和上大学的命运从此改变了。而失学的王明，将注定面临着她坎坷的人生和痛苦的未来。

三年后，第二波打击来了。1960 夏天年王亮小学毕业。初中升学考试前，他的第一志愿是南师附中，结果被刷到了一个刚刚成立的，比民办中学好不了多少的南京市福建路中学。

直到进入二十一世纪后，随着官方档案的解密和披露，当时毕业升学的组织结论里被塞进了政治歧视的参数。其中有"不宜录取"和"降格录取"两条，决定了众多家庭出身有问题的考生的不公正归属。王明和王亮是这个政治歧视众多的直接受害者之一。

我当时正走在三四年级儿童时代的阳光大道上。听说此事，童心上第一次感到这个世界在政治上的不公。"怎么这么好的学生只上了福建路中学？"周围的人告诉我："是他爸爸的问题"。我认了，暗祝王亮的爸爸早日"改造好"，使王亮能上他应该上的好学校。没人知道，陈老师一家，为王亮、王明之事暗自落了多少泪，也不知道王明、王亮幼小心灵上的创伤有多深。周围的人为此事，拍手称快者有之，幸灾乐祸者有之，愤愤不平者，无可奈何者，同情者和威慑于我们党强大的专政者有之。我家居住的南师附中教师宿舍大院，大部分属于后面一类人。当时人们心里有一个疑问："难道这么小的孩子就开始为父母背黑锅？"。他们还有一个许愿："但愿王亮家的事，不要发生在自己家。"我是在两三年后进入中学不久，才逐渐明白，王明、王亮的升学事件，是我党执行其阶级路线的结果。正是我党，或者说是我党阶级路线的忠实执行者们，在"宁左勿右"思潮的推动下，只抓住有成分论，这个阶级路线首条，而不顾不唯成分论和重在政治表现，使王亮、王明和一大批品学兼优的青少年，失去了平等竞争上学的机会。这无疑是一代人的悲剧。

直到文革结束，我上了大学，后来又来到美国留学，才认识到党的阶级路线的封建性、荒谬性和残酷性。且抛开推出阶级路线的动机和执行阶级路线的后果不谈，其第一句话"有成分论"的实质，就是人为地把世界上的人（尤其是青少年）划为等级。于是乎，所谓出身不好的便沦为二等公民，他们要比"苦大仇深，根正苗红"的出身好的要矮三寸。

历史事实证明，广大出身不好的青年人被基本上剥夺了上学、入党、提干、参军的机会。这些人从一出生问世，就注定要长期、甚至永远地"改造自己"和"接受改造"。我认同美国宪法里的一句名言：每个出世的人都是平等的。在中国，至少是在当时的中国，每个出世的人是不平等的，是根据他父母的历史政治背景划分成等级的。

反右过后，接着是"大跃进"和"三年自然灾害"。在中国人民遭受了深重灾难后，中国大地有过短暂的"春天"，有过两三年"政治上的宽松"。1962年底或1963年初，王公刑满释放回家。他教师是做不成了，被分配到一家街道工厂。王亮一家生活趋向正常。

1963年夏季，老天长眼，更确切一点，是我党"开恩"。王亮在福建路中学初中毕业后居然考入了南师附中高中。无独有偶，从来没有上过高中的王明，自学奋发，居然接到了大学录取通知书。虽然苏州蚕桑专科学校并非她的理想志愿，但那毕竟是大学啊。几十年后的今天，我仍然记得当时陈老师开心的笑脸，还有王明手捧录取通知书激动得热泪盈眶的情景。王亮一家是应该高唱"社会主义好"，感谢"党的光辉"和"皇恩浩荡"了。

我本人也在1963年夏季小学毕业后，如愿以偿地考入了南师附中初中。后来有人告诉我，即将教我语文的，正是楼下的陈颂华老师。此时，王亮家的生活好像在天天向上。难道党从此就对王亮家放一马吗？不是的。我党是不会让王亮家这样宽松下去。又一场灾难就在眼前。

1963年暑假还未结束，陈老师被请到南师附中校长室谈话，通知她被"调到"离南京几百里外丹阳县的江苏省丹阳师范学校（省丹师）任教。党支部书记兼校长沙尧在校长室里召见了陈老师。沙尧，这个党当时在南师附中的总代表，操纵着整个附中教职员工（政治上的）生杀大权。按王亮话说，他也有一些（资产阶级）知识分子的人情味。他是这样对陈老师做动员或者说是下达指令的。

"最近，上级指示南师附中支援省丹师一批教师。当然我们不能派最差的去。今年，我们（党）录取了王亮进附中，王明也被组织录取上了大学。所以，我们决定派你去支援省丹师，户口工作都转过去。"沙尧的谈话是婉转的。首先他把自己的责任推得一干二净：调动是上级指示的。其次，沙尧给陈老师戴了"高帽子"：你不是附中最差的教师，我们不能支援别人不能教书的人。不过他又在暗示，你陈颂华也不是最好的教师。最好的，我们也舍不得给人。

陈老师贵有自知之明：自己不曾大学毕业，也不是挑高中毕业班大梁的所谓骨干教师。沙尧的谈话也是严肃的。更确切点，是充满着威胁和杀机的：你陈颂华该满足了吧？你丈夫放回来了，组织上录取了你儿子王亮进了附中，又让你女儿王明上了大学。言外之意，我们党也能（以其他什么罪名）让王公铎再次出事。也可以像从前一样，让你的儿女上差学校，或者干脆失学。

可以想象，陈老师对于这一席话，是不敢做不服从组织调动的表示的。就是不为自己，也得为丈夫和子女想想吧。在这个世界，是党掌握着生杀大权啊。至于陈沙之间在陈老师调丹阳的户口、工资和退休问题上有无妥协，现在不得而知。反正从此，王亮一家是四分五裂了：王公独守南京的大本营；王亮把户口迁到南师附中住校，以示与家庭"划清界限"；王明去了苏州读书；陈老师与当时还在读小学的小女儿王星去了丹阳。

四五十年前的当事人，当今绝大多数已经作古。我对王亮家的这段追忆、写实和感受，是想让我们的下一代了解这段历史，增进对"政治不公""政治歧视""政治迫害"一词的理解，使我们的后代永远不会回到那黑暗的时代。

后来的岁月，我们分别是这样度过的。王明在文革中大学毕业后，分配到新疆阿克苏，后调到青海省西宁市。在那里的十五年，她仅凭大专毕业的学历，在青海医学院破格当上了化学教研室的助教，四年后又考到了讲师。八十年代王明来美国留学，计算机硕士研究生毕业。后来是纽约一家旅游公司的老板。

王亮后来告诉我，当王明首次读着本章节初稿时，悲感交加，"热泪盈眶"。2003年10月，王明与夫婿一起从纽约开车来到戴宅。这是我们四十年后首次相会。

王亮文革中去江苏泗洪插队，后辗转过青海。文革后的1977年，考入南京师范学院淮阴分院物理系。八十年代来美留学。计算机硕士研究生毕业后，在美国某电话公司任职。2003年春，不幸英年早逝。

王公铎在文革中1969年被"扫地出门",从南京下放到老家泗阳。他在老家并未遭到多少批斗。主要是因为当地的宗族势力,再加上很多贫下中农并不认同王公的"组织结论"。相反,他们认为王公是大革命时期的老干部。王公在农村期间,喜好酒肉,染上心血管疾病。八十年代初,"落实政策"到南京市铁心桥中学。他虽然在"政治上彻底平反",但不久病发去世。追悼会上,王亮致悼词。其中最感人之处曰:王公铎先生毕竟等到了,也看到了"春天"。

陈颂华与小女王星1963年去了丹阳。文革中惨遭批斗。连王星也被打成"小牛鬼蛇神",一起陪斗。

1969年,母女被下放到丹阳农村。八十年代初,与王公一起"落实政策"到南京市铁心桥中学。王星后来在南京一家商场任总经理,后来当了老板。1996年,王亮全家回国探亲,为其母做八十大寿。2003年10月,我和夫人在南京拜访陈颂华老师,并在王星的酒店里,一起共进午餐。在座的有王星和王亮遗孀刘学娅。我与王亮在国内最后一次会面是1969年春节期间。当时,我从插队地淮安,王亮从插队地泗洪,分别回南京过年。

二十八年后,我与王亮在美国新泽西州王宅的两家聚会时再次相会。届时,我仔细询问了"陈老师调丹阳"的内幕。加上自己的回忆和感受,我写下本章节的初稿。2002年5月,为参加在俄亥俄州我家举行的北美南师附中校友聚会,王亮特地只身飞来会友。他在我家住了三天。谁也没料到,那竟是王亮生前,最后一次和我在一起。

## 12.2. 忆王亮　孙重明（66届初三丙）

王亮的确是一个聪明绝顶的人,动手能力极强,人也非常好,很厚道。很长一段时间,从67年—77年,这10年间我和他以及刘学娅还有学娅家人之间一直保持了很好的关系。他去美国后,我和他们夫妻还是有联系的,他们回来也会通知我,有时也由我来组织原插队杨岗大队同学的聚会。就在王亮去世的那年春天回来时,他也找过我两次。在学娅去世前去年的春节期间,我还张罗着请学娅和其他杨岗同学聚了一次。他们俩给我留下的印象太深了，王母我也见过，我曾在文革期间去过王家，虽然我也知道他的出身，但我并不在乎这些，也没把这些放在心上。我也曾把自己的学生证借给王亮让他带她妹妹去上海时好免费乘车。这俩人实在是太可惜了，不知他们的女儿现在怎样了？

惊闻学娅离世，禁不住悲生心头，不由自主地要为她落泪。她插队时与王亮在一家，他俩的感情很深。学娅其实是个很坚强的人，我与她的关系一向较好，与王亮相处就更早了。正如有同学说王亮是8.27广播站的技术骨干，而播音骨干就是我和孙德和，有时让王亮录一段播音稿，没有一次能够一气呵成，往往笑弯了腰，笑岔了气，非停顿四、五次不可，每每被张三力呵斥几声，他也不恼。他的音质很好，声音厚重，典型的男中音。王亮的妹妹与他一起到上海，是用我的学生证买的学生票，那时我也把他当大哥看待。他去美国后回来几次，我也都与他见过面。在他去世的前一年的五、六月间，他还专门跑到我这里，为学娅买了一本书，并给我留下了他的名片，他和学娅父母的电话我这里也都有。可惜这都已成了遗物。学娅比王亮小5岁，但学娅很有主见，王亮也愿意呵护她，听她的意见。插队时，学娅后来到芦沟公社当了一段大队党支部书记，王亮与她一同去，当了拖拉机手。学娅是有一定的领导才能的。大约是76年，我也去芦沟看过他们。其实我与学娅的父母也有过来往，他俩也是不错的老人，后来她父亲在泗洪化肥厂工作，不久又到了南京栖化，南京栖化的创建是有他一份功劳的。

# 13. 关于 68 年清队的回忆

戴相陵（66 届初三丙）

　　直接针对母亲的迫害终于来了。高三乙班的纵晨光是高干子弟，一个挺英俊的小伙子。他在家是老二，所以人们叫他纵二。纵二本应是附中 65 届的毕业生。由于生病休学一年，而痛失了文革前最后一届上大学的机会，成了不幸的老三届之首。我对纵二印象本来不坏。两年前，是他慷慨地在一张外出介绍信的南师附中钢印下面，加盖了"红色造反军"的"公章"后，使得我也有机会加入了那场 1966 年秋天的"革命大串联"，周游全国。可是，在 1968 年的"清理阶级队伍"中，我对他的印象完全转变了。

　　起因应该是外单位有人来我校，来调查生父与受审对象的关系。这样一来，妈妈的历史问题，也被本校的对立派注意到了。盛夏的一个中午，有人告诉我，母亲被造反军带走了。我非常担心，这些黑字兵和联动的变种，他们是什么事情都能干出来的。"救妈妈要紧"，我当机立断，以送午饭作借口，只身闯入了实验大楼三楼的造反军总部。

　　形势险恶。只见纵二正在审问妈妈。他的后面，还站着一群虎视眈眈的初中女生。我很气愤地质问：为什么扣押我母亲、为什么不放人回家吃午饭？我又很不客气地坐下来，说要看着母亲吃完饭才走。然后又改了主意，说要等审完，与母亲一起走。我口中还振振有词，暗示他们不要妄图更改当年人民政府对母亲做的政治结论。我只是没说出口，你纵二自己的父亲，是刘少奇，安子文六十一人"叛徒集团"的一员。结果，由于我的在场，审问不了了之，很快结束。妈妈也随我回家，逃过了这一劫。

我和纵晨光夫妇最终成为朋友，是四十年后的事。

高一己班的夏松秀，是我在淮安县第二农业机械厂的同事（1972－1978）。二人虽然出身不同，在文革中又是对立派别，可是到了1976年春，居然对四人帮统治的国家，其严峻的政治时局的看法，达成了共识。夏松秀是纵二的夫人，后来还是我的婚姻介绍人。以后我们两家成了朋友。2007年春，纵晨光夫妇在南京，带着礼物登门拜访。他为1968年的事，向我母亲赔礼道歉。

以下是网友议论：

1. 虫虫：68年9月工宣队清队开始后，将全体教师集中在学校，对有问题的老师看管还是比较严的。

例如陶强的儿子来看他妈妈时，陶所在教室的门口就安排了杨×和王××老师坐在那里监视。有一天，人们看到陶强的眼睛被打成了"熊猫眼"，腿好像也受伤了，走路受到影响。此次被清的大约有十几个老师。例如潘圭璋因与潘汉年是本家便成了重点，其实解放前他曾在国防二厅做过地下工作。后虽平反，享受离休待遇，但党籍一直没有恢复。

当时参加清队的有学校的原领导成员、老师、工人和学生，例如老师中杨××、鞠×是很积极的，工人中有谢××和张××，参加清队的学生有造反军和红联两派的学生，例如王虹的帖子里曾说到他当时所在的小组里既有红联的也有造反军的学生。被清的则全是教师，此次清队与后来的干部下放应该是有关联的，也不知工宣队是否就是带着这个政治任务来学校的？

从现有的回忆看，工宣队进校不是冲着学生来的，因为68年9月已有学生插队了，再说老三届最终都是要离校的。红联那时为何有"保全"自己的需要，仅仅是窃听事件败露了吗？但据说窃听事件后，当时红联的某领导成员向工宣队做了解释，工宣队也没再追究了，那到底又是为了什么呢？

2. 王虹：红联的沈立志在小红房窃听事件曝光后，竭力向工宣队解释，以避免工宣队产生错觉—红联是被阶级敌人幕后操纵的组织。当时沈立志是绞尽脑汁才想出了足以脱身的遁词：我们虽然非常警惕，但毕竟被阶级敌人插了一手！这句话的意思是说，并不是阶级敌人操纵红联，而是被阶级敌人寻机插了一手而已。沈在事后（当时）说到这一点，还掩饰不住为自己的巧妙应对而得意的情绪。说实话，我当时心里有不同的观点，电工廖师傅不过是些历史问题，还没有定性为阶级敌人，怎么就说成是被阶级敌人插了一手呢！上面说明的意思是，红联确实受到极大的压力。

## 14. 文革时期附中两位女教师的印象

张明珠（66 届初二丁）

### 14.1.陶强

我是在大字报上知道陶强的，那时附中还没有红卫兵，陶强是最先遭到批判的教师之一，批判她的大字报贴在五四楼墙上。大字报上写的都是她的历史，我如今只记得说她曾是中大的"校花"。

就在那几天，有一次我看到东一楼一带有一群人站在那里，气氛很热烈，过去看是在批判陶强。批判以后有人把一个代表陶强的纸人烧掉了，博得一阵欢呼。此时听见周围的人讲陶强吓得发抖，但我根本没有看见谁是陶强。

我一般骑车上学，偶然坐汽车。有一天在 31 路的三牌楼车站，看见一位正在等车的妇女，五十岁左右。

同行的赵生健悄悄地告诉我，这就是陶强。我忍不住又看了她几眼。她个不高，瘦瘦的，短卷发梳得整整齐齐，戴着金丝眼镜，穿得也很讲究。

又过了一阵子，红卫兵兴起了。听说红卫兵要抄陶强家被周恩来制止，她丈夫是中国有名的天文学家，禁止抄她的家不知是否因为顾虑国际影响。此时我又一次在 31 路车站看见陶强。她的穿着已大大地改变，戴顶女工的扁蓝布帽子，身穿旧工作服，衣帽完全不合身，只有眼镜和显得格外细白的皮肤向路人显示这原是个什么样的人。我在学校里已见过她，不戴帽子，头发被剃光。出来戴着帽子显然是为了掩饰被剃光的头。可想而知她每天从家到学校的来回路上也要忍受多少屈辱。

大概是71-72年间,有次从农村回宁探亲,我们四个女同学一块去紫金山天文台玩。路过陶强家,曹前建议去看看她,我们就都进去了。陶强已恢复到我第一次见到她时的穿着,她的气色比我们在场的任何一个女孩子都好。我们之中她只认识曹前,互相说了几句客气话,我们就告辞了。

前些时间,我看见一篇回忆文章,讲她晚年得了阿兹海默症。我想她一定也忘记了文革时所受的屈辱,这由不得她自己。

### 14.2. 吴至婉

吴至婉不教我们班,她是初二乙班的语文老师,不记得是不是也教甲班,不过她到我们班来代过一两节课。我妈妈也是中学语文老师,我从妈妈的嘴里知道吴至婉的教学有点名气。

文革开始不久就转向对老师的批判。我记得在乙班的大字报上指责吴至婉喜欢出身不好的学生,并点了一两个学生的名。大字报后面有一幅漫画。乙班的人在批判老师的方法上比我们其他几个班有些创造性。他们把装墨汁和浆糊的盆子架在教室门头上,强迫老师推门进去,盆子掉下来,身上就是一片污迹。第二天老师换了干净衣服,又遭受同样的作弄。墨汁沾在衣服上是洗不掉的,几天以后,就没有干净衣服可换了。

红卫兵成立以后,吴至婉被剃了阴阳头打发到劳改队去了。吴至婉非常勇敢。67年,她是为数不多的几个敢于上台揭露红卫兵暴行的老师之一。在一次红联组织的大会上,我听她诉说文革初期红卫兵在校园里到处找她,她躲在五四草坪的一圈圈大字报中间,坐在地上看着蚂蚁,恨不能像蚂蚁那样能躲到地下去。可惜我不记得她讲的其他内容了。

在最近一张红联聚会的照片上,看到吴至婉精神还很好。吴老师,祝你健康长寿。

## 15. 新华书店劳动

孙重明（66届初三丙）

到新华书店劳动好像是我联系的，那时我妈妈在那里工作，好像她还是山西路新华书店门市部的负责人。之所以参加劳动好像那时有一种参加社会活动的风气，有些高中的同学去车站、码头、饭店参加服务工作，而我们则去了书店。当时高三也有同学去那里，我妈到现在还记得张三力（高三乙班的）。我们去书店劳动好像只是站柜台，帮助拿拿递递，偶尔也开开发票。我当时搞不清楚的是书店的营业员为何在发票上先画上2、7、1等数字然后再写金额。后来才知道那是书店的分类号，1类是马列、毛著，2类是哲学、社会科学，7类是文化教育。其实当时的很多细节我也记不得了，只是有这样的印象——我们曾在新华书店劳动过。

# 16. 学工感想

苏锡育（66届初三丙）

回忆当年学工感触颇深，这是我第一次深入工厂，体验产业工人的生活。时间虽然不长，感触还是比较深的。纺织厂属于轻工企业。在我看来，轻工不轻。听师傅们说，纺织行业的女工身体都不是太健康，因为车间空气中有飞絮，即便戴着口罩，每年也要吃进几斤棉花，影响肺部。车间里潮湿且温度高，冬天都穿单衣。工人们工间休息或是去洗手间，顾不上添加衣服，很容易着凉。她们中间因此得胃病和关节炎的人特别多。师傅们说，这是职业病。

20世纪60年代是极左路线达到登峰造极的年代，阶级斗争的口号喊得震天响，再加上文化大革命的狂潮冲击，人们的思想都叫搞混乱了。我们这些缺少阅历，未谙世事的年青学子，更是难辨是非。到工厂后，我们还用这种眼光看事物，自然会有偏差。记得当时车间里的负责人也都成了所谓"有问题的人"，上班前要在车间里站成一排，接受革命群众的批斗。凡这些人，我们都离得远远的，生怕混淆了阶级阵线。其实，这部分人都是车间里的精华。就拿那位男质检员来说，接受过批斗后，仍在自己的岗位上兢兢业业地履行着自己的职责，丝毫不消极怠工，对我们手中的次品决不放过。那时，有些年轻女工衣着比较时髦，我们就看不惯，认为这些人胸无大志，只知追求虚表的浮华，庸俗。还有，女工中流行运动头，我们也认为是赶时髦，并将之称为"鸭屁股"。现在想想，是多么的荒唐可笑。在那个荒唐的年代，我们的确产生过不少荒唐的想法，还干了一些荒唐的事情。

# 17. 下乡学农

胡多佳　苏锡育　毛永年（66届初三丙）

## 17.1. 曾记否　胡多佳（66届初三丙）

我们在附中几年，曾前后5次下乡学农。每次下乡的情景我还依稀记得一点，在此随手记几笔，以为抛砖引玉。

我们从初二开始教改，当时强调教育要同社会实践结合，下乡向贫下中农学习便是题中应有之意了。我们第一次下乡是在1964年10月，地点：陆郎公社陆郎大队。全班住在一间隔成两居室的茅屋里。男生住外间，女生住里间。记得那时秋雨连绵，地上泥泞不堪，吃饭要步行到设在一两里外大队部的食堂，在那里我是第一次吃到有股子药味的水芹菜，很不习惯。加之，睡地铺，十分潮湿，又无法外出活动，只能憋在屋里发闷。我想很多同学都是头一回过集体生活，更不用说这种艰苦的农村生活了，想家肯定是难免的。但同若干年后许多同学在农村一待几年相比，实在是小巫见大巫了。我们原定下乡一周，后来大概是学校怜悯照顾初中的小同学，只让我们待了三天就赦免回城了。也就在那几天，我国成功爆炸了首枚原子弹，闯进了核俱乐部。登载消息的号外好像是通讯员陈光国从城里带来的，当时欢呼雀跃、欣喜若狂的场面，不知大家还记得吗？我校自64年开始教改，我们下乡学农也是从那年开始的。

第一次当然是在初二上学期，即64年秋。地点陆郎，详情不赘。

第二次，十月公社奶牛场。时间65年春，初二下，住牛舍。

第三次，初三上，65年秋，地点：句容南师农场。居住条件较好，是大宿舍双层铺。

第四次，初三下，66年春，地点十月公社甘家巷大队，步行去，火车回。回来不久，文革就开始了。

第五次，67年春夏之交，在文革中，去八卦洲支援夏收。我国首次核试验在64年10月，所以肯定在我们第一次下乡的那几天。以上回忆不知确否，祈指正。

## 17.2. 我的记忆　苏锡育（66届初三丙）

我怎么印象中第一次到的是十月人民公社呢，就是原子弹爆炸与赫鲁晓夫下台时候。我们是从下关上的火车，紫金山站下。出发前，老师跟我们讲，紫金山是小站，停车3分钟，要我们提早做好下车准备。由于我是第一次坐火车，印象比较深。记得徐远凡老师与我们同去的，农村正是收山芋季节。吃住怎么安排的想不起来，但肯定是集中的，也许就是你们说的牛奶场。后来还去过一次十月人民公社，到的甘家巷大队，时间应该在"51"之前，哪学期现无法确定。这次是直接住在农民家里，自己烧饭吃，那是我们第一次在农村自己烧饭。女同学被分在两个生产队，住在两家。当时"阶级斗争"已喊得很响亮了。我和杜乐是"一对红"，就要求和杜乐分在一家，还惹得一些同学不高兴，因为我们住的那家是贫农，而且是贫协主席，另一家是下中农。和我一家的还有哪些人，记不清了，印象中孙重明好像与我们不一家。还记得那正是《敢教日月换新天》这首歌风靡的时候，我们在农村经常唱。春天百花盛开，农村女孩子头上都插上蔷薇花，也给了我们插。为了表示与贫下中农打成一片，回城时我们还特地头上插着鲜花。由于甘家巷离南京城近，乘公共汽车方便，加上"5.1"放假，回来时允许各人选择自己方便的路线乘车回家，所以就分散行动了。

## 17.3. 也谈点下农村　毛永年（66届初三丙）

多佳整理了一份我们初中在校期间下农村学农的时间地点表，一定下了不少功夫。我校自64年开始教改，我们下乡学农也是从那年开始的。

五次下乡时间如胡多佳所述。我的印象总的来说已模糊了，但第一次去农村的印象还有一些：第一次是住在奶牛场的大房子里，全部是打地铺睡在地上的，地上铺上干草，再铺上自己带的席子睡在席子上，结果不少人身上起了大疙瘩，是虫咬的还是水土不服，不知道。房子相当大，好像男生、女生都住在一大间里。（前一句能确定，后一句不敢确定）

到甘家巷大队应是分散住在农民家里，好像有一次为了去拖什么东西几个人拉着板车一直走到了长江边上，很荒凉；还有就是跑到附近的什么化工厂还是炼油厂的澡堂去洗过澡。

去陆郎我有印象是走着去过，中饭是在板桥的解放军外语学院吃的，但后来又用军车送下去，因为不少人走不动了。好像从陆郎回宁也曾走过一次，是不是就是胡晓军所说的走了一夜？挖烙印那次应是去的陆郎。

去南师农场，有双人床，有点印象。去八卦洲支农，没印象了，八卦洲我没去过。

# 18. 忆龙祥生

李得宁（66 届高三丁）

龙祥生去世近 20 年了，已经不记得从谁处得知他去世的噩讯，只记得他得的是肝癌。龙祥生去世时，还不到四十来岁呢，是怎么回事？好像记得初到南师附中，第一天见到龙祥生时，见他带着黑袖套，应该是他父刚去世。他父亲应该年纪也不太大，不知是生什么病，会不会和基因有关系？听说他是在栖霞区卫生科长任上去世，以他的性格，多半是工作很认真，很劳累。他的妻子小刘，原来在 3503 厂工作，那时候，他的女儿还很小，不知她们现在怎么样了？

龙祥生去世的时候，我在什么地方呢？我怎么会没有去参加他的追悼会呢？好像是在他去世后过了些日子，我才知道的。那些时候，我都是在忙些什么呢？也可能是我不在南京，不在国内。也许，正因为我没有参加追悼会，所以，在我脑海里的龙祥生，还是那么精神活泼，光彩照人，宛如四十年前。

## 18.1. 彬彬有礼

高一时，龙祥生与我同座。高中三年，我们始终是一个小组的。在我们班上，男同学多喊龙祥生为"小龙"。小龙的确比大家小一岁，但这不一定是叫"小龙"的主要原因。我们班上 48 年出生的还有别人，但就没有称"小"字的。

小龙大概是我们班上最彬彬有礼，最待人诚恳，做事最认真负责的了。小龙个儿不高，但总是腰杆笔挺，衣着整洁，显得极有精神。

龙祥生给我的第一个印象是彬彬有礼,见人微微鞠躬,嘴上总是带着笑意。交谈时,常常略微侧着头,一双大眼睛全神贯注地看着你。直到四十年后我写下这些字时,仿佛一闭眼就能看到小龙的那副神情。那个年头的人们,可不是太讲究礼节的,但小龙是个例外。和他相处了那几年,想不起来他曾大嗓门叫嚷过,更不见过他和谁吵嘴。

## 18.2.丁班的首任班长

高一新生进校,班委干部是班主任胡百良指定的,过一段时间后,大家互相有些熟悉了,再由全班同学选举。我们丁班第一任班长就是龙祥生。记得后来听胡百良解释过:龙祥生初中在紫金山中学时,曾任副班长,算是有些经验。由此可见,我们班其他人似乎还没有当过班干部的。胡百良指定我为班学习委员,原因不明。我在二中初三时,曾任校学生会文娱部副部长。不过,可不要被这么个头衔吓住,我这个副部长的"职权"就是每隔一两个星期,从各班文娱委员处集中钱款,到电影院买学生场的票子,回来分发,如此而已。

到了全班选举时,似乎原班委的人大多又选上了。记得我是属于比较勉强当选的,另一候选人是苏平,可能我还是沾光于现任。高一时的班委,还是个管事的机构,不像高二高三时,班委完全成了团支部的一个附属办事机构。

高一时,出黑板报的事是由团支部的宣传委员钱南秀和我共同主持。我对这事可是一点不在行,而且也没有多大兴趣。好在钱南秀做这件事是得心应手,当时最佩服她的是能用彩色粉笔,几笔一勾,就画出一个个欢乐舞蹈的小人,为我们的黑板报增色不少。小龙的字写得漂亮,出黑板报时,常会拉上他来抄写。还记得有一次,在东二楼下的走廊上,天已经黑了,钱南秀和我还在陪着小龙抄写。

小龙对文学显然很有兴趣,他在黑板报上投稿时用的笔名是"钻天杨"。那时,对于我这个门外汉来说,有笔名就已经非同小可了,居然还用了这么个与众不同的。

### 18.3. 读书的日子

回想附中上学三年，真正读书的主要是高一这一年。现在回想起来，印象最深的是英语课。高一最初的几次测验，能得个60-70分就很好了，而原附中的多是80-90分以上。二中的高一，使用的是新编十年制初二课本。而附中则用高一课本，所以我们这些外校来的，压力很大。当时的英语老师张守己，对我们这些外校来的"插班生"，毫无怜悯之意，所有人一视同仁。有一次，外校来的徐群，不知是因为问题回答得不好，还是因为态度不够谦恭，说时迟，那时快，只见张守己的粉笔头，猝然往徐群头上飞去，至今还有许多人记得。

尽管如此，我最感谢的附中老师还是张守己。高一时他的严格要求，使我们这些外校来的英语水平有了迅速提高。那时读书也真很用功，我母亲去了北京，我一个人住。有一天，放学回家后就开始做作业，然后忘了时间。大概11点多了，打算要睡觉，忽然疑惑起来，自己是不是吃过晚饭。想了半天，觉得是吃过了。睡到清晨，饥肠辘辘，才意识到可能并未吃过。

高一进校时，就有关于"为什么上高中"的教育，不过那时似乎对学习还没有多大干扰。大家学习都很认真，生活虽紧张，但精神愉快。每节课交作业前，必不可少的一个节目是"对答案"。坐在小龙和我前排的是刘萍和周小阳，至今还能记得她们回头来对答案的情景。

### 18.4. 吃狼奶的日子

高二以后，开始了"上山下乡当农民"的教育，革命气氛越来越浓，学习气氛越来越淡，小龙和我们大家一样，脸上的笑意也越来越少了。下乡锻炼的时间越来越长，从本来的一周，便成了两周，四周。

除了学政治外，似乎也包括学英语等。所谓学英语，唯一记得的就是背诵英文的"为人民服务"。而数理化的联系实际，活学活用，倒有一件事印象很深。正当我为怎样"活学活用"数理化而冥思苦想时,眼光落在眼前农民家散养的小猪身上。看着那些小崽子矫健地跑来跑去,便研究起其平衡的办法来。原来它们总是同一侧的两腿前后摆动相反,但当时也没有悟出什么东西来。后来联想到人手脚的摆动,是和小猪崽子们一致的,从物理上讲,可说是保持动量平衡,从遗传学上讲,可作为我们与猪有同一祖先的证据。

那时最可怕的要算是政治学习,六个人一个小小组,围坐一圈,每个人要谈自己的学习体会,自我检讨,尤其到了高三,必不可少的是要对上山下乡表态。至今还记得有一次这样的小组会,六个人:龙祥生、廖平、李雷、陈干梅、穆东川和我。我当时是团支部委员,算是这个小组的负责人。虽然对上山下乡也不是很想得通,但总认为这正是自己需要改造的错误思想,不仅自己要改造,还要"帮助"别人改造。在这种会上,小龙当然不会有什么笑脸了,但也还按当时的调子同大家一样表了态。唯一的例外是廖平,众人表态后,廖平就是死活不说话。记得当时我的心里很恼火,就拖着不散会,其他人无奈,每人又再一次重复一遍,但廖平还是不开口。那次会拖了多久,已经不记得了,反正廖平最终是没有发言。

这次会上,我当然是个最不光彩的角色,如果没有众多大大小小像我这样的人为虎作伥,如果有更多的人都能像廖平坚守常识加以抵制,后来的大规模迫害运动和文革也搞不起来。

### 18.5.游黄山

文革前小龙住孝陵卫钟灵街省农科院宿舍,我到他家里去玩过,见过他母亲和他弟弟。小龙家是一长条平房宿舍中的一套,窗前门侧种满了蔬菜瓜果。据说他家原来住一套很好的房子,他父亲去世后,被单位换到这里。

67年春天,军训队进校后,此前对毛一点一滴的疑惑,转化为顿悟。此后,对文革运动便逍遥起来。那年夏秋之交,小龙到我家来约我一起骑自行车去黄山。那时候真是年轻,说走就走。小龙下午来约我,第二天一早出发,当即开始给自行车检修上油,准备一早上路。不记得当晚干了多久，只有一个印象，在灯光下，我满头大汗地拨弄着一摊子拆开的自行车部件。我当时那辆生产牌自行车，已经是十多年的旧车了，轮圈上早已没有了镀铬，刹车也不灵。不整顿一下，恐怕禁不起路途的颠簸。即便如此，还得带上简单的修理补胎等工具，以防不测。

我们一行六人，包括小龙的表弟，丙班的柯唯中和姜澄宇，还有陈干梅的弟弟，高二的陈瑞麟。除了小龙外，其他人我都不熟，似乎都是住孝陵卫省农科院家属宿舍的，只是在这次出游后，我们才熟悉起来。今天，小龙已经不在人世，姜澄宇一度当了南航校长，现已调到西工大。其他人现在何处呢？

那是我第一次长途骑车旅行，第一天从南京到芜湖，虽然是柏油路，一百公里路骑下来，胯下酸痛，见到自行车座就脑子发毛。沿路玩了采石矶，到芜湖已近黄昏，投宿在皖南师院。出发前，分别准备了南京八二七和红总两派的介绍信，说是前往皖南休宁县外调走资派材料，以便沿路投宿之用。休宁县当然我是至今也没有去过，但一路投宿还算顺利。不过，所谓投宿，不过借一间教室避风雨而已，我们自己带着被子，睡课桌。

从南京到黄山，我们骑自行车走了五天，每天的行程，越来越短。第一天100公里，以后每天最多只有60-70公里。第二天，芜湖经繁昌宿南陵65公里；第三天到青阳67公里，第四天到广阳，这三天都住县中。第五天到达黄山脚下的汤口，宿黄山林校。

几年后，修了陈村水库，从青阳经陵阳到广阳的公路已被淹没，广阳镇也已从地图上消失。当年，那些起伏盘旋于山间的碎石子公路，两车交会时，基本上要一车停下。我还记得一次最惊险的镜头，那是快到广阳的地方，我骑着那辆旧车，一路飞驶下坡，刚过一弯道，眼前忽然出现一辆哼哧哼哧上山的公共汽车。路面太狭窄，眼看我无法从汽车的侧面穿过去，而我的刹车本来就不灵，现在又是下坡。情急中只有紧急下车，用脚着地面来当刹车。当我连跑带滑几步勉强停下时，车轮已经碰到停住汽车的挡板。当然，免不了挨司机一通斥骂。

那次在黄山倒是玩得很痛快，以后又到过黄山数次，再也没有这么痛快的了。那时黄山的游客稀少，从汤口上黄山之前，必须到管理处登记。倒不用买门票，但必须打电话通知山上的玉屏楼和北海宾馆，让他们准备食宿，否则到了山上没有吃的。我们看了登记册，发现当时山上总共只有16人，在名单中，赫然见到陶强和张钰哲的大名。虽说已有16名游客，以黄山之大，我们在几天游玩中，几乎一个游客也没有见到。我们都开玩笑说，如厕可随意，不必避人，实在也没有人可避。

陈瑞麟是个植物学爱好者，一路上给我们介绍种种珍奇花草，还采了不少标本。听说，他曾被班上的红卫兵重点整过，还被打得蛮厉害的，陈干梅一定知道更多的详情。同行的六个人都不是红五类，每个人都多少有类似的经历，不过，一路上没有人提这个话题。

回家的路上，有的自行车不大行了，我的一条外胎开始侧面鼓起了一个肚子，二则大家也累了，于是决定抄近路到铜陵，乘船回南京。我们一行六人，骑着车，带着被褥，每人还拿了根一米长的竹竿（黄山上用的拐棍，是留作纪念的），在铜陵临上船时，却被人扣住了。原来那几天，当地两派武斗，有一派招来南京的战友助阵，最后的武斗结果不清楚，但我们几个人却落在了对立派的一支分队手中。五大三粗的二十来个人，手握长矛等武器，在码头入口处对乘客逐个盘查。看到我们六人，他们一声令下，那艘从汉口到上海的江轮就暂缓启动了。最后到底是怎样说服他们，让他们相信我们不是来参加武斗的，已经记不起了。姜澄宇伶牙俐齿，能说会道，途中经常是他出面交涉，权作我们的领导。也可能，对方看我们这几个中学生，也不像会打架的样子，最后总算让我们上了船。

## 18.6. 插队大仪

龙祥生似乎是由于身体不好，所以没有和我们一起下乡。可是好景不长，过了不久，他母亲下放，他也一起下到仪征的大仪公社。小龙全家下放后，有一次到南京，正好我也在南京，他就住在我家。那是个冬天阴冷的日子，晚饭后，早早熄了灯，躺在床上聊天。一张大床，两人各睡一头，还不算太挤。小龙讲他在大仪爱上的姑娘S，S也是附中下放的，原初二。大概是他的第一次恋爱吧，而前途未卜的知青恋爱，其起伏曲折，可想而知。小龙娓娓说来，是那么缠绵悱恻，荡气回肠。就这样，我们一直聊到下半夜。

好像就在那个春天，我到大仪去看过他。我们一起和他的表弟从大仪骑自行车到扬州玩，具体到过什么地方已经不记得了，唯一印象深的是瘦西湖。那时的瘦西湖没有什么游客，我们当时拍过几张照片，是用那种价钱很便宜的8定胶卷拍的。拍出来的照片反差极强，有点像艺术照。

如果小龙还在世的话，大概也会是摄影小组的一个活跃成员吧？

# 19. 江宁劳动记趣

赵恒利（66 届高三甲）

大约是 64 年春天，我们南京师范学院附属中学高二年级学生到南京江宁县陆郎公社参加农业劳动。同学们通过劳动了解农村、了解农业、了解农民，应该说对我们城市青年学生的成长是很有意义的。大家分组住在农民家，朝夕相处，出现不少有趣的事情。过了 40 多年，现回忆一些片段，信笔写来，不做文字上的斟酌。

## 19.1. 煮粥

那时候是按班级小组住在农民家里的。一天三顿由同学们轮流执厨。这一天轮到我烧饭。我很想表现一番。早上 4 点多，我蹑手蹑脚地起来了。点亮了煤油灯，洗锅、淘米、加水、点火……要让同学们吃一顿香喷喷的早饭。自己洗脸刷牙的事先放一放，留兰香牙膏先放在锅盖上。

当时农民家使用的都是烧柴草的大锅大灶。我在昏暗的油灯下，大把大把的稻草往灶膛里塞，火烧得旺旺的……锅里沸腾了；接着小撮小撮的稻草向灶膛里填，火烧得悠悠的……慢慢地熬粥；然后再焖一焖……估计火候到家了。掀开锅盖看看效果如何。谁知一掀锅盖，一阵热气扑面而来，我的眼镜全雾住了，什么也看不见。脱掉眼镜往锅里一看，呵，又白又稠的一锅粥。哈，我成功了。赶快洗脸刷牙。咦，我的牙膏到哪里去了？待会儿再找，先挤一点别人的用用……6 点整，同学们都起来了。洗漱完毕，开饭了。

一开始，大家吃得挺香。我在那里察言观色，希望大家满意。一会儿，大家吃得慢下来了。紧接着，有人眉头皱起来了……怎么回事？蓦地我觉得自己嘴里有股什么味儿，一回味，是留兰香味。哎呀！不好！！是我的牙膏！！！

我赶紧问大家，这粥有什么味儿？众说，有点怪怪的，像留兰香味儿。我说，我牙膏掉进粥锅了，边说边用勺把牙膏捞了出来。噢—哦—喔—较为柔弱的女生娄玉兰首先跑到墙角根去大口大口地呕吐起来。

这个故事我没齿不忘。"三十八年过去，弹指一挥间"，谨在此，给娄玉兰和我们小组的同学们道个迟来的歉。

### 19.2. 养狗

一天下工后，我们正散坐在小组起伙的那户农民家吃午饭，一只小狗肚皮擦着门槛爬进门来。同学们，尤其是男生的目光一起聚焦在这条小狗身上。小狗可爱极了，整个身子圆滚滚的，长着茸茸的棕色细毛，瞪着两只乌溜溜的眼睛，不停地摇着短短的小尾巴，东嗅嗅西找找。同学们纷纷拨点饭菜喂它，它一声不响，在同学们脚下跑来跑去觅食。小狗不仅不怕人，还主动与人亲近，只见它不时地用毛茸茸的身子蹭蹭同学们的腿脚。饭后，同学们把小狗你抱过来他抱过去，小狗也友好地在同学们的怀里望望你望望他。李天燕问房东："谁家的狗？"房东问："要吗？"李天燕说："要。"房东立即去和小狗的主人商量并回话说："行。"于是小狗在我们的住处落下了户。它在我们的大地铺上自由自在地打着滚，同学们个个呵护着它。放工回来的第一乐趣就是逗小狗。李天燕甚至试图像训练军犬那样驯化它。吃饭时大家总是把最好吃的喂小狗。尽管大家的手臂、腿脚已被地铺上的跳蚤咬得像赤豆粽子一样，但谁也不怕小狗身上的跳蚤，晚上争着把小狗捧进自己的被窝里，并按人的习惯把它头搁在枕头上、盖好被……小狗耐不住被窝里的热，不一会儿就爬了出来，又被一把拖进被窝。小狗温顺地在被窝里趴了一会儿，又爬了出来……如此反复，小狗不高兴了，发出嘤嘤的叫声，闹得谁也睡不成，只得让小狗睡在被窝外面，这才一夜相安无事。

养狗的事传到校长的耳里去了。校长发话了："甲班还有人养狗呢！"似乎还牵涉到这是什么情调的问题。只好依依不舍地请房东把小狗送回去了，好像小狗的名字都没有来得及起。

## 19.3.钓鱼

遇到一个星期天，指挥部通知，休息一天，处理内务。我们组几个男生在星期六晚上在火油灯下就忙开了，大头针弯成鱼钩，牙膏的锡管皮卷卷敲敲做成钩砣，每个人的针线包里扯上 2 米多长的缝衣线作为钓鱼线，再把鹅羽毛的脉干剪成一小节一小节的穿在线上当浮子，最后从房东晾衣服、搭瓜篷的竹竿里挑细一点的当鱼竿。星期天一早就去挖细蚯蚓。一切准备停当，我们围着村旁小塘开始了垂钓。

我生平未钓过鱼，在同学的指点下，装上鱼饵、抹好浮子开钓了。此刻脑子里出现童话故事"小猫钓鱼"的场面，心里还默默念叨着"鱼儿鱼儿快上钩，大鱼不来小鱼也将就……"忽然，我发现浮子动了，一阵激动，心跳的声音都听到了。严格按同学们所传授的要领，待到浮子松开的时候，我小心地抬起了鱼竿……可是越举鱼竿越重，总感到钩住了什么，真担心像小猫一样拎上来一只大草鞋，更担心那缝衣线做的鱼线会断了。及至拉出水面，居然是一条鱼！我惊讶地大叫起来。我们那没有倒刺的鱼钩和没有拉劲的鱼线，加上我这个绝对外行来对付这条鱼，很可能到手边的鱼又滑回塘里去，形势十分严峻。李天燕在塘的那头急切地大声地叫着："向后甩！向后甩！！"我把鱼竿向后甩，鱼在半空已经脱钩，掉在田里，扑上去掐住，一看，原来是条鲇鱼，大约有 7-8 两重。当时的感觉是，运气真好，瞎猫逮着个死老鼠。

中午打牙祭，大大小小的杂鱼烧了半锅，其中有我生平第一次钓到的鱼。

### 19.4. 辩论

为了让我们在劳动中进一步树立不怕苦累、务农光荣的思想，一天晚上班上请来了下放在陆郎公社的几名知识青年给我们讲述下放农村的体会和收获。农家的院落里、昏暗的马灯下，交流在认真地进行着。前面几个知青谈得比较实在，我们挺受教育。轮到一位坐在院子门槛上背倚着门框的男知青讲的时候，他过分地渲染了自己的务农动机和体会，给人的感觉是思想比董加耕还先进，而他的经历和叙述又不像董加耕那样有血有肉。在他滔滔不绝地讲述那言过其实的体会时，我已经很不以为然了，以至当他讲到思想转变到如此程度——回到南京时闻到糖炒栗子的气味都感到臭不可闻……我再也憋不住了，插嘴说："糖炒栗子的气味是客观存在的，不因为思想转变了，香的变成臭的了。"我们班好几个男生也赞同我的观点。辩论开始了。那位知青竭力解释并说确实感觉糖炒栗子是臭的；我们则强调并论证客观存在的香臭不以人的意志为转移……辩论最终未有结果。第二天，指挥部带信来：不要再纠缠此事了。

三年后，我也下放农村了。繁重的农业劳动和艰苦的农村生活使我思想发生很大的变化。其间也到城里去过。尽管自己并不特别喜欢吃糖炒栗子，但我路过炒糖炒栗子的店铺，总是留意地嗅嗅，仍然没有臭的感觉。

### 19.5. 野菜

我们在江宁的劳动似乎以整改农田和修水渠为主，天天挖土挑土，劳动强度还是蛮大的。所以指挥部每星期安排休息一天。这天又逢休息，我们组的女同学都到田野去挑野菜了，现在已经记不清是荠菜还是马兰头了，那时我们这些男生也分辨不清这些野菜。女生摘了一大篮，回来后又细心地择菜洗菜，忙忙碌碌在大灶上炒了一大锅。

开饭了，男生都来了，女生兴致勃勃地盛了一脸盆自己亲手采摘、择洗、烹炒的野菜放在屋子中央的板凳上，招呼男生来吃。可能当年还是刚刚度过三年困难时期，大家肚子里缺少油水，也可能是佐料不足，绝对不像今天的野菜已经成为宴会桌上的特色菜肴，部分男生并不像女生期待的那样对那盆野菜狼吞虎咽。辛苦忙碌了一个上午的女同学相互对视了一会儿，不作声了，屋内空气有点沉闷，出现了少有的"食不多言"的场面。

不知什么时候，几个女生聚集在屋子的一边合唱起来："野菜鲜，野菜香，什么人吃了上战场，上呀上战场。叫声同志听我讲，光荣传统可要记心上。学咱们老红军，吃了它去抗日，英雄威名下扬……"歌儿一遍接一遍地唱，在歌声中，男生的筷子渐渐地汇聚到盛着野菜的脸盆，一个个像食草动物转世，大口大口地咀嚼起来。那盆野菜有没有最终告罄，我已记忆不清，但是一边听本班女生唱"野菜歌"一边大嚼野菜的情境仿佛就在昨天，而且整个歌词至今还根深蒂固地扎在脑子里。

### 19.6.吃蛇

一天，轮到李天燕上街买肉打油。当时"上街"的概念就是要到离我们住地10来里的集镇上去。全是土路，那时农村拥有自行车的人家比现在农村拥有汽车的人家还要少，来去全靠步行。时近中午，我们已收工回到住地，李天燕还没有回来，大家到村头张望。怎么还没有回来？又过了好一会儿，视力好的同学首先看见远处小道上满载而归的李天燕，齐声大喊起来。渐渐我这近视眼也看见了，只见他右臂挎着竹篮，左手拎着一条晃荡着的东西。天燕老远就喊道："我买了一条大带鱼！"边说边把那条"鱼"高高举起。阳光下那条"鱼"白晃晃地发亮。

待到天燕走近村口，大家定睛一看，那哪是什么带鱼啊，分明是一条一米多长的蛇。天燕绘声绘色地讲述如何在路上遭遇此蛇，又如何机智勇敢地把它打死……他一个人与这条蛇斗，让我们听的人都感到害怕。但是对付死蛇我们还是勇敢的，根据它椭圆形的脑袋，断定是条无毒蛇，一致决定：吃了它。说是吃了它，可谁也不知道怎么才能吃了它。房东和一位退伍军人热心地来指导，先是宣传蛇肉的鲜美以及吃蛇肉的好处，然后指导我们怎样剥蛇、烧蛇，他们还说蛇肉要烧得在锅里站起来，弄得我们将信将疑。

我自告奋勇在他们的指点下褪蛇皮、去肚货，虽然抓在手上粘滋滋挺异怪的，但蛇肉剥出来竟是那样的鲜嫩白净。砍头去尾洗净，再剁成一段段的放在锅里烧。我们不时地掀开锅盖观察蛇肉有没有站起来，奇迹始终没有发生。不过，那一天我们组大多数同学倒是生平第一次吃了蛇肉。

### 19.7. 演出

江宁的劳动快要结束了，我们班要组织一次为贫下中农的演出，节目由各小组分头准备。我们这个组的女生着急了，因为我们这个小组的男生文艺细胞都不怎么活跃。她们像抓壮丁般地找到我，让我在一个小表演中演唱库尔班大叔，边唱边赶着马儿到哨所去慰问边防军。这个节目我连听都没有听过，怎么表演？十分为难。女生决定先教我唱。刚刚唱几句，又遇到障碍了，歌词中有这么一句："年轻的姑娘们哎，年轻的姑娘们猜猜看哎……"这歌词放在今天，任何一个小伙子包括我们这样的老头子都不会感到有什么麻烦，照唱不误。可当初的我总感到那"年轻的姑娘"唱不出口，挺难为情的。女生急了，立即妥协，把"年轻的姑娘"改成了"年轻的朋友"，这才得以顺利排下去。教会了唱歌又教动作。

演出那天晚上，生产队的打谷场上架起了汽油灯，贫下中农和他们的子女们像看专业演出队演出那样热情，早早地搬了板凳围坐在场上。节目一个接一个地演出：徐慧文和李凤的"老两口学毛选"、金钟怡的"南山岭"。还有哪些节目我当时就没有弄清，因为其时其刻我这个库尔班大叔正抖抖惚惚地准备登台，啥也顾不上了。轮到我们节目上场了，六七个演维吾尔姑娘的女生在台上站成一排，我左手摸着后脑勺（意为捂住小帽）右手前伸（意为拉着马缰绳）跳着马步唱着出场了。现在回忆起来，当时那种生硬的动作活像推铅球的助跑动作。反正当时光线昏暗,面部表情有多尴尬谁也看不清。这个节目演完,也获得阵阵掌声,这掌声是冲着女生优美和谐的小合唱和我那滑稽的表演而来的。我居然还滋生了一点成就感和满足感。

  此后将近40年,只要听到"库尔班大叔"这首歌,我的思想就被带到那天晚上演出的打谷场上去了。

## 20. 在东辛农场的日子里

施立平（66 届高三乙）

一九六九年三月初，南京的天气还是那么冷。我和老三第二天要去苏北农村了，可直等到傍晚妈妈才从隔离审查的地方被临时放回来。时间紧迫，妈妈赶紧地带我们上街买日用品，也买了两包话梅橄榄，塞在我们行李中。看看只有十七岁的老三，妈妈有些伤感：老三也要下乡了……写信来呀，别不舍得邮票！

第二天早晨，和学校的几十名同学一起登上卡车，经过长江大桥，向满目荒凉的苏北平原开去。大半天之后拐进一片山坡，见大片坟冢，再开，终于在天黑之前到达目的地——灌云县东辛农场三团一营四十三连。我们被送到打谷场，然后被农民争争抢抢的领回家去。一个中年汉子上来提我的行李，听说还有个妹妹老三，他更乐了，他得意地说，我们被分配到他家了。此后我们就被唤作"大施"和"小施"。

同样的还有一对姐妹"大肖"和"小肖"。这些农民名曰"农场职工"，其实每月工资只有十一元，而每个知青住农民家每月要交九元伙食费。后来听说了这情况，也就明白了为什么农民争抢知青。

这个连队所在之处叫作冯庄，我们的房东就是一位"老冯"。老冯给我们姐妹腾出一间黑屋子，隔着稀稀拉拉的篱笆墙可以看到外面，衣衫褴褛的孩子们在门口挤成一堆看热闹。老冯家里人口多，吃饭时各人从锅里盛一碗疙瘩汤。疙瘩是玉米粉做的，汤里的菜是从公家地里采来的肥田草紫云英的叶子。还有一种细小的像葱似的东西，它有一个黄豆粒大的白色球根，有葱的香味。老冯说，是坟头上挖来的小蒜。后来我们注意到老冯的娘是怎样做饭的：他家有一把万能的扫帚，早晨老太太先用它打扫卫生，床上扫扫，灶台上扫扫，之后就烧一锅水，再用这扫帚把盆里的玉米面"刷刷刷"扫到锅里，疙瘩汤就做成了。尽管发现它不卫生，可在又冷又饿的日子里这热乎乎的"扫帚疙瘩"对我们的肠胃还是一种很大的安慰，唯一希望的是在里面多找到几根小蒜。

老冯长了一口大黄牙，背后我们不太恭敬地给他起个外号"金皇后"（玉米的一个品种）。这还不算，最让人吃惊的是老冯一家多人畸形。他的老娘右下肢是没有小腿的，右脚直接长在膝盖下面。同时，她的手上长了不止五个手指，而且每个手指的末端又像鼓槌一般膨大成球形。晚上隔着透缝的篱笆墙看见她的脚趾也是如此。由于老冯家远离连部，老太太要到邻近连部的另外一个儿子那里去，在常人只需十来分钟的路程她却要走两个钟点，她的一条长腿必须弯曲成九十度才能与另一腿同时落地。她的那一个儿子与她一模一样的毛病。

更奇怪的是，农民的政治热情比我们更高。每天一早就有个青年农民挨家来把我们唤醒，然后让学生和农民挤在某个堂屋里做早请示。这位农民对着毛主席像就说了：毛主席啊毛主席，现在知青×××和×××住到我家来了，我一定让他们接受贫下中农再教育。之后就让我们轮番表决心。这太滑稽了，我们无论如何没法表演。不久以后一个漆黑的雨夜，我和老三已睡下了，墙上的有线喇叭突然哇哇叫起来了。在这些几乎一无所有的农场职工家里，有线喇叭却是每家必备的。喇叭说，最新指示下来了。于是农民们都跑到外面集中，并招呼我们：快起来，到场部报喜去！暗夜里，一大群农民和知青呼呼啦啦的就向十多里外的场部奔去。雨下得大，没有手电，甚至也没有雨具，在长途奔走中队伍就溃不成军，有人落进水沟，更惨的落入粪坑了。残兵败将们折腾到场部时，天也灰蒙蒙的快亮了。

场部的那个露天会场可不是光用来报喜的。一天，上面郑重通知某天某日将公审反革命知青，全体知青和职工必须去接受教育。我们这个农场，在文革中大批知青到来之前，也有南京、苏州等地老知青已在此落户，他们有部分是因为家庭成分问题而高考落榜的。这次这个老知青，他好像企图逃到连云港的外轮上去。那天早晨我们排队又走了那么长的路到达场部会场，看见台上已拉了一条黑底白字的横幅"公审大会"。这种颜色就说明，犯人将被处死刑。但是他本人不可能预知，当他从后台被拉上来时是站在横幅的背后。当审判结果一宣布，即有两边的战士用毛巾塞进他的嘴，以防他呼叫反革命口号，同时又架住他的胳膊，不然他可能瘫痪在地。果然他就差点瘫下去，这个判决一定出乎他的预料。战士们立即架着他将他拖出去，一辆卡车开出去了，一会儿，远处传来一声枪响。这时我们便排队向那个刑场走过去接受实质性的教育——枪毙反革命知青。那人合扑在地，子弹是从头顶进去的，面色呈紫酱红……大部分知青被震住了，女生们面无人色。那天回来后，都吃不下饭。隔了一个月，又有一名反革命知青被枪毙，我们又步行几十里去另外一个地方接受教育。这次子弹可能是从别处打进去的，这人脸色惨白，仰面朝天……。当时受到的这一"教育"印象是如此深刻，令我至今回想起来心情还是沉重。

在老冯家住的时间不长，连里说，我们几个学生住得离连部和其他知青太远，不便管理，所以我和老三搬到赵连长家去住了。离开全家畸形的老冯，我们心中有些窃喜。赵连长名叫赵耀明，一个三十多岁的小个子农民。他家里更穷，屋里除了土坯垒的床以外别无长物。当地盐碱土长不出树木，所以家里没有一桌一椅没有任何家具，也不奇怪。我只记得他家堂屋里松松垮垮地拉了一根草绳，换季时赵连长脱下破棉袄甩在上面，还有一条脏得不像样的围巾，到冬天伸手取下就可以穿。

赵连长是个好人。他对知青们宽容大度，对我们姐妹十分照顾。虽然没有很多文化，可他好像有那么一种长者的气度和胸怀，在农民当中不多见的。那时知青已集体开伙，不在农民家吃饭了，赵连长体谅我俩是女孩子，经常吩咐他老婆烧饭时在旁边小锅里焐点儿热水留给我们用。后来我们有了宿舍离开他家了，元宵节的时候赵连长还让他老婆送来汤圆。可怜那汤圆只能用高粱面做成，里面的馅子更没有别的，还是那玉米粉。

农场是国营农场,大片的土地都是方方正正的。大片的棉花,大片的玉米,或者是黄豆,麦子,菜瓜,在平原上延伸到天边。远山,只能在天边看到它的影子。因为是盐碱地,产量都非常低。那一年,亩产皮棉只有十七斤。另外,也因为地多人少的缘故,无论是给黄豆松土,还是给棉花打叉,都只能在地头浅尝辄止一小块,过几天就半途而废了。

那时候我们没有开水喝。知青伙房是不烧开水的,庄子里的池塘只有一、两个不是盐碱水(被称为"甜水"),但它离我们远。实在口渴时就在池塘边舀一杯盐碱水喝了,哪怕当时正有一头牛在里面洗澡呢。但到了麦收季节,也就是双抢季节,情况就不同了。这是劳动最繁重的时节,连里做了许多准备,召开动员大会啊,分配任务啊。麦收那天,有专人负责烧水,用木桶挑着往地里送。那浅黄色的热开水明显带着土腥味,可毕竟是一年一度可以畅饮的开水,口干舌燥的时候喝下去可真痛快。我们每人分一垄麦子,奋臂挥镰向前砍去。那时身强力壮的我,上河工也不曾落在农民后面,割麦子当然更不肯示弱,于是埋头猛割,直到鼻流鲜血。

农场和农村不一样的地方是,场里有一部联合收割机!人们很洋气的管它叫"康拜因"。在双抢的日子里"康拜因"轮流到各连队来工作一天。这一天是至关重要的,一部"康拜因"能顶多少劳动力啊!所以要充分利用好这一天。白天,有场部派来的农机手开着机器收割麦子,最关键的是晚上,我们要用它来脱粒。年轻人是归青年排长潘二支配的,按照体力强弱他做了仔细的安排,有捆麦子的,传递麦子的,往机器里送麦子的。在女学生中我属于壮劳力,我为此而自豪,我被分配最强的劳动——往机器里送麦子。老三那时身单力薄,人称"纸头人",她就只能拉着"弓"传麦子。那天傍晚从地里回来后,我和老三要为通宵加班做一些物质准备。我们跑去营部小店买一包如黄土一般的黄糖——没有别的更富营养的东西了,晚饭时再多买两个馒头留着,这样夜宵就有了。头巾、口罩、袖套、橡皮筋,一切按照潘二的吩咐披挂好,就在夜色中上阵了。那时打谷场上拉了电,灯火中庞然大物"康拜因"突突突的轰响着,人们像蜜蜂般地忙碌着，真个是人欢马叫的场面。我这个强劳力组又分成四个小组，每小组上去干十分钟。打扮得奇形怪状的我们站在庞然大物跟前，不断往飞速旋转的轮子里一捆捆的喂麦子，当然捆麦子和传送麦子的任务是由弱劳力组负责的，我们就只管往里喂。被脱粒的麦子噼噼啪啪飞弹开来，还有切碎的麦秸和尘土，全像子弹一样劈头盖脸狠狠打在脸上和身上，机器的轰鸣震耳欲聋，潘二在旁边叫唤什么呢？听不见。十分钟后换下来了，就一头钻进麦垛去睡一觉。当快要轮到我们小组时潘二会手拿电筒在麦垛里找人，口中叫着"大施啊，小徐啊，该上啦。"天亮了，脱完粒的麦草在场上堆成山。已连续劳动二十多小时的我们被太阳一晒，再也没有力气了，就地一躺就在场上睡了。潘二又来叫：下地了！我们赖在地上不理睬他。这天晚上正好轮到我看场。"康拜因"已经走了，我和另一个知青在安静的场子上，找了个高高的麦垛爬上去。很失职的，我睡着了。朦胧中醒来，在皎洁的月光下我惊骇地发现自己黑黝黝的身影是那么巨大无比的映照在天穹上。那一瞬立刻吓醒，这奇异的景象使我感觉天地间只剩了自己一人。事实上那只是一堆麦草的影子。

　　农忙过后，知青纷纷请假回家。有一天，我和老三还有老潘（实际是一个比我还低两届的女生），也坐上牛车然后是汽车、火车，回南京探家啦。多么愉快啊！在火车上，老潘和老三兴高采烈的伸头出去，从站台上买了久违的油条和咸蛋来大吃大嚼，她们奇怪为什么我不吃，现在不吃又更待何时？可是我正在发抖发冷，大热天的我从行李中拉出灯芯绒衣服来穿——我打摆子了。

　　当我们又一次返回苏北时，旅行包里带的是妈妈给准备的一包包咸菜、辣酱……不过最重要的是热水瓶和煤油灯罩。那时，伙房已经应大家的要求每天可以供应每人一瓶热水。可是在凹凸不平的泥地上，热水瓶太容易打碎了，一旦打碎，瓶胆就没地方配，就意味着始终没有热水擦身。还有煤油灯，因为无处搁置，也是很容易敲碎的。没有油灯，这意味着天一黑就只能睡在床上，不能看书，不能写信。所以这两件宝贝我们用棉背心裹着，在卡车上一路小心捧在胸前。

回到冯庄一看，嗨，有了新气象了！知青的安家费下来了，连里在打谷场西边盖起两排知青宿舍，我和老三，还有乃建、宁生四人合住一间房。我们很兴奋地首先要为自己整一张床。床板是柳条子编的。所谓柳条子不过是一种灌木条。它很粗硬，再努力也只能编成一个稀稀拉拉，凹凸不平的框子。第二件事是拿麦草掺在黄泥里，用脚把它踩实了做成土坯子，晒干之后两头各垒四块，成为床架。各人带来的箱子搁在床头，它就是吃饭、放东西和写信的桌子了。我们四人安置好以后，中间只剩窄窄一条小走道。虽然房子简陋，泥土地面泥土墙，可让人高兴的是有一扇小小玻璃窗和上半截带玻璃的门，这好像使我们的房间带上了些现代色彩。从小店买来一块红格子土布挂在房门上做帘子，我们有了一个温馨的家。这温馨的知青之家一定是让青年农民们羡慕不已的吧。屋后老陈家的二女儿爱珍常过来玩。作为贫下中农代表老陈的女儿，爱珍是很要求上进的。她带头劳动，抢重活干，她爱和知青们在一起，见人就笑，热情开朗，我们也喜欢她。还有潘二，不记得他叫什么名字了，只管叫他潘二。他住在村东头，离我们宿舍远点儿。潘二专门负责安排知青劳动，他长得身材高大，相貌堂堂，他的妻子也比较俊秀，可惜那女子腿有残疾。潘二也是既和气又热情，作为一个农村知青，他也喜欢和学生们来往。有时他来分配任务，我们向他耍赖，他都好脾气地包容了。爱珍有个姐姐叫培珍，培珍长得有些粗壮，又木讷，不爱说不爱笑。培珍已到出嫁年龄，她最大的愿望是能穿上一件枣红色灯芯绒的衣裳，这是当地女青年心目中至美的服装。可是未婚夫家里也穷，无力为她置办这么件服装。不料培珍最终还是成功地把枣红色灯芯绒穿在了身上。我们说：你夫家为此借了债，等你嫁过去不是要和他一起还债吗？培珍的逻辑倒很新鲜，她说：要是不这样，我一辈子也穿不上这件衣服了。

这时还有一个很大的变化就是来了一批部队下放干部，安排在农场各级岗位上。我们营来了一位庞营长。由于营部就设在冯庄，所以我们经常能看见他。庞营长山东汉子，脸色红润声音响亮，标准的军人。不知为什么他从舟山部队被下放到此地，带着一家大小来落户。当庞营长得知我们的父亲也在舟山部队任职时，他对我们姐妹一定有一种"他乡遇故知"般的感情吧。而我们见到有军人来此地落户，心理上也感到一些安慰。接着庞营长就发现，我和老三干活都很卖力，庞营长就用当时流行的一句话"朝气蓬勃"来对我们加以赞赏。没过多久，庞营长又以他雷厉风行的作风向支部提出可以发展"大施"入党，"小施"入团。应该承认，在此之前我并没有做过入党的打算。一天夜晚，连队党支部在伸手不见五指的牛棚里开会，庞营长和贫下中农党员们批准我入党。再过了几天，老三也顺利入了团。庞营长又发现，表现好的知青大有人在，于是相继发展一批批的入团。有一天讨论一个初一男生小五的入团问题。不知为何当时这事要由党员与团员共同来决定。还是在黑咕隆咚的牛棚里，贫下中农党员提出一个疑问：小五的父亲对文化大革命想不通而自杀了，他这样的子女可以入团吗？小五的父亲是军区一位干部，他并没有受到冲击，只是因为不理解这场运动，他自杀身亡了。个子瘦小的小五下乡后始终默默劳动，不多说话。小五父亲的死使我父母深感惋惜，在家时常提起他，说他曾经是一个多么乐观的人。因而小五的默默无言就令我们格外同情。这时我发表不同意见，我认为小五从小接受的是革命教育，至于他父亲的死，那是后来发生的事。经过据理力争，小五也被通过入团了。

落户在冯庄的同时还有南京二十九中的一批学生。我们隔壁住了几个女生，大家关系搞得也不错。高个子的胡祥荣最爱找老三玩，虽然她比老三年纪大，可她喜欢像个小妹妹似的向老三撒娇。时玉新面容清秀文静，蔡京扬小巧玲珑又像喜鹊般热闹，还有小珊，她为人率真，很卖力地劳动，可是小小年纪的她，不知为何面色总是灰暗，头发也稀稀拉拉的。

冯庄还有两名苏州老知青。一人姓顾，他经常以一副"左"的面孔出现，包括他在当地娶农民女子为妻，在我们看来也是不太自然的"作秀"。另一位女的姓孙，小个子梳两条长辫，在营部脱产做书记员。她更喜欢打官腔了，她用娇滴滴的苏州话对我们说：你们不应该这样的状态，你们应该是那样的状态。我们就刻薄的给她一个外号叫"状态"。

劳动一天之后，晚上怎么打发呢？要是煤油灯罩打碎了，我们就一筹莫展。点着个没有罩子的灯，一股黑烟直冲屋顶，弄得人满脸黑灰，也没法看书。可是在冬季漫长的夜晚（从天黑算起，可能五点半就开始了），我们多么想看看书啊！谁又可能天一黑就进入梦乡呢？可煤油灯罩就是买不到。利用休息天去场部，去镇上，上天入地也买不到。无奈大家只好早早睡在床上，在黑暗中讲故事。把看过的书你讲讲，我讲讲，也讲得津津有味。或者就放声高唱样板戏和革命歌曲。乃建是一个忠实听众。我们这批学生中乃建年纪最小，不过外人都不认为她小，她长得又大又胖。乃建很喜欢文学。她越是爱听爱问，我便越是讲得起劲。宁生不爱说话，她只是静静地听着。老三和乃建都小，她们主要是听我讲，高谈阔论。讲得越是高兴，大家就越是想看看那些有趣的书，于是再努力想办法。有段时间不知听谁说可以自己发电，我们竟也信了，弄了些电池、铁丝之类的东西来做试验，折腾好几天，结果自然是失败。老三自从探家回来后就爱上了医学，带来几瓶如拇指般大小的青霉素，说要给贫下中农治病。这几瓶药不知后来用在谁身上了，那时连青霉素要做皮试都不知道的。夜里，老三把拇指大的青霉素空瓶做成一盏灯，在豆大的灯下看些医书，她还真想做个医生！要不，她就千针万线的缝补衣裳。我们劝她早睡，可她还是巴巴结结地补她的破衣裳。

确实，劳动很伤衣服。特别是裤子，屁股上是圆的补丁，膝盖上是方的补丁。收棉花的时候，半人高的棉花枝已经干枯发硬了，钻进地里不时听到嘶啦嘶啦衣服被扯破的声音，连头发也被一根根扯断，再加上盐碱水的侵蚀，头发褪成灰白，简直就是白毛女。唯一不同的是我比较胖。没吃没喝的日子里我却长得很胖。不过从内心来讲，二十刚出头的女孩子怎会不爱漂亮呢？自从妈妈来信说给我做了一件新衬衣，就满心期盼它是一件好看的花衣服。可是收到包裹后让我失望，这衣服是烟灰色的，毫无色彩。妈妈信上说它耐脏。左看右看，我想努力看出它的好来：首先，它是毛兰布的，挺厚实的不易起皱，再者，表面似有一层绒毛，使它看起来有点毛料的意思。所以我也很爱惜，只有干轻活或者开会时才穿它。

说起开会，连里十天半月的就开一次会。农活不忙的时候是白天开。冬日午后的太阳暖洋洋洒在打谷场上，这会儿可以换件干净衣服惬意的坐在地上休息一下了。指导员老沙的口音显示他是个外来户，这个留着小山羊胡子的老头儿看上去有几分像列宁同志。老沙的话太多了，他打着官腔，太阳不下山就不停嘴。还有一个更滑稽的前任队长名叫"老好"，人们起哄让他说几句，他站在那里无奈地笑着，破衣破帽使他看起来好像济公活佛。他没有什么可说的，只好解开裤带，当众整理他的大肥裤腰，人们便哄堂大笑。张连长就不一样了，这个一脸严肃的庄稼汉说起话来从不拖泥带水。他对着妇女们严肃宣布：

"给干部提意见可以，但不许肆无忌惮"。"四五个鸡蛋？"一个妇女发难了，"那不就是半斤鸡蛋吗？啊哈哈哈……"妇女们狂笑，知青们也跟着笑。"走家喽！"妇女们站起来就自行解散了。

对于我们来说，劳动之余除了吃饭，没有什么别的盼头了。可是知青伙房的食谱一成不变。早晚玉米糊糊加馒头，中午酱油汤加馒头。农场的地里不长菜，我们从来没有蔬菜吃。长期的缺油少盐使人难以忍耐，家里带来的咸菜吃完了，就一心等着休息天好跑到场部去。走了几十里地，要是运气好的话，可以买到一种用切碎的老菜帮子腌成的咸菜，里面加了些红辣椒，用它就玉米糊糊和馒头，很美味的。不过我们的粮食计划中也是有几斤大米的。大约每过半个月，担任炊事员的同学会上场部买一挂猪肉回来，这一顿他会煮大米饭和红烧肉给大家开荤。从前一天起就让人有了期盼。那红烧肉，不论是多么娇气的女孩子也不会嫌它肥，太香了。可是有的男生，每到此时就拿着饭票买了一碗又一碗的猛吃，这就不行了，大米是有计划的。所以后来改革了，把饭票细分为大米、面食和粗粮各种各样的，谁都得吃玉米糊糊和地瓜饼。地瓜饼是用煮熟晒干的地瓜磨成粉做的，一块块扁扁的黑乎乎的，有点像牛屎，我们管它叫"屎饼"。肚子饿时"屎饼"好像也并不难吃，有点甜味。有一天我先下工，老三没回来，我便买回两个人的晚饭——四只馒头。吃完自己的一份，还不见老三人影，我就将她的也吃了，再跑去给她买来两个。她还不回来，我又吃了……那次我共吃了八个馒头。

　　农民当然也没什么可吃的，可他们有时会想点办法。黄豆地里长着一种比手指还粗的大青虫，肥肥胖胖的，好可怕，农民管它叫"豆蛋"。当黄豆棵子绿色的时候它们是绿色的，后来黄豆棵子变成褐色，大青虫随之也变色，并落到地上去了。这时候劳动比较清闲，爱珍她们到地里拣回好多豆蛋，她说把豆蛋剪去尾部挤出肉来炒鸡蛋，可吃哩。果然，我们闻到从老陈家传来一阵油香。豆蛋吃过黄豆，脂肪肯定是很多的了。爱珍请我们吃豆蛋，但鉴于对软体动物天生的恐惧，我们谢绝了。

　　有一次屋里的地面变得分外不平，在乃建床前鼓起一个大包，我走过去差点摔一跤。后来查明这座"小山"里面埋的是萝卜缨子。乃建把间苗拔下来的小萝卜秧子带回来就躺在床上吃——像老鼠尾巴那么细的萝卜秧子也吃哦。吃完的叶子就扔在床前，用脚踩进土里。乃建还只有十六岁呀，太饿了。

　　还有一大难题是洗澡。尽管天气冷，可几个月不洗澡总也感到浑身不舒服。为了达到洗一个澡的目的，我们屋里几个人好一番策划。在休息天的一大早，我们已同爱珍商量好了，有两个人出去拣柴禾，另两人用爱珍家的桶抬水把她家水缸灌满，然后就可以在她家烧几锅热水，抬回宿舍，借她家的大盆，放在屋中间，让一人在里面洗澡，其余三人在屋外等候……忙活一天以后，屋里的地面成了泥浆，我们总算都如愿以偿的洗过澡了。

　　夏天这个问题就好办些。晚饭后我们跑到庄后的小海河游泳，河水冲去我们一身的暑热和臭汗，直到暮色四合，才带着两脚烂泥上岸来。只有小瓜和香瓜，它们成熟的时候我们可以开怀痛吃。跑到瓜地里花两分钱能买一大堆。虽然香瓜长得其貌不扬，可是特别甜。还有小瓜，它长得又粗又大，从前在城里吃的大酱瓜就是用它腌制的。小瓜虽然不甜，但是富有水分，又脆又嫩，口渴的时候也很管用。

　　可是有一天。当我们背着农药桶在地里给棉花喷洒"乐果"时，却在地头见到一座坟墓，墓碑上写着：知青陶某某。农民说，那年这个知青在棉花地里喷洒"乐果"时去旁边的地里采了一根小瓜解渴，由于风向的关系，这小瓜已沾上刚刚喷洒的农药，所以她中毒身亡。这个坟墓让人黯然神伤，我和老潘坐在地头惆怅地看着天边，我们还有机会回城吗？还能见到父母几次呢？

不过老潘并没有等得太久。有一天正在离大路不远的一块地里劳动，就见"状态"从营部跑出来对着地里喊道：潘××，来营部接长途电话！老潘去后没有再来。下工后，只见老潘正整理东西，她说接到调令，要回南京了，又说，铺盖都不要了，分给农民吧。我们问：是去当兵吗？是有工作了吗？老潘是个稳当的女孩，她怕我们难过，只是淡淡地说：无非是工农兵吧。第二天我们起早送老潘坐上牛车，再去场部换乘汽车走了。老潘走了。我们少了一个好朋友，自己的前途又不知在何方，心里空落落的。过了些日子老潘来信，她已参军在部队医院工作了。

后来陆续又有一些同学离开了冯庄。性格豪爽的"小肖"和她小心谨慎的姐姐"大肖"，也都先后调到场部去工作了。而我们仍然坚持着，坚持着。

那一年的雨季是在秋天，豪雨没日没夜的下着。我的脚踝被干枯的玉米茬戳破了，高帮雨鞋也破了，混着泥浆的雨水往里灌，伤口像个嘴巴似的咧开，每走一步在鞋帮上摩擦一下，向外翻出黄的、绿的脓。老三说，还剩一支青霉素，给你打了吧？一支有什么用呢？我拖着这条腿，在瓢泼大雨中走去场部开会。

不知过了多久它才痊愈，给我留下一个至今还能看见的疤。

玉米和棉花都收完了，老三要回家探亲。我说，不好意思请假，你先回吧。老三走后第二天，我体内的疟原虫又发作了。晚上我把老三的被子也拿来盖上，还是"瑟瑟"发抖，在发高烧的时候听见乃建她们的声音好像是从另一个世界里传来。

那时连里已有许多人打摆子了。只要是发冷发热，卫生员走来就给你吃疟疾药。可是症状得不到控制，疟疾药吃多了，有一个女知青似乎脑子出了问题，她变得自言自语，有一天在小河沟里洗饭盒她就让饭盒顺水飘走了。

我和老三是那一年的年底离开农场的。灌云县和东辛农场，从此我再没有回去过。曾陆陆续续听说一些那边的情况。

高二的女生小湘和当地一个家境较好的回乡知青结婚了，这样多少有个依靠。小五和小珊恋爱了。这让我们感到欣慰，两个好人可以互相照顾了。可是不久，始终面色灰暗的小珊竟死于癌症！外号"面人"的小英为失恋而自杀。（金）乃建在冯庄又坚持了好几年。后来上大学读中文系，成了小有名气的作家。她把农场的经历写成文章，在文章里写到熟悉的朋友们，包括我们。过了许多年，我去南京上军医学校，当年一起劳动一起赖在地上的小肖站在讲台上成了我的教员。之后她好像去了美国。后来又过了很多年，我从一本英文期刊上看到小五的名字，他在南京是与我同一系统的某公司的老总，我出差还曾见到他。听说去年在南京，庞营长曾与几个同学聚会。庞营长离休在宁波，老三见了说他的身体还是那么好，几乎没有变化，每年他总回山东老家去钓鱼。乃建，我与她在南京和上海见过几次面。退休后她做自由撰稿人，还是那么不修边幅。我喜欢听她说说后来农场发生的事，当然现在是她给我讲故事了。

哦，我的遥远的东辛农场！今天，当我坐在电脑前写下这些文字，我有些疑惑它是梦还是真？它已经那么远了。可是挽起裤腿，分明还能看到右脚踝上那块疤。当年善良的农场职工们给予的照顾，庞营长的鼓励和教导，同学间患难与共的友情，在艰苦的日子里是多么弥足珍贵。

（2002年10月）


以下是网友议论：

1. 某某：拜读师姐大作倍觉亲切，也让我回忆起当年在苏北农村那一千四百多个日日夜夜。文中人物更是熟悉，你家老三和乃建与我同班，小五同届，而老潘和二肖的弟弟都在我们班，我管她们三个分别叫大姐、二姐、三姐，哈哈。四十年过去啦，师姐也是花甲之人了，从文中看来，能将当年的艰苦岁月回顾得这般大气，师姐系能苦中作乐之人，心态绝好！多保重！今后的好日子长着呢！问老三好！

## 21. 那年月，我们全都饿得慌

施立平（66届高三乙）

我上初中那会儿，正赶上三年自然灾害，可我们这拨人正好是长身体的年龄。我们并非没有饭吃，可总觉得吃不饱，总是饿，尤其到了上午最后一节课，已经是坐立不安的感觉。有一个男生想出个点子：他把一面小镜子搁在桌子上，调整好倾斜度让它接受阳光，光线反射到天花板上会形成一个小小光斑。随着太阳角度的变化，光斑也会移动位置。几次试验之后，根据光斑到达的位置，这个男生就可以大体的预测：快要下课了！这时他就偷偷向周围同学发出信号，让大家共享胜利的喜悦。可他老那么翻着眼睛看着天花板，什么也不写什么也不听，终于被老师发觉，没收了镜子，这个把戏很快就玩完了。

我们的政治老师姓什名谁我实在想不起来，只记得是个年纪偏大的女教师。她的眼睛好像有点斜视，所以我觉得她是眼看着窗外，用唱戏一般的尖嗓音说，"……共产主义是什么样子的呢？到了共产主义，我们早晨就不会只喝稀饭了，我们会吃一些油饼呀蛋糕呀……"——现在回想起来这话实在好笑。可那时候，我们都恍恍惚惚地瞪大眼睛看着政治老师，和她一起憧憬着无限美妙的共产主义和油饼，同时我心里也明白，老师和我们一样，饿得慌。

有一次让我们以小组为单位，分散到校园各个角落里去劳动。校园那么大，分散了以后谁还记得劳动呀。我们几个女生在树上发现一根干枯的扁豆藤，从而收集到一小把扁豆。那个豆粒很大的。有一个皮肤黝黑的姓窦的女生（她正好姓窦，全豆一块儿去了），她说，我拿回家烧熟了，明天上课带给你们吃。她特别强调"上课的时候吃",是因为我们的数学老师比较忠厚老实,他总习惯高高地抬着头,我们误以为老师的眼皮底下就是他的盲区。第二天窦同学乘老师写板书的时候,公然就拿出那包东西,转过头来示意:传下去!可是老师一转回身还是发现了,命令我们这一溜每人嘴里含着一粒扁豆的女生全站起来!那个年月呀,我们全都饿得慌。

## 22. 我们对红卫兵创立宣言的看法

何纪宁　杜红月　吴惠蓉　李修竹　郭有辛　秦志宁

八月九日到八月十日，广播里接连广播了"红卫兵"的宣言书我们认为有错误，提出如下：自称自己是"自来红"。我们认为"自来红"是一种形而上学的提法。它否定了社会主义中存在着阶级斗争。没有用毛泽东思想方法来分析每个人，没有用毛主席的《实践论》《矛盾论》的观点来分析问题。毛主席一再教导我们："看一个青年是不是革命的，拿什么做标准呢？拿什么去辨别他呢？只有一个标准，这就是看他愿意不愿意，并且实行不实行和广大的工农群众结合在一块。愿意并且实行和工农结合的，是革命的，否则就是不革命的，或者是反革命的。他今天把自己结合于工农群众，他今天是革命的，但是如果他明天不去结合了，或者反过来压迫老百姓，那就不是革命的，或者是反革命的了。"又说："在阶级社会中，每一个人都在一定的阶级地位中生活，各种思想无不打上一定的阶级烙印。"毛主席是说"一定的阶级地位。"而不是"每一个家庭，"阶级地位有家庭因素，也有社会因素，是不能分割开来看问题的。毛主席并没有说，看一个青年是不是革命的，就是要看他的家庭出身好不好，出身好，就是革命的，就是里里外外红透了的，出身不好的，就是不革命或反革命的。

我们把自来红的罪状总结如下：

## 一、使人不能做坚强的无产阶级革命接班人。

大家想一想,一个无产阶级革命的接班人,应该怎样?有"自来红"思想行不行?毛主席提出的接班人的五条标准是:

1、真正德国马克思列宁主义者。
2、全心全意为绝大多数人服务。
3、能团结大多数人一道工作。
4、有民主作风。
5、谦逊、谨慎、戒骄、戒躁。有自我批评精神。勇于改正自己工作中的错误。

毛主席有没有提出要自来红?五个条件里有没有一点"自来红"的影子?没有,一点也没有。我们问你们到底要不要做无产阶级革命接班人,毛主席知道了会高兴吗?你们再把自己的创立宣言和毛主席的五条标准对照对照,到底符合不符合毛泽东思想!事情就是这个样,你是无产阶级革命接班人么?你就不能是"自来红",你是"自来红"么,你就不是无产阶级接班人。

## 二、不能团结大多数人一道干革命。

"你是高知子女,清除掉!""你是四类分子子女,打倒!"毛主席说:"在社会主义的时期一切赞成,拥护和参加社会主义的建设事业的阶级、阶层和社会集团都属于人民的范围;"剥削阶级子女是受家庭影响很深的,可是我们对他们应该怎样?不理不睬,把他们往资产阶级那边推一把呢?还是听之任之,看着他们往泥坑里滑呢?这些做法哪些对资产阶级有利,哪些对无产阶级有利,是干对资产阶级有利的事,还是干对无产阶级有利的事?把同志当敌人看待,就使自己站到敌人的立场上去了。客观上起了帮助敌人的作用。

同志们啊!千万不能站到敌人的立场上去呀!工农子弟、革命干部子弟,对党中央和毛主席最热爱,是最要求革命的,但更重要的是要认真学习毛主席著作,积极投身到三大革命中去,保卫党中央,保卫毛主席，就是要保卫毛泽东思想。坚决按照毛主席的话去做，千万不能抹杀自我改造和阶级社会的存在。我们所受的影响，不可能只是一个家庭的影响，切莫忘记，我们所在的社会，是一个存在着阶级和阶级斗争的社会，这是一个客观存在，你不承认也得承认，难道你们的家庭，你们个人就和这个社会隔绝了吗？绝对不可能。毛主席说："人的正确思想，只能从社会实践中来，只能从社会的生产斗争、阶级斗争，科学实验这三项实践中来。"你们现在还没有真正投身到广大工农群众中去，难道就能说你们里里外外都红透了吗？里里外外红透了是好事，但要经广大群众来鉴定，决不能自封。同志：赶快清醒过来吧！不要躺在"自来红"上睡大觉了，否则，你们会走弯路，犯错误的。我们认为这篇"红卫兵"创立宣言是不符合毛泽东思想的，充满了糊涂的观点。其原因就是没有学好毛主席著作。我们诚恳地希望红卫兵们认真地学习毛主席著作，真正地起到作用。我们的观点不一定全对，如有错误，欢迎批评指出，我们坚决改正。让我们团结在毛泽东思想伟大红旗下，团结真正的朋友，打击真正的敌人！

战无不胜的毛泽东思想万岁！

高一丙：何纪宁 杜红月 吴惠蓉 李修竹 郭有辛 秦志宁
1966年8月12日

## 23. 《不革命的，滚蛋——致一些小鬼子们》

**毛泽东思想红卫兵战犹酣**

最近，我们组织你们非劳动人民家庭的挖烙印，把大家集中在一起互相帮助，共同革命，一反其常。于是乎，你们就有人大为反感，就歇斯底里大发作，就抵制，就破口大骂，要么就想溜，就想滑，就耍花招。管你三十六套还是七十二变，我们掌握了毛泽东思想，你们逃不掉。自己自动革命最好，自己不干，别人可以帮助，再不干，就滚他妈的蛋。

你们有些人根本不承认自己有阶级烙印，真个如此？你们老子反革命，压迫剥削人民几十年，你们从小生活在这个环境，你们受到的是地地道道的资产阶级教育，你们没有黑黄白的烙印？有！大大地有！你们有些人反对毛泽东思想，反对社会主义制度，反对大跃进，想变天，想蒋介石，你们仇视工农革干子弟，仇视阶级路线，百般压制工农革干子弟，打击他们，无所不用其极，你们继承了你们阶级的衣钵，在共产党学校里行反共产党之实，岂是小事！？岂非反动思想！？阶级偏见，阶级烙印！？

你们父母被专了政，你们已经够痛心了，妄图在学校捞一把，大搞资本主义，大搞资产阶级专政，你们仗着牛鬼蛇神，混账王八蛋之势，甚嚣尘上，是可忍？孰不可忍？今天，毛主席向我们发出了伟大的号召：资产阶级知识分子统治我们学校的现象必须彻底改变！自来红们站起来了！以其人之道还治其人之身。我们在学校就要大搞社会主义，大搞无产阶级专政。我们对你们是仁至义尽，希望你们能革命，就是要你们先挖烙印！

有些人不愿在搞无产阶级文化大革命时挖烙印，请问阁下到底是要搞资产阶级反革命呢？还是要搞无产阶级文化大革命？！如果要搞资产阶级反革命，倒的确不需要挖黑黄白烙印，要搞无产阶级文化大革命就必须挖资产阶级烙印。"无产阶级要按照自己的世界观改造世界，资产阶级也要按照自己的世界观改造世界。"你们带着本阶级的利益，本阶级的偏见，香不知，臭不知，拿着狗屎当酱吃，颠倒敌我，你们这样究竟是造谁的反？革谁的命？！挖烙印是革命的第一步。如果这第一步都不愿走，还革屁命？！不愿挖烙印就是不愿革命，抗拒挖烙印就是反革命！执迷不悟，死路一条！

有些人"欣然"表示愿意挖烙印，他们声称他们愿意在造反中挖烙印，在破四旧中挖烙印，他们指责我们是想叫别人在改造好主观世界后再参加文化大革命。这种人其实是一个骗子，一是换汤不换药，二是歪曲我们的意思再倒打一耙。你们脱胎换骨，卖阶级是一辈子的事，谁也没叫你们改造好主观世界再参加文化大革命，只不过请你们分一分敌我，给你们一个标准！再是叫你们带着挖出来的问题参加文化大革命。你们能讲出这等豪言壮语，也太不知羞耻了！前些日子，你们在学校里养尊处优，游手好闲，潇潇洒洒，根本不想造反，不想挖烙印。今个儿怎么突然大喊起要造反，要在造反中挖烙印，纯粹是他妈打着红旗反红旗。

有些人忍不住了，自以为很得计："××××××大方向错了""你们挑起群众斗群众""你们整同学""你们不团结"，劈头盖脸一大串。不要激动，先生，你急了，想造反，对不起，办不到！只准左派造反，不准右派翻天！我们的大方向始终正确，破四旧，立四新，一斗二批三改，我们忙得很，饭吃得少了，觉睡得不足，肉都掉了好几斤，大方向怎个错了？！你们反造到老子头上，有眼不识泰山，你们说是群众斗群众，正是如此，你们吃饱睡足，长肉养膘，不干革命，反而反对红卫兵革命，不破四旧，反保四旧，成为悠闲阶层，成为阻力。斗你们，就是斗你们的阶级烙印，横扫你们思想中的四旧。发动你们，团结你们，排除阻力，在有一点觉悟的人看来，这也是天大的好事！这是排除阻力，破四旧，立四新，这是团结一切可以团结的人一道革命，这个方向完全正确，这样干好得很！要整你们吗？还不到时候，运动后期。

有些人说："这场文化大革命是一场触及人们灵魂的大革命，在这场革命中我一定完全自动改造的。"你们这样做太不相信人了。的确，我们还信不过你，你父母压迫我们的父母，你们又压制打击我们。今天，我们翻过来了，想要你们革命，可你们连烙印都不肯挖！叫我们信你们什么呢？我们怎么能信你们不挖烙印就能搞好文化大革命呢？！触及灵魂不是从天上掉下来的，扫帚不到照例不会触及灵魂，灰尘照例不会跑掉。今天我们挥舞起毛泽东思想的铁扫帚，横扫还没过来，你们却不寒而栗，两股战战，抱头鼠窜，你们叫我们能相信你们的屁话吗？你们是叶公好龙，醉翁之意不在酒！

向前进，向前进，革命气势不可阻挡，向前进，向前进，朝着胜利的方向。革命毕竟是大势所趋，不可阻挡。蚍蜉撼树又谈何易！要革命的站过来，跟党走。不革命的滚他妈的蛋，让历史淘汰！何去何从，速作决策！

顺致一记响亮的耳光！

毛泽东思想红卫兵本报评论员战犹酣
1966. 9. 24

以下是网友议论：

1. 朱会民：反思什么？

2. PP：朱会民你好！反思什么确实值得大家思考。或许在"反思"的过程中，这个问题会越来越清晰起来。

# 24. 红卫公社创立宣言

**毛泽东思想红卫兵外围**

毛主席教导我们："马克思主义的道理，千条万绪，归根到底，就是一句话：造反有理！"我们出身都是非红五类，身上打着许多不同程度的坏烙印。但是，我们要革命，要造反，我们要降身价卖阶级，彻底造旧思想的反，造旧家庭的反，要造旧世界的反。我们在这场文化大革命中，要努力活学活用毛主席著作，勇敢捍卫党中央，捍卫毛主席，认真完成一斗，二批，三改的任务，把无产阶级文化大革命进行到底。

在这同时，我们还要认真地触及自己的灵魂，改造主观世界，狠挖烙印，认真改造，脱胎换骨，彻底革命。我们以毛泽东思想为行动指南，以解放军，红卫兵为榜样，拼死拼活学习毛泽东思想，拼死拼活挖烙印。在"造反"二字上狠下功夫，学习他们永远忠于党，忠于毛主席。学习他们敢于革命，敢于斗争，善于革命，善于斗争的革命造反精神。归根到底就是要学习他们永远忠于伟大的，战无不胜的毛泽东思想，干一辈子革命。

无产阶级文化大革命万岁！无产阶级专政万岁！

伟大的战无不胜的毛泽东思想万岁！英勇的红卫兵万岁！

伟大的，光荣的，正确的中国共产党万岁！

以下是网友议论：

1. 某某：这可不是什么"被鞭打着逼迫着含泪写下的东西"。这是"二黄"们的无耻杰作。二黄比鬼子更可恨。

2. 某某："二黄比鬼子更可恨"的比较很不恰当。当时有个阶级路线的大山压在人们的身上。这座大山的建造者才是最可恨的。所谓的二黄也是受害者。

# 25. 我校毛泽东思想红卫兵究竟想沉默到哪一天？

野战军报第一期

众所周知，我校毛泽东思想红卫兵的主要领导人运动以来一直执行着一条资产阶级反动路线。运动初期他们自己不但长时期不揭发沙尧之流的问题，而且还在客观上起了压制和阻碍我校文化大革命的作用。在当前全校革命师生冲破沙尧之流设下的重重障碍，起来大闹革命的时候，他们却跑到北操场关起大门，离开我校轰轰烈烈的运动，闷声不响，搞起"整风"来了。

当"谭氏路线"影响我校时，他们却一举反常，打破了以往的沉默，出动了全部人马，回到班上，大整起同学来了，还美其名曰："挖烙印"。事后，他们又拉起资产阶级反动路线的遮羞布，讲起统战来了，搞了一个所谓的"红卫公社"的外围组织，在该组织内借挖烙印之名，大搞奴隶主义，继续整同学，包办代替同学革命，执行了一条彻头彻尾的资产阶级反动路线！

当资产阶级反动路线的丧钟敲响了以后，他们又变得沉默起来。目前，我校向资产阶级反动路线的开火的炮声震动大地，红色造反军的革命同志已经起来造资产阶级反动路线的反了，然而毛泽东思想红卫兵仍然"巍然"不动，保持沉默状态。这究竟是怎么回事？难道你们没有执行资产阶级反动路线吗？你们是否打算同资产阶级反动路线决裂呢？

当红色造反军的革命同志还没有起来批判自己所执行的资产阶级反动路线时，你们的日子还能混得过去；现在人家造反了，你们就被动了，就难办了，你们到底打算怎么混呢？毛主席教导我们："无数革命先烈为了人民的利益牺牲了他们的生命,使我们每个活着的人想起他们就心里难过,难道我们还有什么个人利益不能牺牲,还有什么错误不能抛弃吗?"希望毛泽东思想红卫兵正视自己的错误,勇敢改正自己的错误,成为名副其实的毛泽东思想红卫兵。

红色野战军观察员<br>1966.12.6.

## 26. 我眼中的陈光华

戴相陵（66届初三丙）

陈光华是我班同学陈光国的哥哥。在四十几年前阶级斗争的年代，我和他们的家庭出身有天壤别。他父亲在1956就是解放军少将师长，不久因病去世。所以他们是"革命烈士子女"。

文革前，我对陈光华的记忆很少。我看过他在校运动会上跳高。此时，他已是第一名，正在向校纪录冲刺。文革中，我对他的记忆也很少，但印象极深。他是1966年8月红卫兵运动中，附中"北草场黑字兵"的头目。很可能是第一把手。我不会忘记这支黑字兵的将校呢、将校靴、红旗飘、铜头皮带的飞车队，在察哈尔路上横冲直撞，杀向社会，破四旧的情景。成立类似"二黄"的"红外围"是北草场黑字兵的创举。这是群众斗群众，学生整学生的楷模。把我们这些人赶到陆郎乡下"挖阶级烙印"，如果不是全国独创的话，也是文革首创了。

那天傍晚，我们背着背包，集中在北草场，即将开拔陆郎挖烙印。临行前，听司令台上的两位训话。一个是朱会民，另一个，就是陈光华。当时，我的头脑与天色一样，一片昏暗。这就是我印象中过去的陈光华。好在短命的黑字兵在两个月后就解体了。陈光华大概在1967年3月，悄然离校，内部当兵走了。

几十年过去了，时代在变迁。我们进入了21世纪。2001年春，南师附中老三届第二次北美聚会在我家举行。开始的主题是秦、柯老师到访和（泗洪）界集13队知青聚会。后来随着麦纪玲一伙的加入，"高二乙班"成了第三个主题。

有一天，麦纪玲打电话来，说高二乙她班上的陈光华也联系上了，他表示要来聚会。作为东道主，我当即在电话里对麦纪玲表示异议，指责她自作主张，通知了陈光华。就我当时的认识及宽容水平，对接待陈光华这种人，是持保留态度的。况且，聚会的节目之一，是反思附中的教改和文革。在当年的我们这群人中，掺进了这样的沙子，聚会的气氛能和谐吗？

那一头的麦纪玲却不以为然，说陈光华变了，与她谈得来。我不太相信。叮嘱麦要淡化与陈光华关于聚会的联系。我说：他要是能不来，那是最好的了。可是，陈光华很执着。在给我的电子邮件中一再证实，他和夫人高小平，将准时抵达赴会。聚会那天，有人敲门。几十年不见了，我请他"自报山门"，答曰：陈光华。我一看，是他。于是有点勉强地与他握手寒暄。

在后来的交谈中得知，他在美国的经历，几乎与我相同。由于应酬面广，在聚会中，我们没有再单独机会在一起深入谈话了。聚会后不久，我看到了陈光华的文章，才明白高二乙美国的一伙为什么接纳了他。如果没有记错的话，是我把文章引进了班网，并批注：死亡线上回来的大彻大悟。

我开始重新认识陈光华了。我主动打电话与他聊天。观点很一致，只是我们不谈附中文革的事。他也主动打电话过来了。陈光华看了我的自传后，他劝我要原谅和善待自己的生父。每次电话，他一定都要关注和问候我的生父。像他这样出身的人，能这样对待我的生父，是不简单了。我确认，这是一个新的陈光华。我的成见和偏见是多余的。现在打电话过去，往往是他太太先接。我总是以这样的玩笑开始：是"小平"同志吗？这里是"国锋"同志的办公室。请"光华同志"接电话。

以下是网友议论：

某某：挖烙印有什么必要老讲来讲去的？当年我也是被别人强迫挖烙印的，那是荒唐的年代里发生的可笑的事情，挖烙印的和被挖烙印的都是时代的牺牲品。陈芝麻兰谷子的事干吗纠缠不放？不累啊？

## 27. 罪孽、忏悔与反思

戴相陵（66届初三丙）

1966年8月18日，毛泽东首次在北京天安门广场接见和检阅红卫兵。当天，在现场实况录音的旋律下，南师附中校园一片沸腾。最使师生们兴奋和激动的是：我校高三甲班同学李天燕，代表南京地区的师生，在天安门城楼上发言。同班军干子弟曾小渤，也在李天燕的一群人中，参加了八一八的检阅。不久，他们就带着"革命的火种"南下回校，宣传、鼓动和发展"红卫兵运动"。

在一次游斗沙尧校长的队伍中，曾小渤嫌他的班主任柯绮霞老师跟着喊口号不力，就口中"资产阶级知识分子"地对她骂骂咧咧。这还嫌不够，曾小渤居然扬起手中的军用铜头皮带，对自己的老师劈头盖脸地抽来。柯老师躲闪不及，肩膀前后遭到无情的一击，顿时隆起一条几寸长的紫红色的血痕，疼痛难当。这条鞭痕，在几个月后，才渐渐消去。

将近二十年过去了。八十年代初的一天，有人敲开了柯老师的家门。站在柯老师面前的，正是那个当年向她挥动皮带的学生曾小渤。他今天特地登门，当面为此向老师请罪。曾小渤对那次的罪孽进行了沉痛的忏悔，向老师表示了深深的歉意，希望得到老师的原谅。柯老师当即就原谅了学生，心情也感到一丝欣慰。

2002年5月，南师附中北美聚会在我家举行时，柯老师亲口将上述故事讲给我听。我感叹不已。

我有过如下跟进调查。在我的采访中，柯老师证实了曾小渤曾写了一封长长的道歉信。抬头是写给沙尧等师长的，其中包括柯老师。

柯老师代表众师长给曾写了回信。她也给我看了当年长长的回信草稿。柯老师原谅了学生，内心也感到了一丝欣慰。元旦来临，柯老师收到的贺卡中，有一份是来自曾小渤的，外加一个精美的年历。从此以后，每年元旦，柯老师都会收到曾小渤的贺卡和年历。

　　我从来不认同，也坚决谴责，当年人性邪恶的暴露，尤其还是对自己的恩师大打出手。但是，我欣赏曾小渤同学的勇气、忏悔和歉意。毛泽东当年在天安门上对宋彬彬的一句"要武嘛"，实际上，是赐给了黑字兵们对任何人行凶的尚方宝剑。可是，曾小渤没有把罪孽的责任推给时代和历史，也没有推给毛泽东。而他得到的，是灵魂深处的彻底解脱。

　　我更佩服柯老师的宽容和大量。一开始，她就安慰自己，说是"小将犯错误"，后来，又认定是"学生年轻、不懂事"。再看看另一群当年行凶作恶的红卫兵们。据史料记载，那些初一初二的女同学，她们下手尤为狠毒，打人致残致死。她们至今，仍无忏悔之意，还口口声声说：要想算账，找毛泽东去。她们的名字，苍天和历史都有记录。她们当今，已经五十出头，早已为人之母。深藏人生罪孽，在面对自己孩子的时候，她们果真是若无其事，心灵能如此安宁吗？

　　以下是网友议论：

　　**CWY**：谢谢戴学长，使我了解了不少以前不知道的事。我也老三届的，初中的，知道一些事情，但许多事情不清楚。今天无意中发现了这个网站，了解了不少过去的事。我完全同意戴兄的看法，回忆过去不是为了"秋后算账"，而是为了保留这段历史，反思这段历史，反思自己的过去。我自己也曾做过一些错事，说过错话，多少年一直在反悔。

# 28. 谢王亮

## ——一个关于日记的故事

宛小蓉（68届高一戊）

近日，有同学从海外回来探亲，带来了大洋彼岸的一些信息，大抵是海外同学们的近况和异国风情。其中有是王亮夫妇在世的最后一些细节，并用电脑放了他们的部分生活照片以及朋友们纪念活动的照片。说到王亮夫妇的英年早逝，同学们早已相传尽知，无不扼腕叹息。我和王亮在校时并不熟悉，到农村插队，我们在同一大队。虽然平日交往不多，但我们共同经历了那段不同寻常的历史阶段。和其他同学不同的是，我们之间还有一段不为人知的有关日记的故事，那是尘封了四十年的往事。

一九六六年的夏天，学校里早已开展了触及灵魂的"无产阶级文化大革命"。因为家庭问题，我是我们班最早揪出的对"干部子弟有刻骨仇恨"的"混蛋"。试想一个十六岁的高一女学生，一贯傻傻的激情、傻傻的上进，突然一夜之间，失去了生活中的一切：前途、理想、追求。身上像是贴上了标签，人们躲瘟疫一样躲着你，没有了要好的同学、要好的室友、甚至没有了愿意和我说话的人。校园里贴着"红色恐怖万岁"的标语，大喇叭里声嘶力竭地叫喊着，老师们剃了"阴阳头"被鞭子赶着去劳动，一切一切叫你胆战心惊。除了到开水房打开水和到食堂买饭，几乎不说话，也无人和我说话。因为南京没有家，无处可去，无处可躲。每天象幽灵一样，在校园里飘来飘去，说是抄大字报，其实就是排除心中的恐惧，打发可怜的孤独，等待着可能还会发生的事情，熬过一天天难熬的时间。

　　果然，有一天，班上三个女"造反军"，在校园里找到了我，为首的是一位李姓女生，一番讯问之后她们要我交出我的日记。众所周知，日记是我个人的物件，属于我的隐私，可是那个年代没有隐私可言，更何况是我们这样的人。当时还愚蠢地想，日记可以证明我对毛主席是多么忠诚，因为日记里都是革命的不能再革命的东西：摘抄了大量的领袖语录以及诸如"钢铁是怎样炼成的"一类革命小说的精彩警句，联系到个人思想深处，更是改造思想，学习认识之类。于是，在屈服于压力和想洗白自己的同时，那本天天陪伴我的酱红色封面的日记——我最亲密的朋友，被轻易地出卖了。简言之：迫于压力，我屈辱地交出了我的日记。从此我没有再写过日记，以后只要想起这本日记，同时想起的是遭到的侮辱和由于胆小而丢掉的尊严，像被人偷窥了似的感到羞愧。现在想起来自己是多么的愚蠢幼稚，人家既然要想找你的事，一本洋洋洒洒的日记，怎能找不出毛病，更何况欲加之罪，何患无辞？而他们已经向我索要日记分明是要有下一步的斗争，其实已是在劫难逃了。

　　幸好可怕的形势并没有一直继续，文化大革命的变化可谓天翻地覆，红色恐怖了一段时间后，红色的干部子弟们大概也遇到了各自不同的遭遇，紧接着，大串联，大批判，学校里受压制的同学们组织了起来。宿舍的同学们对我尽管心存芥蒂，还是善良地重新接纳了我，活泼的本性虽然找回了一些，可是这段遭遇摧残了自己从小到大的自信，入另册的烙印在我身上背了好多年，久久不能消去。

　　文革到了六八年，号召下农村，我在南京本没有家，无论学校人多人少，均长期住校，经过文革，激情尤在，作为南京市第一批上山下乡的知识青年，和学校的其他同学一起离开南京，到苏北插队。

　　我们离开南京的日子是六八年九月二十一日，昏昏沉沉坐了一天的汽车，傍晚快到目的地的时候，汽车没路了，大家卸下了行李，等着生产队来接应。这个时候，同学们虽然来自同一学校，有的人相互之间并不熟悉，真是"为了一个革命的目标走到一起来了。"

　　就在等待的时刻，一个奇迹发生了：王亮（说实话，当时连他叫什么我也说不清）走到我面前，把那本酱红色封面的日记递给了我，一时间我目瞪口呆，不知如何反应。看到日记无比羞愧，头都没有勇气抬起，只是匆匆收起日记，躲开了这个我应该感恩的人。对于日记的失而复得，我的心情是复杂的。首先是欣喜：一直担心它的下落，不知它会落在谁的手上，不知后果又会怎样。第二是吃惊：简直出乎我的意料，我以为再也不会看到它了，也曾经想过，或许被踩蹋得一塌糊涂，扔在某个角落。但是看到它，就联想起那段不堪回首的往事，心中除了痛就是对自己的蔑视。更重要的是如何处置这本日记，虽说当时文革已接近尾声，可文革的影响无处不在，左的思潮依然横行于世，尤其经历了这番浩劫，心有余悸，担心不定什么时候文字狱再会卷土重来，而且身在漂泊之中，那有安全之地？最后，日记得到了最安全的归宿：在苏北的大平原上，付之一炬。时光荏苒，转眼度过了插队阶段，同学们或上学，或招工，或投亲靠友陆续离开了农村，各自开始了新的生活。时代和人都在变化着，前进着。有关日记的故事这许多年我只和我的丈夫（他是我插队一家的同学）说过，我希望有一天能够向王亮表示我的敬意和谢意，但是听说他们去了美国。

三十年后的一天，机会终于来了，一次王亮回国，Y同学宴请大家，找了一个单独面对王亮的机会，我终于说出了三十年一直想说的话，对他表示了感谢。出乎意料的是：王亮居然没有什么表情，也没有作答什么，只是平静地看着我，好像什么都没有发生。事后，我对我的丈夫说：难道他已经忘记了这件事？

几年后听说他病了，再后来听说他去了。关于那本日记的谜也随着王亮的走而不会有答案了：它究竟是怎样才到了王亮手里的？试想过多种可能，均不得其解。日记当初是交到"造反军"的手里，王亮经过怎样的曲折拿到她，只有一个可能的联系，即我班李姓女生的哥哥也是"造反军"的头目，和王亮同班，这个联系似乎有些牵强，可是在我的数据库中除此之外再也找不到其他的链接了。

我和王亮素昧平生，但我们都是株连九族的血统论的受害者，在我们风华正茂的年代，被打上永世不得翻身的印记，对于这一点王亮比我大两岁，感受应该更深吧。许是惺惺惜惺惺，他为我做了这件事，许是路见不平，出手相助，无论初衷是怎样，日记的失而复得足以见证王亮侠肝义胆的本性使然。

王亮去世后，刘学娅回来过一次，我约了她和我的同班好友 W 三人在河西"大排挡"小聚，我们谈了许多。那天，学娅十分健谈，谈了王亮、女儿及她自己。我也谈及关于"日记"，她说没听王亮说起过，我又一次表示了我的谢意。那天，我们谈得很晚，是最后走出"大排挡"的客人。但是不久，噩耗传来，学娅竟然在她不该走的时候离开了这个世界，去会合她的夫君。

日记的事情已过去几十年，但它并没有像它的实物一样化为灰烬，因为她曾经是我生活的一部分。我庆幸能遇到王亮这样的学友师兄，他的侠义之举让我感激不尽，我要感谢王亮为我、为我的日记所做的一切——无论是他早已忘记，还是他不愿提及那段心酸的往事。如今王亮夫妇音尤在耳，斯人已去。古人诗曰，我奉四句：昔人已乘黄鹤去，义胆侠肝豪气壮，此地空余黄鹤楼。江成博客谢兄长。黄鹤一去不复返，香魂不远多回首，白云千载空悠悠。不负挚友赋挽章。

希望王亮夫妇在远离尘世的地方享受他们的宁静，安息吧。

## 29. 关于"反右派"的回忆

牟承晋（66届初三丙）

搞点回忆的倡议我赞成。文革初期，多佳、南北、胜利和我曾是流离失所的"四人帮"，迄今仍有许多酸甜苦辣的回忆。大串联时，我曾与盛小元同行。回到学校时，"八一战斗队"因我父母被关押审查而宣布将我开除。走投无路之际，是朱小民说服他的父母收留了我，一住就是两三个月，后来牵连到朱小民家，又被迫出走。十年浩劫，我从一个盲目的血统论者，一夜之间成了"狗崽子"，成了"联动分子""现行反革命分子"并被通缉，曾被扭送军管会，曾受尽"文攻武卫"的欺凌，要饭，上访，跟造反派拼命，同中央文革"智斗"，下乡插队、上山当兵……回忆起来，更多的是人生的经验、教训和启迪，是同学、战友、亲人的关怀和深情厚谊。大家好！最近有点忙，偶尔上网看看，顾不上交流、留言。抱歉！

谢谢你（戴相陵）给我的留言。我1982年9月下旬正式离开六合，调到天津工作。此是不得已而为之，其中苦酸，不说也罢。这是我人生一次重大的转折，一次促使我被迫放弃仕途的转折。

陈双与我是幼儿园、小学、中学的同班同学。她弟弟陈丹与我妹妹忆媛（李斌）是幼儿园、小学同班同学。陈双的父母当时与我父母都在南京地质学校工作。我父亲在回忆录里说，反右时期，在市委必须完成反右指标以及多次开会、组织谈话批判他犯右倾错误的情况下，他违心地同意将陈双的父亲等一批优秀的教职员工定为右派分子，粉碎"四人帮"后，尽管他主动向南京地质学校党委提出必须给陈双父亲等所谓"右派分子"平反，并且与我母亲一起亲自返校公开向所有已经平反、尚待平反的教职员工鞠躬道歉,但仍然是他一生中感到十分愧疚的事。他自己参加革命后,在胶东肃托、延安整风和文化大革命中三次做共产党的牢,受尽酷刑,深知被冤枉、被自己同志折磨的痛苦。我父母亲也希望我能找到陈双全家,后一代之间能够互相帮助。但是,这几年我到处寻找、打听,始终没有她全家的可靠信息。如果哪位同学有确切消息,请一定及时通知我。谢谢大家!

## 30. 和张钰哲老先生的一面之缘

宛小蓉（68届高一戊）

我知道张钰哲这个名字，还是到附中知道陶强老师以后。文革前的陶强老师是附中数学组的骨干，是附中受人尊重的资深老师。每当我怀着尊敬的目光看到她戴着金边眼镜行走在校园里的时候，身边总会围着几个学生。后来知道她的先生是紫金山天文台的台长，由此便知道了张钰哲这个名字。

文革中，陶强老师受到的迫害可以列入附中最厉害的那一类，她被打入了学校的"牛鬼蛇神"队伍。在烈日下被皮带赶着去劳动，我亲眼所见；头上一半头发被剃去，成为阴阳头，我也亲眼所见，我还亲眼见到在"五四草坪"的大字报栏前，陶强老师被一桶糨糊从头顶扣下。这些情景现在想起来历历在目，依然叫人不寒而栗，可能还有许多我没有看到的悲惨遭遇吧。

人生有的时候真的不可思议，聚散离合，无法预测。原本以为和张老先生夫妇也就是知道而已，不会有什么相干，没想到文革过后十九年，我有幸见到张老先生夫妇。那是1985年秋，我调回南京某医院工作尚不到一年。记不起什么事情到门诊，看见一对年事已高的老夫妇携手蹒跚在走廊，过去想帮帮忙，走近一看，心中不禁一热："陶老师！"我脱口而呼。陶强老师愣了，"我是附中的学生，是严文淑的儿媳。"我赶紧自我介绍。听到"严文淑"，陶老师流出眼泪，一把拉住我说："严文淑去世我不知道，没有去开她的追悼会，她怎么这么快就走了？"一阵伤心过后，找个地方安排二老坐下，张老先生告诉我陶强老师和家里的保姆总是搞不好，老是疑心保姆这样那样，家里过的不平静，……陶老师也在一旁絮絮叨叨说着她的道理。看张老先生手里攥着一把缴费拿药的单子无所适从，我说你们先坐一坐，我去办。转一圈办完了所有事宜，回到二老面前。看着病历、取来的药、找回来的钱、报销的单据，张老先生长长的手臂下垂在瘦长的身体两侧，孩子般一脸无奈地看着我，记得张老还穿着四个口袋的中山装，我分门别类一一帮张老装进口袋，并反复嘱咐说明，希望张老记住。

事情办完，问二老如何回去（那时还没有出租车），张老先生说我们搭单位的便车回去，叫我们在这里等，他们办完事再顺便带我们回去。当时苦于无法联系到单位的车，只有干等着，我还有工作在身，也不可一直陪着。于是我安排他们在传达室坐下。告别之时，二老的眼神让人觉得心里酸溜溜的。等我有空回到传达室时，二老已不见踪影，一定是单位的车载他们回去了，也不知他们在传达室等了多久。回来后不知为什么心里一直惴惴，和先生说起，不禁感叹一阵。想起文革中因为保姆揭发陶老师打碎毛主席像而被打成牛鬼蛇神的事，估计就是陶老师总是和保姆搞不好的根源罢。此事过后不到一年，就传来了张老先生去世的消息，报纸上头版头条登了灵堂的大幅照片，出席追悼会的领导和名人的名字一排又一排，张老先生的照片在报纸上和蔼地看着我们。

记不得是几年以后，在附中的校友报上看到陶强老师去世的消息，才知道后来的几年陶强老师因为精神上的问题在我们医院住过，可惜当时我不知道。事情已经过去二十年了，可是提起来总不能忘记当时的情景。虽然二老已先后离开我们，可是以张老命名的小行星还一直围绕我们转着。希望以此文纪念陶强老师和与我仅有一面之缘的张钰哲老先生，他们为社会为人类做出的贡献将永远与我们同在。（转自袁记江成的博客）

以下是网友议论：
1. 王爱华：在我脑海里始终存在的非常令人心碎的景象：
身材娇小的陶强老师戴着草帽，真正的草帽，不是现时的其他的材料的帽子。贴着附中的围墙的墙边，迈着碎步，急速地走着。草帽的下面是半边有头发，半边没有头发。

挑着两个水桶，很重的样子，扁担压着她瘦弱的肩。她用俩手扶着、或者说举着肩胛骨前的扁担，以减轻对肩的压力。围绕着学校的池塘，转着……

2.苏锡育：文革中被替阴阳头的女教师还有吴至婉老师。受着同样的灾难，俩人的态度略有不同：吴老师阴阳头来，阴阳头去，不遮不挡。我几次迎面碰到，心里直发颤，怯生生地看着她，不敢打招呼。而她呢，昂首挺胸，眼睛里射出一种倔强的光芒。陶老师在校内赤裸着阴阳头，用那孱弱的肩挑起两个大大的粪桶，哆哆嗦嗦地走着。出了校门，便用纱巾将头包上，低着头，不敢正视前方。你能感觉到，一种极度的委屈和恐怖袭满了她全身。因为她没带过我们的课，也不认识我，且目前的身份又是"牛鬼蛇神"，我自然不会和她打招呼的。多少年过去，两位老师的身影还时不时地浮现在眼前。陶老师已去了，那些非人的折磨也随之去了。不知陶老师后来是否常回忆起那魔鬼般的年代，也不知那些迫害过陶老师的人是否向陶老师表示过歉意。

2002年百年校庆，我见到了吴老师。她穿着一件大红的薄毛衣，精神矍铄。她已认不出我来了。难怪呀，1968年离校后我再未见过她。当时我突然冒出一个念头：往事在她的心里不会没有痕迹吧！

3.反思的人：当年被剃阴阳头的女教师还有王倚琴老师，给王老师剃头的人就是我。在这里我向王老师表示深深深深道歉！这件事压在我心头几十年，挥之不去的内疚，一直没有机会当面向王老师道歉。在这里，我自揭伤疤，为的是给王老师一点点安慰，给自己心灵一点点净化，为的是提醒自己和友人：文化革命的惨剧不允许再发生！

4.某某（高二丁）：陶强老师是我的数学老师，在陶强老师受到人格侮辱时，我在现场，虽不是直接打手，至少也是附和呼应的一分子，一直心存内疚。大约在79年（或80年），当时我在南京工学院图书馆自学（当时我在南工上学），一位老师让大家去大礼堂参加一位在文革中受迫害致死的教授的追悼会.在会场上无意看到张钰哲和陶强合送的花圈,心头一热:可能陶强老师也来参加追悼会了,就能见着陶老师了.于是就注意在人群中寻找,一直到散场时果然看到张钰哲与陶强夫妇缓缓走出,陶老师的样子除了老了些,变化并不大.我急步走下前,叫了一声:陶老师.看陶老师未认出,我忙说:我是南师附中高二丁班的××,陶老师愣了一会儿,高兴地说,我认出来了.她又与我说到班上的其他一些同学的名字。我真佩服陶老师的记忆力.我怯怯地提到在文革中对不起老师的事,请老师原谅.陶老师爽快地笑了:过去的事不要提了,你们都是孩子吗,不怪你们。张钰哲老在一旁笑着看我们在交谈。因张老与陶老师都站在路边,不能时间太长,便匆匆与二老告辞了。南工毕业后,我去了外地,没有机会再与陶老师见面。现陶老师已作古多年,仅以上面文字怀念老师。

## 31. 父母亲、附中、附中校长

戴相陵（66届初三丙）

母亲为新中国工作十分卖力。她在南师附中长期教高一物理，直到1962年。她还兼班主任，工作很辛苦。我记得她从来不和我们小孩同时入睡。往往我一觉醒来，她还在灯下备课或者在改周记。

母亲十几年来，可谓桃李满天下。每年暑假，都有成群结队的，毕业后上大学的学生来看她。有北大的，有清华的，还有科技大的。最引人注目的是那些来自军事院校的学生，不少是哈军工（原哈尔滨军事工程学院）的。他们身着军装，十分神气。我想这是母亲"我爱祖国"的主要回报之一。每次有这样的学生来拜访，她总要叮嘱我要向他们学习。

母亲在政治上十分小心，对共产党也很诚实。深知自己的家庭出身，社会关系和前夫的问题很严重，也深知政审人员的厉害，在首次政治运动，即对知识分子的思想改造中，她就来个"竹筒倒豆子"，交代得清清楚楚。另外，她还添上了有些大可不必交代的东西。在她档案袋里的自传中，有一段说，前夫不仅是美国新闻处主任，而且抗战时还做过军统特务。我后来才知道，生父只参加过几个月的培训，就脱离了。再说了，懂一点军统历史的人应该清楚：抗战时的军统史是一部光荣的抗日史。汉奸汪精卫，就是军统头子戴笠将军直接策划刺杀的。而军统的反共，则是解放战争时候的事情。

在政治运动的浑水里，母亲虽然只是一尾清白的小鱼，却能在文革前的政治运动中避免了遭受清算。

五十年代的南师附中，母亲的优点开始初显神通。她本人对政治不感兴趣，也未加入过任何反动组织。生父与李洪年事件，政府和组织上已有了结论，而且结论恐怕还是正面的。那些职业政工干部要想整她，恐怕也弄不出什么名堂。

另外，当年南师附中教职员工的成分相当复杂，有大批所谓前清的遗老遗少和国民党的残渣余孽。按文革中红卫兵，造反派及工宣队的话，附中是"庙小神灵大，池浅王八多"。据不完全统计，仅地主出身的人就占了百分之七十。教职员工中本人参加过国民党、三青团的，在民国政府和军队任过职的，即所谓的"政、军、警、特、宪"者，大有人在。相比之下，母亲的那点事，的确是小巫见大巫。祖国那时好像还顾不上清理池中的小鱼。更重要的是，母亲爱国有方。

记得 1957 年反右运动时，有一天好像是上面派下来的硬任务，给领导提意见写大字报。当晚，母亲在灯下长吁短叹，无从下笔。不写吧，不好交差；写吧，母亲不感兴趣，而且似乎预感到会倒霉的。一直拖到深夜，最终在父亲的启发下，写出了一位非党员干部的家属在院子里与他人吵架的事，既不疼，也不痒。我朦胧记得，写完后，父母亲看着对方，嘴角均含笑容：讥笑、苦笑、冷笑、嘲笑都有一点。他们好像是很欣赏这张大字报的两全其美。就凭这些，母亲离伟大领袖对右派分子的要求似乎相差甚远。后来涉世后，我一直对当年父母亲在政治敏感上的见长，感到十分欣慰，因为他们在反右运动一开始，就及时地识破了引蛇出洞的阴谋诡计。

母亲在南师附中迟迟未被算计的另一个重要原因，是有我称之阿爸的父亲的保护。父亲像一把政治保护伞。父亲姜国宾出身在江苏省滨海县的一个地主家庭。这个所谓的地主家庭在苏北老区其实很穷。阿爸曾对我说：他家每年春节才能吃上白面馒头。由于老区的减租减息运动，爷爷不得不出来教书，以维持全家生计。我看父亲的家庭出身充其量是个职员兼地主。爷爷去世早，父亲来南京读书，虽然学费伙食全靠公费，但剃头洗澡钱还得靠他大哥给。

1942 年，父亲于国立中央大学数学系毕业。在民国交通部任职一年后，就到附中的前身中大附中教书。他教学业务精湛，长期担任数学教研组组长，深受学生的爱戴和教职员工的尊敬。上世纪四十年代五十年代，附中派系林立。最有势力的有中大派和扬州派。扬州派都是扬州人。父亲毕业于中大，属中大派。

解放前后的父亲，有他风流潇洒的一面。他喜爱音乐，有自己的小提琴。他还有照相机和厚厚的几本影集。但那时的父亲也有着他书呆子的一面。他非常老实，平常不大说话。结识母亲时已经 37 岁。在这以前，居然连个女朋友也没有。母亲第一次去他单身宿舍玩，发现他的枕头底下都是钱。

父亲，人早到中年，他的婚事，已成为学校上上下下，包括领导，所关心的、甚至是头疼的问题。在这种情况下，与母亲结婚后，如果有人在政治上想向母亲开刀，就会被认为是冲着父亲来的。加上父亲与母亲一样，对政治不感兴趣，本人政治清白，人缘极好，整人者若想算计母亲，必须三思而行。俗话说，不看僧面，也得看佛面。

南师附中的四位校长也很关照我家。文革前，附中有四位校长，均为中共党员。其中赵耀如（主管教学）和樊星白（主管总务）是原中大附中的（南师附中的前身）。我的感觉他们和父亲是有一定交情的。他们对我家好，自然不在话下。李夜光校长是革命干部，主管行政。1955 年，父亲肺结核发作，大吐血，情况十分紧急，被送进鼓楼医院抢救。不料因无床位，又被送回家来。李校长知道后，立即代表学校去医院交涉，为我们把所有的事情办妥：高干病房，院长兼胸腔外科主任主刀。手术后，长期注射的链霉素，当时新中国还不能生产，都是从英国进口的。这在当时抗美援朝战争尚未结束，国民经济有待恢复的时期，父亲能得到如此待遇，也确实使人感动。学校后来又安排父亲在疗养院住了一段时间。完全恢复后出来，也没再回附中。他被调入江苏教育学院数学系。那是 1956 年。他在那里一直执教到九十年代初退休，肺结核从未再次发作过。

沙尧是当年的党支部书记兼校长。由于他处的那个位置和那个时代，沙校长主持过一系列的政治运动，确实整过不少人。但他从来没有想到要整我母亲。只是从 1963 年起，母亲不再做班主任，被派去主持物理实验室。后来又去了苏北劳动锻炼，在盱眙县搞了几个月社教。这些当然是沙校长的决定。但这毕竟是形势所迫：新中国自己培养的大学生已成批地分配进入附中，也有足够的党团员教师可当班主任了。

　　文革期间，我家被下放农村。沙校长肯定与此无关，因为那时他也被打倒了。但父母亲没有想到，沙校长虽然与我家下放无关，却在父母调回南京的过程中起了重大的作用。1980年，南京的下放干部已基本回宁。但由于父母亲老实，外加地方主义势力，他们仍然不得调回，心里十分焦急。

　　一天，沙尧以江苏省教育厅副厅长的身份视察淮安。当时他被淮安县教育局和淮安师范学校的领导簇拥着，却点名要见我父母。父母喊着"沙校长"握过手后，还没发牢骚，厅长大人就开始当面训斥县教育局和淮师领导：你们不要一直扣住老教师不放。姜老师、戴老师，作为落实政策，是一定要回南京的！那些领导成员这时候，只能连连点头。

　　我对当年南师附中的领导对父母亲的关照一直是很感激的。

# 32. 《关于毛泽东之我见》

曾小渤（66 届高三甲）

王虹：你好。

凌晨 0 点 50 分才给你发出一封公开信，又回头浏览了一下你前几天的来信，大概是 3 月 19 日的，看到你谈到对毛泽东的看法，才觉得我应该再补充谈谈自己的看法，请你同样拿到你们的博客上去参与讨论，假如你"民主"的话。

你来信说毛泽东："他的历史局限性太大，他没有从农民意识中走出来，没有真正接受马克思等人代表的西方现代文化。他身上的缺陷甚至相当于他的过人才华。他不大肯自我反省，……毛的思想实际上是落后的，落后于时代的。"等等等等。笼统而言，你说得似乎有理（也是目前很多人的看法），但只要稍微分析，恕我直言，就会觉得你的说法或表述得并不确切，非常含混，甚至错误。

## 32.1. 所谓毛泽东的"历史局限"

并非仅仅毛的历史局限性太大，而是任何人都有历史局限性，这正是历史和时代所造成的，而并非毛的过错，世界上任何政治领袖和政治人物，都集中代表和反映了他所处在那个历史时代，而不能跳出那个历史。你能列出古今中外没有历史局限性的历史人物吗？答案不言而喻。

因此，毛的思想实际根本不落后时代，而是太超前中国的时代，才造成了"极左"，如果是太落后，那么就应该是"太右"。至于他没有能像邓小平那样也到美国、日本等地去转转，是囿于当时整个国际环境对中国的险恶，怎么是毛的"历史局限"呢？尤其是在美苏对中国包围封锁造成的，其实，恰恰是毛泽东与尼克松的会面打开了国门，而此前，毛就曾对斯诺说他愿意到美国去看看，到密西西比河去游泳，但美国出于自己的战略考量，拒绝了毛的好意。

再回顾历史，从抗战中毛对美军在延安代表团的亲密交往中，也能看出毛其实并不反感美国，只是到了朝鲜战争美国人打到了家门口，毛才不得不下决心来而不往非礼。之后，文革期间，美国又打到越南，又不得不"路见不平一声吼，该出手时就出手"，怎么能无视这些最简单最明显最普通的事实和常识呢？

而恰恰是毛与尼克松的会见，打破了当时的"历史局限"，却导致了与阿尔巴尼亚和其他国家反美共产党组织等盟友的破裂，难道还不英明吗？

## 32.2. 所谓毛泽东的"农民意识"

并不是毛没有从农民意识中走出来，恰恰是他太知道他脚底下所处的中国土壤实际状况就是农民的中国，只能依据中国农民的本身素质和特点，包括农民身上的优点和缺点来搞，所以中国的武装革命只有他带领农民搞成功了，孙中山成功了吗？陈独秀成功了吗？王明成功了吗？答案是显而易见的。同样，当前经济改革，不解决中国农民问题，就无法向前推进。而毛泽东晚年错误，恰恰又是他急于在临终前，对他改造农民意识的蓝图太"只争朝夕"了，太急于改造农民意识中的弱点"自私"——尤其是其中包括"当权派"队伍中所存留的大量农民意识和缺点所造成的——不要忘记，中国的干部队伍，基本上是以农民为主体的，所以，他才要搞"一大二公"，要搞"斗私批修"，才成为"极左"，而不愿放纵、助长农民自私保守弱点，所以他才不是"极右"。请看看当前那些贪赃枉法而纷纷落马的"当权派"，包括那些乡村干部，他们农民意识中的自私贪婪一览无余，"子系中山狼，得志便猖狂"，不是吗？离开了农民国家的中国特色，不结合中国农民土壤的实际，任何夸夸其谈的新思想和反思，恕我直言，都是新的教条，无论什么"国际惯例"或"普世价值"。

## 32.3.所谓毛泽东没接受"马克思代表的西方现代文化"

并不是毛没有接受"马克思代表的西方现代文化"，而恰恰是我认为"马克思代表的西方现代文化"在当时乃至在现在都根本不能完全按照"本本主义"照搬，毛领导的农民武装斗争已经证实了，现在的改革也在证实。例如，陈独秀、王明等等，不都自称代表"百分之百布尔什维克"吗？果真如你所说，那么，请举出中国历史上有哪些人真正接受了"马克思代表的西方现代文化"？换言之，假定他们确实是代表了，那么，怎么不能成功将"马克思代表的西方现代文化"在中国宣传到底并努力付诸实现呢？而要在"土包子"毛泽东领导下甘心情愿地俯首称臣听从指挥呢？

## 32.4.所谓毛泽东"不大肯自我反省"

并非是毛泽东"不大肯自我反省"，恰恰是在很多时候他都带头自我批评，例如毛泽东曾在7000人大会上带头自我批评，才带动了所有与会者的反省（对此有不同意见，但限于篇幅，这里不做更多阐述）。但在涉及国家主体意识、民族意识、国家战略方针、国家命脉，尤其是在国家未来政治走向等重大问题上，他从不肯轻易放弃自己的信仰和原则。这恰恰正是一个成熟的优秀的政治领袖最可贵最难得最值得尊敬的高贵品德。与此鲜明对比的是戈尔巴乔夫，正是在国家命运国家前途国家意识等重大问题上，他经不住美国人三言两语的诱惑，就像变色龙那样轻易改变自己宣誓过的信仰、原则，将自己的国家毁于一旦，究竟谁如泰山，谁似粪土，谁更得到世界的尊敬呢？我想再次引用台湾李敖的话，他最佩服的就是早先的共产党，为了信仰敢于牺牲一切，这是人最可贵的精神和品格。

用毛泽东自己给李讷的话说，就是在命运痛击前头下，头破血流，仍不回头。最鲜明的例子就是文革，他明明知道文革拥护的不多，反对的不少，很有可能失败，但为什么还要推进呢？就是因为他坚持认为自己的信仰和原则（是否正确是另一个话题，这里不展开）。

### 32.5. 毛泽东与马克思

仔细比较，我觉得毛泽东与马克思太相像了。在某种程度上说，我认为毛是符合中国土壤实际的马克思经典传人，但也正是因为始终没有跳出马克思主义最核心的"暴力革命""全世界无产者联合起来"和"阶级斗争"的"圈子"，结果"成也萧何，败也萧何"，导致了他的悲剧。例如，马克思的暴力革命学说没有被欧洲工人运动所接受，毛泽东的文革思想也没有被中国人接受；例如，马克思原来最好的学生和助手伯恩施坦等成了修正主义者，毛泽东最亲密的一系列战友也被打成错误路线的代表；例如，马克思孤独地死在伦敦图书馆里，毛泽东也在寂寞中在他的书斋里闭上了眼睛；例如，他们都为了维护自己的原则和信仰毫不留情地抨击、批评、抛弃甚至嘲弄曾经是自己的朋友、助手、战友，企图不断发现"新生力量"；例如，他们都像恩格斯所描述的那样，他们一生奋斗，却未有一个私敌。等等等等。

先谈这些吧，我想休息一下了。请拿到博客上去，我很难上网，一下子就断线，谢谢。

曾小渤 2007.3.29.11 点

## 33. 深刻的历史与浅薄的反思

### ——有关反思等问题的我之见解

曾小渤（66届高三甲）

王虹：你好。收到你关于与纵晨光的沟通后相互的看法。我还没与他交流过，他仅仅夸张说我的文章在南京搅得翻天覆地，索取了文章后，至今没谈他的看法。同时，到目前为止，我也没主动询问过任何人对我文章的"阅后感"及其对所涉及各种问题的看法，包括过去曾经是"造反军"系列的"战友"。坦白说，我也并非很迫切想知道他们的看法，当然，也有人热情洋溢地告诉过他们的"阅后感"和表示支持。

同样，从去年曾海燕邀请我写文章并从我开始拒绝又答应并到完成，我也没征求过任何人的意见、看法和商量过，纯属自主意识。

之所以如此，因为我非常清楚，所有涉及有关文革的反思，尤其是涉及参加过的具体人和具体事，必然五花八门，且毫无疑问，不同的人必然有不同的"反思"。如果耐心而不厌其烦地一个个征求，广泛充分协商反映"全面"，不仅根本不可能，而且会因各自立场不同、目的不同、记忆力不同而导致"同一件事有一千个说法"的争论不休，不要说"细节真伪"无法确定，就连基本问题也各持己见，文章就根本无法"出笼"。

然而，文章出来后居然能得到你的支持，是令我不可思议的。我与你素不相识，文革中既非一"派"，又无来往，至今还是很难理解你主动与我联系并积极提供给我大量材料，并能袒露自己的看法，包括反思自己。因此，你让我感到了真诚，虽然曾多次向你表示过感谢，但现在我想再一次表示同样的感谢。目前我正在依据包括你提供在内的资料进一步修改充实。

但鉴于上次你来信谈到你的看法以及这次你谈到与纵晨光的沟通（这家伙居然只同你谈而不愿与我谈，真不够哥们意思），我觉得有必要再一次向你明确我对"反思"的态度和看法了，尽管会引起不同看法，但我觉得还是必须在修改文章前就直言不讳地向你和其他同学事先表达为好，避免以后写出的文章不符合你和其他人的反思思路和"口味"而又产生新的误解或看法。

由于去年我文章的本意重点并不在第一部分，而第二部分却又是非常"敏感"并容易引起争议，甚至可能根本得不到赞同反而引来嗤之以鼻，且与曾海燕的观点相左，所以她这个当初的号召反思者并没有将这部分登出来。但我觉得仅靠第一部分罗列一些表面事情而不谈第二部分，则就无所谓"反思"。

因此，这封信我必须彻底亮出我的"底牌"，详细谈谈我对反思的看法。

由于直言不讳，必然又要涉及很多"敏感"问题，尤其是，恕我直言，我觉得你的反思虽很真诚，但很天真，也许这样说有损你的威信，请不必顾及脸面任由批判，因为我觉得我也不老练。

## 33.1. 什么样的"反思"

我认为真正有诚意的"反思"应该首先从自己开始。我非常赞同学者南方朔的说法："控诉绝非反省。如果历史总是在'错误——控诉'间翻来覆去，那么真正具有反省意义的局面永远不可能出现。"因此，对很多所谓倡导反思的积极者，表面似乎号召全民"反思"，但实际上是只要他人反思，而将自己放在"评判者"或"裁判者"地位，甚至俨然以从来就一贯正确的姿态出现——请看看那些所谓的大块反思文章，有多少在反思自己和谈自己？难道他们当时都真的那么先知先觉？因此，我从内心真的厌恶和鄙视这种浅薄的

"反思"，说句难听话，这种反思貌似更新了观念，满口国际惯例的语言词汇，其实还是用"唯我独革"文革的思维方式在"反思"文革，这不是笑话吗？这才是真正的"老土"。

例如，坦率地说，我对你发来的网上一些"反思"就很不以为然。像宋杰与陈干梅关于陈弟遭整肃的对话，表示永远不能忘。从陈的角度，当然有一千个一万个理由说明不能忘的道理，我当然无资格干涉他人的"反思"方式，也无权指责任何人的控诉和揭露，但这种做法就如南方朔所言那样，绝不是在反思，也根本达不到宋杰自己在另一篇文章中所感受胡锦涛提倡的和谐效果，更失去了反思的积极意义，相反，只能产生更多的负面效应。进一步而言，他们的反思实际上还是停留在文革的思维方式上。当初红卫兵正是依据"不忘阶级苦，牢记血泪仇"的记忆模式和思维模式才导致了红卫兵特有的"阶级斗争扩大化"的错误——自来红。遗憾的是，宋、陈的对话——尽管我再次表示完全能理解他们的心情——但我必须说，这种反思模式，恰恰是当初"不忘阶级苦，牢记血泪仇"的翻版，只不过换了个主角。倘若他们认为这种反思模式和记忆模式是完全必要、完全正确、不容否认、不容置疑和不能抹杀的历史事实，那恰恰反证了"阶级斗争一抓就灵"思维模式的"正确"，因为以前的"阶级苦，血泪仇"也曾经是历史事实，解放军的斗志和英勇不就是这样提高的吗？之所以说扩大化，是红卫兵将这种模式套用在了同学身上，用错了对象。不是吗？所以，在你们查证关于我是否参与某次抄家的问题上，我曾对你再三表示我要道歉，无论是有还是没有，都请你转达，但希望不要再追究其他人，也没有必要再一一核实，即便核实了，又怎样呢？有我一个典型就行了。我也曾对我们班的曹前开玩笑说，我不下地狱谁下地狱？当然，我想当事人也根本不会让我下地狱。

同时，我对包括你在内的一些人积极搞什么"战友聚会"更觉得不可思议。当然，我同样说，我没有权力干涉你们的结社自由，也没有资格说三道四，民主嘛、自由嘛、人权嘛、普世价值嘛，当然无可挑剔。但是，如果"造反军"也搞"战友聚会"，思想兵也搞战友聚会，推而广之，成立南京 8.27 战友会、南京红总战友会、南京促联会战友会、南京红卫兵战友会、北京红卫兵战友会，依此类推，各地都成立这样的战友聚会，行不行呢？按同样的逻辑，当然也是人权，也是结社自由，也是民主、也是自由，也应该允许，结果是否要来第二次文革呢？

倘若"造反军"真的成立了战友会，你们心里会是什么滋味呢？也很爽吗？所以，我实在想不到这究竟是什么样的"反思"。连我一些广州朋友来玩看到这些东西都惊讶，说是不是吃错药了？什么时代了还搞拉帮结派这样的东西？

应该说，当你第一次将宋杰脱离思想兵的宣言给我的时候，我对宋杰的印象很不错，同时也对李丹柯能在自来红泛滥时能公开提出自己的看法而佩服，这些我都曾对你说过。但我必须说，我为他目前这样的反思惋惜，似乎还不如 40 年前有觉悟。

鉴于我以前没有与你有更多的了解，所以，并没对你谈自己的看法，但我曾对曾海燕表达过：过去的错误可以令人猛醒，但过去的正确今天未必正确。也许，她品味出了我的意思，所以也不像邀请我写文章时候那样热情和与我来往了。这都无所谓，古人早已说过很多经典，如琴为知音者弹，如话与投机者说，如士为知己者死，如话不投机半句多，如友不在多而在精，如志同道合，等等等等，都是这个意思。（我喜欢台湾学者李敖，觉得自己的性格脾气竟很多地方与他相像，只是没有他那样的才华和坚韧。他说真正的自由要耐得住寂寞，我恰恰是这样，我可以关在房子里一个月不出门。）

我更知道现在这样坦白，我也知道很可能一定会引来新的愤怒和斥责，这都无所谓，所以我也曾几次问过你，你们既然掌握了那么多资料，又不乏人才，为什么你们自己不动手写呢？你怎么知道我写出来的东西就符合你的反思呢？还必须说，从你提供给我的有关学校部分的材料来看，你们现在的多数反思基本都属于这一类型。那么，究竟是一种什么样的反思呢？

所以，我非常敬佩你们班的史安琪。我不认识她，但她的反思我认为真正跳出了文革的思维模式，也因此，我非常感谢我们班的秦大力、张玉琪、方明等同学，真正以宽容和宽阔的胸怀和接纳了我这种因"不忘阶级苦，牢记血泪仇"思维模式而错误对待他们的人，也正是这样，才导致我们班在高三四个班级中的相对"和谐"，这是与他们的宽容所分不开的，我想在这里向他们表示感谢。

还可以引申一步看看其他范例。例如，陶强打碎石膏像，现在包括一些老师的回忆文章，都声讨是由于毛的"罪恶"所致，但几乎全校一致高呼打倒她时，现在写文章表示同情她的人当时在干什么呢？他当时的态度又是如何呢？除了沙尧公开站出来独自一人保护陶强，阻拦怒火冲天里三层外三层向她冲来的学生外，看不到有其他人站出来，倘若当时师生都如沙尧那样，就不会出现陶强事件了，换言之，倘若不是沙尧，很可能陶强当场就会被打死。那么，如果说是毛的罪恶导致学生的愤怒，那同样毛的"罪恶"为什么在沙尧身上就不起作用了呢？他还要奋不顾身地向大家解释什么是真正的毛泽东思想呢？也正是他的拦阻和解释，才平息了众多的愤怒，但最后反而被绝大多数包括我在内的人认为是沙尧罪行的其中一条。

假如陶强仍然在世，假如她也要一个个搞清楚当时所有呼喊打倒她口号的同学、给她剃阴阳头的同学、给她戴字纸篓高帽子的同学、向她身上泼墨汁、挂牌子攥着她在校园里"游园"的同学，然后再详细地记录在案，成为南师附中文革史的一个组成部分，甚至也如有些反思者要追究当事者那样要求给予精神上物质上的赔偿，有道理没有？从人权角度看，当然有，能行么？做得到么？如果将那些被她记录在案的同学一个个展现出来，钉在耻辱柱上，整个南师附中有多少同学不是"凶手"？必须记住，当时红卫兵还没有成立，很多"非红五类"与"红五类"在愤怒声讨和批判陶强罪行时，都还是"站在同一条战壕"里的"战友"。

再比如，后来批斗沙尧、朱之闻和"老忠"胡百良，将朱等逼迫跳楼，给胡挂上铁丝牌子，有多少人能从内心中真诚的反思呢？有多少人敢站出来承认自己的所作所为呢？从你给的材料里，除了你的坦诚外，几乎没有看到。那么，那些人在干什么呢？一个都不在了吗？还是仍然坚持自己的正确而不需要反思和反省吗？

显然，无论陶强、朱之闻、沙尧、柯绮霞、胡百良等都体现了老师们的大度，难道他们就没有反思和不会反思吗？假如他们也一个个充分调查清楚谁参加了批斗、谁给他挂了牌子、谁给他逼得跳楼，再一一登记在册，也作为学校文革史的组成部分，有道理吗？从人权角度看，同样有道理，谁也无话可说。

那么，积极倡导反思和搜集资料的人为什么不抓紧广泛地征求说服他们和听听他们的反思意见和想法呢？他们不是比我们年龄更大，将更早离开我们而去，怎么就没有人积极去抢救这些材料呢？

与此类推，假如真的按照这样的反思方法来挖掘史料和反思文革，我不知道究竟是在反思文革还是在制造新的动荡和分裂。所以，中央目前并不赞成搞文革纪念馆之类的东西我认为是有道理的。当然，最简单而又最容易的"反思"是，所有"反思"的结果最后都集中到是毛和他缔造的体制"罪恶"上，中国红卫兵最典型的代表、《造反三论》的作者骆小海不是就"深刻反思"出了"封建皇权"和"神经路线"了吗？而被他当初打成"黑五类"的同班同学仲维光、郑义也更"反思"认为红卫兵是希特勒的党卫军，甚至现在有人从"源头"挖掘毛最初带领中国农民造反的"恐怖"和"罪恶"。那么，既然如此，我们现在还要"反思"南师附中其他什么呢？不如干脆一起喊出打倒毛的口号罢了，那样的"反思"不更爽、更酷、更痛快、更直接、更彻底吗？何必磨磨蹭蹭呢？现在不是很多海外和国内的人都把矛头对准毛了吗？那么我们的"反思"不如也干脆紧跟这个潮流，配合来个大合唱更痛快。

但组成了这样的合唱团，一切反思就解决问题了吗？请看看骆小海与仲维光、郑义的例子吧，深刻的不能再深刻的一致"非毛"和"非体制"反思并没有将他们重新黏合在一起，这又是为什么呢？值得深思。

因此，这也是当初我不想写文章的一个原因，而文章的第一部分当然也只谈自己，不谈别人。有关这些就点到为止，更多的我在修改文章中已经详细展开。

## 33.2.用什么反思

可以说，共产主义成了乌托邦早已成为很多人的讥笑对象。经典的马克思主义、传统的毛泽东思想也早已"淡化"的烟消云散。那么，用什么来反思文革呢？武器的批判不能代替批判的武器，用什么样的理论来梳理和反思呢？显然，这也是值得反思的。很多人都是从个人情仇恩怨来批判，为什么？因为文革中遭了罪，倒了霉，所以，几乎每个人都可以以个人的不幸遭遇和恩怨情仇的现身说法来反思。

例如，运动初期"黑五类"倒了霉，心中有气，接着，红五类和当权派也倒了霉，心中也有气，再接着，造反派也倒了霉，心中又有气，所以都可以以现身说法抨击文革的罪行和毛的奸诈，都可以把气撒到毛的头上，这当然也可以理解，也是无可指责的。"多元化"时代，当然有"多元化"反思，好处是能从不同视角来反思，相互得到启发，但困难的是，难以形成统一的看法并作出符合实际的历史描述。因为作为学术，可以百家争鸣，相互讨论，但作为历史教程载入史册，就不可能将所有的百家观点都载入史册。

这是关键所在。"国花"的选择都争论不休,遑论选择代表国家意识的历史。历史不是"中性科学"，它代表了国家意识和民族意识，因此，如何慎重地描写文革，就成为国家意识和民族意识的重要组成部分。看看日本是怎样塑造自己的国家意识和民族意识，看看美国是怎样塑造自己的国家意识和民族意识，就会觉得对我们的反思不无启示。

如此重大的题材，我们的反思必然引起外国政治势力的连锁反应。其实，外国人早已觊觎不已了，也早已根据他们的全球战略和地缘战略，通过各种渠道和方式借国人反思文革之机染指和插手中国政治了。他们高兴地看到国人在渐渐抛弃原有的信仰，便试图以他们的价值观和方式来"规范"、怂恿、鼓动加大反思文革的力度、深度和广度，以此作为扩大他们染指中国政治的楔子。

去年曾海燕在动员我的时候，建议我看看林达的几本近距离描写美国书，其用意大概是希望我能用另外一种美国式的价值观来对比反思中国的现实和历史。坦白说，我当时就笑话了曾海燕几句，告诉她多少年前我早就看过了。我当然不否认美国天堂般的美妙，也不否认美国价值观在一些中国人和居住在美国的中国人心中的偶像地位，可是，那么好，能搬来吗？既然不能模仿、也不能照搬、更不能临摹，那么，除了成为中国人心中另外一个渴望的乌托邦外，或者对比中国这也不好那也不好外，如此沉迷或成为林达式的美国"追星族"和"粉丝"究竟能给自己带来多大的心灵安慰和满足呢？能解决中国的哪些实际呢？这在去年的文章中第二部分也谈过了。

除非成为美国国民或到美国定居生活，对十几亿中国人来说，林达这种书实际就是起了为美国优越做宣扬的作用，成为美国价值观的吹鼓手。遗憾的是，连几百年前欧洲的学者都认为美国的价值观不是万能的，连欧洲都不完全适合，可是我们的反思却偏偏还要如饥似渴地用这种教条来重新硬往自己脖子上套。

换言之，即便中国完全资本主义化，彻底地奉行了美式自由民主，中国就能变成像美国那样的天堂了吗？这些人忘掉了国家间的战略利益角逐和地缘战略利益角逐不仅仅在意识形态的认同上，即便是价值观的认同，美国也不会视中国为朋友，那么，他向中国推销它的价值观干什么呢？

美国人现在的人均能耗是中国人的几十倍，假如中国要达到美国现在的水平，那么，在整个地球资源有限的情况下，美国为了保证自己的领先地位和天堂优势，能允许中国从世界其他地方瓜分或获得更多美国既得的战略资源范围吗？从地缘战略看，在瓦解了苏联后，美国已经将矛头紧紧地对准了中国，控制沙特、占领阿富汗、颠覆伊拉克、封锁伊朗、拉拢印度、插入蒙古和中亚、联盟日本、挑动台湾，现在又开始锁定朝鲜，将整个对华包围圈越缩越小。因此，从地缘战略看，美国根本不容许中国坐大，因此，它要瓦解中国，首先就是清扫外围，各个击破，同时颠覆中国的政治，搞乱中国的思想，摧毁中国的精神——而文革反思就是最好的切入点。

看看那一系列挖掘的史料所编排的东西，他们利用一般读者无法掌握，无法考证，也无法分辨的史料资源，东拼西凑任意剪裁和择优处理，除了自相矛盾，漏洞百出和肆意胡说外，就是观念先行的同样偏见，还企图从"根源"上挖掘毛泽东闹革命的罪行。而其中很多就是得到美国人资助或中情局策划的，例如"美国21世纪中国基金会"，很难说它与美国人成立的"戈尔巴乔夫基金会"有什么目的和本质上的区别。这些我在修改稿中也作了进一步展开。

他们真的那么关心中国人文革的苦难吗？几年前曾经亲手将萨达姆铜像拉倒的伊拉克大力士举重冠军现在后悔莫及，他终于从噩梦中醒来，发现美国人比萨达姆更坏。如果我们的反思者们什么时候也重新做伊拉克大力士这样的反思时，可能中国已经在噩梦中了。

之所以我总是要强调谈这点，因为偏偏当今中国的很多主流知识分子和学者可以说都已经自觉不自觉地成了美国政治集团的"粉丝"甚至御用工具。因为，用西方的所谓民主自由普世价值观来衡量，不仅10年文革史应该诅咒，就是中华五千年文明史也是一片黑暗，没有哪一点值得骄傲，因为都是封建皇权专制的集权历史，在西方文明面前，整个中华民族历史是那么黑暗，骄傲个屁？

不要以为只有希特勒才是种族主义，美，英也认为只有盎格鲁撒克逊人才是世界上最优秀的民族，在美国的世界战略棋盘里，只有英国和以色列两个成为被选定的最坚定的同盟，其他欧洲各国都是他必须瓦解的对象，而日本仅仅是它牵制中国的棋子，中国瓦解，美国也不会容忍日本做大，中国瓦解的同时，日本就开始倒霉了，因为美国人从本质上是从来不信任日本的，仅仅是为了牵制中国。有些日本人已经看出美国的用意了。

所以，我在去年的文章第二部分里特别谈到了俄罗斯季诺维耶夫关于美国策划的"对俄战役"，显而易见，以反思文革为内容，是美国对华战役的重要组成部分。非常遗憾，很多文革反思者自以为用美式价值观能更好地反思文革，其实，套用一句文革的老话，他们表面成为宣扬所谓普世价值的"闯将"，实际上可能自觉不自觉地成为瓦解中国的"急先锋"。

因此，我渐渐理解了中央何以要对文革作长时期"冷处理"的原因，太复杂了。尤其是在无法脱离国家战略、地缘战略在世界利益格局和国家安危，在信仰"真空"，缺少整体国家意识的情况下，如何反思文革，确实是要谨慎再谨慎，这根本不是所谓百家争鸣所能解决的了的。我认为，只有天真的书呆子和不怀好意的人才以为只有美国价值观能反思文革和救中国，连几十年前的孙中山都不如。因此，我认为只有等中国有足够能力能与美国抗衡后，再让后来的子孙们慢慢反思和品味吧，借用邓小平的一句话，后人们一定会有足够的智慧，反正资料档案馆里没有解密的档案多的是。

### 33.3.关于毛泽东

文革反思到最后，必然离不开毛泽东。我至今对毛的态度不仅没有任何改变，反而更认为他的远见佩服。例如，他对文革可能会失败的预言；例如，他对所谓干部子弟的看法；例如，他对当权派的看法，等等等等。似乎一切都在他冥冥预料之中。问题是，既然毛如此远见，知道"天命"如此，何以还要"违天命"，不顾一切力排众议，独立而行导致悲剧，不给自己画上一个"完满的句号"呢？毛泽东一生睿智非凡，何以最后 180 度那么"昏庸"？目前我还没有看到哪种真正有份量的反思和说法能解释得通，让人口服心服。

通览很多反思文章，都将毛归为封建独裁、皇权政治、集权主义、个人专制等等。但没有一个能解释得心服口服，合乎情理。按一般逻辑思维推理，在 1966 年清除了刘、邓之后，全国对毛的顶礼膜拜已经让林彪搞得登峰造极了，上有林彪鼓噪，下有红卫兵造势，更有全民捧场。如果说，毛就是为了独裁，维护"个人专制"？或像骆小海反思的"封建皇权政变"，那么，应该说，这一切"集权""独裁"都已经非常顺顺利利地完成了，全国也没有出现更多对文革的不满骚动和大规模武斗。正好见好就收，在历史史册上也更加光辉灿烂，何以还要以如此高龄继续独自前行，最后导致门前冷落车马稀搞成悲剧？

而且，1969 年九大后，除台湾外，"全国山河一片红"，毛更是"集权"到顶,"独裁"到家,各项工作也开始正常。为什么还要在设立国家主席问题上大做文章,硬是将刚当上唯一的副主席上了党章的林彪给"逼"出来?如果说毛已经察觉林并不"忠心",何以要让他当唯一的副主席并载入党章?这不自相矛盾吗?如果说毛没有发现,又何以大动干戈在国家主席问题上刺激林,让他跳起来又穷追猛打?显然,这根本不是什么毛为了"集权"和"独裁"问题,因为已经"独裁"了,还要怎么独裁?

他怎么始终没有将皇权交给江青、毛远新和自己的血脉龙子龙孙反而献出了一家多位亲人呢?怎么还要交给华国锋而不给呢?还提拔了个莫名其妙的王洪文,更奇怪的是,邓小平并不非常维护他的"皇权",反而居然被他重新起用,且最后也没有把邓开除出党,林彪那样维护他的"皇权",他却硬要将林给逼出来,翻翻古今中外的历史,有这样的"封建皇权政变"吗?

因此,用所谓"集权""独裁""皇权"的反思完全解释不通。绝非如此。也许,这是太普通和太浅薄的看法,但却无法解释得通。因此,对这个反思,我非常感兴趣,这是我关注的重点。遗憾的是,那么多所谓著名的学者、教授、记者等等写的重量级的文章和著作,包括在海外出版的巨幅著作,基本上都是东拉西扯瞎揣摩乱猜疑一派胡言,至少是满纸荒唐言,没有一个像样的"重磅炮弹",所以难让我"缴械"。我自有看法,这里无法详细展开。

因此,我可以在这里再次直言不讳:尽管毛泽东有很多错误,这些错误我在去年文章的第二部分中曾借用了波普尔的几段话作为归纳,我觉得比较恰当。但我始终不改初衷,是一个坚定的"毛派分子",这在我去年文章和我的诗词中已经表达了。有个伟人曾说过,鹰虽然有时比鸡飞得还低,但鸡永远也飞不了鹰那么高。世界上也没有完人,但总览古今中外,毛还是比其他人更值得我骄傲。

也正因为如此,我当然知道我和很多人有了"反思"的差距,不仅与"红联"的人,而且与"造反军"甚至过去很好的人都会产生分歧甚至严重对立。其实我早就有这个思想准备了,所以并不觉得有什么。

梁漱溟曾经在全场高喊打倒他的情况下当众直言不讳猛烈批评毛泽东，但80年代改革开放后，他却深深为自己当时的思想反省，觉得是自己错了，但毛已作古，他觉得自己有话也无处表白了。他还连连三声说毛泽东太伟大了。

其他关于干部子弟、血统论等，我在修改稿中都有进一步的展开。好了，基本先谈这些，如果可以，请拿到你说的博客上，算我的公开意见，没有必要考虑太多，欢迎批评、批判。由于写得太多，为了说明主题，就借用我目前修改稿中的引言标题：《深刻的历史与浅薄的反思》。因为我实在觉得，面对文革这么大深刻的历史，我们的反思实在太浅薄了。

祝好！

曾小渤

以下是网友议论：

某某：曾小渤写得好文，赞！"过去的错误可以令人猛醒，但过去的正确今天未必正确。"－绝对经典！这句话在某派性组织的某头头身上是最好的体现。四十年过去了，有些人的思维还在文革环境中，狭隘固守，自以为是救世主，至今还在为自己唱赞歌，甚至把埋在箱底、已经发霉当年派性组织的成立宣言贴出来自我欣赏，这种人浅薄到让人可怜的地步。真不知他是怎么看待文革的？

## 34. 虫虫虫虫飞飞

钱南秀（66届高三丁）

子询《说文解字》："自，鼻也，象鼻形。"儿时的事了。

记忆中，母亲抱我在她的膝上，两手将我的两个食指轻轻相逗，又栩栩扬开，道："虫虫虫虫飞飞。"

"虫虫虫虫飞飞，"我学舌。

母亲复将我右手挽回，点在我的鼻尖上："飞到娃娃鼻子尖尖。"

"飞到娃娃鼻子尖尖。"

母亲然后偏头看着我的小脸，满眼的笑，满眼的期待："飞到哪个的鼻子尖尖？"

记不清起始的回答了，也许是说："娃娃的，"或竟是："妈妈的，"但母亲终于让我明白，该说："我的。"

也许记忆中坐在母亲膝上的孩子不是我，而是我的某个弟妹，记忆把我和他们混了母亲怀里。心理学家会说，一两岁的孩子，刚开始牙牙学语的孩子，是不记事的。世界对她只是一片混沌。但无论如何，这是我对母亲最早的印象。人届中年，时间已将往事冲刷殆净，唯有母亲这最早的笑容，伴和着小虫虫的嗡嗡嘤嘤，明灭闪烁在记忆的底版上，标记着我坎坷半生中最美好的时光。

然而，"虫虫虫虫飞飞，飞到娃娃鼻子尖尖，"什么意思呢？母亲反反复复，和孩子们玩这个游戏，又是什么目的？这样的疑问，四十多年也曾数数闪过，但每被我轻轻放下。什么意思，什么目的，重要吗？要紧的是母亲对孩子的温情，孩子对母亲的依恋，而这两者已在那亲密的瞬间达到永恒，那就够了。

潜意识里，也有另一个原因，使我对这儿时难忘的一幕，从未加以仔细的，理性的思索。中国的传统家庭，严父慈母的观念，虽是来自长期社会实践的积淀，却也反过来成为诠释亲子关系的依据。于是，父亲对子女的态度，雷霆雨露，皆似有教化深意存焉。而母亲则被看作是慈爱抑或溺爱的化身，所作所为，赓无非是为孩子操持一个温暖的成长环境。我们饥了、渴了，固然是找母亲；而决定人生的大事，寻求知识智慧、道义支持，则走向父亲。

这种情形於我家尤甚。我儿时的家庭是典型的传统模式。父亲具有绝对权威，一声微嗽，便足以震动四壁。母亲小父亲十二岁，又天生的娇弱多病，小磁人儿一般的苍白透明。相形之下，父亲的雷霆烈日之势，便把母亲逼入背景，化为空气流水。母亲无处不在，却无处可以用来特别证明她的存在。就连她爱做的"虫虫飞飞"游戏，在为我们姐弟八人每人重复数遍以后，也就由平常归于平淡。我们顶多也只当它是母亲的温柔孩子气罢了，比之父亲引经据典的道德教化，以及后来社会上更为沉重深奥飞扬跋扈的意识形态教育，似乎不值得什么特别的思索。

然而，总有一些什么在哪儿，不单单是温柔，不单单是孩子气。不然，这萦怀难忘的小虫虫啊，不会如此固执地伴着我，飞过童年、少年、青年、一直进入中年。总有一些什么在哪儿，不那么平常，不那么平淡。是什么呢？是什么呢？

直到今天，直到母亲辞世已二十八年，直到我自己也成人母，与儿子演习了无数遍"虫虫飞飞"，直到我阅尽人生辛酸坎坷，总算学得一些可以称为知识的知识，我才恍然悟出小虫虫翼下携带的深意。啊，母亲，您愚钝的女儿！

是温暖的春夜，灯下编写教案，准备解释《红楼梦》中贾宝玉的自我形成过程。想向学生讲，自我形成包含着一连串与他人的等同和区别。"我"等同他人、模仿他人是为了取得人所应有的品质，与同类结成社会群体；但"我"不能仅仅成为他人的复本，所以"我"又必须不断和他人求异，以区形成独立的自我。贾宝玉红尘十八年，便是这样一个求同求异的过程。他与女儿等同，是为了求得女儿的纯洁如水；他当然知道自己并非女儿身。他与男子区别，是拒绝染上男权专制社会的污浊如泥，不是不明白他本是须眉儿郎。他急于结识与自己脾性一样相貌一样的甄宝玉，"嘤其鸣矣，求其友声"，以致梦魂恍惚，将镜中的自己当作另一个宝玉。待得终于和甄宝玉见面，却发现后者早成了又一个禄蠹，于是愤然与之决裂，一并连自己的相貌也不想要了。是在这样的分分合合中，贾宝玉形成自己的独特个性，成为一位有独立意志、独立追求的人。

类似对于自我形成的省察，西方学者亦多有理论上的探讨。法国心理学家雅克·拉康的"镜像阶段"便是一例。拉康指出，一、两岁的婴孩，面对客观世界正如对待她镜中的影像：这影像像她，但又不是她；他们之间有很多相同，也有很多不同。而就在一系列认同与区分的过程中，孩子建立起最初的自我意识，为自己未来的智力结构打下基础。

法国存在主义者让·保罗·萨特说；

德国哲学家马丁·布伯说；

蓦地，小虫虫飞了回来。

我憬然醒悟：原来，古典名著、西方圣哲、费尽千言万语排难疏解的一番大道理，母亲早在我混沌未开之际，以极其简单朴实的游戏方式，为我演绎清楚了。一两岁的我，尚不知"我"为何物。小虫虫飞来飞去，究竟落在谁的鼻子上？我的还是母亲的？如此简单的问题，于一两岁的婴儿却是大费周章，因她还分不清她的身体和母亲的身体——生理的脐带虽已脱离，心理的脐带还连在母亲身上。母亲牵着我的手，点在我的鼻尖上，以语言、动作、声觉、触觉乃至亲情的全方位导引，让我从切断和她的心理联系开始，建立起最初的自我意识。

母亲这样做的时候，她痛吗？我是母亲的头生，我知道，当我尽力冲出母亲娇小的、还像女孩子一样的身躯时，她是痛的，痛得几乎昏迷，但她咬破嘴唇，不吭一声。她怕呻吟会耗尽气力；她要用全身的劲，帮我来到人世。现在，当又一次帮我脱离她的身体，在人世间站立起来，想必她也是痛的，至少她敏感的心是在隐隐作痛吧？但展现在小小的我眼前的，却只是一片灿烂的笑容，和眼神的殷切期待。

很难讲清当时的感受。憬然醒悟后，是一阵战栗，紧接着便是一股强烈的冲动：想抓住母亲的身体，扑进她的怀里大哭，哭尽我失去她后遭受的屈辱和痛楚，哭尽我无处可哭无枝可依的凄苦，哭尽我对她的负疚。今天，痛定思痛，重新省视母亲短暂的一生，我才看到自己是怎样误解了我的母亲，低估了她的力量和她对我们生命历程的影响。

母亲是湖南浏阳普通人家的朴实女儿。因外祖父宠爱，其后又得父亲帮助，读完高等师范，毕业后做了多年小学教师。母亲因而又是位职业知识女性。但母亲却很少有知识女性难免的清高倨傲。她一辈子只是朴实平和，始终带着点湖南乡土气。母亲十八岁嫁给父亲，进门便做了两个孩子的继母。抗战胜利后随父亲回到南京，上有公婆，下有小姑，父亲慷慨好客，家里常年养着一批亲友，但母亲均能妥帖照顾。传统大家庭里，能得到上下一致的夸赞，无非是靠了她的热忱忍让、忠厚天成。

父亲那边，因八年抗日，投笔从戎，曾在国民政府军中供职，一九四九年后，政治上的麻烦就不曾断过。全靠了母亲的极力维持，父亲尽管在外面处处蹭蹬，回得家来，仍可潇洒悠闲，享受孩子的崇敬、爱妻的体贴。现在想来，那种风声鹤唳、一夕数惊的日子，母亲竟能始终周全着一大家的和睦宁静，需要多大的克制和容忍！自我记事起，没听到过母亲对父亲的一声抱怨，对我们的一声呵斥。我所记得的母亲，是菜篮子里新采的一掬鲜碧、是书案上散发的油墨馨香，是画稿上的云山远树，是绣架上的错采镂金，是夏季流萤小扇扑出的清凉，是冬天手炉里噼噼啪啪的炭花。这一切的一切，给了父亲心理上的安慰，也给了我们成长期最需要的美育和智育——主流社会当时因不断的政治运动而相当忽视的东西。

然而社会上政治运动愈演愈烈，已容不下小庭深院的一方静谧。一九五七年的反右斗争，陷百万知识人于死地。父亲也被罗织进去，从此万劫不复。接下来又是大跃进和三年大饥馑。尽管母亲还能勉力撑持脸上的微笑，刚直狷急的父亲终于失掉对生活的信心和耐心。文化革命前夕的一个春夜，正当万物勃勃生机之时，父亲匆匆上路，一去不归，扔下了刚过四十的母亲，和一大群嗷嗷待哺的孩子。母亲哭成了痴人，反反复复只念着一句："是春天，他穿着毛衣，不会太冷。"

人人担忧，多病的母亲，温和、柔弱的母亲，将如何撑持下去？不说精神上的打击、政治上的压力，单是全家大小的一日三餐，就非母亲的微薄薪金敷衍得了。但母亲奇迹般地站了起来，恢复了每日的辛劳，勉力维持家中正常的秩序，一如父亲在日。唯当夜深人静，母亲独自在灯前起草申诉，为父亲辩冤，她才允许自己涕泗横流。母亲去世后，我在她的遗物中翻到这批辩稿，斑斑泪痕，湮化字迹……。"除死无大"，是母亲此时常说的一句话。是对父亲的批评，还是对她自己的警戒？无论多么艰难，为了孩子，为把我们抚养成人，她得活着！

母亲拒绝死亡，但死亡不放过母亲。文化大革命呼啸而来，一九六六年八月十八日，毛泽东在天安门城楼接见红卫兵。这帮新兴法西斯们立时秉承御旨，杀向社会。在公安机关的庇护下，打着破四旧的旗号，合法地打家劫舍，肆虐平民。从北京到南京，一片"红色恐怖"的喧嚣。

到我们家抄家的红卫兵，竟是我中学的同班同学！他们把我关在学校，然后轻车熟路，闯进我家。

母亲，母亲，我是引狼入室了！

母亲在劫难逃！母亲本来也许可以幸免的。先到的男同学，似还有点恻隐之心。他们让母亲离开，说是只要查一查我家的书籍，没有别的意思。母亲离家后又半道折了回来：她不放心即将放学的弟妹，怕他们受到惊吓。母亲进门，正撞上刚到的女红卫兵们，她们已是把家里砸得稀烂，见到母亲，便喝问所谓父亲的变天账、反动遗嘱。哪里会有？母亲尚不及辩解，女红卫兵的铜头皮带已抽上身，钉头皮鞋踢得母亲满地乱滚。母亲咬破嘴唇，不吭一声——她不能喊，她怕惨叫声会吓坏小弟妹们，他们的眼睛虽被好心的邻家女人们捂住，他们的耳朵还能听得见。母亲越不开口，女红卫兵的皮带抽得越急越，一鞭下，一道血，一层皮……。

　　女红卫兵们，女孩子们哪！你们不是曾和我同窗数载，朝夕相处？我的母亲，你们不是也称过"伯母"，"阿姨"？怎么一夜之间，会变得如此凶残？当真一个什么领袖、伟人的政治呓语，便会蔽塞你们的冰雪聪明，引你们走火入魔、天性迷失？小时候，你们的母亲是否也曾教你们念"虫虫飞飞"，帮你们建立自我，不致日后盲从他人？你们但凡肯用自己的脑子想一想，自己的眼睛看一看，便会明白：眼前这位弱女子，和她的一群苦孩子，能构成什么威胁？你们怎么下得了手！你们怎么下得了手！！你们怎么下得了手！！！母亲从此一病不起！

　　一九六八年十二月十八日，凄风苦雨之夜，母亲在受尽折磨后，撒手人寰。临终时，母亲已不能说话，大睁着的眼凝视着我们这群业已丧父，即将丧母的孤儿，最小的弟弟其时刚学会"虫虫飞飞"没有几年。母亲还想说些什么？她期待的眼神依旧，但瘦干了的脸上已无法浮现笑容。母亲的眼神终于在焦灼中凝结不动，一滴泪珠滚落腮边，母亲死未瞑目！母亲，妈妈啊！

　　回首往事，可以告慰母亲的是，我们姐弟终于熬过严冬，未遭沉沦。我们或许并无多大建树，但我们至少建立起自己的独立人格：迷惑时不盲从，顺利时能自持。我们严于律己，我们真诚待人。多少蹭蹬挫折，多少颠沛流离，我们从未对生活失去信心，始终乐观、爱美、向上。这些，应是得自母亲的遗传，也是母亲所期待的吧？

　　综观母亲一生，热忱执着，当是她最贴切的写照。有人会说，这岂非所有女性的共同特征？但母亲的热忱，来自她对生活生命的热爱；母亲的执着，来自她母性的责任感。母亲的个性，纯出天然。她在为人处世、教育子女上也就常有合乎自然情理的独创。它们既不合男权主流社会的规范，也就难为那套价值系统所理解和接受，但其作用却非那些僵化教条可以比拟取代。尤其在主流社会出现危机，母性的维系作用便突显出来。中华民族五千年文化人种的赓续，母亲这样的自然女儿们实在作出了最美丽、最具生命力的贡献。

对比母亲，当年置她于死地的那批女红卫兵们，同是女性，也同样具有热忱执着的天性吧？但她们不幸，盲从了中国男权社会末代暴君的意志，做了他的精神奴隶。于是，热忱演为热狂；执着变成执迷。她们戕害了别人，也迷失了自己。她们后来曾有悔意么？如有，则她们的人生还有希望。否则，便真成了那具水晶棺里僵尸的复本，所谓的行尸走肉了。

至于我自己，还有一段人生的路要走。我只希望，在和母亲重逢的时候，能将我斑白的头，靠在依然年青的母亲怀里，对她说：妈妈，"虫虫飞飞"的意义，女儿已用生命来领略和实行了。

文化革命三十年祭（原载中央日报）1996.8.

以下是网友议论：

1. 难忘：钱南秀的"虫虫飞"一文，读后心情久久不能平静....现在已是凌晨二点了，我仍坐在键盘前，心情不能平复....这是声泪俱下的控诉，这是钱母用女儿的笔从天国发来的讨伐！几天以来，同学们忆起陶强和其他诸位老师们的悲惨遭遇，已经再次让我们心痛难抑！不少友人和我都时常互勉说，用宽容的心去看待苦难岁月里受到的磨难，但每每读到这些血泪的文字，我们还能平静吗？！我们的心真能无动于衷吗？！我怀着沉重、复杂的心情向钱南秀及一切在文革浩劫中失去亲人的同学们表达深深的哀思，愿他们故去的亲人在天国里得到安宁。

2. 某某：如果到现在仍然没有一个当年的抄家行凶者出来道歉，则说明南师附中实在不怎么样，老三届也没什么值得炫耀的。

## 35. "幽灵悖论"与事实真相

### ——三谈对文革反思的反思

曾小渤（66届高三甲）

王虹：你好！

前两天连续给你发出两封信后，就到母亲家住了几天，然后和家人分别给父亲、岳父扫墓，昨晚才回来。收到你发来的两篇文章，并称网上对我的"反思""褒贬不一"。

其实，去年答应海燕写《理想追求与激情偏见》之前，开始有些为难：不写吧，似乎不支持，写吧，怎样写呢？说真心话吧，必定难令所有人满意，甚至会招来臭骂；顺着气候哈哈哈吧，又非我的性格，这不是自找苦吃吗？但还是经不住本家姐妹的盛情诚恳，才决定敞怀而言，算是对她积极倡导的一个响应和支持。同时，做好了充分挨"贬"的思想准备，包括来自"造反军"的"贬"。这些顾虑，去年文章里都谈过。马克斯·韦伯在《学术作为一种志业》中说："一旦你认定了这个实践的立场，你就是取这个神来服侍，同时你也得罪了其他的神。"所以，"贬"乃预料之中，不碍事；"褒"却意料之外。故无论褒贬，都要谢谢。

从"历史"看，我确实像李敖自称的那种"姥姥不疼舅舅不爱"的"老顽童"性格人。王史维早在文革中就说我太"透明"，太"阳光"，从脸上就知道肚子里想什么，是一个"大孩子"。张玉琪也坦言："曾小渤，其实你最没城府。"百年校庆我在秦大力家两人谈心至天明，他更说我就是性情中人，情绪所致就手足忙乱，不管是好是坏脸上立竿见影张扬得很，了解就觉得很好相处，不了解就"吃不消"，还说我这种性格根本不能搞政治，三下五去二就会被人搞得一塌糊涂。

叹曰：知我者，大力、史维、玉琪也。无奈，江山易改，禀性难移，现在改革不是提倡"透明度"吗？可见"透明"亦非坏事，就是天真、不老练而已。既然如此，干脆"透明"到底，继续谈点我对反思的看法，仅供参考。

## 35.1."模糊阶级斗争"与"扩大阶级斗争"

之所以谈到这个问题，是因为我曾经对你说在修改中的苦恼，即有些写不下去，思维混乱，陷入了困境。现在我就想敞开谈谈这些苦恼。

其中之一，就是你转来几篇回顾文章中，有些人提出了40年前"红联"是"模糊阶级斗争"的说法。

应该承认，这确实是个"创新"的说法。用现在流行说法，就是"观念更新"，或再通俗些，就是新"包装"，或者采用"戈尔巴乔夫模式"，即所谓"新思维"。"红卫兵"无疑执行过错误路线，我也不会文过饰非，这在去年文章的两大部分中我都作了反思，有的反思话语还相当尖刻，如用《红太阳是怎样升起来的》的作者高华（南京某大学教授）形容毛泽东倡导的自我批评，就是太"自我贬损"了。但对"红联"如何表述，怎样重新"定位"或"包装"，既符合历史真实，让大家看得过去，又符合一些人的意图，就颇感棘手。

从你发给我的包括"红联"自编的《光辉历程》等资料看，当时"红联"正是依据毛泽东批判刘少奇"资反路线"和"阶级斗争熄灭论"而崛起的，"红联"所有的文章都在斥责包括"造反军"在内的"老红卫兵"执行了刘、邓的"资反路线"，所以才要坚决批判，所以才要"痛打落水狗"，所以才要"追穷寇"，所以才拒绝实行大联合，所以才不能"同流合污"。因此，"红联"事实上是在毛泽东不断强化和扩大阶级斗争的反"资反路线"中涌现产生的，而不是在"淡化""模糊""熄灭"阶级斗争中产生的。正是毛泽东的这种不断强化和扩大,才导致了 1967 年更多的诸如"夺权高潮""二月逆流"、愈演愈烈的大规模群众派性斗争和武斗,乃至"红联"也不断参加社会上的派别斗争。

在上述大环境下,尤其是在"造反军"宣布"解放"沙尧后,"红联"与"造反军"的对立就严重了。你也坦诚"红联,井冈山"加大了对沙尧、朱之闻、胡百良等老师的批判力度,导致朱之闻的"跳楼"受伤及另一人的毙命,胡百良脖子上被故意挂上铁丝套上的沉重的牌子。而后来的一次小规模武斗中,"红联"某领导人又率众以多欺寡将刘大胜团团围住打得头破血流,等等等等。这些,如何描述处理,如何定性表述,是"模糊阶级斗争",维护"人性""善良""正义"呢?还是在"扩大阶级斗争"呢?

因此,如何在我的修改充实中,既不违背众所周知的历史事实,确切并完整准确表述一代人的经历,又不违背一些人的"新思路""新包装"就颇为头疼。因为,这是针锋相对的命题。从主观上,我很希望力求将各种"红卫兵"和"红联"等等组织的历史甚至一些游离于运动之外的人的遭遇都能很客观而不掺和倾向性情感地表述出来。例如,我就曾希望秦大力能提供他的不幸遭遇,包括我对他的激烈错误行为;例如,我还希望张玉琪、方明、江渝、曹前等能给我提供当年她们保存的资料。曹前一家都在文革初期被批斗,姐夫被弄得活不见人,死不见尸,每个亲人被批斗她都要去"陪绑",精神几乎要崩溃……。说实话,40 年后听到有人电话告诉我她的情况时,我在掉泪,虽然以前我很少和她讲过话,但我觉得我对不起她,在她精神濒临崩溃时,还要受我们这些"红卫兵"歧视,我很难过,很想将她的情况真实地反映到我的修改中去。但依据你提供的这些包括当时一些"红联"领导人在内的情况看,显然需要下一番功夫。这就是我对你说陷入困境的主要原因。

## 35.2. "幽灵悖论"

在对上述"反思"作了"反思"后，我觉得，之所以如此，是有些人的"反思"思维模式陷入了一个恐怖的"悖论"中。套用马克思将共产主义比喻为"幽灵"，我姑且称之为"幽灵悖论"。我的表述如下：如果说马克思毛泽东关于"阶级和阶级斗争"的理论是正确的，那么，这个理论在文革结束后已遭到包括"红联"和"红卫兵"在内的几乎所有人的猛烈抨击和唾弃，文革也证明了这个理论所带来的灾难是多么的严重；但如果说这个理论是错误的，令人感到不可思议的，却是同样包括"红联"在内的很多"反思"恰恰又都在有意识无意识在事实上仍沿用"阶级和阶级斗争"这个思维模式。他们可能自己并不察觉也

不愿承认，但却受文革留下来的潜意识支配，如"牢记血泪仇"等。其实，这都是"幽灵悖论"从中"作怪"。

何以会出现这种"幽灵悖论"的现象呢？对经过长时间苦苦思索后，我慢慢觉察到一个可怕的事实：凡是从毛泽东激流时代趟过来的人，无论现在是拥护毛泽东或反对毛泽东，也无论其主观承认与否，其思想行为、思维模式甚至细胞里都不同程度地附有毛泽东的"幽灵"。换言之，毛泽东思想中的很多精神元素——包括他的优点元素和错误元素——实际上已经深深地融入人们的精神意识和思维行动中，包括现在反对甚至痛恨毛泽东的人，因此，人们往往自觉不自觉地在模仿或仿效毛泽东的思维模式。

例如，上述反思的思维模式，实质上就是文革"阶级斗争扩大化"的思维模式，是毛泽东思想中的"幽灵"元素在其潜意识中的复发，也因此，有他们才学的和毛那样总认为自己正确；

例如，今天还有人在模仿毛泽东生前经常回顾历史上的路线斗争那样，经常沉湎于自己在历次路线斗争中的正确和德行，斥责他人犯的"路线错误"；

例如，我们班秦大力、曹前、方明、张玉琪、曹敏、徐慧文等同学掌握了毛的正确元素，对包括我在内的这些曾经犯过错误的红卫

兵们敞开热情真诚的胸怀，正是毛泽东接班人中要善于团结与自己意见不同而又被证明犯过错误的人；

例如，你们搞所谓"战友会"形式的"反思"，实质上套用了毛泽东善于搞"群众运动"和他喜欢将群众分成"左""右"派别的行为模式——这种模式有时用的正确，例如人民战争，有时用的错误，例如人民公社——但你们恰恰套用了他的错误；

例如，你们的这种深入查证某个人某个人的某种行为的"反思"，实际又像回到文革中我们过去对同学搞"人人过关"的错误，还是用"幽灵悖论"来重复文革的故事。当然，正因为我完全能理解很多人的心情，我也深深为过去的错误内疚，所以当你们对我的某些历史事件进行反复多次查证时——尽管我有些想法，但觉得你也是好心——就还是积极主动配合。但同时多次表示，无论"有"或"没有"，我都愿意代表所有的参与者向当事人道歉，要我怎么道歉我就怎么道歉。所以，我才开玩笑对曹前说：我不下地狱，谁下地狱？

但我当时也希望你们向当事人转达我的想法：不要再这样逐个摸底排查了。就拿我做一个反面典型吧。因为我总觉得这种总体清算式的调查反思模式，既无法达到你们所希望的好效果，还可能导致相反效果。文革中我们的错误不就是这样引起很多人的逆反和不满吗？如果说当时我们犯这种错误是幼稚和激情冲动没有知识不懂政治的险恶，有的还是初一初二的孩子，但现在我们白发苍颜时，应该更有知识更懂政治的险恶更避免重复过去的故事，还需要再套用毛泽东"从下而上揭露阴暗面"的模式"人人过关"再来一次"阶级斗争"的总清算吗？当然，我清楚你和有些人的动机也许是好的，也理解一些同学心里有气，这在上封信中已经谈了。但我必须说，也许这样做实际效果却并非如动机那么好。文革前不是还围绕"动机"和"效果"展开过大讨论吗？当时我也成为班上讨论的典型，因为我老强调我的想法是好的，但总让人产生"怕"的效果。今年春节前夕，我深感于此，在给曹前的诗中表达了我的反思："原道灵明夸善意，却教性相显凶云"（"灵明"，内心世界；"性相"，佛家用语，性格和外相）。

也因为觉得你的动机还是好的，所以我才说你太天真，如果认为你另有其他的深谋远虑，我就不会与你来往了。当然，再说一遍，我也不老练，甚至很蠢。可见，上述等等都不同程度游荡着毛泽东的"幽灵"：有些人潜意识中保留的是毛泽东思想中的优秀元素，有些人潜意识中保留的却是毛泽东思想中的错误元素；有些人虽然"与时俱进"要划清与毛泽东的界限，但其自豪的"反思"却一次次总是流露出拙劣模仿毛泽东错误的痕迹，半点自知之明都没有，却总爱侈谈指点他人。因此，这种所谓"反思"，实际上不反思自己而是反思他人；是讴歌自己而声讨他人；是重新包装自己而清算他人。这恰恰是毛泽东最典型的错误。

这就是我称之为"幽灵悖论"的典型表现。我虽自称"毛派分子"，但我希望通过对文革的反思能在解剖自己同时，承载毛泽东思想中的优秀元素，而抛弃像过去那种模仿或套用他的错误。

### 35.3. "幽灵悖论"的根源

清末民初有个名人曾用一个不很文雅的比喻，表明政治是"肮脏"的。说政治"肮脏"，并非指其提出的政治信仰和政治主张"肮脏"，而是指谋取政治权力、政治影响和达到政治目的而不惜一切手段的"肮脏"。

文革显然是最大的政治，反思文革也是政治，无疑也包含很多"肮脏"，外国政治势力力图以反思文革为契机染指中国政治以求浑水摸鱼便是证明，所以我总忧虑中国人的文革反思始终要警惕被外国政治势力利用。

政治手段"肮脏"表现之一就是"修辞术"。美国近代最主要的经济学家之一的高伯瑞晚年回忆说："资本主义"这个古老的名词由于在历史过程中沾染了太多肮脏的负面内容，因而二战后的那些经济学家遂刻意要闪避淡化掉这个名词，最后找到了"市场"这个万灵丹药。最著名的修辞演绎经典之作，就是二战后西方一些右翼社会学家，硬是不再使用"阶级"，而代之以"阶层"。这就是"幽灵悖论"的根源——不想谈阶级或阶级斗争事实上却按阶级和阶级斗争老套套看问题，因为阶级和阶级斗争就是政治。

吊诡的是，就在有些人用"幽灵悖论"在"反思"文革时，美国人也悄悄地用"幽灵悖论"颠覆了按照他们诱导口径"反思"的戈尔巴乔夫，又在东欧各国策动了一连串"反思"的"颜色革命"。好笑的是，当东欧各国都自称是"反思"和"改革"时，西方政治家和媒体却毫不掩饰地称之为"革命"。为什么呢？无需更多解释了，文革中我们曾背诵得滚瓜烂熟的毛泽东的经典名言早已点出了真相。我们难道不也应该稍微地反思一下吗？

正因为政治的肮脏，所以卷入政治斗争中的人都不同程度地要沾染上某些肮脏的把戏，玩弄一些肮脏的技巧，而绝大多数普罗大众虽有政治热情，因不谙政治的险恶和肮脏，又具有的因循盲从性，所以总是要被少数政治精英和政客操纵。故西方心理学家将我们称为"群众"的称为"群氓"，我去年文章的第二部分中已谈到过了。而所有的领袖和政治精英，在政治游戏中必然一手是"白"的，另一手是"黑"的或"红"的，古今中外，概莫例外，这就是所谓的"肮脏"。

再说一次，我丝毫不反对反思文革，我也无权指责或干涉其他人应该如何反思，且我自己也已经积极响应你和本家姐妹的号召并带头反思。我只是想说：我们是否不应该用过去的老思路、老模式来反思，同时也要注意外面的政治气候。

## 35.4.何为事实真相

既然胡适说历史是任由人们装扮的小女孩，那么所谓"历史真相"就因人而异。例如，北美"右派代表"弗利德曼努力揭示全球化铺展的光明，而"左派代表"娜蜜欧·克莱恩则愤怒抨击全球化造成的黑暗。据此，美国乔治城大学麦当诺商学院教授皮翠拉·瑞沃莉通过对一件普通T恤衫的调查写了本《一件T恤的全球经济之旅》，感叹：没有真相，只有每个人对所谓真相所作的诠释。

正是基于上述原因，开始我本不想答应海燕的要求，担心吃力不讨好和遭人诟病。这在我去年的文章第二部分也详细讲过这有多么复杂和险恶。现在，我已经遇到了这个麻烦：如果要完全按你提供的"反思"观点"原汁原味"表述记载，估计几百万字也无法表达清楚。可以坦白说，为了"客观""公正"和不偏袒，目前我的修改稿2/5是以"造反军"为主的"老红卫兵"，而3/5全是有关"红联"的故事，且基本都是不加删改地引用你提供的原文，其中包括一些人"反思"文章中对我本人的一些歪曲事实的所谓回忆、传言和见证等。

但随之而来的一系列问题便接踵而出：

1. 你提供的有关"反思"资料或其中的"揭露""指控"是否全部真实？

2. 若有人对我引用你所提供的资料提出异议如何处理？

3. 是否允许他人对上述"反思"提出不同的"反思"？

4. 是否有不同的"反思"就是不谦虚、不虚心、"死不改悔""顽固不化""旧病复发"？

5. 是否允许、是否需要、是否应该展开讨论？

6. 如果各种"反思"尖锐对立怎么办？等等等等。

其中很重要一点：就是怎样区别和看待"历史真相"与"描述历史真相"。这是两个概念，不能以后者代替前者，前者表示客观，后者则是有主观色彩。例如，我曾就钱南秀文章与你和丹柯分别询问她关于女红卫兵用"钉头皮鞋"踢她母亲的情节描述谈过自己的疑惑。因为她的文章登在学校正式文集里广而众知，成了可以任人摘录的"史料"。

我不知道这个女红卫兵是谁，我也不在现场，也根本无意为她的行为辩护，也无法断定她是否穿了双"钉头皮鞋"，也不是认为钱南秀应该怎么写不应该怎么写。但必须说，我们都是经历过那个时代的人，都知道当时我们的大概衣着。在那"革命的年代"，不要说女红卫兵，就是男红卫兵大概也没几人穿皮鞋，遑论"钉头"。当时抄家高潮应是较炎热的夏天，在我的记忆里，女生当时多数都穿塑料凉鞋,连袜子都不穿,有的女生还将裤腿卷得高高。因此,"钉头皮鞋"的描述总让人觉得文学色彩或"艺术真实"成分多些。

因此,如果将钱的文章作为艺术或文学作品,但就让过来人觉得似乎在情节和道具选择上有点"夸张"——不太符合当时的服饰特征——当然也不是什么大问题,现在很多描写过去的电视片都让人觉得不像,例如《血色浪漫》;但如果将钱的文章作为可以引证"历史真相"的"史料",就又似乎多了几分艺术成分。例如,最近围绕董存瑞、刘胡兰等"红色经典"的形象是否夸张是否真实就已经引起了法律诉讼,而法律诉讼重视的不仅仅是口供,更重要的是各种人证和物证,包括凶器。在钱的文章里,"钉头皮鞋"显然成了重要的罪犯物证和凶器之一。

再例如,有关对我的描述和传言就更多了,如以前的"带刺的钢丝鞭""要杀人"、到某同学家抄家等等等等,前些时候你又发来戴相陵说我刚从北京回来一进学校就不容分说用"铜头皮带"殴打柯绮霞老师的描述。当时我并不想更正,因为我认为自己在托方明给同学的公开信和去年的文章里都对这件事情经过作了反省和描述,尽管我的文章带有更多的夸张,我在开始就说了,无论"猪嘴"怎样"吐不出象牙",但一定要让人看了觉得"真",说的就是你自己。

但现在,可能有些人似乎觉得我对自己的反省描述得还不够夸张,或者可能觉得我在"缩小"自己的罪过,便做了新的引用和描述。我曾对你赞叹过戴相陵的文革日记资料比较可靠,但现在的形势迫使我不得不正式回应:必须说,不管他是否听柯老师亲口讲的,这种"描述历史真相"并不全是事实:

第一、当时我从北京回来时根本没有什么"铜头皮带"。直到1966年底我串联到上海,才从一个要好的小学女同学那里得到的;

第二、才从北京回来我还没有那么"反动",见到班上一些同学写思想汇报之类的东西还不以为然。有个女同学要我看她的检查,我还叫她不要写,我也不要看。只是后来北京红卫兵来校串联后,才头脑发热出现斗秦大力等同学事件;

第三、也不是在柯老师对我笑脸相迎时打她的,而是在后来带领老师们集体游街时，没有听到她喊口号，认为她不积极，便打了他一皮带（帆布腰带）。

我从来无意为自己过去的错误辩护，不仅曾主动坦诚"交代"过好几次，且几十年来始终不断反思并通过自己的诗词反省："伤友鞭师亲骨肉，苦味一生酸涩。负疚苍颜，愧心总在，忆取如刀刻。赤肠犹热，应留肝胆澄澈。"在给同学的其他诗词中，我也多次流露出同样的内疚心情。

但即使是这样，我还是必须说，戴相陵所引证的"描述历史真相"不是真的。就像有人曾指控我提着"带刺的钢丝鞭"要"杀人"那样不是真的，但无人相信，我怀疑可能真是自己忘记了，便向她做了道歉。谁知后来当事人竟突然向我道歉，证明我手拎"带刺的钢丝鞭"要"杀人"不是"事实真相"。

我呆了，又喜又悲，哈哈大笑起来，激动得一夜无寐。高兴之余，却想到了秦大力、曹前、张玉琪等同学们所受的委屈和泪水，想到了文革中那么多冤假错案，那个不比我厉害？于是，我一点也没生气，相反，我更敬佩这个"冤家"并与之成了好朋友。因为倘若她不说破这个唯有她自己知道的"内幕"，我又在无奈中做了道歉——因为一些人都相信她而不相信我——那么，如果她也据此"事实"写下回忆，再综合其他传言，加上以前唱"黄歌"，那么，我就确实以手拎"带刺的钢丝鞭"，挥舞着"铜头皮带"，满口要"杀人"的"妖魔化"形象而载入"历史真相"或你们的"史料"库的中任人引证，作为你们"反思"的成果和新的"光辉历程"中的"战绩"。

也因此，我在深刻的反思同时，同样必须用自己的文字为自己解释，如果你们一定要引证那样的"史料"，同样，我的文字也会存在其他的"史料"中。因此，我太感谢这个见证人了。同时，我觉得这样的沟通不是很好吗？为什么还要"重复过去的故事"，重新撕裂已经弥补好的裂痕呢？

是否我的反思还不够深刻呢，需要重新包装上市，重新炒作，"更上一层楼""再上新台阶"呢？这就真的让我也"吃不消"了，所以就有了毛泽东的"幽灵悖论"。是否要对我这个典型也像历史上的错误路线斗争中的首要分子那样进行"阶级斗争年年讲、月月讲、天天讲"呢?

可能有人会嘲笑我太斤斤计较了,太小气了,太缺乏诚意了,过去的反省太不深刻了。对此我不再做更多解释了,去年的文章我早已把自己的反思定位在"稀里糊涂的反思",并作为第二部分的标题,表明了我的浅薄。虽然过去我欠你们太多,但我必须说,我无意给自己脸上贴金,但也不总想被人抹太多的灰。

40年前的4、5月这个时候,正是很多人将我列入"造反军"的"三号反革命""联动分子""铁杆分子""捞稻草""落水狗"作为反面典型,为此,我与诸多"红联"围剿我的参战部队展开了一场混战。30年后,当与东光重新握手,我同样用诗词深深地反思到:"堪笑相煎同尔汝,引经援典,纷争无数,却把青春误!"这些,我都在去年的文章里写过了。40年过去了,如果今天还要拿我来作典型,也无所谓,但请放心,我不会再像40年前那样,与众多围困我的人重新展开新一轮的笔墨大战。为什么?因为这种"重复过去故事"的游戏一点不好玩,总是"浪涛依旧"不腻味吗?太过时了。难怪我在征求方明、张玉琪、曹前等意见,请她们响应你们的号召来"反思",她们似乎都不愿参加这个游戏,显然,她们比我有远见得多。

我虽然能理解一些人对我的想法,但我还是希望换种方式思考。例如,李凤、方明等人就揶揄我很像《血色浪漫》的钟跃民。可是,钟跃民是个"泡妞""抠女""拍婆子"的高手,显然与"拎钢丝鞭",挥舞"铜头皮带",整天喊打喊杀的"历史真相"相差太远了。我有那么"拽"、那么潇洒吗?就算有那么点影子,"婆子"没"拍"成,却狗屁倒灶被本家姐妹这个"婆子"给"拍"下水写东西,又被"拍"上你王虹的"贼船"。

当然,再说一遍,我丝毫不是为我和那个女红卫兵的错误行为辩护。只是不希望总是"浪涛依旧"。

好啦,写多了,如可以,请勿修改照样在你的网页上登出,既要我反思,我也想测试你们班的"民主"和"反思"。我的反思照样继续，够一辈子反思的了。

不管怎样，非常感谢你和丹柯、海燕，很想与你交个真诚的朋友，听方明、曹前说你唱歌一级棒，如果有机会到南京，约你到秦大力女儿的歌舞厅"潇洒走一回"？卡拉卡拉，OKOK。其实，从初中我就开始"变态"喜欢唱歌，老是上课偷偷抄歌，可惜天生沙哑喉，就像杀猪叫，当然无法与你PK。但上次我与王瑾、石笑海卡拉时，我唱的《中华民族》《我是中国人》还是受到热烈欢迎。到时我把曹前等人拖上，你把丹柯、海燕带上。再把纵二拉上，你与他见面了吗？昨晚从母亲家回来，一个星期了，给他电话还是没人。这家伙太不够意思，至今联系不上，应该让他反思反思。不过以前（95年左右我代表公司去看他的发明）听他说他曾向李夜光和王倚琴做过道歉，另外你上次发来戴相陵关于他母亲材料后想起他也曾说过感到内疚，应该好好道歉，究竟怎样没问，因为我不熟悉戴老师。如果可以，我借此机会向纵晨光发出呼吁：纵二，像个男子汉样，站出来！

我敬佩史安琪，在这里再次真诚向她致敬，谢谢她能像大力、方明、曹前、玉琪、曹敏、慧文、江渝等等那样理解、宽容我们，越是这样，我越觉得要反思自己。最后，赠你一首去年8月写完文章后填的词作为对你的真情，曾给过曹前和李凤。《选冠子·写"理想追求与激情偏见"后有感》：

浩漫思潮，茫然头绪，引得文章纷乱。
曾经嫩眼，过往狂言，欲灭五洲妖焰。
扬起滚石风沙，良莠无分，清浊难辨。
更鸣条猎叶，萧条书院，妄称雄健。

弹指间，炽烈凌夷，玄黄翻覆，换了金迷浮泛。精神似梦，信仰如烟，昔日彩虹都变。谁信无聊为伊？猫鼠联姻，权钱贪恋！纵和谐反腐，天佑民心不散？

2007.4.5.清明

# 36. 文革反思座谈会纪要

王虹（66届高三丁）


今年是文化革命四十周年．四十年前的那场运动曾对我们这一代人的思想产生过决定性的影响，对我们的人生轨迹同样产生过重要的影响。如何正确地认识那场运动，如何评判我们当时的行为，对于我们的现在和将来都是一件值得去探讨的课题。今年以来，南京师范大学附属中学（南师附中）老三届的部分同学利用互联网对文革进行了回顾，并将回忆文章汇编成集。接下来的文革反思座谈会也是自然而然，顺理成章的事情了。

12月16日，南师附中老三届的学生和教师共计23人汇聚南京，举办了首次文革反思座谈会。几十年后的重逢，大家倍感亲切。座谈会历时一天（从上午10点至下午5点结束）。会议期间，外地同学也通过电话，电文，表达了他们对会议的密切关注和充分地肯定。

会场的会议桌上摆着文革的老照片以及学校造反组织红色造反联合会（红联）的文物。与会者着重讨论了文革中附中红联产生的背景，作用以及对大家的影响等问题。并在以下几个方面达成共识：

一、充分肯定了南师附中文革造反组织红联的反迫害性质．66年文革开始，社会状态每况愈下。8月开始的那股利用血统论迫害同学的浪潮中，南师附中出现过学生的家被抄，人被殴打的现象．许多人遭受到从未有过的人格侮辱．66年12月16日，不能忍受这一迫害的同学们揭竿而起成立了红联，旗帜鲜明地起来反对迫害。红联的出现，让身心受到侮辱的同学感受到了温暖，看到了希望，也恢复了作为普通人的自尊。今天回首那个荒诞的年代，唯有红联的那段经历才是值得大家回味，值得永远记忆的，因为那是严冬里仅有的一道阳光。

二、我们这一代是从文革开始思想转变过程的。红联为这一过程提供了良好的思考和学习的最初的平台。后来的农村插队插场经历，使得大家的思想得以进一步的提升。当大家从泥土地里走出来的时候，多了一份文革中不曾有过的成熟。这是让我们终身受益的财富。回首这一过程，大家越发感到文革中有了红联的这段经历，实在是不幸文革中的万幸。正是有了红联的这段经历，才使得大家的思想转变之路较为平坦。

三、南师附中是南京地区文革期间以血统论形式对人进行迫害最严重的学校。迫害与反迫害的斗争，贯穿着附中文革的整个过程。南师附中之所以成为这一迫害的重灾区，同学生的家庭背景的特殊性有着直接的关系。文革中出现血统论形式的迫害，应该不是一个偶然的现象。除了当时政策上的引导之外，文革前的教育应该是孕育它的重要土壤。所以反思文革的同时，也必然要反思文革前的教育（包括对附中的教育改革的反思）。

四、南师附中的校史中留有一段空白，那就是文革和文革前的教改。这段历史应该是附中史上极为重要的部分。文革反思首先需要的是抢救记忆，抢救每一个人的记忆。为了还原历史的真实，大家意识到抢救记忆，收集历史残片的工作已经刻不容缓。

谈会结束后大家合影留念，共同留下宝贵的纪念。

2006年12月16日

以上是关于聚会的纪要草稿（只是一份草稿），可能没有完全覆盖座谈会所有发言的内容，但我觉得基本上体现了座谈会的主导意识。我愿意看到造反军，八一战斗队，思想兵，还有井冈山兵团的聚会（座谈会），因为抢救文革的记忆原本就是大家的事情。我们都把自己组织的历史，所作所为奉献出来，将历史的碎片拼凑成一面完整的镜子，这绝对是件大好的事情。

以下是网友议论：

1. PP：红卫兵应该有广义和狭义之分，或者只取狭义的概念。因为后来的反迫害学生组织可以划归到造反派之列。将八月红卫兵单独定义更有助于对文革本质的认识。我们的反思不仅是忏悔道歉，还要思考这些现象出现的原因。后者应该是反思的重点。如果忽略了这方面的反思，则很难说是真正的反思。

2. 某某：文革小组或其他领导人也对"对联"有不同看法。他们建议改为"父母革命儿接班，父母反动儿背叛"。南师附中的挖烙印倒有点与当时领导人的思想接轨。而红联的运动轨迹则有所不同，确实有点矛头指向红卫兵。

# 37. 四谈对"反思"的反思

曾小渤（66届高三甲）

王虹：你好。

和太太冒着绵绵细雨打着伞爬白云山，晚上归来后，收到你"还是忍不住"给我发来网页上的两条"反思"，虽然你违反了我们的"约定"——不要再将网上的议论传给我，但我也"忍不住"高兴。《西厢记》说："好思量，不思量，怎不思量？"这样一来，我也"忍不住"了，只好再作一次"反思"。

两条"反思"中的一篇是他人对钱南秀文章的看法，因与我无关，不想置评。只想重申：我完全能理解也非常同情钱对母亲被打的悲愤感情，也绝非想"花言巧语地让受害者不说话"，阻止任何被害人对他们痛苦的回忆和描述，他们有权力有理由谈感受。只是希望他们在描述事实的情节中，能稍微注意一下避免引起读者疑惑而已，对他们也非坏事。

主要回应一下戴相陵委托你转给我的有关"曾小渤/柯老师案""到此为止"的"动议"或"感慨"，作为表态和回应，或曰也来一次"感慨"。

## 37.1. 从"到此为止"引申而谈

为避免误差，先将你转来戴相陵原文有关部分用引号黑体字全部列出如下：

"2007-04-07 02：57：50 戴相陵请王虹转曾小渤并纵二：到此

为止，到此为止。

1. 纵二/戴老师案（略）到此为止
2. 曾小渤/柯老师案

所谓戴的'描述有误'有否，可能是任何当事人之一记错、讲错、听错或者写错了。柯老师也已知足。所以，我也无意再追究细节。我当初的那篇的初衷，是为了'感慨'，而不是为了进什么"史料"。所以本案也到此为止。"

第一、真没想到戴相陵如此迅速就做出"所以本案也到此为止"的宣布，行文表述更似带有法律性质的"终审裁决"口气，我"知足"的愣呆了。谢谢。

第二、说真的，我曾非常高兴你说戴相陵同意我引用他的日记资料充实我的修改，因为这些资料不仅生动，更在"真"。所以，连同秦志宁那样的文章，都被我几乎一字不改全部增添进去（秦的文章稍长做了些压缩）。可以告诉你，当我敲打键盘输入他们的文字时，脸上发烧，内心苦辣酸涩，深感内疚，从心里感觉对不起这些"师弟"或"师妹"，虽然我没直接参与对他们行动，但我参与了其他类似的行为，所以也深感愧疚和歉意。

第三、但我觉得，仍有必要就戴相陵同学的"感慨"和"到此为止"引深一步"反思"，或许对今后的"反思"不无借鉴之处，这里并非针对戴本人：

1. 何以会经常出现"感慨者"用这种"错"的表述来"描述"和"感慨"呢？这种"错"的"感慨"反思实在太多了，当然，因"被感慨者"本身错误所致，会引起"感慨者"更多色彩的联想，但"感慨者"是否也要反思一下呢？

2. 倘若"被感慨者"不解释，大大方方地任由更多"感慨者"到处引用和"感慨"，那么，这种错误的"感慨"是否会很快就"到此为止"呢？

3. 假如"到此为止"是由"被感慨者"不自我辩护首先提出，"感慨者"是否同意呢？是否认为"被感慨者"无权阻止自己"感慨"的自由呢？上述3个问题引出一个问题是：在以后反思中，是否还会出现同样的现象呢？如何对诸如此类的反思、"感慨"、回忆考量和去"伪"存"真"？是否提出分辨或质疑就是"花言巧语地让受害者不说话"呢？"到此为止"的"终审裁决"该谁来决定呢？是"感慨者"还是"被感慨者"？还是谁想"感慨"就"感慨"，谁想宣布"到此为止"就"到此为止"呢？

　　必须再说一次，这里绝非针对戴相陵本人，且我也知道戴相陵可能的确仅仅是"听错""感慨"而已。但也须请戴相陵谅解的是："曾小渤/柯老师案"仅仅是很多"反思"个案中的一个，且偏偏又碰到了我这样一个"小肚鸡肠"的"老顽童"。倘若其他类似表述"错"的"感慨"所涉及的当事人不知道而被其他人"感慨"来"感慨"去，到处"感慨"，到处"引用"，最后"三人成虎"形成了固定的"感慨概念"后，当事人才突然发现想要纠正，又该如何"感慨"，如何处理呢？网络全球化，一声普通的"感慨"可以轻而易举从大洋彼岸传遍世界各地，和很多人和我一样也有亲人朋友散居在世界各地，假如他们的亲人和朋友从这无意中的一声"感慨"中发现如此光怪陆离的描述，又有如何"感慨"呢？这里，我想再重复引用两段话，一是法国吉尔·德拉诺瓦比喻所说："偏见比跳蚤更糟糕，取消某些偏见，将会导致另外一些偏见。"另一个是专以"文革"等重大事件为题材的民间作家师东兵说："一千个人嘴里讲的同一件事情，竟会有千奇百怪的形容和结论。""许多的老人在临死的时候，愿意把自己的经历写下来启迪后人，这当然无可非议。但是，所有的回忆都是歌颂自己，从来没有自己骂自己的人。大半以上的人，都在给别人脸上抹黑，而给自己脸上抹粉。这种无知的装潢，好比在阳光下看自己一样，只能把自己授入黑暗之中。"须知，我们也到了花甲阶段了，或许也如此，有些人才拼命借"反思"来给自己装潢，往脸上抹粉。但无论如何，我还是为戴相陵这么快就宣布"到此为止2-曾小渤/柯老师案"而"感慨"，我不仅"知足"，且非常感谢，希望与他握手，假如他愿意的话。

## 37.2. "幽灵悖论"何时为止

比戴相陵"到此为止"更"感慨"的是,"幽灵悖论"何时为止?

其实,我从来不反对反思文革,而且可以说,我很支持反思文革,否则,就不会那样被海燕"婆子"拍下水,又上了你王虹的贼船;我也从来不反对甚至非常同情并支持那些在文革中遭受不公正待遇的人的呼声并听取他们批评和意见,否则,就不会那样认真将戴相陵、秦志宁等人资料增加到自己的文章中去。

但是,第一、我必须说,我坚决反对包括你在内的是那种借反思名义并以当年一贯正确的领袖面孔出现的所谓积极开导、引导、鼓励、教育、启发他人搞"幽灵悖论"式反思的做法,这种模式说穿了,就是我所谓的"幽灵悖论"。

第二、我还必须说,我坚决反对成立所谓"战友会"。有人说:这是历史事实。当然是事实。但恰恰是这个事实,才导致了少数人陷入了今天思维模式中的"幽灵悖论":倘若你和你的造反"精英分子"和"战友们"至今还在为在反击"资反路线"潮流中成为"响当当"的革命造反派而自豪,那就证明当年你们所依据和捍卫的以"阶级斗争扩大化"为主要内容的毛泽东文革路线是正确的,也就否定了你们今天所谓反思和抨击文革的正确性;倘若你们强调今天反思文革并控诉毛泽东的错误是正确的,那么,就证明你和你的"战友"过去捍卫毛泽东革命路线是错误的,即反证了你们这些"战友"同样也是错误的;倘若你们既要显示自己过去捍卫毛泽东革命路线是正确的,又要显示今天批判毛泽东革命路线也是正确的,那么,恕我直言,那你和你的战友们简直个个都比毛泽东还毛泽东,或者说,你们确实是一群走进新时代的小毛泽东。我不知道这对你和你的"战友们"来说是"褒"还是"贬",是感到自豪还是感到悲哀。重操40年前的老章法,能和谐吗?真令人有些啼笑皆非。

第三、我必须还是想再说一下,无论是对文革的反思或对毛泽东的反思,我都不想我的同学们有意无意中为一些政治势力尤其是外国政治势力所利用。我真的很喜欢李敖，既能挥斥方遒恣肆汪洋直言不讳敢说敢"骂"，又能从民族大义国家利益长远计议抨击那种没有眼光没有自尊一味跟着美国跑的所谓中国知识分子鹦鹉学舌的酸腐。香港凤凰电视台《李敖有话说》曾是我每天必看节目。他辛辣地嘲笑陈水扁所代表的那些台湾人，说：和他们谈什么民族大义、炎黄子孙他们根本不懂，他们就知道抱美国爸爸的大腿，为了取得当美国爸爸看门狗的资格，还要自己花钱从美国爸爸那里买美国爸爸吃剩下的骨头来啃。……遗憾的是，我越听越觉得他说的不仅是阿扁，竟然好像也在骂某些大陆的一些"炎黄子孙"。

由于你们的"反思"平台可能越做越大，难免政治色彩也越来越浓，所以，想提醒一下。毕竟，上封信中我已经讲过，像你我这样透明的人是根本不懂得政治险恶的，真正的反思是要平心静气而不是再像文革那样浮躁的靠搞什么运动和风暴能解决的。文革很深刻的一个教训就是人人都来玩政治，人人都以为会玩政治，也不要以为经历过文革就真的懂得了政治。其实，文革中多少企图或混成政治小领袖的"精英们"表现是多么肮脏啊。奉劝你一句，王虹啊，千万不要太天真了。当然，如果你很想成为其中一员，则另当别论。

在很多人都争取成为美国人的"粉丝"和至今还想当政治小领袖时，我却成了"死不改悔"的台湾老顽童李敖的"粉丝"，似乎真一点都不"酷"。上述就是我对你和你的"战友"们"反思"的几点看法或者说忠告。无须讳言，我深感自己"反思"得浅薄，因此，既然有些人的"反思"如此自豪，我恳切地请号召反思的"精英领袖们"给所有响应你们号召的反思者们提供几份你们自己深刻"反思"的范本，或者说，再让其他反思者接受一次精英们的"路线斗争"教育。虽然那些受害者的反思令我深受震撼和教育，但他们的反思毕竟无法代替"精英们"的反思，因为精英们所经历的历史场面毕竟更宏大、更有高度、更有气魄、更有感召力。但遗憾的是，你给我的材料中，除了自我赞美的陶醉之外，至今没看到"精英领袖"们任何一份像样的反思。

记得海燕在动员我写文章时忧虑重重地说，反思文革，就是要防止历史重演。太精辟、太精准了。一言以蔽之，反思文革，就是要避免重犯毛泽东阶级斗争扩大化的错误，或者干脆说，防止再出现一个毛泽东模式的人物。可是，非常遗憾，虽然人人都这么说，但偏偏从某些人的"幽灵悖论"反思模式中，却总隐隐约约看到一些小毛泽东的影子。可惜，这些人内心躁动的领袖欲和权力欲是那样显而易见的浮躁、急切、猥琐和恶心。因为只有形成某种"组织"之类的团体，例如"战友会"，才能重新回到和凸显过去成为小头目的风采形象，才会受到追捧，才会成为中心，才会有人听从并跟随，才能在耳顺之年更加耳顺，重新回味过去指挥他人的满足满滋味。不是吗？

"幽灵悖论"何时能止呢？好了，不再谈了。也该"到此为止"了。鉴于以上的分歧，我们还是按照约定，你以后不要再"忍不住"给我发什么这类东西了，我也不会"忍不住"再跟你们一起瞎"反思"了，还是各干各的，我想从你的"贼船"上蹦下来啦。

但无论如何，我们还算朋友。到南京我一定会去找你潇洒潇洒，不谈政治，只谈OK，听听你一展歌喉。记住，我的豆沙喉"经典代表作"是《我是中国人》和《中华民族》两支歌，虽然无法与你PK，但也不至于滥竽充数——我也最后自我"呼悠"一下吧。不信？有秦大力、王瑾、石笑海作证，如何？

祝好，向丹柯、海燕等问好，告诉她们，当她们不当政治小领袖或成为中心人物的时候，似乎比当小领袖更可爱，所以请转告她们，希望她们不要成为"幽灵悖论"式的人物，就算我"拍"她们吧——我当然知道这两个重量级的"婆子"肯定不会听我瞎"拍"的，所以，我也"拍"不成。唉，难免有点失望啊！你"拍婆子"本领如何？能唱那么好的歌，根本无需"拍"，一开口就会倾倒不少"婆子"的，所以你看来很"拽"。

向史安琪致敬，我钦佩她、敬重她，不管她如何看我。

曾小渤 2007 年 4 月 8 日

## 38. 忏悔无门

刘钟宁（66届高三丁）

这是个真实的故事，是位亡人叙述的故事，故事的主人公是胡百良老师的前妻郑老师。是郑老师亲口和我叙述的故事。因为我的记忆也不太好，一些具体的日子我也想不起来了，只能将故事的大概情节叙述一遍。

文革胡老师被批斗并关押在附中教学楼里，根据当时的政策，工宣队要求必须在某日的24点前放人，就在当晚的夜里，一位造反派来到了位于鼓楼的胡老师家，他要郑老师立即跟他去趟学校。当时胡老师的两个女儿还很小，夜又深了，一时间郑老师急得不知该如何是好，心中又惦记胡老师。正值她两难之时，好心的邻居答应帮她照看女儿，并借了辆男式的28自行车给她，催她快去看看胡老师。于是娇小的郑老师艰难的骑着那辆男式的28车，拼命地跟随着那位造反派，跌跌爬爬得到了学校，郑老师说那时她不仅是狼狈不堪更是心急如焚。

到了附中后，郑老师急切想见胡老师，想知道胡老师的近况怎样，身体可好？但是该造反派坚决不让她见，并说胡老师已畏罪自杀了，要郑老师必须和他划清界限，并在'离婚书'上签字后才能见到他，否则就不要想见到胡老师。郑老师根本就不相信胡老师畏罪自杀的谎言，因为胡老师曾向郑老师郑重的承诺过：绝不自杀！于是郑老师和那位造反派大声地吵了起来，吵声惊动了被关押在楼上的胡老师，胡老师立刻伸出头来和郑老师打招呼——逼迫离婚的把戏被揭穿了，郑老师把胡老师接回了家。

当郑老师侃侃向我叙述往事时，我看到她又一次深深地陷入了不堪回首的往事中——漆黑的夜晚；那女儿惊恐的眼神；那高大的男式28车；那逼迫离婚的场景。这一幕闹剧深深地刻在郑老师的心中，更是深深地伤害了她，至死她都不明白为什么要这样？为什么？这一切让我感到无比的诧异。

我自68年10月插队离校后，十几年都没有见到过胡百良老师，只是听说他当了附中的校长。后来一次偶然在察哈尔路上遇见了胡老师和郑老师，那时的察哈尔路还没有拓宽，依旧是我们学生时代上学的窄巷，郑老师告诉我胡老师因心脏病住院刚刚才出院，身体很不好。看到憔悴衰老的胡老师，我心里不由泛起一阵莫名的忧伤，这分明是'运动'给他造成的伤害，我感到对不起老师。

2000年的中秋之时，郑老师带着无尽的不舍离开了她的亲人，郑老师虽然死于癌症，但文革对她对打击不亚于癌症。郑老师匆匆地走了，胡老师哭成了泪人，一夜之间胡老师又憔悴衰老了许多。

这段鲜为人知的故事本来我不想说的，郑老师故去了，胡老师以宽容的心态释怀了过去的一切。但是看到网上那么多真诚的'反思'，不由触动了我想说出来的欲望，我既不是想追究某人的荒唐，更不是想为派性说事，我想的是：'反思'就是要客观公正的考量过去的事，对事不对人地错位去想一想，假如你是胡老师，假如你是郑老师，假如你是……，你会怎么样？自省和忏悔是净化自己的灵魂，是净化人们的良知，是净化社会道德。迟迟不醒，将是忏悔无门。

以下是网友议论：

1.某某：对刘钟宁发言的补充：虽然当时我并不知道要郑老师和胡百良老师离婚的事情，可骗郑老师，说胡老师"畏罪自杀"的事情是我亲眼所见的。当时，胡老师被他们安排一动不动地躺在一张较宽的长条桌上，地点在教学楼三楼的一间教室，时间好像是68年7、8月间的一个上午（也可能是下午，丝毫没有晚上的印象）。工宣队已经来了。第一批去泗洪插队的同学还没走。有人（是谁记不得了）在胡老师脸上蒙了一张黄草纸。郑老师一进门就扑向条桌。这些都有印象。其他的事情，都不清楚了。

2. WH：工宣队要求 24 小时放人之说似乎有误。因为胡百良就是工宣队将之编入学习班的。红联可能是通过工宣队"提审"胡百良。附中首批插队的时间是 9 月 21 日，如果记得是在此之前，那么可能就在之前的某一天。黄草纸的事情也听说过。这是典型的恶作剧行为。这种行为的基因（严格讲不是基因）在我身上也存在。但我觉得红联个别人的行为，同利用血统论对人进行政治迫害是不同性质的事情，应该区分开来。这也是在文革反思中必须要注意的。具体问题一定要具体分析。

3. 王虹：1966 年 9 月，南京外国语学校发生了一起红卫兵毒打工人王金致死的恶性事件。这是南京红卫兵第一次打死人的案例，为首的红卫兵叫官沪宁。而胡百良的夫人当时正是官沪宁的班主任。她在王金事件案发后，公开贴出了官沪宁是个好孩子的大字报，让人们跌破眼镜。当社会上都在谴责这一暴行的时候，胡夫人的大字报真是不合时宜。这也让我们想起当年附中的情景，在人们开始批判红卫兵利用血统论搞迫害的时候，胡百良也是不合时宜地公开指责有人把矛头对准了红卫兵。从这两个行为来看，在不合时宜这点上是何其相似尔。这就不能不让人感到怀疑，当年"好孩子"的大字报的出笼，是否也有胡百良的影子。

4. 某某：胡老师顶多不过是'不合时宜地公开指责有人把矛头对准了红卫兵'。他不过是表达自己的看法而已。不管对与不对，都不应挨打。当事人应该去道歉。大家别忘了还有一些教师如谢长铣，杨志年。在我们已下乡插队后还追到乡下来迫害我们。这些成年人做的坏事始终没有被清算。他们现在一声不吭，好像没事人一样。说不定还在偷着乐呢。

5. 某某：楼上说得对！应该把插队后的事情也说说清楚。据说是在抓 516 期间。当时附中校内也搞得很凶。有人从乡下被弄回学校。我们可以不去在意是否有人偷着乐，却一定在意这段历史的真实。

6. 某某：在抓 516 期间，顾浩，金乐平，何力群等等，还有徐鸣嵩老师都被他们整过。实实在在的报复。都是'红五星'那帮人干的。这帮人坏事做尽却从未被清算。

7. 某某：不仅仅是插队时对附中的非红五类进行迫害，后来上大学（77，78年）附中还给学生出具负面的评语，还是有好心人来告诉我才知道为什么之前当不了工农兵学员，而后来差点也进不了大学。

# 39. 致钱南秀同学的公开信

纵晨光（66届高三乙）

南师附中老三届网正在展开一场回忆和反思附中的教改和文革的讨论。说实话，我对这个讨论不感兴趣，原因很简单：这是一道无解的题，却又会挑起事端，与建立和谐社会很不和谐。无奈，王虹两次给我电话，曾小渤在文章中更是呼吁，要我像个男子汉样，站出来！我不得不出来说几句。不是辩解，不是争论，是希望平息。

二月下旬，收到王虹的电话，询问我是否记得抄你家的具体情况，包括是否有组织的？有计划的？有谁和谁去的？抄家的过程，等等。并告诉我：抄你家是我带队的，又说我比较温和，让你母亲离开，你母亲是女红卫兵打的等等。我回答王虹：你家被抄的事我知道，我去没去实在是记不清楚了。但不管怎样抄家这件事是十分错误的。你和家人是无辜的，受到的伤害是巨大的，作为当事人，应该检讨自己的错误。作为我，十分同情你和家人受到的伤害，如果因为我而给你和家人造成的伤害我愿意诚恳地表示道歉。

后来，我仔细地阅读了你的《虫虫虫虫飞飞》。这是你回忆母亲的一篇文章，其中有一部分描述你母亲受迫害的情况。天下母子情是最真实的，是最难割舍的，你对母亲的回忆，也勾起了我对母亲的回忆。我母亲的去世对我来说，是天塌了，我觉得我失去了依靠，我失去了最宝贵的感情。将心比心，我觉得，你因母亲的悲惨遭遇发自内心的愤怒和谴责是完全应该的。

无须用当时的环境来解脱自己，人权作为人的基本权利被肆意践踏是毫无道理的。现在作为常识的基本伦理，在当时却被作为革命的行为肆意横行，现在看来无法理解，而当时，就是这么糊涂。为什么？这里有太多的东西需要思考。

你的悲剧发生在文革的初期，是血统论盛行的高峰时期。后来，像你母亲这样遭遇的人越来越多。在我们学校就有沙尧、李夜光、胡百良、陶强老师等，更有甚者像朱之闻厅长、徐远凡老师、周钦老师、高鸿魁老师等。在南京，两大派别打得天昏地暗，抄家已成为家常便饭，武斗、夺权频频发生，致残致死已经不是新闻，手段更残酷，更血腥，范围更大。共和国主席、开国元帅以及一大批建国功勋及各界人士平民百姓惨遭迫害的事实，写下了共和国历史上最黑暗的一页！我父亲坐过国民党的监狱、蹲过共产党的牛棚，在文革中耳朵几乎被打聋。

面对我们个人在这场灾难中所遭受的苦难，我的认识是：第一，我们应该谴责罪恶，这天经地义；第二，我们不能过多地责怪个人。朱之闻厅长在被逼跳楼，腿摔断了。遭遇如此大的苦难，他怪罪整他的学生了吗？他说："娃娃们没有罪"。胡百良老师被押送到文攻武卫受了四十八天非人待遇，他记恨谁了？我们赞扬他们的宽大胸怀这远远不够，更重要的是他们清醒地认识到：这场灾难的责任不应该由娃娃们承担；第三，我们作为文革的参与者，尤其是在文革中犯过错误的人，不要去寻找理由来开脱自己，哪怕是千条万条，不要去指责别人，哪怕别人的错误要严重得多。只要问自己：我为什么会犯这些错误？只有这样，才能不犯同样的错误。大家都这样做，才能避免文革的悲剧再次发生。

我十分佩服王虹在《批斗胡百良》一文中做的自我批评，我也十分佩服曾小渤《深刻的历史与浅薄的反思》一文中做的自我批评。他们有一个共同的特点：只做自我批评，没有超越"三八线"。这样，反而能得到大家的谅解。我也向他们学习，只做自我批评。我在文革中对李夜光校长、对王依琴老师、对戴国芬老师都有过错误的甚至过分的行为，我愿意对他们，对文革中我错误对待的所有的同学、老师表示我真诚地道歉。

其实，在写这篇文章之前，我发过两个帖子。一是以"反思的人"的名义写的："当年被剃阴阳头的女教师还有王依琴老师，给王老师剃头的人就是我。在这里我向王老师表示深深道歉！这件事压在我心头几十年，挥之不去地内疚，一直没有机会当面向王老师道歉。在这里，我自揭伤疤，为的是给王老师一点点安慰，给自己心灵一点点净化，为的是提醒自己和友人：文化革命的惨剧不允许再发生！"；一是以老三届名义写的："你的悲惨遭遇确实令人同情，这是荒唐年代的悲惨遭遇。……"

关于你、戴相陵以及其他回忆文章中提到的一些人和事，我以为，作为回忆无可厚非，出出气有什么不行的？即便情节上有些出入语言激烈些也无可指责。你们写的是回忆文章，不是证词，没有必要对每一个字、每一句话斟字酌句。我作为当年抄家事件的"疑似"祸首，被骂上几句，按南京话说"多大的事呀"，出出气、心情平静些，对社会的和谐也是有益的。

在表达道歉之后，我想提出几个问题：1.高三丁班的矛盾比较大，这是公认的，我是高三乙班的，而且我和你极少来往，我突然去抄你家，我没找到合理的动机；2.我们班是造反军，你们班是思想兵，我造反军凭什么带领思想兵去抄你家？道理上说不通，思想兵凭什么听我的？3.思想兵带我去，更解释不通，我是高三的，不会去当打手，你文章里也没有说我打人了；4.抄家当时你是否在现场？从你的文章中看不出来。"铜头皮带""钉头皮鞋"的描述作为感情的发泄，过分一些，情有可原；作为回忆文章，渲染一些，也说得过去；可作为事件判断的依据，那就不好说了。

钱南秀同学：你的这篇回忆文章是十年前写的。我的问题是：是不是你授权在《南师附中老三届网》上发表的？如果是，我也没有意见，言论自由吗。如果不是，我想告诉你：你的文章已经被用来当枪使搞清算之类的事。孔子曰"三十而立，四十而不惑，五十而知天命，六十而耳顺，七十而从心所欲不逾矩"。天命之年的你写了这篇回忆，命运是那么不可抗拒，天命也。所有华夏的子民们遭受的苦难都是不可抗拒，亦天命也。而十年后的今天，你我都到了"耳顺"之年，不为物喜、不为己悲。宽大为怀，与世无争，自己也超度升华。

按照一位网友的说法是："把身心健康放在首要位置、想高兴、求顺利、谋健康"。

恰巧的是，在我写这篇文章的时候，正好看到戴相陵同学的帖子："我当初的那篇的初衷，是为了'感慨'，而不是为了进什么'史料'"。他还有一个帖子，发表在我"自揭伤疤"的帖子后，他看出写"自揭伤疤"的帖子是我，他呼吁道："我想请人们和我一起，原谅、认同和尊重那些所有对罪孽进行自我反思和道歉的人"。他还有一个帖子呼吁："戴相陵想请诸位去看一下本网文章《张钰哲》下面的评论"。我知道：他不想挑起争斗，希望沟通，希望抚平文革造成的伤痛。他没想到他的文章会用来当枪使，这绝不是他的本意，面对《南师附中老三届网》目前的混乱，他不得不紧急叫停，是"感慨"不是"史料"，到此为止！

至于对柯老师叙述，可能会有误差，因为不是亲力亲为，曾小渤做了一点解释，戴相陵做了一点说明，这件事就在这里说开了，这不很好吗？通过交流，通过自我批评式的反思，是可以化解历史的过节，没有那么多你死我活的事需要清算的。

说到这里，我不得不说：我不希望《南师附中老三届网》成为清算的阵地，不希望"清算"的组织者用"感慨"的"回忆"的文章作为清算的子弹。戴相陵同学明确表示他的文章仅仅是"感慨"，而不是"史料"。你十年前的文章都用"男红卫兵""女红卫兵"隐去了实姓真名，现在却有人使劲地调查谁谁和谁干了些什么，使劲地搜集证据，干什么呀？在借钟馗打鬼。

如果你能够看到我的文章，我愿意在这里再次向你表示我的真挚的道歉，那次抄家，如果我去了，我就应该负全部责任，谁叫我年龄比较大，谁叫我是男人。如果我没去，我也抄过别人的家，具体去哪家，现在已经不重要了，都是伤害了无辜，都是错误的。

钱南秀同学：我们作为"耳顺"之年的人，已经完成了人生的两大任务：为社会服务和延续后代。我们都是文革的受害人，心灵都受到创伤，你的创伤比我要大得多。回忆痛苦的往事是为了抚平心灵的伤痕，不是增加新的创伤。我们总不能永远生活在痛苦的回忆中，让自己生活得快活些吧。人生苦短，现在，应该好好地享受人生，享受未来，是吧？

以下是网友议论：

1. 某某：纵学兄，如果反过来是你经历了钱的遭遇，你也会不记得吗？看来失忆还真是件幸福的事情。看来施方与受方终究是不平等的。另外学兄大谈"和谐社会"，在此不是在报告会上忽悠，好像失当，似不该出自兄此等阅历的人口中。倘兄真执此见，那么你不以为，说建立公民社会、法制社会，捍卫公正底线，促进社会和谐更为贴切吗？"和谐社会"毕竟不是社会形态的界定。

各位学兄、学姐，后学班门弄斧，只是希望博客更多平实的话语。

2. PP：纵先生"公开信"的跟帖中，有人说纵没有去抄钱南秀家。我们要注意，没有署名的跟帖是不能作数的！即便是署了名的，也不一定真实。

纵先生千万不要误以为有人说没去，自己就真的没去过。在事件没有完全弄清楚前，纵先生的疑似身份是很难变更的。

另外，为了弄清自己的这段经历，纵也该主动找找线索，比如什么L君啦等等。一辈子背上一个疑似身份也不是一个解脱的办法呀！

# 40. 与王虹李丹柯的 PK
## ——反思的困惑二

纵晨光（66 届高三乙）

95 年，王晓鸣出差来南京，见面聊天时说到：明年是我们毕业 30 周年，又恰逢大家 50 周岁，值得纪念。由此，我有一个大胆的想法：是否以此为契机，搞一个校友聚会？要搞就搞大一些，搞一个年级的。

我找来了我们班的班长江进和任琴同学，向他们讲了我的设想，得到他们的支持，由他们联络包括丹柯你在内的甲、丙、丁班的同学，也得到了支持。于是，四个班的代表在校友会的认可下就如何搞好大聚会积极地筹备起来。

当时有两个难点摆在我们面前：一是文革中造成的同学隔阂较大，尤其是你们班，如何尽量消除隔阂，使大家能够走到一起，感到十分棘手；二是分手几十年，各人的情况差别较大，也容易形成隔阂。

这两个问题不回避掉，大聚会很难举办。针对这两点，我提出一个聚会的主题："回到同学时代"，得到包括丹柯你在内大家的认同。并作为聚会的主题。

以后，我到陕北打石油去了，筹办双十聚会由你们继续了。为了毕业后、文革后的第一次大聚会，你们做了大量的工作，很不容易。在校友会、学校领导以及你们筹备组同学的努力下，双十聚会终于如期圆满地举行了。

我很高兴，我提出的"回到同学时代"得到了大家的认可。而且，去年的第二次聚会依然贯穿着"回到同学时代"的和谐精神，两次聚会，大家乐乐融融，热热闹闹。这不是很好吗？然而，两次聚会幕后的故事，本来知道的人不多，我也不想说，只是"反思文革和教改"闹得过分了，逼的我不得不简单地说几句。

王虹，那时你远在日本。你王虹的名字差点毁掉我们十年前的双十聚会。虽然王虹你全然不知，也不是王虹你的事。事情是这样的：我们筹办双十聚会的事，不知什么原因让某某部门知道了。老三届因为是文革的全程参与者，一直以来、直到现在，都被视为是不安定因素，被有关部门特别关注。另外，不知什么原因，你王虹也是被关注的对象。这两件风马牛不相及的事在某部门的思维中联系到一起，挂上了"阶级斗争"的弦，拨动了某些人的神经。

据说，当时的省纪委的某书记对我们的聚会有个专门批示，于是某部门找到了学校，用王虹你的由头说事，要求停止筹备，取消聚会。当时的压力确实很大，筹备工作几乎停顿。若干年后再次见面时，丹柯对我说：她单位的党组织找她谈了话，要她服从党的决定，不要再介入双十聚会的事。丹柯说，她当时也心灰意懒，想打退堂鼓了。就这件事，我问过江进和任琴同学，他们说当时的压力确实很大，不过他们还是坚持办下去。校友会的态度也很坚决，（许）祖云老师把某部门的人顶了回去。表示：校友会组织合法，同学聚会，理所当然。

如果说，王虹的名字差点把双十聚会给 PK 掉是"天灾"，那么去年的 40 年/60 年聚会差点夭折却是"人祸"。在确定去年的 40 年/60 年聚会主题时，是坚持"回到同学时代"还是"反思文革和教改"，是要"同学"还是要"战友"，筹备组内发生了严重的分歧，激烈的争吵，筹备工作几乎无法进行，聚会也面临夭折。这点，参加筹备组的同学和校友会的老师都很清楚。丹柯：你是什么态度？起什么作用？不用我明说了吧。当年"回到同学时代"的用意你是清楚的，对能够成功举办双十聚会的重要意义你是能体会到的，你是赞成的呀！什么风把你刮得出尔反尔呢？什么妖魔迷住了你的双眼？十年前我们握手，十年后我们为什么不去喝茶而要 PK 呢？我的朋友。

当然，最后的结果大家都知道："反思文革和教改"的旗帜没有能举起来。40 年/60 年聚会顺利举行。

设想一下：如果"反思文革和教改"成为 40 年/60 年聚会的主题，那么，我们还能唱那些"喀秋莎"吗？取而代之必然是火星四溅辩论。我要问老高三的同学们：大家愿意吗？！

但是，是脓包总归要拱出来，你们的"反思文革和教改"的想法由来已久，于是就有《南师附中老三届网》的办网宗旨："回忆和反思附中的教改和文革。很好地对这段历史进行认真的整理和清算。"于是就有王虹二月份找我的电话，询问我抄钱南秀家的具体情况，包括是否有组织的？谁带队？有谁和谁去的？于是就有了我不得不和王虹、丹柯你们的再次 PK 了。

为了你们的"反思文革和教改"，你们跨班级、跨地区甚至跨国门联络"红联"的旧部，搜集"红联"的"历史文物"、撰写回忆文章、纪念文章，组织"红联"的战友会，甚至写"会议纪要"歌功颂德。大有不达目的誓不罢休的架势。王虹、丹柯你们是起主导作用的吧，当然不是全部。对于你们的"反思文革和教改"，我的态度是：我同意反思，但不同意用阶级斗争方式来反思，尤其反对"战友会"这种新的派别活动。

丹柯、王虹，你们是"反思文革和教改"的始作俑者之二，你们对"回忆和反思附中的教改和文革。对这段历史进行认真的整理和清算"。当然会有明确的目标和计划，如何实施更是踌躇满志。我不得不请你们回答：

1.号召"回忆和反思附中的教改和文革"的民事主体是谁？是学校？是校友会？显然不是，虽然它们具有民事主体的资格。是学校或校友会委托你们的？又不是。是你丹柯和王虹的个人行为？你们显然不具备这样的号召力。是若干个个人？比如说参加会议的 23 个人？显然 23 个个人不具有行为上的统一性，别人我不敢说，江进是"回到同学时代"的坚定拥护者，你们是怎么把他"框"去开会的？是一个团体，"红联"？你们打死也不敢承认，因为这个团体不合法。是"红联"战友会？你们也打死也不敢承认，又做婊子，又立牌坊。是老三届代表会？除了清一色"红联"骨干战友，没有别的代表。到底谁号召"回忆和反思附中的教改和文革"绕了一圈，找不到主了。请原谅我的愚昧，真是百思而不解。二位给我一点启发，好吗？

2. 好，先把上面的问题暂且放一边。现在，回忆也好了、反思也好了，怎么办？一大堆林林总总、七七八八的资料、文章、各种对立的当时的大字报、各派的宣言、战斗檄文等等；因各自立场不同、目的不同、记忆力不同而导致"同一件事有一千个的说法"；甚者，站在各自的原来文革派性组织立场上的自我表扬、自我吹嘘如《座谈会纪要》；更甚者，对其他组织的攻击、揭露如借钟馗打鬼。收集不是目的。该"整理"了，谁来"整理"？如果允许选择的话，那就会吵得天昏地暗，谁都知道"整理权"就是话语权，就是定性权。如果不允许选择的话，那"整理"权就是号召者"红联"了。二位同学：你们如此积极地，百折不挠地号召"回忆和反思附中的教改和文革"不就是想得到"整理"权、定性权吗？好，下面该"清算"了，如何"清算"不必说了，顺我者昌、逆我者亡。

说到这里，我不得不说我的老朋友曾小渤：你在文章里说："就连基本问题也各持己见，文章就根本无法'出笼'"，那你怎么就这么轻松"答应并完成"曾海燕邀请你写的文章呢？马屁不是这样拍的。你才华横溢，文笔犀利，玩玩诗词歌赋多好？把你的诗词整理出来，说不准能卖个好价钱，搞"反思文革和教改"，写"史"你"不够资格"，因为你"六根未净"，你要写，一定会带有"红卫兵"的痕迹，这不公平；你也知道这点，为了表示"公平"，你就说"连同戴相陵、秦志宁那样的文章，都被我几乎一字不改全部增添进去"。那么，《反思座谈会纪》是否也要增添进去呢？"那个荒诞的年代，唯有红联的那段经历才是值得大家回味，值得永远记忆的，因为那是严冬里仅有的一道阳光"。这个"光荣伟大正确"组织的形象绝不能遗漏吧。好，我马上写篇文章，把造反军夸得比天使还漂亮：她是南师附中唯一的、永远正确的、不可战胜的、彪炳千秋的、流芳百世的革命组织；她放的屁是香的、拉的屎是金的；她是照耀寰宇的太阳、是黑夜里指路的明灯……。吹吧，使劲地吹，反正吹牛可以不要脸。你也"一字不改全部增添进去"？拉倒吧你。你想把针锋相对的命题揉在一起，可能吗？你现在既反对他们那样的"反思文革和教改"，写了几篇很有说服力的文章，又"答应并完成"曾海燕邀请你写的'反思文革和教改'文章。自己挤兑自己，不累吗？

3. 二位，你们肯定会辩解：那不是帮派活动。且慢：2006年12月16日，什么日子？"红联"成立40周年大庆，你们精心挑选的日子；参加的人员：清一色的"红联"骨干，血统绝对正统；没有美酒、没有舞会，干什么？认真回顾"红联"的光荣历史，"并达成共识"；很正规，像开中央全会一样，还出了个《会议纪要》；为了给"派性"开脱，拿"造反军也开过会"做掩护；（我作为"造反军"的曾经骨干表个态度：过去没有、将来也不会拉"造反军"也开会）至于有网友说的："红联成立的纪念日，创始者曾有过聚会、合影，'有分量的领导者'还说过一些不可思议的话，据说仍然在坚持初衷"，是否如此，我不敢妄加评论。

我简直不敢再多说什么了。看看同学们是如何评价你们的？你们能坐得住吗？再者，丹柯：你是中国共产党多年党龄的党员了，请问：共产党是否允许他的党员参加共产党以外的帮派活动？（当然，文革时期例外。）如果你的组织领导知道你积极鼓动并参加了这么一个有会议纪要的、清一色的"红联"骨干的会，会有怎样的说法？你想过没有？想想吧。

有网友说："某女头目给她能想到的所有的红联战友打电话、发短信，要大家去参加聚会，鼓动大家在5460班网上发帖支持宋杰和陈'不忘阶级苦，牢记血泪仇'的对话。"说的是不是你我不感兴趣，但"坚持初衷""支持宋杰和陈'不忘阶级苦，牢记血泪仇'"不就是你们"反思文革和教改"的真实目的吗？

4. 如果你们真正表示对文革的反思，请拿出你们的实际行动，在你们的网上拿出反思的文章让大家看看，让大家学习学习，让大家开开眼界。只是千万不要再出现诸如《反思座谈会纪》之类的文章了，那是在招骂。单纯的翻老账、讲故事、为自己评功摆好并不是反思。因此，你们还是先认真反思反思"反思"这两个字的真正含义吧。

二位、二位亲爱的同学，我真不知道如何说你们：都是"耳顺"的人了，该好好享受人生了，该与世无争了，还拉起"红联"的旗帜搞什么"反思文革和教改"，你们不累吗？按曾小渤的说法你们"虽很真诚，但很天真"。如果是哥几个"反思文革和教改"的激情澎湃，按捺不住，一时兴起，找几个"战友"侃一顿，吹一通，对酒当歌，感慨万千、忆当年峥嵘岁月激动流涕，没"达成共识"，不发表什么《纪要》，谁能说什么？你们到底是得意忘形过分了，还是天真幼稚太甚了，不管是哪种，都是毫无理智，把照片登出来不算，还要全文刊登《座谈会纪要》，如此简单的不合时宜的事竟然做出来，这不是把裤子脱得干干净净让人家打吗。不可理喻的得意忘形。那么聪明的人，是聪明反被聪明误了吧。60岁的躯体，20岁的思维。这句话有双重意思。

现在时兴的一个语言是PK，我对PK的确切含义不甚了解，只是觉得起码不带"阶级斗争"的含义，于是借用了PK。为什么是"王虹李丹柯与纵晨光的PK"？因为你二位是"反思文革和教改""要战友"的始作俑者，我是"回到同学时代""要同学"的始作俑者，如此这般就PK上了。为什么？我也不清楚，丹柯我们是朋友，我和王虹没有谋面呀。

第一次，丹柯我们联手PK了借王虹说事的飞来之祸，双十聚会顺利举行；第二次，"回到同学时代"PK了"反思文革和教改"，40/60聚会顺利举行；

第三次，王虹李丹柯联手号召"反思文革和教改"，而曾小渤看来不仅宁肯冒被人重新臭骂的误会和风险也要奋而反击，还把我也拖了出来，于是，我们就又PK上了。PK归PK，丹柯：我还是很怀念我们筹办双十聚会时的愉快合作。

PK归PK，我还是很赞赏王虹《批斗胡百良》一文中表现出的勇气和正直。一位网友说："对于王虹敢于面对过去，真实的披露批斗胡的过程，其勇气令人敬佩，更敬佩他的正气"。

PK 归 PK，我还是那句话：我对这个讨论不感兴趣，原因很简单：这是一道无解的题，却又会挑起事端，与建立和谐社会很不和谐。无奈，王虹两次给我电话，曾小渤听了王虹的话在文章中也呼吁，要我像个男子汉样，站出来！我不得不出来说几句，否则，有些人还以为我真的心虚是缩头乌龟呢。

不是辩解，不是争论，是希望平息。PK 完了我们一起喝茶，好吧？都是同学，何必呢，没有阶级敌人，别搞得像阶级斗争一样。

说完了，任人评说，我就走了，不玩了。

以下是网友议论：

1. 王虹：谢谢纵二说出了 96 年聚会的艰难过程，使之成了可以记忆的历史。其实 96 年我就有个想法，并且向李丹柯说明了。那就是应该突出老三届，淡化 66 届。当然按纵二的说法，那无疑是突出了文革的主题。去年的 66 届聚会时，我仍然是这个意见。因为 66 届只是理论上概念，实际上文革中只有一届，即老三届。66，67，68 的概念已经很模糊，没有什么实际上的意义，大家都是 68 年（基本上）离开学校的老三届。不过在实际操作上，老三届聚会确实有难度，所以 66 届聚会也未尝不可，只是不要忘了自己实际上只是老三届的一部分，而不只是 66 届。

去年的"双庆"活动再次提出的时候，我们（不止一个人）提出了一个"双害"的概念，即文革中我们是受害者，文革前的教育中（包括教改）我们也是受害者。纵二提出的"同学"还是"战友"的概念虽然很有创意，不过我觉得"难友"的提法更为确切。

2. 某某：在南师附中网上还是第一次看到秦志宁的文章，再看看钱南秀，李得宁，史安琪，陈干梅在文革中的遭遇，看来在那时还真的需要有人有胆出来做辛特勒。在那时，任何人的头脑中都没有"人权"这种概念。到处充斥着斗争，斗争，斗争。秦志宁说是白色恐怖，应该叫红色恐怖。当时的"革命学说"是把任何有点财产的人都说成是罪人。并株连到他们的子女。终于在附中，有人勇敢地出来质疑这种论调。他们是怀着一种朦胧的"人权"思想。在后来几十年的岁月中，这种人权思想随着社会的进步越来越清晰起来。

　　说到辛特勒，辛特勒后来过的不怎么好，破产，穷困潦倒。但这不妨碍人们记得他，把他拍成电影。红联头儿们的聚会本来是件很平常的事，只是大家多年未见找个茬儿见见当年志同道合的同学，看看各人都混得怎样了。结果也在意料之中，都不怎样。既没有达官贵人，也没有商贾巨富。只有张三力是个民盟中央委员。在国人的意识中，他只是个花瓶。真正有的只是一点回忆。

　　造反军也尽可以来个聚会，谈谈大家是如何以阶级斗争为纲，和阶级敌人，修正主义做斗争的。有头有脸的人物估计会不在少数。出个纪要也是无可非议的。能贴到网上那就更好。可是看到一些校友在网上对宋杰，李丹柯的漫骂，我忽然觉得这次的聚会有点伟大起来。原来这么多年都过去了，辛特勒还是那个辛特勒，党卫军还是那个党卫军。三岁看老，一点不假啊。

## 41. 对文革灾难的反思是一道没有解的题吗？

杨洪常（66届初三甲）

我的一个同学说得好，文革中打人的人可能已经忘记打了谁，可是被打的人却记得谁打了自己，而且痛还在心里。由此来看，打人的人可以轻言忘记，但被打的人却难言忘记，他要反思只是不希望这样的经历在下一代重演，而不是要将打人的人钉在耻辱柱上，因此打人的人不应当过于敏感而害怕被打的人进行反思。对文革灾难反思是一道没有解的题吗？恰恰有很多解，没有解只是其中的一种解，也是其中最不思长进的人得出的一道解。我们民族的苦难有的是外人造成的，大家都清楚记得；然而有的苦难是自己造成的，我们有的人却要忘记。前事不忘后事之师，对外人和对我们自己都是一样的。忘记自己犯错误的原因就有可能重犯错误，不过下一次打人的人的儿子是再次打人还是被人打，那就不好说了。

# 42. 高二乙班关于"自来红"整同学往事的一次交流讨论

张人则（67届高二乙）

对附中文革经历，我们家两个附中人从未忘却，而且这么多年来实际上是在反复地回顾思考。我们很愿意与同学分享我们的想法，也赞成（如果有条件的话）在公共园地讨论。其目的是多重的：首先，我们这一代人需要在反思中提升自己，超越历史局限；其二，防止文革那样的事件重演；其三，为培育"公民社会"而实践。成熟的公民社会的运作中，发挥关键作用的一个要素是公共讨论——人们就各种事件、论题、政策、思想、价值观等等进行开放而自由地交流，在讨论辩驳中形成"重叠共识"，或"社会价值"。公共讨论是更大的制度性安排的一部分，这里不能细论。人们对文革中的事物（或者任何事物）持不同观点，是世间常态。通过公共讨论而形成"重叠共识"，在中国，则仍然是将来时态。中国总是要成长为这样的社会的。我们愿意从脚下开始，尝试着一步一步往前走。

我们深知，对文革中的大小事端进行反思交流讨论，都是至为艰难的。当年的伤痕，长期的隔阂，现在思想认识的差距，都可能使结果有违初衷，甚至产生强烈的副作用。因此，每次想到要做这件事（更准确地说，每次看到交流讨论的机会，动心想参加时），我们都会再三叮嘱自己：小心！

2003年1月，高二乙班同学曾经有过关于文革中"自来红"整同学往事的一次交流讨论。整个过程，涉及的许多事项，对"老三届"网站现在面对的问题，也许仍有意义。现在根据当时的 e-mail 通讯，作一概述。下文中，凡引号中的话，或单独列出的信件，是原文，已经征得作者的同意发表。有些人名，已做技术处理。

事情的发端，是陈光华回国，请老同学聚会。红联、井冈山的一些同学，收到陈光华所托的一位在宁同学代为邀请，但没有出席。"陈光华在宴会上说了一些话，承认过去做了一些错事，希望受伤害的同学能原谅当年的年幼无知……比较诚恳。"席间还有这样的对话："Y对张大中说'你能来，就说明你已经原谅我们了。'张大中回答'我当时逃到外地去躲了两个多月，没有受到你们的迫害，如果我也受你们迫害，恐怕今天也不会来。'张大中和陈光华初中关系较好，去江宁'挖烙印'前向陈请假不去，陈说'除非你不在南京'（可能是暗示），所以他就溜了，逃到外地去躲了两个多月。事后×××还带了几个人去张大中家贴大字报，令他回校'挖烙印'。"受邀而不去的一个同学是安嘉莹，她还回复了一封信：看到你代陈光华作的邀请，谢谢。但我元月2日不放假，而且下午晚上都有课，所以不能来。你我虽然中学同学多年，但接触很少，不够熟悉和了解，但最近我在WJ处听到一些关于你的为人，她很赞扬你的。所以我想是否可以尝试着和你多沟通一下，交换一些看法。

我们的初三乙，在陈敖老师的带领下，是一个健康的集体，在全年级名列前茅，同学们奋发向上，团结友爱，让我至今难以忘怀。可是到了高中，也许是大环境变了，文革的前后，一个宁左勿右的扭曲了的年代，加上我们有个左得离谱的班主任，在班上大搞血统论，十六、七岁的孩子，有的被冷酷地打入地狱，有的被可笑地捧上了天，以至于发展到文革中"挖烙印"、迫害同学的残酷局面，在同学之间造成了深深地裂痕。高二乙和高二丁发生的事，在全校是出了名的，是至今让别的班的同学无法想象的。当然两者都是受害者，责任不在幼稚的孩子身上。而大多数同学，都提心吊胆，谨小慎微，唯恐一个不小心，就会灾难临头。由于各自的地位不一样、处境不一样，扮演的角色不一样，当然感觉也不会一样，但是都留下不可磨灭的一页。

你可能知道，我的母亲是附中的老师，文革中受到非人的迫害，一群被蒙蔽的初一的小孩子做出了惨无人道的行为（母亲已经去世多年，我实在不想再回忆这段可怕的往事）。但是，初一丙的所有学生在文革后和我妈妈相处得非常好，老师原谅他（她）们当时年幼无知，给别有用心的人当枪使，在他们入党、提职、提干的外调材料中丝毫不损他们一点，希望他们健康发展；这些学生非常关心早已退休的老师，他们常来看望她，替她过 80 大寿，给她的晚年生活带来很多的快乐。母亲病逝后，一个没赶上追悼会的学生秦利国，后来在附中"校友"期刊上发表的文章中回忆了往事，提到"寿玉老师若地下有灵的话，不知能否听到我的忏悔……"我看了很感动，妈妈早就原谅他们了，甚至根本就没有怪过他们。

而今旧的一页翻过去了，大家都五十多岁，到了知天命的年龄了，善良的人们都可以沐浴在温暖的阳光下作深呼吸了，随意欺负人、践踏人权的噩梦时代过去了。和初一丙的"小孩子"相比，我们班可是优秀人才济济，对过去会有一个客观的评价，虽然大家都不再提及往事，但心中的阴影、疙瘩还在，见了面除了虚伪的尴尬，难道有什么友情可叙吗。最近看到 G 的自传"天边"中关于在南京念高中的一部分内容，令人啼笑皆非，大家都说，应该寄给那位班主任老师看看。

寄上徐捷最近回国时我们班女生聚会的照片，看大家笑得多灿烂，因为彼此没有隔阂，只有友情，是多么美好。好了，不多说了。其实我的本意是想让大家戳破那一页纸，消除隔阂，故此，同时发给有 Email 地址的其他同学。我是个说死就断气、留不住话的人，若不能苟同，就当我没说。

消息传到美国，高二乙的同学陈劲、徐捷、麦纪玲、蒋为民等，以及其他附中同学，和我们电话、e-mail 往返，议论纷纷。因为对反思讨论有前述的正面态度，既然安嘉莹已经"戳破那一页纸"，引发了大家议论，我们何不跟上？于是就有以下这封信。

张人则致安嘉莹信全文：

陈劲转来你和项振玉的几封 e-mails，读后很有感触。这里的附中同学也有大小聚会，通常免不了涉及"自来红"时代留下的裂痕。其实，如果老同学多年不相往来，倒也无事。作为当年被整的人，我们固然无需旧事重提，要求对方道歉。但近年来校友聚会似成风尚（"知天命"以后的心态的表现？），如何处理旧事，就无可回避了。

就个人之间的关系而言，我对直接伤害过自己的人是不愿意见的。"何必呢？"三个字，就道尽了充分理由。而我不愿意见的附中同学，也就几个人。Y不幸是其中之一。下乡"挖烙印"前我征得陈光华同意，没有去。等你们回来后，就看见成立"红外围"的通报，点名若干"黑五类"子弟包括我定时去北操场集合。我按时前往，Y出来，自己在树荫下站定，让我们在似火骄阳下站成一排，听他训话。先宣布成立"红外围特别班"（专为我们这些人而设），再挨个把我们每个人痛骂一顿，历时总有一个小时，最后勒令我们以后天天去报到，"补'挖烙印'的课"。要补的课是："你们这些'狗崽子'，首先要承认自己是'混蛋'，通过狠挖'阶级烙印'，争取不当'混蛋'。你们要甘当'混蛋'，我们也不允许！红卫兵会帮你们'触及灵魂'！"由于有班上陈光炎被"触及皮肉"的先例，我们很清楚"帮助"我们"触及灵魂"意味着什么。但那时大形势正在改变，开始批"资反路线""自来红"了，我没去"补课"，不几天"红外围"也就解散了。

对于我的这种态度，曾经听说"那一边"的一个同学这样的评论："这么多年了，他们还记得那些事！？"我不以其为是。自尊和相互尊重的人们之间交往，当然有一定规范。当年如此待人，现在如果不首先示好，受伤害的一方有什么必要虚与委蛇呢？

伤人的事，不是仅仅发生在干部子弟与其他同学之间。我自己也干过。几年前第一次回国时同学聚会吃饭，我正好坐在你旁边，曾问及你母亲。你告诉我她已去世。我当时心里一动，席间无法多谈。运动初期班上几个男生一起写大字报，把一些老教师都点名批了一通，其中包括吴寿玉老师（当时涉及的是"教改中的保皇派""用'唯有读书高'毒害子女、学生"之类）。你从我们旁边走过，看见这张大字报，没说话，我当时心中有些尴尬。我其实是希望向你说一下，我记得这件事，我该道歉。我参加的批老师、斗"走资派"的事当然远不止于此，如果要见这些老师，我都要先道歉。

　　这种道歉的意义超越了个人关系的范围。我们整个社会要有所进步，我们这一代人就要提升自己，做出努力，否定导致文革悲剧的思想根源，消除制度性弊病。陈劲在电话中说，"当年他们是雅利安人，我们是犹太人。但在相反的形势下，我们也可能当雅利安人去压犹太人"。实际上，运动后期"我们"这一边的一些同学对"那一边"的一些老师的打击，也是不堪回首的。我们从插队到现在，一方面是在实践中做力所能及的事，一方面是思想上摆脱当年谬误而接受更新更好的观念。改革开放以来，在经济增长方面有显著成绩，但很难说在人的发展、社会进步和基本观念方面也有相应的提高。你们信中提到的×××上电视慷慨陈词初二时"学雷锋"一事，正可用作佐证："雷锋精神"中，关心、帮助他人，"像春风一样温暖"是正面的，但"驯服工具"/"甘当螺丝钉"是奴役/奴隶的思想，而"夺过鞭子揍敌人"（还记得"唱支山歌给党听"那首歌吗？）蕴涵着一种仇恨和暴力倾向，在文革中就演化成谭力夫的逻辑和真实的鞭棍交加的血腥场面。我们这一代人，现在不应该不加分析批判地重复当年一些饱含毒素的东西。我确实觉得，一些最好的观念还没有在中国扎根，与此相连的制度改革建设还有很长的路要走。我们在1999年写过一篇文章，涉及在这方面的一些思考，附上请指正。

　　从来信中我第一次知道张大中也是得陈光华助而逃避了"挖烙印"。我刚刚打电话和陈光华谈了我正在写的这些事（他才下飞机到家几小时），他提到在聚会时对当年做错的事道歉。陈光华对文革往事的态度，在多年前就很明确，所以我们在文革前、文革后到现在都是朋友。附中同学在这边的聚会，凡日程合适的，他都参加了。我觉得他让Y出面请人，可能是所托非人——"这边"的同学记得Y当年的行为，并不知道他如今的看法。Y对张大中说"你能来，就说明你已经原谅我们了"，确实不够得体，"原谅"与否应该由别人说。难怪张大中反驳。但Y用了"原谅"一词，这可以肯定吧。

如果你认为合适，可以把这封信转给其他同学。我也把它发给这边的同学。这里所谈，全部对事对理不对人。高三丙班搞了一个"网班"（只限同班同学的网址），葛家覃老师也参加了。据说那个网站天天有人留言，热热闹闹，但不涉及我们现在讨论的问题。你的信引发我们对这个问题的进一步反省思考，谢谢你"捅破一层窗户纸"。

张人则 2003/1/7

附件（略）：

## 由女儿参加的一次学生抗议活动所想到的

### 任 赜

发表于北美"世界日报"周末版"世界周刊"1999年5月19日网上杂志"华夏文摘"增刊2000年6月3日http://www.cnd.org/HXWZ/ZK00/zk215.hz8.html

安嘉莹的回信，对张人则的一些观点提出意见，例如，"关于你的'对直接伤害过自己的人是不愿意见的'的观点，颇有同感，但修正一下，如已认清过去的过错，以诚待人的不在此列。"同时报道了南京的新情况：当时接着有另一同学回国的聚会，"我没有去，据说还有一些受过伤害的同学也托词没去。但有人将我在陈光华回国时给 Y 的回信，打印了带到现场，许多没有 Email 地址的同学都传阅了"。"我上次发给 Y 的信，同时发给了有 Email 地址的同学，以期沟通。大家通过不同的方式给了我回音，当然各自的看法也不尽相同，大概只有 Y 没回音，但据说他说'安嘉莹的信起了很不好的作用'"。

另一方面，陈光华和张人则讨论之后，决定把他在一场大病、几乎死掉、痊愈之后感悟人生的一篇文章作为致全班同学的信，发给同学交流。文章是用英文写的，由蒋为民翻译出来，寄回南京。该文及译者后记如下：

## 陈光华致全班同学的信

（蒋为民的中文译文，经陈光华审校）：

### 致谢与道歉

亲爱的同学们：

　　这个假期我回到南京，邀请了老同学，以及其他一些人一起聚会。我很高兴见到一些三十多年没见的老同学。尽管好像我们突然又回到了我们的年轻时代，充满活力和梦想，然而韶华不为少年留，如今我们已经年过半百。

　　或许我是一个在这个年龄倾向于回顾所走过的人生历程的人。或许是我的九死一生的经历（在心脏停止跳动后，又抢救过来，在一个美国医院重症特别护理病房住了7天），促使我反省生与死和我存在的意义。因此我与参加这次聚会的人一起分享了我的这些反省。

　　反省我九死一生的经验，我醒悟过来更好地理解我自己，活着还是不活着，以及生命的意义。死亡像似一曲贝多芬的交响乐；强烈的冲突和无法忍受的疼痛逐渐消逝，进入到一个安详、美丽、略带悲哀的场景中，最后达到永恒的宁静。尽管在那一时刻，死亡像似一个毫无疼痛的解除而生命在凋萎憔悴，然而因为我对那些至关重要的人的关系的执着，以及我对于爱情和友谊负有的永难完全回报的责任，奋斗以重返人生是值得的。确实，在那一时刻我既没有为看来是虚度的年华而悔恨，也没有为我在一些人生目标上的失败而遗憾。我也没有细想崇高的理想。实际上，在那可能是我的人生的最后的时刻，我的思想是和我的母亲和妻子在一起。

　　因此，对于我，人生的最重要的事情是人际关系和对于这些关系的依恋。所以，人生的意义是理解和感激这些关系。换句话说，人生的历程是超越我们的局限性、偏见以及被误导的状态，达到理解人类同伴，以及我们和他们的关系，并感激所有这些的关系。在这样做的过程中，我们学习如何生活，如何对待人类同伴，如何做人。

因为生命是脆弱的，所以我不愿意错过我的机会。我乘上次聚会的机会，现在再借写此信的机会，对所有和我一起学习过，工作过、分享过经验体会的人表示感谢。感谢你们友爱的帮助，容忍，和耐心，以及教我关于人生的意义和人类的关系，和如何做人。

我是一个学得慢的人，花了我一生的时间才学会了或许是简单的道理。我曾经不成熟的，有局限性和偏见，误入歧途。我不懂如何做人，做了错事。我伤害了好人。我伤害那些我应该永远怀有感激之情的人。我对我的错误表示歉意。

说几句话关于文化大革命。尽管情况可能不同，当我伤害了其他家庭时，我的家庭也在受伤害。因此，从个人和家庭的经验推广到人类的更一般的经验，对我并非很困难。我曾经在八十年代在南京大学和一些老同学和校友交换过关于某些悲剧性的情况和事件的意见。我记得在八十年代早期有一个学习班，大家必须谈文化大革命教训。虽然几乎所有我的同事都使用了现成的语句，例如"对马克思主义、列宁主义毛泽东思想缺乏理解，受四人帮和林彪蒙蔽"，我陈述我的两条教训，没有用这些语句。我只需要用简单人性的措辞。首先，做一个好人。其次，做一个独立思考的人。

简而言之，我感谢你们大家和我们的友情，它们构成我的人生而且赋予它意义，我也对我的错误表示歉意。像在一首歌中所述，请允许我向你们这些好人——我的老同学，致以最良好的平安的祝愿（"愿好人一生平安"）。

陈光华

（请将此信传给全班同学。因为我没有中文书写软件，此信用英文写成。）

# 译后感

蒋为民

光华同学：谢谢你的来信。

人则同学昨日来电话建议我将你的信译成中文，便于更多的同学分享。我今天已译了一个草稿，权当抛砖引玉之作。你的九死一生的经验独一无二，发人深省；你对人生的意义的理解十分深刻；你的诚恳的歉意，难能可贵。古人有语"大难不死，必有后福"，又说"人有十年旺，鬼神不敢谤"，你躲过这一劫，哪怕是鬼神也奈不了你何。

文化大革命之事，红卫兵既是当事人，又是受害者。你的词"misguided""误入歧途"很贴切。

"金无足赤，人无完人"，我们都是在不断改正错误中前进。"行年五十而知四十九年之非"。我很高兴有你这样正直的好朋友。

蒋为民 01/12/03 于旧金山。

陈光华的信在南京同学中流转，反应是正面的："不断地收到陈光华信件的中英文新版，我想，看到的同学都会体会到他的诚意的。"事情到此，本来可以算是不错的结果了。但接下来又起余波。一些受过"自来红"压迫的同学，对班上几个非干部子弟而参与整人的同学，也起责难，认为他们有关歉意的表态不够深刻。被批评的同学受到压力，感到委屈。陈劲与张人则商量，我们不能搞反向的"挖烙印"。于是，陈劲与南京同学打电话，麦纪玲与美国同学打电话。中心意思是，反思要由各人自己做，不能要求别人的认识达到自己的水平。我们的目的是消除历史隔阂，千万不要再造新创伤。这种意见在沟通中得到共鸣。大家对文革往事的看法、认识当然仍有差异，但同学之间在有过上述那样的交流之后，就不再追究了。

从高二乙班同学的这一场讨论来看，反思讨论要取得正面成果而避免副作用，绝非易事，但并非不可能。上面提到，我们对反思讨论文革一直持赞成而谨慎的态度。关于反思讨论应该如何进行，我们的一般想法是：

1. 反思依赖事实，我们应当努力建立附中文革史实的尽可能完整的纪录，作为反思的基础；

2. 对文革中的事端，是非判断立于道歉，一经道歉，双方就有了反思讨论的共同出发点；

3. 思辨固当力求深入，讨论无妨相互辩驳，态度则务须符合公共讨论的规范——理性、开放、尊重对方等等；

4. 所追求的成果，并非观点的统一，而在于形成比出发点更深入、更广泛的"重叠共识"。这种共识可能需要在多次交流沟通中经逐次逼近的过程而形成，已形成的共识，也可以随时间而演化发展。附中的老三届同学啊，我们能不能通过反思，尽量为我们的下一代留下更多一点正面的东西呢？

以下是网友议论：

1. PP：我们应该相信当事人的感受。不过作为思想兵的主要负责人还有一个不能推卸的责任：就是回忆思想兵的历程，即使不那么光辉也没有关系。四十年前的你我他，已经不是现在的你我他。所以心态上一定要客观些，不要将自己同四十年前的自己仍然捆绑在一块。

2. PP：沙尧是个执行者。当人们觉得他也是文革的受害者的时候，更应该注意到他作为阶级路线的执行者的一些细节。矛头指向走资派（当权派），并不是一个简单的受利用，受蒙蔽的事情。在一些当权派的身上，或多或少地体现了专制的特色。矛头指向走资派，从更清晰、更准确的角度来讲，应该同指向旧体制相关。

## 43. 人与人活着时的差异

### ——文革中南师附中干部子弟的两种不同行为选择

杨洪常（66届初三甲）

有一种说法，认为人来到这个世界和离开这个世界时大家都是一样的，没有什么差别：赤条条来，赤条条去。差别仅存在于活着的时候。这话一点也不假。但活着的人的差别在哪里呢？我曾思考良久，男人与女人，老人与孩子，中国人与外国人，胖人与瘦人，巨人与矮人，穷人与富人，……，这许许多多人的差异中似乎唯有穷人与富人的差别是最大的差异了。

本来已经到了接近退休的年龄了，离那个回归人人都没有差别的日子渐趋逼近了，但回头反思文革的历史，我却对一段时间中认为"穷人与富人的差别是人活着时最大的差异"之看法有了否定看法。

我是文革中红联的普通成员，去年参加了红联成立40周年的文革反思聚会，我在会上讲了一段话，表示了对红联创建者的敬意。为什么？因这个世界上的人大都是利益的动物，所谓"天下熙熙，皆为利来，天下攘攘，皆为利往"，如果几何定律违反了人的利益也一定会被推翻！文革中血统论为什么会受许多干部子弟欢迎，说白了就是因为当好汉的自然比当混蛋的愿意接受，从人的利益本能出发，太容易解释好汉们的行为选择了。可是问题在于，文革中干部子弟云集的南师附中为什么偏偏有一批干部子弟（如宋杰、李丹柯、吴芸生、何纪宁等）能站到了非干部子弟一边反对血统论呢？我们今天回顾这段历史，不能不对这些能够超越自己本能反应的这批干部子弟表示敬意。他们在当时是具有独立思考精神的人，身上闪烁着理性的光芒。他们没有像有的干部子弟那样用皮带、鞭子肆意殴打自己的同学，而是和非干部子弟一起建立了组织。本来，40年过去了，大家都对文革中的事情淡忘了，很少人还会记起当年那几个具有独立思考精神的干部子弟了。但是，去年反思文革的聚会，让我看到当年这些能超越自己地位清醒认识问题的人，又在呼吁反思文革，希望让下一代吸取文革的经验教训，这种具有人文精神的情怀再一次让我感悟到人与人的不同：那些文革中打人的干部子弟今天在呼吁人们忘却当年，认为文革的反思是一道没有解的题，反而攻击当年站在非干部子弟一边批判血统论的干部子弟现在进行的文革反思是别有用心。同样是南师附中文革时期的学生，又具有同样的家庭背景，为什么他们的行为却那样的不同？

士隔三日当刮目相看，本来隔了40年了，原以为那些打人的干部子弟已经脱胎换骨，有长进了。但是最近看他们的言论，不像！虽然不知道是不是那些打人的干部子弟发财致富了，而那些不懂自己利益所在、举世皆醉而我独醒的干部子弟是否是白丁，由此造成了人与人活着时的巨大差异。但是，我似乎终于明白，贫富并不是造成他们巨大差别的原因，而他们各自对人性的认识、对国家、社会的责任感，以及独立思考的理性精神才是造成彼此之间行为差异的真正原因。

理性是科学与民主的基础，愚昧是文革这样灾难的土壤之一。文革过去40年了，希望越来越多的人能树立独立思考的理性精神，这实际上就是在清除文革土壤。在此，也再一次对能超越自己地位进行理性思考的红联创建者表示敬意。

以下是网友议论：

1. PP：问题的关键是，你是否承认66年8月的那场以血统论为标志的对同学的整肃，是对平民的政治迫害行动。而红联的兴起是反对这一迫害的直接结果。遗憾的是胡百良也是站在迫害者的立场上，指责平民的反迫害行动。

  2. YY：如果是我，在没有法律的约束力下，重新用文革的思维方式，敌对的态度来逼我道歉，我一定不从！我宁可将来去上那法律的绞刑架。持敌对态度的人该醒醒了，能支撑这网站的力量除了信任和友谊还能有别的吗？！这是上天给咱们的最后一次群体交流机会！看到有人逼人一次，一次，又一次地道歉，当听到有被逼者又在再次写道歉信。我的心是被揪住了一般的疼。我看到的是又在写道歉信的人的善良和茫然，和逼人者手下那无形的"文革"皮鞭！我想大声说，让我们从交流中去争取更多的相互理解，再在自愿的基础上去有效地回忆往事。这里不是个人报恩，复仇的场所，任何人都不必用任何理由（如为了下一代之类的）为这种行为做解释。如果这网站成了又一不平等的，文革式的逼人场所，它就该被关闭，成为又一不幸的准文革文物。

  3. 某某：附中文革中的两派，既非造反派也非保守派。是血统'纯'的党卫军和受迫害的犹太人。看看那些高干子弟云集的学校吧：清华附中，师大附中，不都一样吗？所以，没有派性，只有压迫和被压迫。

  为什么屁派的红联能和好派的井岗山和睦相处？道理不是很明白吗？因为他们都是犹太人。

## 44. 是"阶级斗争扩大化"吗?

张人则（67 届高二乙）

从曾小渤的文章开始，这个网站上开始有不同观点的系统回应。我们愿意就曾小渤所说的一些看法接着讨论下去，看看在相互理解上能不能向前走一步。本文讨论"阶级斗争扩大化"问题。

曾文说，造反军在文革中犯的是"红卫兵特有的'阶级斗争扩大化'的错误"，而红联在文革中所为，也是"扩大阶级斗争"。甚至说，"一言以蔽之，反思文革，就是要避免重犯毛泽东阶级斗争扩大化的错误"。我们认为，以"阶级斗争扩大化"概括文革错误，从史实和概念两方面来看，都不能成立。

清华附中老红卫兵宋柏林文革中的日记不久前出版了，"华夏文摘"有摘要，见：http：//www.cnd.org/my/modules/wfsection/article.php%3Farticleid16363。看后很感慨。重看自己手头留有的文革初期的日记，某些地方，和宋柏林日记"如出一辙"，无非是紧跟最高指示，红旗社论，等等。在整个文革期间，我们自己在学校斗校长批老师，在社会上参加派别斗争等活动中的指导思想，如曾小渤所说，和早期红卫兵运动中的破四旧，横扫一切牛鬼蛇神的指导思想一样，是错误的。同处一个时空，思想行为自有同一性。但是，红卫兵的阶级斗争观有其鲜明的特色。宋柏林日记中关于红卫兵对学校中、同学中的阶级斗争，有这样的记载：

1966 年 6 月 4 日星期六阴、起风

上午与爸爸谈了学校的事。爸爸很支持我们，并答应明天到我们学校去看看，并说："有必要时，我也可以给你们贴一份大字报，支

援你们嘛。"爸爸听说学校依靠那些乱七八糟的人，打击我们干部子弟，很气愤，说这就是对我们的专政，他们早把我们恨之入骨，如果没有党和毛主席，没有强大的人民解放军，早把你们杀光了，这里面有阶级仇恨啊。爸爸的言谈之中爱憎十分分明，旗帜十分鲜明，坚决支持我们干革命，要我们好好读主席的书，好好锻炼一下自己。与爸爸谈过后，我更坚定了，浑身充满了力量，觉得更有了靠山。看了今天《人民日报》的社论，我们回去斗争时一定要旗帜鲜明，要以其人之道还治其人之身，既然你用敌我矛盾来对待我们，就休怪我们不客气了。

1966年6月23日星期四阴

爸爸特地打电话叫我回家谈谈。回家与爸爸谈了许久，爸爸说：在你们这样的学校里，团结95%可能不太适当吧。并说那些右派学生如果捣乱，就应敲打。但还是要注意，主要是夺权，是打当权派。对右派学生，你们心里都有底，一个成分，一个文化革命中的表现，就足以卡住他们，不让他们升学，让他们好好地改造。并说在学校里这些人是改造不了的。

这些话，杀气腾腾，蛮横无理，帮助我们回忆黑暗的血统论时代。很清楚，纯就观念而言，红卫兵（以及日记所反映的他们的父辈——宋父当时任解放军政治学院副院长，少将）的阶级斗争、阶级路线具有这样的鲜明特征：

1. 报仇心理＋专政手段：所谓"以其人之道还治其人之身"。"既然你用敌我矛盾来对待我们"（在1966年，在所有中学，这是一个"无中生有"的假定），那么我们就要在子女身上，去算和他们的父辈的旧帐（今天的普适观念应该是：压迫是错误的，报复式的压迫是错误的，消除压迫才是正确的。如林肯在南北战争后所说；永远压迫一部分人是错误的。按马克思所说，对部分人的压迫，将使整个社会得不到解放）。

2. 享特权＋谋私利："成分"和"表现"都是工具，用来"卡住他们，不让他们升学"（今天的普适观念应该是：权利平等，机会均等，排除歧视）。

　　引用宋柏林日记来谈附中的事是恰当的，从八一八上天安门到北京"南下兵"在附中演示"自来红"整同学，附中红卫兵与北京的最早成立的红卫兵有密切联系。再回想当年谭力夫讲话，他的阶级斗争观念，也突出地反映了以上两点。这是一个普遍现象。记得到了1967年夏天，"血统论"已经批了很久了，造反军还出了一篇大字报，标题是"试看明日之域中，竟是谁家之天下？"声称只有他们（而不是"非红五类"）才是天下的主人。文革中毛泽东用"触龙说赵太后"的故事，引发"财产与权力再分配"的话题，并特别提出对"君子之泽，五世而斩"的担忧。这和流行多年的"打江山，坐江山"论一样，是直白的帝王思想，视"天下"为私产，自己百年以后，要确保由自己的子孙后代世袭下去。而这张大字报的论调，就是深得"江山论"的真谛。我们今天还能坚持这种国家观，而认为民治、民有、民享的国家观不过是浅薄的"国际惯例的语言词汇"吗？具体地回顾这些史实，是想扎实地支持我们两个相连的观点：其一，对红卫兵阶级斗争观上述两点概括是成立的，其二，这种阶级斗争观从根本上错了，并不包含"如果不'扩大化'就可以认可"的成分。

　　"扩大化"的说法颇有历史。早期的例子（如果不是最早的话），是说斯大林"肃反扩大化"。其本国人民，早已否定这种论调。后来这个概念一而再、再而三地用在其他事件上，动机效果，基本相似，就是扭曲史实，文过饰非。如今简单套用这个概念概括附中红卫兵文革中错误，是否能算是合格的认真反思的成果？

　　另一方面，仔细回想起来，红联、井冈山搞阶级斗争时所犯的错误，多半与上述两点无关。一些同学提到红联成立初期拒绝部分同学加入的往事，批评红联也讲血统论。在那个时代，彻底抛弃血统论是不容易的，但不能说没有程度之分，在某些情况下，说红联是在阶级路线压力下试图自保，可能更符合历史真实。这样说，并不是要为任何错误辩解，而是想指出，与红联、井冈山当时所理解信奉实践的阶级斗争，与"自来红"的阶级斗争观念及其实践，有重大区别，无法用"阶级斗争扩大化"来混为一谈。对此,本文不能细论。

以下是网友议论:

1. 知情者:关于红联也受血统论影响的问题,可以参照李得宁关于该问题的论述。关键在于是否利用血统论对人进行迫害。

2. PP:关于用逼供信,殴打的方式对待徐远帆的行为肯定是极其错误的。这是吃狼奶造成人的狼性发作!当然具体情节还有待弄清。可是红联为什么要审批徐远帆呢?文革初期,徐远帆做了些什么,说了些什么?为什么在审批沙尧的时候,要审批徐远帆呢?红联决不是矛头指向教师,而恰恰是对整教师的行为深恶痛绝!

2. PP:先前已经有文章提到那次抄家。那是发生在68年初,清理阶级队伍之风,已经在全国范围刮起。当时红联的负责人显然感到了山雨来临前的风寒。当时为了不给造反军以口实(造反军当时是如何做的呢?),抄了靠拢红联的所谓有些问题的教师干部的家。虽然只是部分红联人员的行为,也应该视为红联的污点!做一个不恰当比喻:当草原上发生了火灾,当事人为了防止火烧到自己身上,先将自己附近的草烧掉。这样,当大火到来的时候,自己就可以避免……。这既是红联的污点,也是红联的悲剧!清理阶级队伍是毛的战略部署,当年没有人能够对抗这一指示。显然,红联的这一行为是被动的,是出于"无奈"。当时,许多红联成员都是不认同这一行为的。据我所知,红野没有人参与其中。

3. 某某:我希望那些曾经是红联的成员不要在此为红联这个文革的产物辩护或是贴金了。即使红联在成立时对反对自来红起了积极的作用,然而在整个文革的混乱中红联没有也不可能在任何地方超出了文革的模式,也是被毛误导的那一段中国疯狂历史的沧海一粟。难道我们还不能跳出那种狭隘的小团体思维,从历史的角度反思文革的所有行为吗?实在让人太失望了.这绝不是当初发起"老三届"网站的初衷。老三届网站不是为红联这个组织树碑立传,歌功颂德的地方。希望那些想为自己那一段历史评功摆好的人另外找个地方去叙,否则大家就不要凑在一起,还是散了的好。

## 45. 能让人不疯狂的一种东西叫理性

杨洪常（66届初三甲）

你既然承认文革是一段疯狂的历史，那么是不是也要说经历这段疯狂历史的人都是疯狂的人呢？恰恰在大多数人疯狂的同时，也还有少部分人不疯狂，如张志新等，那些不疯狂的人是为什么不疯狂呢？如果我们当时都能像这部分不疯狂的人那样，文革还会不会发生呢？这正是值得我们要思考的问题。我们不能怪中国出了个毛泽东，这仅仅是问题的一方面，试问毛泽东去美国、英国、法国发动文化大革命，会有人理他吗？这另一方面的问题就在中国人自己身上，是中国人自己的状况使然，是领袖与人民的结合，才能导演出那样的悲剧！而中国人身上的什么问题导致了毛泽东能发动文革呢？这可能会引出许多许多探讨，历史到一定时候肯定要回答，这不可能由中央出个决议就解决了，尽管会存在分歧争议，不过到了今天，我们已经到了能够从容讨论的时候了，因为国家的法制、人民的观念已经进步了。如果我们对文革的土壤有了清醒的认识，从而改进自己，就能避免在另一种情况下发生类似文革的悲剧，这就是我们说反思文革的真正意义所在。

反思文革并不是要把谁钉在历史的耻辱柱上，该钉的早已钉了，无论是司法界还是精神界，现在要做的是找出曾经让我们疯狂的原因，清理依然不同程度存在的文革土壤。能让人不疯狂的一种重要心理要素叫"理性"，有什么能让一个国家的人民多一些理性呢？只有教育。这也是要把文革与教改一起反思的原因。以往的教育虽然有不少成绩，可是过多地强调把人培养为工具，而不是理性人、有健全人格的人，这是一大重要缺陷，直到今天我们不少学校仍然只强调升学率、就业率，这是工具人教育的一个继续，大有改造之必要。

红联与造反军都曾经疯狂过，没有超出文革模式，这基本上是对的；但我们不能说红联与造反军中所有的人都打了人，都对血统论膜顶礼拜，都迫害过自己的同学老师。那些反对血统论与反对迫害自己同学老师的人是什么原因使他们做出与某些同龄人不一样的行为选择，恰恰是理性，这正是我欣赏的地方，对他们表示敬意不是耻辱，也不是自卑，而是对真理的臣服。有的人只臣服权威、权贵，却不臣服理性、真理，那就有可能继续充当文革的一份土壤。

以下是网友议论：

某某：你的话我很同意．请不要误解。上一篇文章"对红联某些成员为其贴金"不是针对你的发言，是针对有些人对他们在文革中的派性活动还念念不忘而感到无趣。我想你也不会认为那些辩解有任何意义吧；相反把对文革的反思纳入了对个别派系的怀念之中，这不是我们所需要的。

# 46. 我的反思

## ——关于杨长庚李夜光老师

原红色造反军某某　木疙瘩

### 46.1. 我的反思（原红色造反军某某）

我认为不管是主义兵、八一队、红联还是造反军，有错就认错。才能得到心灵的慰籍和平衡。我是造反军的，初中的，打过总务杨老师，因为听校长室的杨琼说他是国民党特务，因此，我们打他特别狠，除了拳打脚踢，更是把他扎在麻袋里用棍棒打、用脚踩，然后连麻袋一起放进学校池塘里呛水，洗去嘴里的血，再放了他。事后听说他病了很长时间，没有轮到我们道歉，就死了。使我想起来就心疼。我还参与抄了李夜光校长的家，也很惨，因为也是听杨琼说他48年从台湾回来，是特务，撕了他家的蚊帐和棉胎，揉了盐，浇了水，才解了恨，当时认为自己斗争性强，很革命。直到八十年代初期，他在五十中当校长，我路上见到他，向他道了歉，他笑着说，过去的事，不提了。那以后，我心里轻松多了。

我闷了十几天，还是写出来了。我觉得纵二做得好，是错就改，记不清的也不怕。说了，反而得到谅解。

### 46.2. 去伪存真与理性（木疙瘩）

理性是成熟的表现，利益永远是冲动的动力——德弗洛克里

"南师附中老三届网"2007/05/01 刊登的匿名文章"我的反思"以及内容相似、同时发表的姊妹帖子,说的都是"总务处主任杨长庚被几个同学残酷殴打的事,多处内伤,病的时间不长就死了"。文章一出,引起一片哗然,赞扬的、谴责的、引申的、感叹的,就像"一个馒头引发的血案",各路神仙纷纷亮相,煞是热闹。但是,令文章作者和鼓噪者万万没有想到的事实却是——杨老师,现退休在家,虽然身体有疾,但仍在安享晚年。

杨长庚老师,文革前夕任总务处副主任,文革中确实惨遭迫害,加害者是当时杨的部属、后勤职员杨某某(此人已去世,没有必要再宣扬了)。这点,很多人都知道,不是现在才揭发出来的。一个简单得不能再简单的事实,一个拙劣的漏洞百出的谎言,怎么就会使那么多精英们视而不见反而热血沸腾,慷慨激昂?杨洪常说:"能让人不疯狂的一种重要心理要素叫'理性'",是什么原因使得他们疯狂地失去了"理性"呢?我也是实在"闷"不下去了,不得不写几句。

1. 对《我的反思》的作者。你写这篇文章的真实目的我不想评说,但是,你犯了几个明显的错误:

1.1. 你单凭一个"听说",就把一位活着的人说"死了",一个人命关天的谎言,制造了一场混乱,开了一个天大的玩笑!

1.2. 你未署真名实姓,道歉主体无法确认。你不敢署名吧?因为署名了,也就真相大白了。我倒是希望你能够站出来,把事情说说清楚。请注意:你已经失信了一次,千万不能再失信了。派性是认识问题,失信是道德问题。人们很难相信已经失信的人。

1.3. 杨某某当过兵打过仗,把杨老师"扎在麻袋里","连麻袋一起放进学校池塘里呛水",你硬把杨某某"革命"的光环套在自己的头上,13、4岁的小鬼充当打虎的英雄,真是有本事,也很有煽动性。

有声有色的描述……所谓"反思文革",成了回味文革,这正是"红联成立四十周年纪念"活动的特色。

1.4. 你听说他"是国民党特务",就往死里打。那打人致死的主犯就是你了,你把自己钉在铁板上,逃都逃不掉了。往自己身上揽

"骚",而且是"人命关天"的"骚"。那么,依据你的"供词",按某位网友的话说:"追究他的刑事责任"。

1.5. 你不要诡辩你说的"总务杨老师"不是杨长庚老师,你说得很明确,所以就有戴某某的说法:"杨长庚、徐康宁二位老师文革初受残害……我对这两起打老师的事件,非常震惊、气愤和悲哀。对二位老师的早逝表示沉痛地哀悼"。

2. 对《读老三届的忏悔》的作者戴某某。你"对二位老师的早逝表示沉痛地哀悼",对还健在的人表示"沉痛地哀悼",这是人做的出来的吗?坟头在那里都不知道就乱磕头。你偷换概念,把某一个体偷换成老三届、妖魔化一代人。你还不问人的死活,急于作秀,对基本事实毫无兴趣。你的兴奋点究竟在哪里?就是所谓"道歉",甚至抛出"以老三届的名义道歉"。天下有骗财的(经济问题),有骗色的(道德问题),居然还有骗道歉的(政治问题)。真道歉的目的是为了正义。骗道歉的目的是为了什么?你似乎不经意地抛了一句"为受害者,即使是在附中校园内立块纪念碑,也不算过分"。要害就在此地!你及你的朋友,不只是要个别口头的、文字的道歉,而是要在共和国的土地上立一个历史的物证,十字架,耻辱柱,把你们想要钉的钉上去。难道不是吗!

3. 王某:你对文革中的许多事情了解的很多,做过很多调查。你应该知道"我的反思"一文中描述的"事实"的真伪。请看和你一起调查的同学的文章:"高鸿奎……是附中文革期间唯一死去的一位教师。67年的夏天,他被附中某学生组织(JGS)抓到学校,关在五四楼的一间教师休息室里隔离审查。没过多久,人们发现高鸿奎在被关的房间里自杀了,他是将裤腰带拴在窗户的钉子上自缢的"。怎么又冒出了某某某、某某某二位老师文革初受残害、早逝的故事呢?你也知道"某学生组织"是哪个组织。打死人的事情在我们学校确实发生过,是"某学生组织",而不是哪个初中的小鬼。你,人的死活不管,拿了根稻草就当金条,如获至宝。你真像杨洪常说:"疯狂地失去了'理性'呢"?

"去伪存真",是对人对事(乃至做人做事)的一项基本原则。如果四十年前不懂得遵循,那么四十年后的今天必须遵循,这是用青春为代价换来的教训。去伪与求真是一个原则的两个方面,求真是相当困难的,而去伪相对容易一些,只需找出事实真相,比如本案的破解。

"既然是回答'我的反思',就请网管同样刊登出来。以供探讨。"

以下是网友议论:

某某:木疙瘩求证事实是好的,可没求证到的东东能乱说吗?比如说你的文章在告诉大家"反思者"写的打人是假的之类的(如我没理解错的话)。关于事后杨某死亡一事作者声明是"听说"。你的发现只构成了一个具有喜剧色彩的结尾或补充,无法推翻文革残忍打人的事实。木疙瘩难道不怕将来反思者亮名或其他人证(一同打人者)出来后一起告你"诬陷罪"吗?你那时敢亮真名上阵吗?木疙瘩说"一个简单得不能再简单的事实,一个拙劣的漏洞百出的谎言,怎么就会使那么多精英们视而不见反而热血沸腾,慷慨激昂?"你这一条金箍棒,打翻了发表意见的读者一船人,你真行啊!你不怕大家告你'恐吓作者罪'吗!

# 47. 谈老三届的忏悔

戴相陵（66届初三丙）

## 47.1.谈老三届的忏悔

作为附中教师子弟和附中老三届一员，曾自认为知道附中文革的事情很多，却从未听说过杨长庚、徐康宁二位老师文革初受残害的详情。我对这两起打老师的事件，非常震惊、气愤和悲哀。对二位老师的早逝表示沉痛地哀悼。一如既往，我对参与此事而忏悔的同学表示认同和尊重。希望他（她）们能早日走出罪孽的阴影。

对于文革中做错事，我是一贯主张反思、忏悔和道歉的。我也希望能以附中老三届或者附中老三届网民的名义向附中文革中所有受害者表示道歉——无论是受害、受残、受伤的；在心理上的、还是生理上的。为受害者，即使是在附中校园内立块纪念碑，也不算过分。

有人可能会想不通：自己在文革中没干过坏事，甚至还是受害者，凭什么也要我道歉？同学们还记得，在上世纪70年代，德国前总理勃兰特，在二战犹太人被害纪念碑前下跪的故事吗？勃兰特先生是代表德国、德国政府和全体德国人民，在全世界的众目睽睽下，向犹太人跪下和忏悔的。可是当时人们并不清楚，勃兰特先生本人和他的父辈，在战争期间，并没有参与对犹太人的残害。勃兰特先生本人甚至还是德国境内反纳粹地下组织的抵抗战士。当年他居然下跪了，难道不冤枉吗？勃兰特先生下跪了，因为他知道：人们在谴责虐犹时，不仅在骂希特勒、党卫军和盖世太保。更多的，人们是在向德国和德国人指指戳戳。于是他"冤枉"地下跪了，他是为了德国，替他的祖宗忏悔。

反观我们老三届，因为生不逢时，成了共和国成立后最倒霉的一代。我们曾经被剥夺了一切，至今可能还是最贫穷的一族。不仅如此，我们老三届还口碑不佳。因为我们全程经历了文化大革命，国人总认为我们是喝狼奶长大的一代、打人造反的一代、胡作非为、打砸抢、对社会进行过极大破坏的一代。

就这一点而言，人们还很难一时转变看待老三届的眼光。

鉴戒勃兰特先生的勇气，对我们以老三届的名义道歉一事，我倒是想通了。

## 47.2.从四十二年前的血统论的大字报，到今天寻求心理学上的答案

重温吴小白再现的四篇当年勒令崽子们回家造自己娘老子的反的大字报。在那一头，有同学肯定会说：记不得了。更有人会轻飘飘地说道：四十多前的事了，难得你们还记得这么清楚。这群人中，有的就是写这些大字报整人的人。而在这一头，肯定有同学会说：重读后的震撼和恐惧，就像发生在昨天一样。这群人中，有很多就是这些大字报的受害者，即当年的弱势群体。

这种在心灵上遭受的震撼之大，是一辈子忘不了的。在以后的岁月里，他们在二十岁时，能在噩梦中见到它后惊醒；三十岁时也这样；四十、五十，甚至到了六十，还会在噩梦中见到它。自揭伤疤，到了这把年龄也不怕别人笑话，我也是做过类似噩梦的人之一。

"回家造自己娘老子的反"吧，肯定是违背本人、中华民族及全人类的亲情道德准则；要是不造反呢，这边要刺刀见红了；再说了，即使回家造反了，也十有八九会得到"假造反""假革命""捞稻草"的责骂。这一幕幕昨天的电影，又在脑海里开演了。为什么有些受害者总是对此挥之不去、从而耿耿于怀呢？对此，我一直琢磨不透，最后转向心理学去找答案。当年的受害者，是一群十四到十八岁左右的青少年。他们正处于心理和生理上发育成长的关键时期。我估

计，在这个时期遭到的心理上的重创，其后遗症将是终身的。

本人没搞过心理学，可能说的不上路子。可是幸运的是：我们附中老三届中，有搞心理学的，而且是研究教育、成长和儿童心理学的。我很想听听他（她）们的高见。如果能在心理学上找到答案，那么对"记性好"的人来说，他们对整理这段文革史感兴趣，也就不奇怪了。大概也是一种心理上的反应，这群人并不奢望，但也愿意看到，姗姗来迟的忏悔的。

# 48. 是"不忘阶级苦，牢记血泪愁"吗？
## ——二评曾小渤

张人则　于含英

曾小渤对这个网站上一些同学的反思文章提出批评，认为"他们的反思实际上还是停留在文革的思维方式上"，就是说，"这种反思模式，恰恰是当初'不忘阶级苦，牢记血泪仇'的翻版，只不过换了个主角"。他的批评涉及一些很值得进一步辨析的问题，我们分四点讨论。

1. "不忘阶级苦，牢记血泪仇"的基点是报复，用雷锋的话说，就是"夺过鞭子揍敌人"。曾小渤对它仍有肯定，"因为以前的'阶级苦，血泪仇'也曾经是历史事实，解放军的斗志和英勇不就是这样提高的吗？之所以说扩大化，是红卫兵将这种模式套用在了同学身上，用错了对象"。我们认为，用暴力专政手段来报复的路子，从根本上就错了，并非"扩大化"的问题。在这种错误思想指导下进行的阶级教育，是文革初期红卫兵暴烈行动的一个重要根源。曾小渤写过一回忆文章"理想追求与激情偏见——'文革'和'红卫兵'40年祭"，其中记录了在北京和附中校内他参与的一些事，可为佐证。在北京：八一八以后的第二天，"红卫兵在全（北京）市卷起了'砸烂旧世界'的狂飙"……"在北京，我们（附中造反军的几个同学）曾跟随北大附中'红旗'参加过几次批斗'黑帮'的活动。有一次支援北京电影制片厂造反派。

到那儿后才发现'黑帮'都是些著名电影演员。"……"'曾泰（于洋）''林道静（谢芳）'们统统被反臂弓腰垂首逼跪在地上，很多人挤上来从背后重重地'踏上一只脚'，象征他们将'永世不得翻身'。"北京红卫兵成为附中造反军"仿效的榜样"，同样的行动被用来对付附中的老师和同学。请看他笔下 1966 年 8-9 月间的附中："'造反'掀起高潮后，有次我买了根新的健身扩胸器弹簧回来，明晃晃的像根金属棒，看到一个不熟悉的老师不知什么原因被绑在'军部'楼下的树上，身上有些伤，看来被打过。

两个低年级同学围着看。我不知发生了什么事，但估计不是'好人'，否则不会如此。便用弹簧在他面前晃晃，问什么事。他以为我要打，就呻吟起来。这令我生气，皱着眉头骂道：'瞧你这孬种！又没打你，装什么蒜？这能打疼你吗？我试给你看！'就用弹簧在自己腿上抽了两下，摇摇头走了。

有次我在金川河桥边碰到罗文彬老师，他恭恭敬敬地向我鞠了一个躬，掏出几张纸，说写了份思想检查，想请我审查。还有一次，几个低年级'红卫兵'抢吕鸣亚老师的手表被我撞见，立刻大骂这些"小不点"，要他们退回。

想来很多同学和我们一样，今天仍然会对曾发生在附中的这一幕感到震惊。为什么会发生这样的事情？"不忘阶级苦，牢记血泪仇"的阶级教育是一个关键因素，它使十几岁的青少年对"阶级敌人"充满仇恨，"理直气壮"地施用暴力。

经典意义的阶级苦、血泪仇，当属白毛女。那种由违反社会公正造成的苦难，或轻或重，贯穿在整个人类历史之中。在陈桂棣、春桃的"中国农民调查"一书中，在很多关于矿难的报道中，我们看到了这一类苦难的当代事例。如果有人沿用历史上用过的办法，也搞个"诉苦运动"，是否也会取得某种效果？不无可能。但我们会说，那是危险和错误的。在当代社会，对这样的事情，正确的办法是依赖法治，运用法律手段，视每一个个案的不同案情，分别加以解决，而不能用所谓"推翻一个阶级"和暴力专政的办法去一揽子解决。这一点，想来多数人会同意。

2. 毛泽东所发动的一次又一次斗争，都不是像他说的那样是所谓阶级斗争，而是滥用国家权力，迫害一批又一批的公民。近现代史充分表明，在所有前"社会主义阵营"的国家，对人民大众造成最大苦难的是国家政权的滥用，而非"阶级斗争"。举斯大林时代无休止的"肃反"为例，国家握有军队、警察、监狱、流放地，可以轻而易举地以"阶级斗争"为名，没有证据，无须审讯地从肉体上消灭成千上万的人，或把他们流放到"古拉格"去，而人民大众，特别是广大知识分子却噤若寒蝉，束手待毙，有何"斗争"可言？再举中国的反右斗争为例，全国有55万人划为右派，到平反时只剩下7名。对国家政体、制度发表意见，本来是公民的合法权利，不是治罪的理由，更何况这55万右派中的绝大多数，只不过是就本单位的事说了点不同看法而已。只要掌握国家权力的人举起"阶级斗争"的大旗，就可以完全彻底地压制不同意见，通过把一部分人打成"阶级敌人"，任意剥夺他们公民的宪法权利的办法，使一人意志畅通无阻地君临天下，这才是"阶级斗争，一抓就灵"的真实含义。在文革前的中国，社会上一群人被固定地划为敌人，而不管他们是否确有犯罪行为。从57年的反右派，到59年的反右倾，到62年的四清，到66年的文革，是一次接一次的大规模整肃。今天我们看章罗，看彭德怀，看四清和文革中被整的干部，就整体而言，他们是"阶级敌人"吗？不是的。所有这一切，都不是阶级斗争。

3. 文革中的群众斗争，也不是"阶级斗争"，那些史无前例的大规模群众运动，可以称作"国家权力滥用中的大众参与"。具体说来：红卫兵起来造反，毛泽东大力支持，国家机构从公安部到两报一刊推涛助澜。如曾小渤文中说：1966年8月22日，中央转发公安部报告《严禁出动警察镇压革命学生运动》，为红卫兵行动合法化提供了依据；29日，《人民日报》发表社论《向我们的红卫兵致敬》，对红卫兵"破四旧"大加赞赏……从中学红卫兵到首都红卫兵第三司令部到全国各地造反派，各社会集团相继卷入文革，貌似群众运动的暴民政治取代正常情况下的权力程序，这才使得打倒"资产阶级司令部"成为可能。从根本上讲，文革是极少数人利用国家权力，挑动和利用大众起来"造反"的结果。这是人类历史上罕见的对国家权力的滥用。另一方面，各个社会集团在文革中并非绝对被动，根据他们在十几年中所受的教育，他们各自对"革命"的理解和切身利害，他们在性格气质和道德教养上的特点，并充分利用文革所给予的前所未有的"自由"，他们在文革的各个阶段，曾发挥了不同的"革命首创精神"，在各单位的文革历史上打下了自己的烙印。上面所引曾小渤的记录，可算是其中一例。在这场混战中，起初迫害人的人又被别人迫害，或者被迫害的人很快成为下一轮迫害者，是非常普遍的现象，在附中也不能免。（曾有"善意讨论"的网友问：文革如果不是阶级斗争，哪是什么斗争呢？我们在这里试图提供一个说明，并向这位网友致谢。）

4. 过去的苦难不是阶级斗争造成的，今天反思的内容当然不是"阶级苦"，更重要的是，反思的目的不是"报复"，而是消除文革中全面表现出来的种种弊端。我们认为，既然文革是滥用国家权力对人民的迫害，(a) 滥用了国家权力的人应负文革责任；(b) 盲目卷入文革的大众被利用，同时也遭受苦难，对这成千上万的人，不可能、（在绝大多数情况下）也不应该使用法律手段。这是文革遗留问题应该用"反思"来解决的理由。

对附中文革的反思至少包括三方面：第一是弄清历史事实，究竟文革中附中发生过哪些事情，把我们每个人知道的历史片段凑起来，才能得到整个图景；第二是反思文革的土壤，包括文革前的教育出了什么问题，文革中共产党、国家、社会各方面出了什么问题，导致中学生在文革中的迷失；第三是反思如何清除今天我们还保留着的文革思维方式，即面对曾小渤所说的"幽灵悖论"，按照他的定义，这是人们思想行为、思维模式甚至细胞里都不同程度地附有的毛泽东的"幽灵"。本文就是这种努力的一部分——我们曾经信奉、实践那种阶级斗争理论，我们曾经参与斗校长、批老师那些"国家滥权"的行动。

我们错了，应该反省、道歉，而且，要尽力消除错误重演的可能性。

我们想，在这个网站上关于反思文革，它的出发点，是"不要复仇，但要记住"，它的结果，是要让我们学会保护我们每一个人不可剥夺的宪法权利，并懂得绝对尊重他人的宪法权利。在一个珍视人权，严守法纪的国家，在一个人民习惯于通过公共讨论来解决他们认识上的分歧而尽可能地达到一致的社会，在一个提倡独立思考并从错误中学习的文化气氛中，文革是很难"卷土重来"的。这样的"反思"，和旨在"报仇雪恨"和把仇恨永远留传下去的"不忘阶级苦，牢记血泪愁"，实在没有什么共同之处。

最后提一下曾小渤文中表示"很不以为然"的"宋杰与陈干梅关于陈弟遭整肃的对话"，他认为那是红卫兵"不忘阶级苦，牢记血泪仇"的翻版。在我们看来，（a）该对话中提到对文革往事"永不忘记"，这是对的。同样的意愿，见于几乎所有关于文革的回忆文章，如季羡林，如黄永玉。（b）该对话没有丝毫"以牙还牙"的意图，特别是陈干梅的反思文章"难以忘却的愧疚"，所说所写完全是对弟弟的愧疚。陈瑞麟的大度尤其令人惊讶敬佩，身心受如此严重迫害，对方连一个道歉也没有，竟然"相逢一笑泯恩仇"。像这样的反思，怎么能纳入"不忘阶级苦，牢记血泪愁"那种仇恨模式？（c）我们具体知道一些很熟悉的人，附中的同学，我们的亲人，他们在文革中挨整、被打，多年深藏心中，甚至不对亲人述说。

只是在有机会要面对整人者的时候，他们才脱口而出"我不要见那个人……"使人体会到这些自尊自重的人的心中的伤口有多深。在整人者没有道歉的情况下，要求挨整者"忘记""原谅"，有这样的道理、情理吗？已经是四十年过去了，我们参加"老三届"网站的讨论，期望达到对社会公正的共同理解。曾小渤说，"真正有诚意的'反思'应该首先从自己开始"，确实如此，我们加一句，解铃还须系铃人。

以下是网友议论：

1. 王虹：谢谢二位楼主的分析和论述。"从根本上讲，文革是极少数人利用国家权力，挑动和利用大众起来'造反'的结果"。用一句话来概括文革确实相当难，因为文革究竟是什么，它是怎么发生的,又是怎么结束的问题至今也没有统一的认识。我倒是有些阶级斗争的思维:即文革的实质是特权阶级同平民阶级的博弈。

2. YY:"博弈论对人的基本假定是:人是理性的(或者说自私的),理性的人是指他在具体策略选择时的目的是使自己的利益最大化……"文革中这平民阶级有博弈的条件吗?在无产阶级专政下怕是只有让人利用或宰割的资格吧.只敢关起家门来骂几句那能算博吗?!

## 49. 我参与的一次"抄家"

王虹（66届高三丁）

到了1967年，红联在附中已经成为举足轻重的学生组织。红联不但解散了教师劳改队，还效仿社会上的造反派夺了附中校方的权。在这之后，受到社会上造反派追查黑材料的影响，红联中的红色野战军（红野）也采取了一次索取"黑材料"的特别行动。红野所谓的黑材料是指66年8，9月份，附中高三丁班的毛泽东思想红卫兵利用血统论整同学，挖烙印的材料，甚至包括文革前教改时期同学的思想汇报，日记等等。"抄家"的目标选定了高三丁的两位毛泽东思想红卫兵的学生及班主任胡百良。这两位红卫兵都是班上的主要干部，也是思想兵的重要骨干。之所以将胡百良也列入其中，主要是考虑到他当时支持红卫兵的立场以及班主任的身份。

索取"黑材料"行动分两次进行，先去的是班主任胡百良的家。"缴获了"他在班主任期间的工作记事本，以及相关本本。胡百良的工作记事本，详细记有同学的家庭政治情况。这个本本后来如何处置的，因本人没有参与行动并不清楚。

我参与了另一次索取行动。1月下旬的一天晚上（有人记得是1月28日），以红野（当时基本上由高三丁的学生组成）为主，红联也派出部分人员协助行动。当晚动用了附中仅有的一辆卡车（旧式加拿大战车），以确保行动的顺利。卡车首先开到山西路附近的珞珈路口，这儿有着第一个目标，思想兵的一位女同学家。我们按计划分头行动，并约定结束后在这里会合。我带了一些低年级的学生下了车，直奔第一个目标而去。卡车上的其他人员则驶向另外的一个目标……。

女红卫兵开门后见到我们非常镇静。当我向她说明来意时，她虽然表示了气愤却并未阻止我们的进入。毕竟我们人多势众，而屋内只有她和她的父亲。不过，恰恰是由于她父亲的在场，才使得这个"抄家"最终成了一次未遂的行为。女红卫兵的父亲是位老干部，他绝对不能理解我们的行动。我们虽然再三向他说明索取黑材料的来意，他仍然气得直喘。事实上我们一时也很难解释得清楚黑材料是什么。在没有取得理解和认可的情况下，我们并没有仓促动手。说实话，当时我内心非常矛盾。一方面是老人家坐在椅子上气喘吁吁地不予理解，女红卫兵也一再请求我们看在她父亲身体的份上终止行动；另一方面，这是红野既定的行动计划，涉及可能的"秋后算账"，怎么能无功而返呢？当时在场的红联成员中只有我算是高三的，其他都是低年级的学生，那种场合也没有商量的机会。在僵持不下的情况下，我只能当机立断了。我和女红卫兵在另一个房间里"最终谈判"。她反复说明家里没有我们想要的材料……，"怎么能不相信老同学呢……"，最后她用人格保证，家中确实没有那些材料。我们相互对视着，最终我相信了她的眼睛。平心而论，我们这次行动的准备应该说并不充分，对所谓黑材料的东西也没有事前制作出明细清单，对于行动中可能遇到的情况也缺乏更为周密的考虑。否则，情况会很不一样。

考虑到女红卫兵所说的可能是实情，考虑到老人的实际身体状况，我知难而退了。当场有人对这样的结局，表露出多少有些窝囊的情绪。

晚些时候我们在约定的地点会合了。另外一处的行动没有出现意外，尽管谈不上硕果累累，但毕竟有所斩获。正是由于那次的行动，才有了后来"日记"的故事（高一戊宛小蓉）。当然我的无功而返也受到了责备。这是我文革中仅有的一次"抄家"经历。

以下是网友议论：

1. 王虹：据李得宁，沈德辉回忆：索取黑材料的行动分为前后两次。第一次是到胡百良家，从建国院集合骑自行车去的。第二次才是思想兵的两位同学家。特此说明。

2. 某某：从楼主的叙述中看不到歉意，只让人感觉到他对策划不周没得到战利品的丝丝遗憾！

## 50. 署实名、重史实、缓反思

### ——力挺王虹和网管

戴相陵（66届初三丙）

我是一贯提倡和佩服署实名的。但是，我也非常理解有些匿名者的难处。于是即使遭到了似乎难以容忍的责骂，也从来没有兴趣去追查人家的真名实姓。最近本网出现的互相抨击的原因之一，是对罪孽、道歉、反思有着不同的理解。还有，就是在对事实的真相的回忆时，出现的偏差。还是拿我说事吧。

当年的附中三杨（杨YL、杨长庚、杨壮彪）在打人事件中，谁是谁，都不很清楚的情况下，就首次引出了杨长庚的名字。这个教训我要记住。道歉和反思是很复杂的过程。我甚至在怀疑我们这辈子还能不能在官方或半官方这个层面上来完成这个过程。既然道歉和反思遇到了困难和分歧，可不可以把它暂时放在一边，而把本网的侧重点放在写史实上？我们这辈子，能把史实回忆清楚，就很不错了。反思，以后再说吧。这就是我认同王虹《抄家》一文的原因之一。该文署实名、重史实，连一句明显道歉和反思的话都没有。对此，我等网民并不强求，尽管在字里行间，能读出内疚的心情。

另外，虽然本网站的名字"南师附中老三届博客"起名、注册得大了一些，但毕竟是网管本人的私人网站。如果我理解无误，根据游戏规则，网管可以根据需要，于公于私，对帖子予以删除或更改或不予置顶。我等网民也没办法。我如果气不过了，可能会离去，或者发起自己的网站，与她对垒。

点名还是不点名？这个问题一直在困扰着我。网友们也说出了不同的看法。由于我一贯主张、也一直在实践着署实名、写实名，所以也招致了种种指责。印象较深的有二条，都可以理解对方的心情。有人好像暗示过，说我有意要放纵晨光一马，因为我与他家文革后的私交。又有人坦言，说我想把文革中有过失的人，都钉在历史的耻辱柱上。为此，我的心情沉重了很久。

最近话题重提后，我好像悟出点道道来。不知对否，想与同学们讨论。固然，对沉痛历史的当事人点实名，是个敏感、重要的问题。可是更敏感、更重要的是，作者在点实名的这篇回忆文章里，有没有用个人感情色彩在描述？个人感情色彩，不可避免。如果有，就再追问一下：这个人感情色彩，是正面的、还是负面的，是40多年前的、还是当今的？有没有换位思考地兼顾了被点名者的感受、有没有兼顾了第三者和广大读者的感受？

由于适当的个人感情色彩，曾小渤对我的那篇文章的回应，算是不错的了。我至今都不知道陈光华对我的另一篇的反应是什么。我意识到自己在1966挖烙印前后的回忆中的个人感情色彩很重。但是，文章却没有引起多大的评论，无论是在本网站、还是初三丙网站。下面是两篇我在初三丙通讯录上的帖子。

A篇是探讨实名和史实。B篇发表在我对附中干部子弟分析的一文以后。文章只引起了一贴暗示性的说教"第一二三四"。我想拿到这里来重现一下，以供探讨。如果网管认可的话，请把所有这些收进戴相陵专辑为感。

A. 由于以后的时人地事可能要牵涉到诸位同窗了，大家的兴趣自然会有所提高。我很想实事求是地根据回忆，把四十几年前的校园重新展现一下。如果记忆有误，当事人当然可以纠正我。可是天下的事没有这么简单。我有点忧虑，举笔不定。是否只按照"官方"的口气，报喜不报忧，像校史陈列室里的那样写？这不是我戴相陵的性格。

是否索性指名道姓地、该怎么写就怎么写，褒贬都写，再加上我的个人看法？这才是我戴相陵的性格。我知道，后者是要得罪人的。

是否有两者兼顾的写法，既写出了事实，又能使大家坦然对待？与物理学不一样，历史学从来就不是一门中性科学。从司马迁的《史记》，到现代各阶段五花八门的历史教科书，没有一部不是为某个特定的社会阶层服务的。我无意、也不敢拿自己的回忆与那些大人物的和官方的历史去攀比。我只想把我记得的东西，如实地写出来。我为我自己写，也为认同我的人去写的。

B. 说教"第一二三四"。"第一，应当避免只凭个人的直观印象叙述历史。"这点不敢苟同。在公民社会，个人是允许按自己直观印象叙述历史的。更重要的是，公民社会决不允许官方或者一两家人来垄断历史。正因为是个人直观，就难免有错误。于是就需要其他个人也来加入叙述、校正，以便客观地反映历史。没有一个个的主观对某一事件的不同的叙述，哪会有全面、真正的客观历史？除非不愿意抢救这段历史。

"第二，应当避免用未经证实的道听途说作为叙述历史的依据和资料。"既然是第一个人的直观，就有可能未经证实。所谓去伪存真，还指望大家的介入。如果未经证实，就称谓道听途说，从而就大家闭口不谈，会不会中了那些想掩盖这段历史的人的套套？

"第三，应当避免只用今天的认识观去诠释历史，而掩盖了历史在当时认识观下的真实表现。"

"第四，只有客观反映历史真相，才能从中获取真实的和最丰富深刻的教益。"这好像是对正统政治家、历史家和哲学家的要求。我乃一介平民，对升华成这些家们不感兴趣。目前只是写我个人的历史，包括如实写下我个人经历的文革前后。

谈到个人历史，在文革中，我也做过错事、蠢事、丑事和坏事，涉及包括师长中的沙尧、任应培、陶强、苏万物，甚至自己的母亲。幸运的是，由于本人的家庭出身，我当时卷入得不多、不深，人性的丑恶面得不到充分发挥罢了。在今后的回忆里，我将尽力对自己严格要求，全盘披露，逐一忏悔和反思。对目击他人干的坏事，我写的是个人观察，经校正后，追求的是史实。我无权要求、也不指望人家去忏悔和反思。反思很复杂，留给后人去做吧。可是如果想叫我不写，恕我政治觉悟平庸。有关历史，总不应该失传吧？

最后，如果认为我写的，不利于维护本网站表面上的和谐，我当然可以及时打住、转向别的网站。

可是，这要听从大多数人的意见，至少是一批人，而不是一两个人。

以下是网友议论：

1. 纵晨光：关于实名制给王虹的第一封信：我看了帖子——"我认为不管是主义兵、……。"有点想法，供参考。

1.1. 所述的情况我不清楚，但这不作为是否发生的依据；

1.2. 对于历史事件的回忆，最好要实名，如钱南秀、戴相陵等。这是负责任的做法。否则，匿名的回忆会发生很多，会造成混乱。反正不要负责任。

1.3. 理解一些同学既想写回忆，又不愿意署名的心态。这要求网管把关。否则，此门一开，必然造成混乱。发帖的意见也应该署名；"不要在此为红联这个文革的产物辩护或是贴金"也应署名。文责自负这是起码的道理。

2. 王虹：回信一：博客管理不是我一个人。对于说出事实的人一定全力支持，无论是哪个组织的都要鼓励。所有说真话的人都是英雄。实名制确实重要，这个建议很及时。

## 51. 反思文革

梁东黎（67 届高二丙）

对我们年轻时发生的一场大劫难进行反思非常有必要。从小的方面说，它极大地伤害了原本最值得珍重的同学关系、师生关系。整人的、被整的，都受到伤害，当然，后者的伤害更大、更难以忘却。但是，责任在谁呢？我认为，由当事的同学承担并不公平，我同意某同学说的，应该由发动文革的成人承担。同学们当时都非常年轻，涉世不深，非常可怜地成为成人游戏的受蒙蔽者、马前卒、炮灰和牺牲品。

这就是我的看法，我的反思。但是，我并不认为我的看法绝对正确，其他同学的看法必须统一到我的看法上，因为这种"统一思想"的想法正是文革的逻辑。同学之间的团结和友爱非常宝贵，受到伤害的关系得到恢复是最值得期待的。古人说："有象斯有对，对必反其为，有反斯有仇，仇必和而解。"不过，我不认为和解的基础是：一部分同学要求另一部分同学忏悔，后者忏悔，前者接受忏悔。忏悔完全是个人内在的要求，我不认为一部分人要求或强制另一部分人忏悔是正当的。文革时许多无辜的人被迫"低头认罪"的场景还历历在目。和解的基础虽然很难寻找，但是我觉得，在诸如整人和被整的是非之上，至少还存在着一个更大的是非：我们的生命都非常短暂，因此应该尊重其他人，包括和自己看法不一致的人的思想自由。

以下是网友议论：
1. 某某：看了三天，留点儿观感吧，各位校友师哥师姐见笑了。

讨伐清算起纷争,炮轰可闻声？校网昨夜飞帖急,恍觉竟置当年文革中？

往事非烟去久矣,余怨何日了？耳顺又返年少时,哥姐心平更请多珍重！风云突变,网上重开战,洒向校友都是怨,一场旧剧再现。派斗自有定论,"战旗"早已偃卷,难得今世和谐,忍看豆萁再煎？

## 52. 红联广播站

孙重明（66届初三丙）

我想起了曾邦元，他是屁派的头子！我和一些同学都是8.27中学分会南师附中红色造反联合会的"战友"。我当时在红联的广播站，每天操场上、学校内外都能听到我的播音。为了跟3503厂的好派对抗，每次呼号，我都用了很长的语句：江苏8.27南京造反联合会、中学生分会、南师附中红色造反联合会广播站现在开始播音。声音传得很远，终于有一天惹恼了红总好派，8中的造反派跑到我们学校砸了我们的广播站。当时我不在学校，回来后听一个姓贾的同学说，他们把我们的人全部赶到一个教室，然后把机器搬走了。她说，机器还热乎乎的呢！尽管，当时为了防备对方的偷袭，也准备了铁棍等武器，但是谁也没有还手，就这样我们的广播站消失了，从此再也没有听到呼号声。在这之前，宁海中学有一个8.27的同学，因为保护广播站被五中八八的人残忍的杀害了！他的名字我已经不记得了。但愿这样的历史不要重来！想想当时真是愚忠、幼稚，如果重来，我一定当个逍遥派，到书店、图书馆好好看书！

以下是网友议论：

戴相陵：

1. 我校红联的广播站功率还可以。王亮曾告诉我：在下关挹江门都能听见。

2. 抢红联广播站的是红总的的八中八一二。

3. 砸宁海广播站是南无红总，也叫八一二。那位被打死的同学叫孙昆仑。曾被瞻仰遗容，军管会追认为烈士。

4. 屁派为老、东、八——老工总、江苏东方红、南京八二七。

## 53. 老三届网站是"公共讨论"的园地吗?

张人则（67届高二乙）

我们（张人则、于含英）在看到老三届网站发表了曾小渤、纵晨光的文章，网站上有不同观点的系统表述之后，决定参加进来，就有关问题说一说我们的想法。我们正考虑写另一篇反思文章，论题拟定为"公共讨论"。因为要参考纵晨光的观点，就去查他写的"公开信"一文，结果发现那篇文章消失了。接着又得到朋友留言，让去看原来的"老三届"5460网站。在那里，我们看到纵文消失的原因——是有同学认为该文对钱南秀造成了伤害，强烈要求把它删除。

这使我们想到一个有关的故事。我们听说，当年附中校友会刊物发表了钱南秀的"虫虫虫虫飞飞"之后，有造反军的同学去找编辑老师，说登那篇文章伤害了一些同学的感情。编辑老师认为，文革中附中发生的事情，是附中校史的一部分，校刊有充分理由刊登这样的文章。我们觉得，编辑老师坚持了正确原则。

我们想问这个网站的管理人：如果有人对你们说，"王虹、或孙重明、或戴相陵、或张人则的某篇文章伤害了X或Y的感情（这并非不可能），强烈要求把它删除"，你们是不是也照办呢？"公共讨论"的基点，是每个人发言的权利受到尊重，得到保护（当然我们反对在此发表无理谩骂之类的文字）。如果允许以"伤害感情""观点错误"或者任何理由否定一个同学的发言权、删除一个同学的文章，"公共讨论"何以进行？

我们深知那次抄家对钱南秀造成的严重伤害，也完全理解其他同学不愿意因为讨论而再次伤害钱南秀的善良用心，但是，"公共讨论"的规范实在太重要了，"虽然我不同意你的观点，但我誓死捍卫你说话的权利"（伏尔泰）的原则实在太重要了。没有不同观点之间的交锋，就不会有相互吸收和补充，并形成"重叠的共识"——我们相信参加这个网站的讨论的目的正在于此。所以，我们不能不在这里公开地、明确地说明我们的看法。如果因此冒犯了任何同学，我们事先请求谅解。我们还希望，这个案例能使大家对"公共讨论"的规范取得更明确的共识，使讨论能更加健康地进行。

我们理解这个网站是一个"公共讨论"的园地，因此才提出以上看法。如果这个理解不对，请网站的管理人澄清。

以下是网友议论：

1.YY：南师附中老三届博客管理成员产生法：

1.1.通过本人自荐，形成候选人组。网上投票产生网管组。网管组中产生一至二名总管。

2.附加条件：

2.1.同等条件下，给予文库有文章的作者以优先权。

2.2.考虑到历史的局限性，建议早期暂使用"选举人票"法以保证尽可能全面的覆盖率。

例如：

原红联成员的选举人票原造反军成员的选举人票原井冈山成员的选举人票原逍遥派的选举人票原老师的选举人票等等。

暂没人的选举人票可予空缺，以后补上。

暂没考虑到的，而有代表性的新选举人票，今后可由网管组讨论产生。

3.任期制。（时间长短待商榷）

从眼前看，过程可适当简化，人数可适当简少。

# 54. 批判谭氏路线大事记

井冈山兵团　红色野战军报第二期

## 54.1.井冈山兵团资料

### 54.1.1.我校批判资产阶级反动路线大事记

十一月十五日红色造反军留宁战士贴出大字报,表示欢迎炮轰,指出特别要批判北操场红卫兵执行的反动路线,井冈山革命造反队成员立即表示支持。

此后一阶段,校内冷冷清清,12月5日起群众才逐渐地发动起来。

12月5日(星期一)朱之闻和张寿春来我校做检查,来校同学很多,各组织趁机贴出一批大字报,散发传单,阐明自己对校内运动如何搞的观点。

6日井冈山继续贴出一批大字报,提出:当前必须在校内进行批判,必须从肃清反动路线在群众中的流毒入手,才能发动群众,炮轰省市委。

7日在造反军军部辩论搞校内外的问题,结果在很多根本问题上发生了激烈的争执,有的造反军战士还发表几个月前的谭式言论,出现"右派"翻天论,校内外问题失去了解决的可能。

8日起继续辩论,此时已有了不少新成立的革命组织,他们都是所谓"校内派"。"八一""尖刀队"的看法也是先搞校内。造反军内实际上也有了两种意见,进行了大字报的和口头的辩论。校外派认为：炮轰省市委的同时可以批判校内的反动路线，也是发动群众，轰省市委是批根子，是大方向，搞校内可以批判红卫兵执行的资产阶级反动路线是大方向错了。校内派认为：我校九月以来的运动冷冷清清的原因主要是谭式的形"左"实右的反动路线的影响，当前直接压制群众的是某些红卫兵以前执行的反动路线，必须发动全校师生（当然包括红卫兵）走批判谭式路线，把全校同学发动起来，理解毛主席的革命路线，然后万炮猛轰省市委。校内派认为两派的根本分歧是走不走群众路线的问题，是路线性问题，校外派抛开群众是要犯路线错误的。

12月11日夜造反军部分战士发动了所谓"12.11政变"组成了新造反军，提出了许多战斗口号，但主攻方向仍然在外，方针不变。

12月12日旧造反军的大部分战士相继加入新造反军。广大群众逐渐认识到这次政变换汤不换药，只是组织上的小改变。晚上，校内派在红色野战军军部开会，提出了联合问题。这是一个大民主的会。

12月12日晚上《红旗》十五期社论发表，造反派无不欢欣鼓舞。

13日新造反军声明恢复旧造反军，统一向外，炮轰省市委。这次政变，实际上使相信群众的"校内派"改变了观点。下午，进行了斗争方向问题的辩论。"校外派"认为在校内批判谭式路线是方向错误，是矛头对准红卫兵。"校内派"认为矛头始终是对准走资本主义道路的当权派，红卫兵和其他群众都是资产阶级反动路线的受害者，大家自己解放自己，起来批判反动路线，绝不是矛头对准红卫兵，这是放手发动群众的第一步，这是这一阶段最后一场辩论。8日以来总共就是辩论了"右派翻天"的问题，斗争矛头即大方向这几个主要问题。

14日红色造反军单枪匹马开到校外，去调查研究，发动各校的群众，炮轰省市委。

15日（注：应该是16日）《井冈山》《革命造反兵团》《誓卫东》《红色野战军》等组织联合起来，组织了《红色造反联合会》，校内派树立起鲜明的批判红卫兵执行过的"谭式"路线是当前校内的主要任务的旗帜。

16日（17日）红色造反联合会发表了成立宣言和第一号声明。

18日，全国在京革命造反派十余万人在京举行"为捍卫毛主席的革命路线，夺取新的胜利誓师大会"的喜讯传来，革命派无不欢欣鼓舞，决心把批判资产阶级反动路线的斗争推向新阶段，夺取新的胜利。

（井冈山兵团）

## 54.2.红色野战军报第二期1966年12月16日

### 54.2.1. "谭氏路线"阴魂不散——驳谬论种种

当校内批判资产阶级反动路线的战幕刚刚拉开，当同学们刚刚起来向资产阶级反动路线开火的时候，不知从哪刮来一股妖风，什么"狗崽子翻天"啦！什么"等着抓右派"啊！等等。真有那么一股"吓人"的气氛。同志们，千万不要忘记阶级斗争！在这一股股妖风后面。"谭氏"的阴魂将要再现了！

"谭氏路线"是一股顽固的资产阶级反动思潮，正如我们伟大领袖毛主席所说的："在人类历史上，凡属将要灭亡的反动势力，总是要向革命势力进行最后挣扎的"，这就是"谭氏"阴魂的挣扎，这是垂死的挣扎！让我们高举起毛泽东思想这个革命的照妖镜，奋起千钧棒，把这个垂死的"谭氏"阴魂杀得片甲不留！一，驳所谓"崽子"要翻天红旗十四期社论指出："毛主席的正确路线直接为群众掌握，广泛深入地开展群众性的对错误路线的批判，亿万群众这样地关心国家大事，是一件极大的好事"。对于群众批判资产阶级反动路线这样一件大好事，究竟采取什么态度？是支持还是反对，这是无产阶级革命路线和资产阶级反动路线的分水岭。

必须指出：把群众起来批判资产阶级反动路线这样一件大好事说成是"崽子翻天"，这是极端错误的！是道道地地的混账话。毛主席教导我们:"这些同志看问题的方法不对,他们不去看问题的本质方面,而是强调那些非本质方面,非主流方面的东西。"这些同志不正是这样吗!他们对于批判资产阶级反动路线的重要性很不理解。他们看不到群众批判资产阶级反动路线的大方向是正确的,主流是好的,而是片面强调那些非本质方面的东西,非主流方面的东西,因而武断地下了结论,说群众起来批判资产阶级反动路线是什么"狗崽子翻天",真是荒谬已极!持有这种观点的人,就是不相信群众,看不到群众革命的主流。在对待群众批判资产阶级反动路线这个问题上,这些同志仍然没有摆脱"谭氏"阴魂的束缚!看来,这些同志已被"谭氏"阴魂越缠越紧了,如果再不觉醒,那就危险了!奉劝这些同志,到"崽子"中去走走,睁开眼睛看看,竖起耳朵听听,动动脑子想想,或许能从"崽子"那里得到一些启发,从而帮助你们识破"谭氏"阴魂的真面目,彻底从"谭氏"阴魂的束缚下解放出来。

### 二、驳所谓"你们不顾全大局"

红旗十三期社论明确指出:"要不要批判资产阶级反动路线,是能不能贯彻执行文化革命的十六条,能不能正确进行广泛的斗批改的关键。在这里,不能采取折中主义。"我们认为,对于在我校流毒极广,影响极深,危害极大的"谭氏"资产阶级反动路线必须彻底批判!彻底肃清流毒!在这里决不能有丝毫折中!只有这样做才能真正解放过去受压制的广大同学,真正调动广大同学的革命积极性,使我校文化大革命沿着正确的路线向前发展。对于这点,有人持有不同的意见,说我军当前批判校内的"谭氏"资产阶级反动路线是"不顾全大局",是"在小问题上纠缠不清"等等。我们认为并不是这样。我军首先从批判校内的"谭氏路线"着手,正是抓的主要矛盾,正是真正顾全大局。伟大领袖毛主席教导我们:"革命战争是群众的战争,只有动员群众才能进行战争,只有依靠群众才能进行战争"。无产阶级文化大革命正是一场伟大的群众革命运动。在这里,群众是最重要的因素;如果广大群众的革命积极性充分调动起来了,这一场人民战争就一定胜利!反之,不去调动群众的积极性,没有群众基础,那么，这场战争必败！从现在的情况看，许多同志对资产阶级反动路线的危害性认识还很不清楚。广大群众还没有真正发动起来，就是连这些所谓要"顾全大局"的人，也没有摆脱资产阶级反动路线的束缚，也没有发动起来，背着沉重的资产阶级反动路线的包袱不放，而又要去批判省市委的资产阶级反动路线，这场人民战争怎么能打赢？

毛主席教导我们："世间一切事物中，人是第一个可宝贵的。在共产党领导下，只要有了人，什么人间奇迹也可以造出来！"根据毛主席的英明论断，鉴于我校当前群众未发动起来的现实情况，我们认为，现阶段我军的首要任务就是要坚决批判"谭氏"资产阶级反动路线，使我校广大同学从"谭氏"路线的束缚下解放出来！这正是当前所要解决的主要矛盾！正是调动群众革命积极性的关键！如果有人不懂得这个道理，那么，我们希望他好好地学习毛主席著作，认真领会毛主席关于群众革命运动的伟大思想！

使自己在斗争中逐步地懂起来。

### 三、驳所谓"你们批判资产阶级反动路线有倾向性问题"

最近几天，流言蜚语不断向我们飞来，什么"《红野》批判资产阶级反动路线有倾向性问题"，"《红野》批判的矛头是对准红卫兵的"等等。喝！好大的帽子！不过，很可惜，这些帽子怎么也扣不到我们头上来！几天来，我军根据《红旗》杂志社论的精神，刚刚开始对校内一切违背毛主席路线的错误，资产阶级反动路线的种种表现形式，特别是严重阻碍我校运动发展的"谭氏"路线进行了揭露和批判，就有人感到不安了，感到我们干得太"过火"了，产生"倾向性"问题了。不！先生，不要太激动了！老实说，我们的斗争才刚刚开始，我们揭得还太少了！我们批判得还很不深刻，还没有触及灵魂！我们认为，若要说我们有"倾向性"问题，那就是说我们前几天在对待资产阶级反动路线的批判问题上，犯了右倾！同时，我军还密切注视到，这几天，所谓《忠于毛泽东思想》战斗队（按：此队队员系我校教师中私心杂念特多的沙尧心腹人）的一小撮政治投机分子开始蠢蠢欲动了。他们向我们放出暗箭，含沙射影地诬蔑我们说"把批判资产阶级反动路线的矛头对准某些红卫兵"，还大放厥词，说同学们起来批判资产阶级反动路线是"过去挨整，现在报复"。真是海外奇谈！恬不知耻！对于这种小人的肮脏灵魂，只在必要的时候，我们再予以揭露！

在这里，我们必须重申："我们当前斗争的矛头是针对着资产阶级反动路线的，是为了肃清'谭氏'路线在我校的影响的。因此，我们不应该把问题纠缠在某些组织或某些人身上。"（摘自我军一九六六年十二月三日声明）。总之，我们批判"谭氏"路线，并不是要整那些人，要那些人做检查，追查那个人的责任，更扯不上什么"报复"！我们批判资产阶级反动路线就是要弄清是非，提高认识，挖掉资产阶级反动路线的根子。一句话，就是要大破资产阶级反动路线，大立无产阶级革命路线，树立起毛泽东思想的绝对权威！

同志们，是时候了！是彻底驱散"谭氏"阴魂的时候了！在我们的前头，革命的道路是曲折的，有阻力的，斗争是复杂的，有反复的！但是，我们的前途是光明的！让我们高举起毛泽东思想伟大红旗，冲破层层障碍，沿着无产阶级革命路线，奋勇前进！

红色野战军评论员 1966.12.10.

### 54.2.2. 正告某些××

据悉，最近某些红卫兵组织突然不动声色，既不辩论，也不写大字报，只是在积极准备抓"右派"，他们（此处看不清楚8个字）高明的神性手段，得意洋洋地挂着照相机，（此处看不清10个字）准备等到这些"右派"们放完了，他们的黑材料也准备好了，于是大显身手，大抓"右派"。过去整同学的黑材料准备归还本人了，突然又不愿还了。准备把黑材料积累得多多的。这种人是何等的愚蠢，这种行为又是何等的卑鄙！公然和毛主席亲自主持制定的十六条对抗，公然和中央军委指示对抗。对此，我们表示强烈的抗议和鄙视。这种人不自量地自认为自己是"左"派，最感兴趣抓"右"派，贪婪的手端了大批黑材料，一心想将来用这些黑材料来证明别人是"右"派，岂不知这正好证明了他自己是形左实右派。臭"谭氏"门徒们，告诉你们，你们尽管去忙吧，我们怡然自得得很，历史将证明，你们的行动只会是竹篮打水一场空，而你们自己则是一些知错不改，明知故犯的蠢家伙！

红色野战军《拼刺刀》战斗队侦察兵 1966.12.14.

### 54.2.3. 动脑筋想问题

1. 蒯大富是北京三司造反派的坚定派，为什么在十二月九日来宁时有人在我校贴上巨幅标语："欢迎保姆蒯大富滚蛋"？

2. 毛主席支持聂元梓，为什么战校有人扬言说什么"聂元梓是在上海混不下去了，被人赶到南京来的"？

3. 我校《毛泽东思想红卫兵》为什么至今不承认过去所执行的资产阶级反动路线、犯了方向、路线的错误？

4. 为什么"保"字当头的我校《毛泽东思想红卫兵》突然要去造省市委的反了？

5. 最近大家揭出大量资产阶级反动路线在我校的罪行事实和现象，这些做法难道是我校红卫兵中某些人想出来的吗？

6. 为什么在校内群众起来批判资产阶级反动路线之时，造反军中某些人仍然在整理抓同学"右派"的黑材料？

红色野战军《一0.一八》战斗队

## 55. 文革小报《共产党宣言》

南师附中红色造反军

（http://www.kongfz.cn/7121679/网上南师附中红色造反军1967年文革小报图片共十二张）

以下是网友议论：

知情者：据说小报头版上的《看明日之域中，竟为谁家之天下》与红联小报的《高干子弟与资本主义复辟》，共享了南师附中文革之反动文章的称号。工宣队、革委会看到"财产与权力的再分配"与看到"资本主义复辟"同样难以接受。

# 56. 在公共讨论中反思文革

张人则　于含英

我们理解的"公共讨论"是建立在"公民社会"理念之上的。具体地说，这是自主的、享有公民权利的个人，通过各种形式（沙龙、报刊、电视论坛，近年来已经日渐普及的网站等等），就社会的各种问题发表意见，讨论和辩驳。它是民间的活动（与党和国家主持／控制的活动相区别）；又是公开的、社会的活动（与个人在纯粹"私域"如自己家中发表言论相区别）。"公共讨论"有其规范，如言论自由、理性、宽容（容忍异己）、尊重他人等原则。老三届网站为公共讨论提供了园地，十分可贵，我们希望它进一步完善。

为此，我们觉得需要说明为什么要通过公共讨论来反思文革的正面理由：反思文革涉及两大任务——"求历史真相"和"作价值判断"，公共讨论在这两方面都发挥无可替代的作用。我们也看到，一些同学对于在这个网站上反思文革和教改，持有不同的意见，甚至抱强烈的批评态度。我们将对一些负面意见作简略的评论。

## 56.1. 求历史真相

中国文化有"史官文化"之称，历来重视"以史为鉴"。在这个传统中，既有良史秉笔直书的一面，也有官家文过饰非、欺世盗名的一面。公民社会中，有一项共识，那就是历史不能被官家垄断、控制。我们老三届对此应该是深有体会，因为我们经历了共产党的九大翻了八大历史的案，十大翻了九大历史的案，十一大翻了十大历史的案，那样的过程。中国现代史上的许多大事，五十年前发生的事，四十一年前发生的事，……，十八年前发生的事，都还未见完整全面的历史出现。有许多人在克服种种困难，努力做这件事。在公民社会的空间，我们公民有权利、有责任（就只说为了我们的后代吧）把我们经历的历史纪录下来。民间写史，当然是多元的，每个人反映自己所看到、所了解的事件。

公共讨论是从多元的个人陈述中求历史真相的重要手段，也是必不可少的过程。一个历史事件，往往要通过众多个人的回顾，通过大家的辩驳、审核和理性判断，才能逐步显现原貌。在这个网站上，我们已经看到一些非常可贵的历史回顾，例如，王虹、曾小渤等人的文革回忆，有些是难得的第一手资料。我们希望这个网站的公共讨论能促使更多历史回顾的发表。

## 56.2.做价值判断

反思文革的核心问题是价值标准的问题，也就是判断文革中所做所言"对还是错"的问题。在公民社会，各人根据自己的价值标准做判断，而每个人的价值标准不尽相同。不同价值观可能来自成宗教，例如，基督教或伊斯兰教义或佛教的教义，或者基于理念，例如，左翼的社会民主主义重"平等"的理想，右翼的"自由至上主义"重个人自由权利的观念，等等。那么，社会如何根据所有个人的判断作出判断？这个从"个人价值"汇总成"社会价值"的问题（所谓"社会选择"问题），是经济学、政治哲学等领域的大课题。

要用最简略的语言提供一个答案，或许可以用两个概念来概括基本思路。一个是我们多次提到的"重叠共识"，它是政治哲学家罗尔斯（已故哈佛大学教授）在其重要著作《政治自由主义》中提出的一个核心概念，用以说明自由而平等的公民如何能既保有相互冲突、互不相容的世界观，又同时生活在一个稳定而公正的社会。罗尔斯把公民看作是讲理的、理性的，把民主社会中存在的各种合理正当的宗教、哲学和道德学说看作是民主社会的公共文化的一个永久特征。在这样的背景下，公民进入公共论坛，并争取信奉其他观念的群体，以构筑社会的多数（从而使自己的价值观得到社会采纳，自己中意的政策得到实施，等等）。这个过程趋于导致一种共识，即使"永远无法达成一种充分的重叠共识，而最多只能达成一种近似的重叠共识"。我们借用这个大概念的直观意义，来说明我们的小型公共讨论应可期许的成果。

另一个概念是1998年诺贝尔经济学奖得主阿马蒂亚"森（哈佛大学教授）大力提倡的"公共讨论"。我们觉得自己一生做过一件有意义的事，就是翻译了森的著作《以自由看待发展》（人民大学出版社2002年出版）。森认为，个人自由的程度（而不是GNP增长或个人收入提高等等指标），是衡量社会发展的尺度。全书的核心诉求是，让个人自由成为社会的承诺。森认为，对他书中所讨论到的几乎所有重大问题，公共讨论，或有效的民主论坛，都是找出解决办法的关键因素。试引书中几段论述。

关于政策制定："公众讨论和社会参与的问题，对于在民主框架下制定政策，具有中心意义。"这是因为政策需要与被采纳的社会价值一致，需要符合关于社会正义的共识。

关于价值形成："为了在知情和摆脱束缚的基础上形成我们的价值观念，就要求交流和辩论的公开性"，"公共讨论可以强烈影响价值标准的形成。如一位伟大的芝加哥学派经济学家奈特所说，价值标准'通过讨论而被建立、检验并得到承认，而讨论直接是一种社会的、智力的和创造性的活动'。"

关于社会正义的共识："就明显的非正义而言，不管从基本伦理原则来看它是如何明白无误，在实践中，要使大家就此达成共识，还得依赖于对问题和各种可能性进行公开的讨论。""个人对正义和正当概念的掌握，影响他们对所拥有的多种自由的应用，而这些概念也取决于社会联系——特别是在相互交往中形成公共的感知以及对所面临的问题及其解决办法合作地达成理解。"

运用罗尔斯和森的两个概念，我们可以总结这样的思路："重叠共识"是社会公正和稳定的一个基础条件；没有公共讨论，无以形成"重叠共识"；通过合乎情理的、理性的公共讨论，有理由期许达成

"重叠共识"。我们正是用这样的思路看待反思文革的。

### 56.3. 对一些负面意见的评论

这个网站上对公共讨论的负面看法，比较突出的是针对可能的"争论不休"而产生的。例如，纵晨光以"和谐社会"立论："我对这个讨论不感兴趣，原因很简单：这是一道无解的题，却又会挑起事端，与建立和谐社会很不和谐。"曾小渤则以"统一看法"为理由："困难的是，难以形成统一的看法并作出符合实际的历史描述。……'国花'的选择都争论不休，遑论选择代表国家意识的历史。他们都认为反思文革的公共讨论不可行。

不久前，普林斯顿大学教授余英时获得了被誉为人文社科类诺贝尔奖的布鲁格奖以后，凤凰周刊记者电话采访他，问到："现在中国大陆官方和民间都在倡导和谐社会这个理念，不知道您如何理解'和谐社会'这个提法，达致社会和谐需要哪些要素呢？"

余英时答："西方音乐讲的和谐'harmony'就是指不同的音阶经过一定的处理才能够搭配得比较得当，才会有和音的形成。和谐的前提就是承认不同，尊重不同，只有不同才能和谐，和谐不是保持一致，否则就是强制一律，反而会造成不和谐。"

很清楚，以"和谐社会"为理由来否定不同意见的发表和争论，不能成立；以"统一看法"为讨论的目标，也不恰当（我们可以追求"重叠共识"）。不少网友也表示，无须追求"统一意见"。余英时先生是史学大家，按照他的史学观点，所谓"代表国家意识的历史"就是"强制一律"的概念，与公共讨论、公民社会的精神不相容。

与"和谐社会"相联系的另一种看法涉及纵晨光所说"回到同学时代"与"反思文革和教改"两个口号之争。纵晨光问："贯穿着'回到同学时代'的和谐精神，两次聚会，大家乐乐融融，热热闹闹。这不是很好吗？"确实，两次聚会的出发点应该肯定，也确有其成功之处。但是，我们听说，有相当一些同学，没有出席聚会。没有出席的同学，有不少是因为文革的因素。文革造成的隔阂还在那里，不会因为回避而自行消失。应该承认，文革中的一些问题，在文革前的"同学时代"就已经存在。"反思文革和教改"是正面解决问题的途径。

还有一些批评意见是我们不大理解的。例如，针对这个讨论的发起组织者，纵晨光问："号召'回忆和反思附中的教改和文革'的民事主体是谁？"连续写了不下十个问号。按我们的理解，公民社会中一个人、几个人都可以发起组织一场公开讨论，何须如此追问？由这样的追问，导出对这个讨论的发起者的指责，乃至于把共产党的规矩、"组织领导"的"说法"都扯进来，是不是跨过了公共讨论、公民社会的空间的界线？更有甚者，纵晨光说："两次聚会幕后的故事，本来知道的人不多，我也不想说，只是'反思文革和教改'闹得过分了，逼的我不得不简单地说几句。老三届因为是文革的全程参与者，一直以来、直到现在，都被视为是不安定因素，被有关部门特别关注。另外，不知什么原因，你王虹也是被关注的对象。"这是使我们最不理解的：如果对红联"战友聚会"不满，尽可公开批评，何以要把十年前"有关部门特别关注"的事公开出来呢？我们非常希望纵晨光能解释一下，这是为什么？

这篇文章谈公共讨论，基点是反思文革。文革时代的中国，几乎就是"公民社会"的颠倒镜像。尽管四十年过去了，建立"公民社会"，进行"公共讨论"，依旧涉及破除文革旧制，摆脱文革遗风。我们既然服膺阿马蒂亚·森的理论，就应该言行如一，在有可能参加公共讨论时，无论多么难，都不应该回避。就老三届论坛而言，我们希望和老同学一起，实践在公共讨论中反思文革。我们共同努力，一点一点充实这个网站，是十分值得做的事。

以下是网友议论：

某某：纵二总是把事情看得不着边际，主观成分太强，以至于前怕龙后怕虎。我想纵二的主要目的还是为了吓唬自己。不过还是不要拿什么部门来说事儿为好，毕竟社会又前进了十年。我们在这里谈谈自己的事儿，同什么部门完全扯不到一块儿，纵二的过敏显然同文革遗留下来的病根有关。

# 57. 上山下乡

金朝红（66 届初三丁）

## 57.1.

"我们三、四十年前去农村插队落户时，非常革命，常请贫下中农忆苦思甜，可无论何时何地，老实巴交的贫下中农总在忆58年砸锅建大食堂后的苦，忆三年自然灾害饿死人的苦．没有人忆解放前的苦．思想呆板的我们还总想做毛泽东思想的播种机，千方百计引导人说旧社会的苦，知道结果吗？没用！因我们的农村老百姓就那么老实憨厚！不像城里吃商品粮的还懂得为了个人利益阳奉阴违之类的。那时起，咱知青心里开始了痛苦的挣扎……"（引自南师附中老三届网站）

上山下乡时我哭着去报名，本来老师叫我留校的，当时心里的感觉好像不让我上战场干革命似的。下乡了，跟楼上那位说的一样，请贫下中农忆苦思甜，听着听着，我就傻了。最后回家见到老爸，他问我下乡的感受，我说：你们共产党骗了农民，他们送你们过了江，推翻国民党，你们承诺的楼上楼下电灯电话的好日子却没了影，还饿死了好多人。老爸说，那年头农业大丰收，放卫星，小孩子站在好像毯子的稻田上，是记者亲眼见，拍了照的。我说：我问了，农民说城里人真傻，稻子长得那样密不透风，能结穗吗？早死了。那是十亩地的稻连夜移到一亩地给上级看。说是粮食多得不得了，囤子里下面都是草，上面一层是粮，干部尽吹牛，第二年咱们就没吃的，饿死人了。农民最恨的就是那些农村土皇帝。

## 57.2.

《是"不忘阶级苦,牢记血泪愁"吗?》这篇文章论述得非常好。我说个自己的小故事吧。多年前我参加香港宣明会的饥馑三十活动,其中一节是赤着脚观看世界各地穷人悲惨生活的图片,以引起人们的同情心、爱心。当我跟着队伍默默行走着,脑海里却浮现在附中时参观阶级教育展览会的情景,这些图片对我来说一点儿也不陌生,都是"不要忘了世界上还有三分之二的人还在受苦",但那时给我们传达的是"仇恨"的信息,而此日传达的是"爱"的信息。我很喜欢用爱去改变那曾在我们小心灵中撒布的仇恨种子,我看到好多无忧无虑的香港孩子用心去体会别人的苦难,学习去帮助他人脱贫。香港宣明会是世界宣明会之下的一个慈善机构,在世界各地包括中国展开许多扶贫救灾工作,工作人员亲力亲为,上山下乡,实地指导帮助农民组织互助团体,办学,清洁饮水,预防疾病,引进新的农业技术和种植,每年都把工作报告送到所有捐助者手上。

## 58. 关于恢复"公开信"

王虹（66届高三丁）

网管组决定在老三届网站上恢复纵晨光"致钱南秀同学的公开信"的文章。并附上王虹有关该文的说明如下："4月12日，纵晨光在网站上发表了'致钱南秀同学的公开信'"。平心而论，对于公开信中的一些提法和观点，我有着不同的看法，然而作为观点和认识，完全有它存在和发表的理由。尽管有所顾忌——担心可能会对当事人产生的影响，但也没有理由不让其发表．后来有同学批评说，为什么不事先征求一下当事人的意见，或许那是更为稳妥的方式．可是，当时并没有具体的管理规则，也没有较为完善的管理机制。

公开信发表后引起了强烈的反应。与纵晨光"为了平息"的本意恰好相反，博客上硝烟四起，火药味十足，让人感到有些始料不及。此时有同学要求将公开信从博客上拿掉，以避免对当事人继续造成伤害！在"伤害"面前我斟酌再三，最终选择了退缩。后来张人则，于含英在文章里，对这种退缩做了最严肃的批评，也对当初附中校友会顶住各种压力，坚持刊登钱南秀"虫虫虫虫飞飞"一文的做法，给予了充分的肯定。

我赞同张、于的意见，同时也发现：他们还是给我留下了辩解的缝隙。因为同样是"伤害"，感受却完全不一样。我们也意识到："伤害"不仅是针对个人的，更是针对整体的。虽然没有成文的管理规则，在博客上拿掉"公开信"，也需要征得作者的事先同意。我感谢纵晨光当时能够同意这个"拿掉要求"。尽管如此，删除一篇完全有理由刊登的文章，对博克造成的负面影响也是不言而喻的。对此，我当然负有责任。

事后得知"情况"并非最初想象的那样。虽然纵晨光本人现在没有恢复文章的要求，但考虑到事实本身，考虑到必须捍卫的"权利"，以及因文章而涉及史实的跟帖，在网站上完全恢复"公开信"，还是有着充分的理由。"

以下是网友议论：

1. 王虹："虫虫虫虫飞飞"当初引起争议的事情也有耳闻，但我一直也没有看到附中刊登的版本。2002年百年校庆之际，高三丁的部分同学在聚会结束之后，一同去看望因腰病不能出门的沈德辉。沈德辉就住在北操场旁边的附中宿舍楼。一行人在宿舍楼下巧遇沙尧老校长。寒暄过后不知是谁提起了"虫虫虫虫飞飞"。沙尧据说当初就不主张在校刊上刊登该文，所以提到该文时，沙尧仍然是持否定态度。让我感到吃惊的不是沙尧的态度，而是有同学附和沙尧的同时，竟然拿该文发表在"中央日报"上来说事！这着实让我目瞪口呆吃惊不小。或许在场的人未必都注意到了这个细节，可是它却让我陷入了思索⋯⋯。

2. 某某：沙尧从六四年开始就在附中不断强化所谓的阶级教育。这其实是附中文革初期红卫兵暴行的前奏。他是文革的受害者，可他也是红卫兵暴行始作俑者啊！如王虹所言，沙尧的态度一点也不让我感到吃惊。那些附和沙尧的人也许是逢场作戏吧？

3. YY：如果说"公正"是一个集合的话，"言论自由"就是其下的一个子集。虽说"言论自由"不能代表"公正"这大集合。可"言论不自由"一定不属于"公正"这大集合。

# 59. 周钦被捆绑示众事件

吴小白（68届高一甲）

## 59.1.我的意见

我来到这个网站，看到两边的观点差距太大了。我建议少用相互攻击和威胁的词语，都几十岁的人了，火气应小一些。能看到发表不同意见的文章，已是世界一小步，中国一大步。

1. 我支持搞实名制，只要网管要求，我也用实名，这样漫骂就少一些，几十岁的人总要有些修养吧。

2. 大家都讲事实吧。如记忆有误，别人可以跟帖更正。

3. 不要指望所有的人都心平气和地看待文革历史，对真诚地道歉要给予支持，对不和谐之音又没有实际内容的帖子网管应予删除，你可以到别的网站上去发泄。

4. 这个网站能否达到和解？有的班级同学之间积怨太深，可能永远不会坐到一起，那也没有什么。

5. 欢迎当时的老师也加入，写出当时的感受。

## 59.2.周钦捆绑示众的经过

看了许多人写的文章，提到文化革命中所发生的史实，有的是骇人听闻，有的是倍感惋惜。下面一件事，还无人提及，在场前后数百人看到，不至于会所述各不相同吧。做这件事情的人可能都以淡忘或埋在心地不想提及，可我们有些非红五类子弟，特别是劳改队的老师们都有兔死狐悲的感觉，害怕有一天遭到同样的命运，他们的记忆力是十分顽强的，四十年也抹不掉的。

六六年八月下旬的一天，时间大约为上午十时，热辣辣的阳光直射大地，闷热异常。我从宿舍区过金川河向五四大楼走去，只听前面人声鼎沸，有些声嘶力竭吼声叫人听得毛骨悚然，我在想，不知又是谁在遭殃了。等人群从大楼东侧转来，看到几十人正围打一个光头的男子，雨点般的拳头向他头上砸去，该男子双手捂头，跌跌撞撞想挤出人群，却怎么也逃脱不了。围打的人绝大多数是根正苗红的干部子弟，也有两、三个想表现自己革命热情的非红五类。人群随一片喊打声到了大楼西侧的篮球场上，我看出被打者是总务处库房管理员周钦。我想到总务处付处长杨长庚才倒了霉，被人揪出来还打了一顿，怎么今天周钦又倒霉了。我对周钦虽不了解，但知道他是一个树叶落下都怕打破头的人，可能是成分问题引来大祸了。

听得有人说："地主分子周钦太猖狂了，把他捆起来示众。"有几个人抓住了周钦的手向后扭到篮球场北侧的篮球架上，几个人找来一大捆绳子，足有几十米长，几个红卫兵先将周钦的双手紧紧地反绑在篮球架上，然后从上到下绑了二十余道绳子，把他身体也牢牢地固定到篮球架上。打人中我看到了赫赫有名的纵晨光，捆周钦的更是以他为主。纵晨光那时很喜欢出头，大字报写了不少，可是附中名人，所以我的印象就特别深。

被捆的周钦双目紧闭，一动不动，在激烈地活动后只能喘粗气，身穿的汗衫已经撕破，露出白白的皮肤。又看到几个红卫兵拿来牌子，上写"地主分子周钦"，挂到了周钦的脖子上。这时，有干部子弟述说事情发生的经过，原来是一位初二的受到南师附中"资产阶级反动路线压制"的烈士子弟带了几个同学，到总务处库房领笔、墨、白纸要写大字报，周钦也发了，烈士子弟嫌不够，周钦说还有人要领，先将就用吧。殊不知这位人气指数因烈士身份在全校批斗校长沙尧大会上曝光而急剧上升的同学不买账，引发争辩，发生了推拉行为，被经过的高年级干部子弟们看到并加入，说周钦这个地主分子对烈士子女"打击报复"，是典型的迫害行为。最后就是周钦被群殴，落荒而逃，几十人追赶，百余人围观的场面。

周钦被捆示众之后，天太热，围观的学生、教师都散去了，只有周钦还头顶烈日捆在那儿。过了近一小时再去看他时，他浑身是汗，脸色通红，头歪倒在一侧，已经昏迷过去了。吴寿玉、陶强、吴耀卿等劳改队的老师中午吃饭时从旁边经过，一个个低头不语，脸色凝重。直到中午十二点多，估计是造反军的首领李天燕觉得威慑的目的已经达到，吴寿玉和陶强等劳改队老师告诉李天燕周钦血压高，心脏不好，才被放了下来，让劳改队的老师一边一个搀扶走了。几天后，周钦的身影就出现在劳改队里，我当时很佩服周钦身体的顽强。我注意过此时周钦的脸色，还是过去的一副没有表情的脸，但见到干部子弟，腿就站得端正一些，腰就哈了一些，脸上会出现惶恐不安的表情。

文革后四、五年，我成了陶强老师家的常客。陶强有次对我说，周钦曾私下里对她说，自己一辈老实做人，不敢出头，文化革命中还遭此厄运，被人捆绑，颜面扫地，说话时痛哭不已，后来文革结束了，周钦得癌症很快就去世了，好像陶老师跟我讲的是得了肺癌。听了陶老师的话，我只有默然。

如果说有打人者还想去道歉的话，周钦也听不到了。为了陶强老师，我也应该写出这段史实。历史给了我们太多的悲哀，可我们当时只能沉默、沉默、再沉默，现在也只能反思、反思、再反思……

以下是网友议论：

1.戴相陵：我也是周/惨剧的目击者之一，不过我只看到了后半段，直至周老师昏迷。我离得很近，但记不得谁出手的。我可能以后会描述的。

2.某某：我觉得今天的纵某已经不是过去的他，所以提及具体名字对现在的纵某不会构成伤害。过去的名字虽然只是一个符号，但对于历史来说却增添了清晰度。我觉得提及和不提及都可以，都没有伤害的作用。

3.许祖云：据悉，张人则、于含英合译过哈佛一名教授的名著在人民大学出版社出版。我在南京买不到。因 105 周年校庆校史馆改建，新辟校友著作长廊。我想征集校友著作。请转告张、于及其他校友。

4. 金朝红：有些事实的真相也许现在还不是说的机会。我另外说个小故事吧，好多年前我去美国探亲，顺便探访一下许家屯。他正在吃饭，下饭的菜的是八宝酱。他点点饭碗说：我还是喜欢吃这些东西。我开玩笑说：许伯伯不如你蹲在街边让我拍张照，拿去发表，就说你投奔西方，落魄到这样。他哈哈大笑。

接着我说听说你走了之后，过去你一力培养和提拔的人痛哭流涕，反戈一击。他又是习惯地仰天哈哈大笑，说：在我们 GCD 官场里向来如此。当时我几乎冲口而出的一句话是：你有没有做过这样的事？我没有出口，因为他毕竟是长辈，又在这样景况下，我不想使他难堪。大家都会明白我预设的结论是什么。事后我想了很多，这种尔虞我诈的官场文化是历史的沉淀，是否于今尤烈？大家自己去评判。人性是天使魔鬼并存，一种文化把魔鬼唤出，还装扮成美人，值得我们深深反省。文革的种种，亦是放出魔鬼。

# 60. 改名

王燕玲（66届高三乙）


1966年夏天，毛主席在天安门城楼接见革命小将，问领头的女孩叫什么名字，女孩回答叫宋彬彬，彬彬有礼的彬彬。主席笑了，说了一句："要武嘛。"女孩大为感动，向毛主席表忠心之后当即声明从此改名为"宋要武"。这是当时所有传媒大加报道渲染的一件事，此后一股改名之风刮遍全国，很是热闹了一阵。虔诚的小将自我革命，派出所积极配合，加班加点办理，效率奇高。只需几分钟，就昂首挺胸走出一个张要武、李要武、赵革命、钱战斗等等。滑头一点的就革别人的命，我校就有小将勒令所有教师人人自查，限期改正。当年不要说教师，就是学生中又有几个人的名字经得起革命的检验呢？宋要武的父亲是地地道道的老革命，尚寄望女儿彬彬有礼，更何况一般百姓，孰能免俗？于是第二天起，老师们便陆陆续续贴出了大字报，首先自我批判政治觉悟不高，几十年来叫着非革命化的名字而不自觉，同时感谢革命小将以高度的政治敏感指出自己的错误，现接受革命小将的帮助，与反动名字划清界限，改名为某某、某某。

忽然一天，在这些大字报中发现了久违的班主任张守己老师的大名，说"久违"一点不为过，虽然老师们肯定每天都按时到校，但自从停课后就不再到教室里来了，只是坐在教研室等待审查批判。学生们对运动的热情从初一往高三逐级递减，特别我们班，大多数是专心学习的学生，普遍对运动不太积极，就算有点积极性的同学，政策水平又较高，认定像张老师这类普通教师不是运动的重点，所以就没人找他的麻烦，连大字报也没有，当然他也决不会去贴别人的大字报，竟成了当时中学教师中为数不多，人人羡慕的隐身一族。这次亮相，显然是出于无奈，可当时的同学们哪能理解老师的苦衷，只觉得平时严肃有余的张老师声明改名为"张立新"太好玩了，大家纷纷丢开学习的社论，嘻嘻哈哈地拿老师开起了玩笑。哄笑声中，一位同学站了起来，一本正经地大声说道："不要呵，我想张老师应该改名叫张破旧！"一瞬间大家都被镇住了，但马上回过神来，叫好声一片："好！张破旧！太好了！"立马有人找来纸和笔墨，由擅长毛笔的同学挥毫，你一言，我一句，洋洋洒洒一篇模仿当年社论语气的大字报一挥而就。大致内容如下：张守己老师要改名，好！很好！说要改名为张立新，这就不那么好了。伟大领袖毛主席教导我们："破旧立新，不破不立！"试问张守己老师，运动以来你破过什么旧呢？旧尚未破，这新又怎么立得起来呢？其实你的本名正是你本人的真实写照。守己，是你的阶级本性；守己，是你的思想方法；守己，是你的人生哲学……（恰同学少年，正是才思敏捷时，一连串排比句奔涌而出。）当然我们欢迎一切愿意革命的老师背叛原来的阶级，投入到革命的洪流中来，但我们要听其言，观其行。今天起批准你改名为张破旧，希望你不要辜负这革命的名字，勇敢地投入到破四旧的斗争中，向旧思想开火……（又时一连串的排比句）我们将拭目以待！（最后照例是一堆革命口号，也不知是谁发明的，反正上自林彪讲话和《人民日报》《红旗》社论，下自革命群众的大字报和牛鬼蛇神的检讨书，都以一堆口号结尾）。

几乎全班同学都签了名（当时血统论尚未传到南京，活动以班为单位），贴出去后，围观者络绎不绝，加批加纸（如同当今的跟帖）者众。这事虽然挺好玩，但在运动洪流中实在是极小的一桩，转眼也就忘记了。要不是多年后发生的另一件事，可能永远也不会再想起来了。

那是好多年以后了，从外地回来，照例第一时间去派出所报临时户口，以免不必要的麻烦。正在办理，忽然一个清晰的声音传来："你看我们像强盗吗？他像杀人越货的吗？"说话声音悦耳和内容的恐怖形成的巨大反差造成了极大的冲击力。循声望去，只见几个女孩簇拥着一位民警走了进来。女孩个个白净清秀，但个个气嘟嘟的；民警高大威武，一派军人姿态，严肃的脸却忍俊不禁。吵吵嚷嚷着，他们穿过房间往后院去了。这真是奇特的一幕，让人看不懂。这边帮我们办理的民警们也笑了起来，说是这几个女孩昨天就来过了，要改名字，可名字是能随便改的么？这不，今天终于逮住了所长，不过所长肯定也没办法。

"名字不就是一个符号吗？"非要改它干什么？"一个人问道："现在又不是运动初期"，"就是运动初期惹下的事"，公安员解释道。"原来在运动初期的改名潮中，这几个好朋友统一行动，向文化大革命的旗手致敬，全都改成了单名一个字——青，一直以来也没什么，可是最近最高指示'水浒这本书，好就好在投降'，发出后，各基层单位都收到了上级发下来的这套书，组织全体人员学习"，我立刻明白过来："有一个女孩姓张，是吗？"

"你们单位也组织了学习？"年轻的公安员问。

"姓张怎么了，张青不好听吗？"，还有人不明白。

"什么好听不好听，张青，就是菜园子张青啊。"有人解说起来，众人笑成一片。

就像是谁按了一个按钮，尘封的记忆忽然打开了，蹦出了三个字——张破旧！这三个字让我忐忑不安：一个叫张破旧的老师如何面对一群半大不小的中学生们呢？他的尴尬程度不会亚于那位叫"张青"的女孩吧！当年我们闯下的祸，不能让老师单独承担后果，我急忙赶往学校。

自从1968年离开后，这是第一次回到母校。几年过去，物是人非。校园里出奇的冷清，说是师生们都外出开门办学去了，只有政工科里有人。找进去，虽然都是生面孔，但对老校友还算热情。接待的教师极年轻，但穿着打扮、言谈举止一派老政工的架势，给人印象深刻。先将我的个人情况盘问了个一清二楚，然后开始介绍学校情况。业务倒是很熟，随便问到那位教师，立马告知教哪个班，现带学生到哪里去，学工学农还是学军去了，以至哪天能回校等等都说得清清楚楚。说到张守己老师，当然也无甚异样。看来担心的事并未发生但最好还是敲定一下，于是装作随意地问了一句："张守己老师没有改过名字吗？"

对这有些唐突的问题，小教师没有表示出丝毫的在意，依然平静地说；"应该没有吧。"一边起身抽出一个卷宗，翻看了一下，肯定道："确实没有。曾用名一览填的是'无'"。噢，也对。文革开始时老师已是几十岁的人了，之前应该也经历过各种运动，怎么会像涉世不深的中学生那么天真幼稚呢。

还好，还好。

以下是网友议论：

1.某某：张破旧呀！脏破旧！好像是田丰同学的超水平临场发挥。张老师倒没有什么，可是这种玩笑却有点贬低破旧立新的意味。妙！实在是妙！妙在其中。

2.戴相陵：曾记否，季福修老师当时改名为季反修。我当时想：一字之差，意思全变了。

# 61. 南师附中校园格局

戴相陵（66 届初三丙）

## 61.1. 我们的建国院

我在 1963 年 9 月入学南师附中时，被分配到初一丙班（学号 63326）。那一届初中招生四个班，高一也一样。一个班五十人。除了甲班外语学俄语外，其他三班均学英语。记得我们初一时的一篇作文题目是"我们的建国院"。我们班的教室就在建国院。介绍六十年代的南师附中校园格局，就从这里开始吧。

建国院位于附中校园的东北角。她是一座平房大院，院内有几棵粗大的参天古树。她还有一眼机井和那座高高的水塔。南厢房共七间，都是教室。顺着门廊走，进口处为初三己、初三戊班。然后依次是我们初一的四个班：甲乙丙丁。我们班是第五间。走过第六间丁班，门廊来了直角左转，进入了第七间。那是我们的大课教室。

三四十米宽的庭院的对过，是建国院的北厢房，它与南厢房的七间对称。初二的四个班就在那里上课。与大课教室遥相呼应的是音乐教室，里面摆着一架当时不多见的钢琴。

北厢房的后面是一排半圆形屋顶的活动平房。里面光线黑暗，而且是泥地。这里曾经是学生餐厅。餐厅外就是狭长荒芜的金川河两岸和学校围墙了。顶头，还有一个露天的简易男厕所。建国院东面的篱笆外，是解放军通讯兵某部的驻地。我小学的女同窗孙维芳，就在里面服役。

建国院的西厢房也有好几间，不过没有门廊。从靠近初三教室的这头开始，第一间是学校阅览室。第二间是少先队队室。当时，里面摆放着雷锋的画像和学雷锋的题词。西厢房再向北，分别是物理实验室和物理教研组。这里，我入学前就来过，因为母亲就是本校的物理老师。西厢房的最后一间，记得是少先队队室。它已经在金川河边，对着活动房餐厅了。由于才十三岁，尚未赶上后来逐渐左转的政治气氛，所以建国院可能是我中学六年的回忆中，最天真无邪的校园一角了。

## 61.2. 五四草坪

出建国院往左，就是五四草坪。从我们教室的南窗就可以看到它的报廊后檐。更重要的是，还可以看到那棵立在草坪西北角的水杉树。我们为此树自豪过，因为生物书上写明，水杉是中国特有、世界稀有的树种之一。

五四草坪可以算是学校的政治和教学活动中心了。这里多次举行过开学典礼。校长做报告、知名人士来访做报告，也在这儿进行。有一次，沙尧校长做报告，同学们在下面席地而坐，听得不耐烦了，就拔自己眼前的草打发时间。时有恶作剧者，把收获的草编成辫子，拴在前面的同学的衣服后面。前面的同学当然全然不知。可是当他突然站起来去厕所时，他身后的草尾巴就亮相了。随着他的快步节奏，他的草尾巴也一晃一晃地摇着。前面沙校长仍在做他的报告，全然不理会后面这片局部会场上由"马尾巴"引起的骚动。

与小学出旗敬礼的开学典礼不同，中学的开学典礼是开始时奏国歌，结束时奏国际歌。显然，少先队在中学已经不很重要，只有初一初二才戴红领巾。当全场肃立奏国际歌时，那种反修防修的使命感，再一次的油然而生。五四草坪几乎是正方形。报栏的东头是工具房。这里是草坪的东北角。向左转，三座小楼并立在草坪的东面。它们都是二层楼，楼上楼下都有门檐和走廊。

东三楼是名副其实的政治经济中心。楼下是教务处、总务处和会计室。楼上是校长室、党支部办公室和档案室。楼上使人感到气氛威严和神秘。我只上去过一两次。第一次是 1956 年，父亲大口吐血。小小年龄，受母之命，我硬着头皮、只身上楼去找沙校长，恳请学校出面解决鼓楼医院的病床问题。结果在楼梯上拦下了正在下楼的李夜光校长。他马上领我上楼，把事情办妥了。

东二楼是古老的青砖砌的。它作为文物，至今仍保留在那里。校史记载：鲁迅先生曾经住过东二楼。东二楼在本人家史里曾两次出现。在父亲与母亲结婚前后的几年时间里，即上世纪四十年代末到五十年代初，该楼二楼东头的第一间，是家父的单身宿舍。他在这里煮过牛奶和鸡蛋给我吃，使我终身难忘。东二楼楼下西头的第一间曾是舰模活动室。在六十年代初，鼓楼区中小学舰模小组，就定期在这里举行活动。作为成员，我来过几次。那时，我还是小学生。

东一楼的楼上两间，分别是语文教研组和外语教研组。楼下是史地教研组，可能还有数学教研组。

教学大楼占据了五四草坪的南侧。大楼的正面墙上，刷着大幅宣传语录：我们的教育方针，要使受教育者在德育、智育、体育几方面都得到发展，成为有社会主义觉悟的有文化的劳动者。-毛泽东。这座凹形楼房有三层，是当时校园里最高大的建筑物了。除了建国院里的十个班级外，初三的甲乙丙丁四个班和高中的全部，教室都在该楼里了。教学大楼设计比较合理。凹形的缺口，面对着的五四草坪的北端。这里是一块露天水泥地，自然就成为五四草坪开会时的主席台位置了。这种凹形格局还使楼中大多数教室都有了朝南开的窗户，阳光明媚、冬暖夏凉。楼梯分别在室内的两侧。一楼楼梯的下面，分别有一间小厕所。上面写着：教师用厕所。

在初二学年和初三的上半年，我班在教学大楼里上课，教室先后是一楼和二楼的西南第一间。直到 1966 年初，实验大楼落成后，我们初三四个班迁到实验大楼的一楼。在那里，我们还没上完初三的下半学期，文革就爆发了。文革导致停课，我们又回到了教学大楼。初三丙的最后教室是教学大楼三楼的东北间。

五四草坪的西侧与北侧一样，是一排报栏。报栏的后面和教学大楼的西侧是校园内唯一的篮球场。它叫校内球场，也叫一号球场。由于学校的其他五个篮球场都在远离教学中心的北操场,所以在课间十分钟的休息时间大家都去抢占校内球场,各班竞争得十分激烈。粥少僧多,即使抢到了,也只是半场。争不到的班级,只好在旁边看看。

校内球场的另一侧,是气象小组的实验园地。白栏杆里有高高竖起的风向仪。园地的北边的平房,依次是开水房、小卖部、自来水站和男生浴室。这里,我们又回到了五四草坪西北角,那棵水杉树,和建国院的入口处一带了。

### 61.3.从东标本林到北操场

教学大楼后面是一片树木,叫东标本林。这里树木并不茂密,但顾名思义,林子为生物课提供活标本。校园里应该还有一处标本林,叫西标本林。东标本林的东边是学校的后门。外面的街叫"校门口"。

园内围墙下是自行车的停车棚。东标本林的顶头,有一座小白屋,是学校医务室。

顺着东标本林和教学大楼之间的林荫道向西走,过了金川河上的五四桥后,可以看到三处景点。

正面是一个池塘。缓缓走一圈,也要几分钟的时间。北面是一片草坪。学校的图书馆就在这里。1965年,这座二层建筑被推平,图书馆迁至建国院。在原址拔地而起的,是后来1966年的实验大楼。一楼是我们初三的教室和生物实验室;二楼是物理实验室;三楼是化学实验室。

南面的西标本林后面,是一长排的初中男生宿舍,青砖平房。再向前走,可以看见有一小平台伸入池塘。这里可以清楚地看到池塘西边的大礼堂。大礼堂后面的坡地上,是高中学生的宿舍楼。宿舍楼的左边是一座废弃的活动平房,还有学校的那个作坊式的机械厂。

宿舍楼的后面就是后山了。山中有水泥地洞。山下有座土高炉,是1958年大炼钢铁的遗物。对着地洞门,跨过土路,是校工老谢的陋室、菜园、葡萄园和果园。园中有一座小红房,是学校的幼儿园。

再向西是菜地，呈梯田状。往下就是西操场了。西操场是排球场。后来在1966年初，附中的学生，居然在菜地上挖出和建成了一个不土不洋的游泳池。

在池塘的平台处，路分成了两条。一条是通往大礼堂、宿舍楼和后山的。另一条，笔直地通向附中的大门。如果要去大门口，则左边是西操场，右边是生物实验室和化学实验室。这两座高大的古老的平房是对称的。我们经过的，是两座实验室的山墙和侧门。走过化学实验室，路边的树荫里竖着一块巨大的标语牌。上面写着毛泽东主席制定的党的教育工作方针：教育为无产阶级政治服务，教育与生产劳动相结合。标语牌的后面，是使男生感到很神秘的女生宿舍的后墙。在化学实验室的另一侧，有一条沿着金川河的小道。这里才能通向女生宿舍的正门。标语牌的路对面，是学校大门的传达室。大门只是在规定的时候才开。平常只开那个门房老周眼皮底下的那扇侧门。这里骑自行车进出，是一定要下车的。

南师附中的校址是察哈尔路37号。门牌上"南京师范学院附属中学"几个字，是郭沫若先生的题词。学校的操场在察哈尔路的北侧。操场门正对附中的大门。人们称之为北操场，可能是它位于主校园的北边。北操场门内，有一座小平房。它是体育教育组的办公室。后面有一座高大的简易铁皮房子，里面堆满了运动器材。操场主体是一个足球场。环绕它的是一条标准的四百米跑道。跑道边有个司令台。北操场有五个篮球场，几个沙坑，另外还散布着单杠双杠之类的器材。

# 62. 家庭出身

戴相陵（66届初三丙）

## 62.1.家庭出身和干部子弟

1963年是我国政治上相对宽松的一年。在择优录取的原则下，我们绝大多数同学都是凭成绩考进附中的，而家庭出身好像不是录取条件。由于自己小学时，就受到学校的宠爱，加上记事以来，父母亲和家庭在历次政治运动中——尤其是1957年的反右运动中——从来没有遭到过发难，进入中学时，我对家庭出身是那样的天真无邪地想当然。在宽松的环境下，不仅是我，就是那些所谓家庭出身"有问题"的同学，都没有感到有明显的压力。可是这种宽松的政治局面，仅仅维持了不到一年的时间。1964年以后，共和国开始在国内强调搞人与人之间的阶级斗争；在国际上，把苏修与美帝列在了一起，都当成了打倒对象。

国内阶级斗争的主要对象，是从旧社会过来的人。由于他们的年龄相当于我们的父辈，所以家庭出身这个概念，在我们这一代变得重要起来。

我从来不记得有什么正式文件规定怎样划分家庭出身。这只是当权派的意识、意志和标准。贯彻得多了，就形成了全社会的共识。对我们这代人来说，自己的家庭出身，是指本人父亲在解放前是干什么的。于是家庭出身的这一头，是高高在上的所谓的革命干部，而压在另一个极端的，是所谓的地富反坏右。

南师附中学生的来源，绝大多数是干部子弟和知识分子子弟。他们构成了学生的主体。普通工农子弟，在我们班，只有几个。至于怎么定义革命干部，家庭出身够不够革命干部，本人算不算干部子弟，也是社会的共识，其标准也是来源于领导和当权派。按照当时的标准，本人父亲如果在1949年即建国前就参加了革命、是中共党员的，那么他的家庭出身是可以填"革命干部"的，他也就是"干部子弟"了。如果是在解放后入党的，恐怕家庭出身只能算是个"职员"。

革命干部也分等级高低。行政十三级以上，是高级干部，俗称"高干"。官位在县团级以上，他们的工资在每月165元以上。校长沙尧，当年十四级，离高干还差一级。毛泽东主席，据说是行政二级，工资是四百多元。当时普通工人每月的薪水，只有三、四十元。

我的小学时代是在平民学校里度过的。在萨家湾小学，几乎没有干部子弟。干部子弟的概念，最先是我从母亲那里来的。母亲早在五十年代末就开始有"桃李满天下"之乐了。每年寒暑假，一批批在校大学生，来我家看望母亲，都是她教过的附中校友。他们中最惹我注目的是那些来自军事院校的学生。他们身穿军装，头戴大盖帽，陆海空三军都有。母亲告诉我：他们都是干部子弟，在附中时就成绩非常优秀。当时，哈尔滨军事工程学院是全国军事院校之首。来看母亲的校友里，不乏来自哈军工的。记得其中一位，是省委宣传部副部长陶白的儿子。

这就是我初始印象中的干部子弟。我对他们羡慕极了。更重要的是，由于长期红色思想的灌输，我还以为每个干部子弟的爸爸，都有参加革命、传奇般的经历。他们是我心目中的无私无畏的革命英雄。初一开学的第一天，学校开家长会。一辆小轿车驶进校园，在生物实验室的侧门停了下来。一对夫妇带着他们的子女下了车。其中一个男生，苗条身材、净白的脸。后来我才知道，他叫张宁阳，与我一起分进了初一丙班。

张宁阳是特高干子弟。父亲叫张震，时任解放军南京军事学院院长，军衔中将。我母亲先后做过张宁阳两个哥哥的班主任。据母亲回忆：与许多高干不同，张震好像没有架子。每次学校规定的例行家访中，张震夫妇都是亲自接待。不像有些高干，只派秘书，甚至只是警卫员，来见母亲。有一次家访在困难时期，临走时，张震抓起一把糖果，一定要母亲带回，说这在外面不容易买到。看来张震夫妇是尊重老师、尊重知识的。反映到张宁阳的身上，他的语文课本的包书纸上，俨然写着"国文"二字。看到以后，我吃了一惊。这明明在沿用旧社会的用语，也只有他这种出身的人才敢这样做。

尽管张宁阳首次进校坐的是父亲的公家轿车，是特权思想的反映，可是在文革前的初中三年，用当时的德智体三方面来衡量，他是班上的佼佼者、更是高干子弟中的佼佼者。他的成绩一直名列前茅，比我好得多。他的体育素质优秀。篮球打得很好，学校运动会上，三级跳远的名次在我的前面。值得佩服的是，张宁阳低调处事，从不显示自己是高干子弟。初中入团是不容易的。当他入团时，我想他是当之无愧的。在我眼里，张宁阳就像是哈军工的预备生。

文革爆发后，张宁阳在班上只露过一次脸，那是在1967年3月。届时，军训队进校、撮合班上的"大联合"和"复课闹革命"。当时由于红卫兵和血统论的肆虐，本班按出身和派别划分的两拨人，相互提防、感情格格不入。讨论时轮到张宁阳发言时，他不紧不慢地说：（你们）出身不好的同学，不要总认为自己是反动血统论的唯一受害者；（我们）出身好的，也是受害者。由于这句话，会后他在背地里被指责为"阴险"。不过时过几十年，回味张宁阳的这句话，发现不是没有道理的。

如果说张宁阳当年在我眼里代表着干部子弟的那一头的话，那么对在这一头的干部子弟，就不敢恭维了。首先，他们的学习成绩不是十分优秀，或者说学习不够努力。在以成绩取人的附中治学传统里，他们得不到校方的青睐，也得不到同学的认同。这样的学习生活当然不是很舒畅的。也许是为了改善处境，他们把自己光荣的出身时不时地挂在嘴上了。有了机会，他们就数说自己父亲的光荣历史和显赫职务。在受了委屈或者与同学为了不相干的事情争执起来的时候，有时也会眼泪汪汪地提及（我）父亲腿上的伤疤，是解放前被（你们这些）地主老财的狗咬的。有时竟还会这样出言不逊：要不是（我们）

共产党搞统一战线，早就把你们这些人枪毙了！

这些干部子弟在文革前奏的附中"形左实右"的教改中，表现得更加激进和革命一点。进入文革初期，他们俨然成了"十七年修正主义教育路线的受害者"。惯性使然，在那种没有法制的日子里，由于负面能量的尽情释放，他们中的一部分人成了抄家、整同学、打师长的打手、急先锋，甚至是策划者。

当然，在我对干部子弟两极的主观划分不是绝对的。处于两极中间是干部子弟主体。他们或者往这头、或者就往那一头，多沾了一些。

干部子弟并不像铁板一块。有些人彼此之间也互相看不起，与别人攀比父亲的官位。我在篮球场上，就看见有人指着南京工学院党委书记儿子的打球背影，好像在问：他爸爸1938年才参加革命，怎么能在授衔时能混成海军少将？

表面上，干部子弟和非干部子弟在学习生活中是融洽的，可是这两群少年，已经过了"两小无猜"的年龄。这时我们已进入了青春发育期，在党的教育下，正在摸索建立世界观、人生观。可是在我们内心深处时隐时现的，是准备着对未来政治和经济资源的竞争。可是，当年祖国可供我们竞争的政治经济资源，数量实在是太有限了。这主要体现在将来的入党入团，接受高等教育以及就业等方面。

按照学校的旨意，干部子弟是努力学习的，在政治上是要革命的。头上戴着家庭出身好的光环，他们应该清楚，对未来进行竞争、在本应该是同处公平的起跑线上，他们的起跑线被他们的父辈，人为地提前了许多。而多少其他出身的优秀青年，甚至被取消了竞争资格。干部子弟的起跑，比他人要轻松得多。这是因为，我们的祖国，在决定年轻人前途时，把家庭出身看得越来越重、对党的阶级路线，执行得越来越左。

我从来就没有听过中央文件里正式传达过如此党的阶级路线，可是当时却是全社会的共识。这就是那臭名昭著的、欺骗了一代人的三句话：有成分论、不唯成分论、重在政治表现。

## 62.2.家庭出身和知识分子子弟

学校里除了干部子弟外,学生的另一群体是来自所谓的知识分子家庭。在党的阶级路线的阴影下,进入附中不久,我们就听到了这样的说教:一个人的家庭出身不能选择,可是走的道路,是可以自己选择的。

其实,知识分子当时不算一种家庭出身。我们同学中的大多数填表时,写的是"职员"或者"高级职员"。在职员内部也可以是五花八门的。政治上左一点的,可以是未达到革命干部标准的中共党员。那一头,则有可能与旧社会里的党政军警特宪沾上了边。最严重的,可能本人就是地富反坏右了。虽然政治历史上的划分呈两头小、中间大,可是我们的父母似乎都有着被历次政治运动抓住不放的、各种各样的、或轻或重的"历史问题"。

我们这一代是与新中国一起成长的,相比之下,我们的父母则是旧社会过来的"资产阶级知识分子",而不是新中国培养出来的知识分子。那么当年的知识分子的范围是怎样确定的?一种说法,就是他们在解放前就大学毕业了。可是因为旧中国的教育不发达,大学生很少,所以读过中学、甚至小学的人,都被认为是有文化的知识分子了。后来在社会上形成了这样共识,知识分子是那些在解放前就受过教育的、现在正在各行各业中进行非体力劳动的人。他们当然不是革命干部,也有区别于以工人农民为代表的劳动人民。比如教师,就是知识分子中典型的一族,可以上到大学教授、下到小学老师。我们这群人的父母,就是这样的知识分子。

与革命干部一样,这里也有高级知识分子,简称"高知"。在《怎样划分农村阶级》一文里,就把科学家、教授和工程师的成分划进了高级职员。拿大专院校为例,高知是指高教五级以上、相应的职称为副教授以上、当时的工资,与高干一样,也在每月165元以上。我亲戚中的一些长辈里,有高教三级、四级的(正)教授和(主任/高级)工程师,他们的工资是230元。据说,数学家华罗庚和天文学家张玉哲是一级教授,工资有四百多元。

在新中国的前十七年，国家对高知是很照顾的。他们在生活上的待遇，几乎与相应的高干一样。听说在三年困难时期，国家在要求党员干部上交自己的肉票的同时，却按月发放给高知饭馆的就餐卷和粮站的食油补助券。我们知识分子子弟，也有着自己特有的心理发育特征和处世哲学。"万般皆下品，唯有读书高"，似乎是我们终身永远不可割除的阶级烙印。这个说教来自我们的父母和家庭，其根源，可以追溯到几千年的封建和农耕社会的传统文化。从"书中自有黄金屋""劳心者治人，劳力者治于人"到"读书做官论"，它们各种各样的版本，既然是中国传统文化的一部分，那就不一定是知识分子子弟一家的专利。谁能相信干部子弟就没有秉承这样的家教？在我们身上体现得突出一点，只不过是当被道貌岸然的批判者抓住，顺藤摸瓜地追溯家庭根源的时候，更自然一点罢了。

唯有读书高的思想导致了轻视体力劳动、劳动人民，尤其是对那些压在社会最底层的农村农民。这种思想与急剧左转的局势是格格不入的，因为此时国家开始提倡知识分子与工农结合、鼓吹学生毕业后弃考务农，上山下乡当普通农民。尽管当时鼓吹上山下乡当农民的政治理由是多么冠冕堂皇，可是已经有迹象表明，当局心目中真正想要推动下乡扎根的年轻人的主体，肯定不是干部子弟。眼看着一群品学兼优的哥哥姐姐高考落榜，甚至中考落榜，不仅我们的父母，而且我们中的稍微开窍早一点的，都看出了司马昭之心。而这些，都被后来十几年无情的历史所证实了。

还是那句老话：可供争夺的升学资源太少，而且起跑线也划得不公平。面对着谁也说不清的、灰蒙蒙的前途，知识分子子弟能做些什么呢？首先，把自己的学习搞好，而且力图更好、最好。这点，由于家庭传统的熏陶和自身努力，我们做得还不错。其实学习成绩好，对于学生来说，不是坏事。问题是中国知识分子特有的那种清高孤傲，也在他们的子女身上反映出来。思想上的轻视劳动人民，很容易延伸到在学校看不起成绩欠佳的同学。其结果，轻一点，伤害同学感情。重一点，如果这些同学恰巧又是干部子弟的话，那就埋下了怨恨的种子。日后遇到文革土壤，就可以上纲上线到打击干部子弟、对党的阶级路线不满的高度。"两耳不闻窗外事，一心只读圣贤书"在当时是不现实的。因为你不去关心政治，政治却要关心你。

在党的教育下，知识分子子女是要求进步的，是想向组织靠拢的。文革前，有大批这样的人在学校入了团。可是为了入团，他们的付出和努力，要比他人多一些。可能有人在日记里写过要与家庭划清界限，可能也有人向组织上表过态，要与旧思想彻底决裂，毕业后要上山下乡当农民。他们中，思想境界升华到要为共产主义信仰而奋斗终生的人肯定有。立志走与工农相结合道路的人也肯定有，有些甚至在渴望做一代新农民的典型。可是大多数团员，恐怕只是被做个"好学生"的思想所驱动。可是做个好学生的目的是什么？而在他们心底深处存在的那个隐患，那个有朝一日摆在自己面前的起跑线问题，是不可回避的。有没有可能，他们在希望当上团员和戴上好学生的桂冠后，将来在起跑线的划定上，有人能开恩，放他们一马？暂时在团组织以外的知识分子子弟，也在听天由命。只是，他们除了把学习搞好以外，还能再做些什么呢？

值得指出的是知识分子子弟的父母的父母，即我们的祖父母。他们中的大多数，解放前是所谓的剥削阶级。可是由于我们的父母本身是没有参加过剥削的知识分子，再加上十七年来的红色教育，心里惦记着变天账、盼着蒋介石打回来的人，在我们这一代，几乎没有。总的来说，知识分子是拥护共产党和新中国的，知识分子子弟是热爱共产党和新中国的。

# 63. 下农村劳动

戴相陵（66届初三丙）

## 63.1. 十月人民公社

直至1966年6月的文革前夕，我们班一共去农村劳动过四次。1964年10月，整个初一年级去了南京郊区的十月人民公社。因为1958年毛泽东主席曾视察过，所以该公社有点名气，也对外宾开放。

我们在下关火车站上车，在沪宁线上的栖霞下车。颇有名气的栖霞山风景区就离车站不远。当队伍穿过栖霞镇时，我第一次看到了农村集镇级别的饭馆、理发店、供销社。记得都是不太正规、黑乎乎的小平房。我们全体都住在公社的一个室内的养牛房里。这是一个高大的、挺现代化的养牛房，水泥地，有电灯。两百人的铺盖卷儿排开后，也只占了养牛房的一角。这一切对我都是第一次，很新鲜。

我的床单直接垫在稻草上。枕头顶在椭圆形凹下去的牛食槽边。晚上睡觉，与牛同屋，朦胧中还能听到牛叫。加上室内的日光灯彻夜不熄，我开始还不太习惯。待到熬不下去的时候，也就自然睡着了。

白天去附近村上的地里劳动。只记得是在山芋田里。那次我们没有与农民直接接触。当时学校没有宣扬贫下中农、阶级斗争、四清、社教（社会主义教育运动）之类的话题。不知道是没有开始呢、还是嫌我们年龄还小。

学校的伙房也跟到了养牛房。对住校生来说，一日三餐和在学校一样，只是饭堂开在露天的场地上。对我来说，是第一次吃学生集体伙食。蔬菜为主不说，缺油少盐的菜汤里，还有木桶味。有一次，饭菜难以下咽时,我就问余曰辛:不知张宁阳能不能吃得惯此等饭食?这是因为我们三人都没在学校包过伙。我是在自己不想吃的时候,却要把平时大概在家养尊处优的张宁阳拿来说事。只是余曰辛没有听出来而已。

一天傍晚,才开过晚饭。临时通讯员陈光国骑车过来给我们送报纸。只见头版头条上写着:我国第一颗原子弹爆炸成功!顿时,全场沸腾。我们跳啊、喊啊、笑啊、唱啊,持续了很长一段时间。这是我第一次沉浸在狂热的爱国主义激情中。记得在报纸头版的下角,还有一条醒目的新闻:(苏联)赫鲁晓夫下台。

有一天早饭后,大家集合在场地上。带队的老师宣布:今天不劳动了,去爬栖霞山。两个小时后,当我们登上主峰时,大雾才开始消散。十月枫红,漫山遍野的红叶是栖霞山最著名、最亮丽的风景线。这是我一生中第二次到此一游。上一次,是在两年前的小学五年级,是学校组织的秋游。看来,那时左转的政治形势尚未动真格。否则,学校大概还不敢把下乡劳动与游山玩水弄在一起的。

劳动结束的那一天打道回府,我们先在公路上行军。走了很长的时间,通过了好几个山口。最后,我们在宁芜铁路线上的一个叫紫金山的小站上了火车。列车在紫金山的周边地区,绕了好一阵子,终于把我们丢在了南京城南的中华门火车站。

### 63.2. 江宁县陆郎公社

转眼间,地球转入了1965年的春天。此时全国形势已开始左转,教育界首当其冲。毛主席的减轻学生负担、教育改革和教育革命的指示已在内部传达。教育部指定南师附中与辽宁黑山,北京景山,和上海育才等四所中学为教改试点学校。省教育厅向我校派出以副厅长朱之闻为首的,由南京部分中学校长组成的教改工作组。附中校方自然紧跟,校长沙尧一声令下,初二年级四个班首次开赴江宁县陆郎公社劳动,初试知识分子与工农相结合的革命道路。

当时同学们的心态不一。估计成熟的革命者不多。以我为例,学校学习紧张、负担过重，下乡劳动是散心、逃避读书的大好机会。对下乡劳动，我自然双手赞成。我们乘火车在宁芜线上的江宁镇下，然后步行去陆郎公社，下到了一个生产队。我们全班都被安排住在村头打谷场上的仓库里。女生睡里间，我们男生住在外间。

这次劳动，主要是在场边挖土挑土。由于思想开始要求革命化，于是劳动越积极、担子挑得越重的人，就越被看好。乙班的班主任闵开仁老师，在竞赛的哄笑中，由于担子里装得过重，结果把扁担都挑断了。

这次也是学校自己开伙。我们得走一大节田埂小路，才能抵达设在大队部的伙房。这段路，要是天晴，是没有问题的。谁知有一天天公不作美，早上一场大雨下个不停。我在早饭后回来的路上，一个跟头在雨里跌得浑身泥水。这是我人生第一次领教乡下田埂上的泥泞。当我一踩一滑狼狈不堪地返回驻地时，我才知道，全班跌得浑身烂泥的，大有人在。

外面的雨还在下，不能劳动，我们都挤在黑暗的仓库里，无所事事地坐在草铺上。这时，我们年迈的数学老师朱景云给了一个小插曲。老先生由于大腹便便，平时连弯腰系鞋带都很困难，要请江涛帮忙了。我可以想象他老人家是怎样在雨中挣扎着返回，此时可能也是满腹牢骚无处发了。这时老先生发现他的一双干净布鞋，在黑暗中被同学进进出出的泥脚踩得一塌糊涂。于是他就忍不住开始毫无目标地指责了。老先生的声音越来越大，场景就自然成了屋子里的中心。围观的同学当然没人敢承认，大家都不敢吱声，但都暗暗好笑，认为有点是小题大做了。

嚷嚷一阵子后，老先生大概突然意识到自己失态了。自找台阶下，他不好意思地看了同学们一眼，针对有人只顾自己进出、不顾他人鞋子的死活，老先生用他特有的苏北兴化口音感叹道：这是资产阶级思想——损人利己啊！大家听了，赶紧都转过脸，忍不住要笑。此事后来一直在班上当笑料来讲，当然是一定要用兴化土话来重现，才能达到曲艺效果了。

言归正传。小插曲过了，我们都浑身湿漉漉、脏兮兮地坐在地铺上——郁闷、束手无策。忽然，房门被推开。只见一个农民一担挑进来两大桶热水，又有两个人抬进来了一个大澡盆。他们把热水倒进澡盆后，就招呼同学们赶紧洗脸洗手。我们都感动极了。对照着自己的狼狈，我们都不能想象在这种连泥带水的环境里，他们是怎样在担水行走的。

第二天一早天蒙蒙亮，天空放晴。大家都还没起身。这时睡在我旁边的李胜利去屋外方便回来，对着我的耳朵小声说：戴相陵，外面的风景美丽极了。我赶紧推门出去看。果然不错。白云、青山、绿水、森林、田野，在朝霞中映为一体。这是我一生中看见的最美丽的早晨了。二十年后我看到的泰山日出，不如她；四十年后的黄山日出，也不如她。

可是晴朗的天空，没有给我们第二天带来好消息。校方一纸令下，要我们停工离去，回宁上课。事后才知道，原来这场大雨使兄弟班级的一位同学生了急病，救护车星夜送回南京抢救。恰好这位同学是高干子弟，父亲很可能是沙校长在教育界的顶头上司。他颇为震怒，打电话给沙校长，表示不满。沙校长原想当教改急先锋，没想到初试受阻，只好半途鸣锣收兵。

同学们的革命和玩心均未尽，当然也不高兴，与派下来做我们思想工作的教改工作组进行了激烈的辩论。我现在还记得在地头上江涛和二中谢校长的那场有理有节的辩论。我们强调"少数服从多数"，校长说，后面还有一句"下级服从上级，全党服从中央"。后来看到党的纪律，确实是这三句话，从那时起，我们就不再坚持"少数服从多数"了，因为后面的话已经把前面的否定了。最后终究是胳膊拧不过大腿，我们很不情愿地打道回府了。所以这次下乡劳动，结果是半途而归。

在回南京的前夜，我们与贫下中农在场地的马灯下开联欢会。我是男生表演唱"大实话"的四个演员之一。这可能是一种南京的曲艺形式。上次在一场学校文艺演出时，我们班牟承晋、盛小元、李惟德（第四位记不得了）等四位同学，在大礼堂登台首演"大实话"。内容大概是关于保护视力的。演出得到了好评。后来我们都能模仿唱上几句了。在为农民的这场演出中，可能是班上原配的四人之一因故缺席，于是我被相中登场了。这次大实话的内容，是感谢贫下中农对我们的关心。词中提及他们送热水、送澡盆一事，引起了台下的阵阵笑声。联欢会中，甲班的殷寿文，他唱了一曲"毛主席的书我最爱读"。

以后每次只要我听到这首男高音，眼前总会重现出陆郎农村场地上夜色弥漫的广阔星空。

我们首次去陆郎劳动，虽然结局并不圆满，可是后来却引出了我们骑车下去的重访，还有以后的三年连续三次去那里劳动。

### 63.3. 南师句容分校农场

1965年8月底，暑假的最后两天。由于玩心仍然很重，我很不情愿地眼看着新学年的到来。忽然有同学来我家，说学校通知开学的第一天就下农村劳动，并要我通知住在校门口的吴明慧。于是我们初三年级在开学的第一天，可能是传统的9月1日吧，两辆敞篷卡车把我们送往南师句容分校的农场。我站在第二辆上。这是本校的校车，据说是二战时加拿大战车改装的。司机老张，一贯开英雄车，速度一泻千里，与我不用上课时的轻松心情一样。

车上又是好多第一次经历。第一次坐敞篷卡车长途跋涉。第一次感受卫岗大下坡飞速的刺激。第一次途径汤山镇，只是没有看见那里的温泉。还有第一次结识程明，他本是上届学长，休学后新近加盟初三丙的。他的头发已经竖了起来，显然是在激动地对抗着猛烈的迎头风。

虽然在句容农场，可是我们过的仍是学生生活。睡的是集体宿舍，木板床，上下铺。作息时间按电铃的指示。我没有午睡的习惯，所以在床上很难过。要么就在回忆美好的暑假，要么就溜一眼枕边的《人民战争胜利万岁》。这是国防部长林彪纪念抗战胜利二十周年的大作。随着左转的形势，拒外备战的气氛已经十分浓重。

这一天中午，我发现朱晓民也没睡着，在那头鬼鬼祟祟做着什么。轻轻走过去一看，原来他用一根毛毛草玩弄正在酣睡的程明。拿毛毛草探试他的左鼻孔，程明没醒，只是皱皱眉头，变仰睡为右侧睡。朱晓民接着试探程明的右鼻孔。结果反应还是不够理想。程明摸了一下鼻子，翻过身改右侧睡为左侧睡。见朱晓民反复几次试验均未达到预期效果，我就返回到自己的铺上。结果没多久，只听见程明那头响起一个喷嚏。朱晓民赶紧窜回自己的床边，刚刚坐下，程明就连续、有节奏地爆出了好几个"啊球"。朱晓民大笑，当然是埋着头、捂着嘴的那种。

从宿舍到厕所要走过一片场地。有一天夜里，我和陈光国结伴去厕所。我们正在奇怪乡下的九月初，中午热得像夏天一样、要穿汗衫，怎么这半夜冷得要穿棉袄。这时候前面突然出现两团黑影在向前蠕动。我们很快认定是狗或者其他野物。大概一半是好奇、一半是壮胆，我们就追将过去，心里抖抖索索，嘴巴里还嘘嘘地吆喝着。那两只野物闻讯后，就迅速逃窜，与我俩同步、同方向。我们紧追不舍，可是总是追不上，因为你跑多块，它们也跑多快。当我们停下来的时候，它俩也止步了。我们只好叫停，最终尴尬地得出结论，那两团黑影并不是什么野狗，而是远处的路灯关照我俩时给的影子。当然这种虚惊一场的事，是不好意思宣扬的。只是在第二天在同样的方位，当同样的现象出现时，我俩就互相提醒地再嘘嘘几声，当作自嘲。

农场的伙食，大概中饭还是有荤腥的，可是晚餐就不敢恭维了。可能是庆祝冬瓜南瓜大丰收，每天晚上都是一大脸盆红烧冬瓜、一大脸盆红烧南瓜。我们班帮厨的人回来说，他们每天的任务，就是切瓜。端出来的冬瓜南瓜，难吃不谈，这分量之大，是我们八人一桌难以消受得了的。如果是一顿两顿，倒也不至于咽得恶心。可是这相当于喂猪食的分量，每晚都来这么多。在当时，如果不想吃就扔，是要当资产阶级思想批判的。最后还是陈光国想出了一个妙招。在动筷子前，我们这桌就把其中的一盆，原封不动地退给食堂。有时是冬瓜、有时是南瓜。我们从来没奢望得到勤俭节约的表扬。我们想得到的是两全其美：既不想吃得作呕，也不想招致批评罢了。

来句容前，学校警告说当地有血吸虫，要大家不要下水。同学们听了，有点提心吊胆。认真一点的，如果在劳动中偶尔沾上了河水，马上冲回宿舍，用土自来水对着手脚猛烈冲洗。最认真的，就索性一直冲到跟我们下来的校医杨秀清的办公室，坚决要求检查。杨老师能做的，也只是给予亲切的心理咨询。

由于这里实际上是南师的一个分校，所以阅览室很大。在那里，我首次看到了几乎所有省市自治区的报纸。很大一部分的晚上时间，我是在阅览室度过的。

劳动快结束了。有一天下午，带队老师召集大家排好队，宣布要带我们去看句容县城。他提醒我们，我们国家有成千座这样的小县城。我们的队伍就向县城开拔了。句容城边，有一座古老的青砖塔。县城的主街是青石板铺的，宽度勉强可以供两辆平板车会车通过。街道两边的人家和店铺，都是关门时要上门板的那种。最热闹的地方也有两层楼。里面黑洞洞的，木楼、地板、木梯、木晒台。在晒台上，一根竹竿就可以搭到街对过那家晒台上挂着的衣服了。上世纪六十年代中期，大部分县城就那模样。不过，当时也很大程度上满足了我们的好奇心。

后来在县城的体育馆里，我们临时组织起来的初三年级联队和县城的中学生进行了乒乓球比赛。我班参赛的是李蔼萍，丁班有唐建新，结果是我们输了。

### 63.4. 十月公社甘家巷大队

1966年4月15日，我们步行去十月公社甘家巷大队劳动。这次下乡为时二十天，到5月4日结束。

我们小组当天住进了东边一生产队。男生住在甘家巷大队长腾出的一间厢房里。班上的其余的三组，分别去了陈家边、东边二和杏家塘生产队安顿下来。

从甘家巷镇子上出来，先要上一个山岗。举目远眺，可以看到远处气势宏伟的南京炼油厂在太阳映照下的厂房、油罐和烟囱。下了岗子，就是陈家边。再走不多久，就到了东边一。东边二是邻村，和我们靠一条村间的田埂小道连起来的。杏家塘很远,还要翻山越岭几十分钟。我去过一次,是为了想找回我丢失的席子。那条席子,昨天还在校园里的本班宿舍里整装待发,准备由校车运到这里。结果今天下落不明。直到5月4日后回校,才发现它还躺在宿舍,根本就没有装车。

根据至今保存尚好的几十年前的日记记载,下乡动员报告上要求每个同学"要带着问题下乡"。我本人带下去两个问题。第一是和自己怕苦怕死怕累的思想作斗争的问题。第二是自己能不能在农村干一辈子的问题。

这次下乡,教学主题是起步试验半工半读,生活上是自己开伙烧饭。我起初的想法很自然。半工半读、半耕半读,在教育上可能不会试验成功的,觉得这样一试,是会要影响自己的学习。可是后来事到临头,我在日记里却认定,我们搞半耕半读,就是为了与资产阶级教育家作斗争。他们说,如果劳动,就不能搞学习。半工半读是我党的教学方向。这次下乡,要争取思想、学习、劳动三丰收。

回顾人生,这二十天农村的日子,是处在一个相当敏感的历史时期。这段日子,对我们初三同学来说,离我国传统的高中升学考试只有两个月了。尽管思想革命化的口号人人在喊;一颗红心,两种准备的誓言个个在说,可是大家心里到底是在如何盘算的,是很少有人讲实话的。

更重要的是,这段日子,离那个1966年6月1日只有一个月了。那一天,在将来人们的心目中,标志着我国无产阶级文化大革命的开始。北大聂元梓等人的那张"全国第一张马列主义大字报"的效应,将把天下搅浑。我和其他1966届初三的学生,将被卷入其中,长达十年之久。我们将注定成为共和国教育史上,没有高中学历的一代畸形青年。

从这次下乡的第一天起,我就开始对照先进、搞大批判了,当然主要是针对自己。行军的路上,有时累了,我就叫苦连天、灰心丧气。而胡多佳的腿脚不方便,可是却坚决要求行军。我嘴巴干了,就非要喝水不可。为了找回自己的席子,四处奔走。这叫自私自利,一事当前，总先为自己打算。姜树李买来许多大蒜，大家都不愿意吃，就背后叽咕。陈光国听到后，就过来念了一段毛主席语录：不负责任的背后批评，是自由主义的表现。下大雨了，我想这下路不好走了。而甘家巷大队长，却在旁边说：小麦正在开花，这场雨对小麦非常不利。这说明我和劳动人民在思想感情上有很大一段距离。在水田里，陈光国发现胡多佳的腿划了一道口，就立即命令他不要劳动了。我无意中发现他腿上也有一道口子，正在冒血，我劝他别干了，可是他什么也不管，还是劳动。在班务会上，干部子弟李胜利居然说，贫下中农过去受的苦是活该。大家奋起批判。几乎每次下田，我都有点怕脏怕累，希望早点收工。这是资产阶级思想的反映。

这些都是在我日记上摘抄下来的。当然我的日记离"谈建华似的日记"还甚远。谈建华是当年报道中的典型，他在自己的日记中，一开始总把自己的思想写得很糟，然后经过学习毛主席著作，就变好了。

在我的日记里，没有迹象表明，经过这次下乡，我的两个思想问题已经解决。尤其是后者，我是更加不愿意毕业后上山下乡当农民了。相反，每天半天的学习，我们抓得都很紧。那时只有自学了，主要是数学和英语两门。同学们的近忧远虑都心照不宣。那就是两个月以后的高中升学考试。直到4月29日，沙校长和朱厅长从南京下来给我们初三同学作报告时，吊足了大家的胃口。我们被告知，校方和上面的设想是，今年附中初三的毕业考是开卷考，而且与升学考试合二为一。他们在强烈地暗示我们：大家都能升入本校高中。

这消息是喜还是忧？我喜的是不要太忧虑即将到来的升学考试了。可是面对着附中日益下降的教学质量和教改中愈演愈烈的形左实右，再来个高中三年，我在附中会愉快吗？教学质量能保证吗？最重要的是，谁能保证高中毕业后，我能考取大学呢？这次在乡下，我们去一所耕读学校参观。我被留下烧晚饭而没有去成。同学们看到了当地学生的珠算表演，印象深刻。据回来的人描述，在一个大房间里，几个学生站着，每人手里一个算盘，老师用匀速报出一连串数字，只听见噼噼啪啪有节奏的响声，老师的数字报完，响声结束，结果都出来了。当时我们也有珠算课，打起算盘来要先想口诀，看到他们的神速，真令我们敬佩。这才是真正的本领。

我们还赶上了镇上一年一度的物资交流会。集镇上尘土飞扬。那里有许多日用品、手工业品和食品正在进行交易。还有上面下来的医生在集上摆摊看病。后来这种活动看多了，才知道这是一种当地的赶大集，某种意义上说，级别已经达到了当地庙会和博览会的水平了。

校方带队的是副校长樊星白。他未敢放松过阶级斗争的教育。在大队部听贫下中农作报告时，即使人家在诉说没有文化、不识字的苦，樊校长也要联系起来，要我们牢记贫下中农解放前受到的剥削和压迫。有一天晚上，我们听东边二的副队长讲他在城里出席市贫下中农代表大会的事。他说代表们观摩了解放军远程火炮的射击表演。

当时把阶级斗争和家庭出身已经看得很重。大队部贴着中央关于社教运动的"二十三条"。这个文件首次把解决"四清四不清"的矛盾，提升到"整党内走资本主义道路的当权派"的高度了。所以当南京派下来的社教工作组暗示，我们的房东，也就是那位甘家巷大队长可能"有问题"的时候，我们与房东的关系马上就降温了。有人马上指出，他家住瓦房、墙上挂有腊肉，贫下中农家就是没有。有一个贫农出身的放牛娃，叫小宝。他原来与我们玩得很好，还教会了朱琦琦怎样骑水牛。后来当听说他的生父是地主后，我们就不睬他了。有同学还指责他骑着水牛，想故意把我们撞下水田。

有一天晚上，我们去炼油厂与他们赛篮球，结果是44：74大败而归。我上场了几分钟，可是就是不适应夜幕中的灯光球场。回村的路上，还遇到了特大暴雨。伸手不见五指的原因，是雨水黑夜连成一片，雨水使眼睛都很难睁开。我和陈南北一路上始终手搀手，以免互相跑丢了。回到村里，我们个个像是落汤鸡。我们收留了四个杏家塘的同学。大家挤在一起，一直睡到第二天早上七点。陈光国他们把早饭烧好，端到铺上来给我们吃的。

下乡的最后一天，我们步行十二里，在尧化门火车站乘上了回南京的火车。这天离文革爆发，只有二十四天了。

## 64. 一颗红心，两种准备

戴相陵（66届初三丙）

从初二开始，一些不顺心的事开始发生。不过对一个十四岁的学生来说，我们还没有意识到这些是政治大环境变化下的必然产物。国家越来越向左倾斜，而且愈演愈烈、最终将迎来1966年的文革。

第一个不祥之兆来自隔壁唐世中老师家。她的儿子大陵本校初中毕业，未被附中录取，刷到了十一中。我想，这并不是因为他没考好，而是因为他的父亲是右派。当时对我来说，这只是一个小触动，因为生父与我的关系尚未暴露。如果能猜到两年后来到的文革，对大陵来说，去十一中并非坏事，因为在干部子弟不成气候的平民学校，血统论的肆虐不像附中那样严重。

1964年高考落榜的形势也值得关注。首先，他们中有众多的品学兼优的学长，显然是因为家庭出身而未被录取。更不安的是，这批落榜者的一部分，成了南京市首次有组织的知识青年上山下乡的先锋队。

其中最著名的是"七十二贤"，他们插队落户的地方是条件非常艰苦的苏北盱眙县马坝公社。还有很多去了苏南高淳县的农村。

黄桂玉是高知出身的附中1964年高中毕业生。毕业时，她在将来"做牛顿、还是做董加耕"的选择上，违背了自己家长的意愿，毅然弃考务农，成了马坝七十二贤之一。她改名方玉，在《中国青年》杂志上，发表文章，立志与旧的传统习惯彻底决裂，做当代的新农民。附中及时地宣传和组织我们学习了黄桂玉的事迹和有关文章。

在新形势下，每个人对自己的前途都得重新考虑。对当新农民，我一是没有心理准备,二是抵制。从小以来的社会和家庭影响,使我对自己的个人发展道路已经坚信无疑。这就是小学中学大学和入队入团入党。对后者,在我这个年龄虽然尚未达到共产主义的世界观,可是我知道共产党是与"好人"划等号的。对前者,我还从来没想到自己会考不取大学。

农村苦、农民苦,是不争的事实,人人皆知。正好那一年,母亲去盱眙劳动锻炼和社教回来,也谈及那里农民的赤贫状况。这些一方面使我对黄桂玉弃考务农的精神倍加佩服,这种理想境界,我可能是永远达不到的;而另一方面,更加深了我对当农民的抵触情绪。

可以想象,无论于公还是于私,当权派是不愿意看到每个毕业生都弃考务农的。于是就出台了"一颗红心,两种准备"的说教。也就是说,毕业时要考大学,"站出来让祖国挑选",但如果没考取,就应该高高兴兴地下农村。关键的是要有一颗红心。据报道,某个中央领导对自己的孩子说:你如果愿意上山下乡,我就让你考大学;你如果不愿意,就不准你考。

说教归说教,宣传归宣传,但现实毕竟是现实。对于广大非干部子弟来说,我们到底能相信多少?迄今为止,严酷的事实有两条。在升学上,择优录取越来越让位与家庭出身;1964年去农村的那批同学中,几乎没有干部子弟。即使有,也是用来带动他人的,就像历次政治运动一样。

1965年形势与1964年类似。不同的只是本校的弃考务农和高考落榜的同学没下农村,他们去了新疆阿克苏地区的丰收农场。本校带队送他们赴疆的是马笃庆老师。他那时兼任工会主席。支边其实比插队还苦。据回来的人说,西行的列车过了兰州,就不供应开水了。而去阿克苏的那批人中,也几乎没有干部子弟。更有甚者,那批人中,居然还有十六岁的本校初中毕业生,他们没有被任何一所高中录取。

由此可见,所谓的"一颗红心,两种准备"到底是鼓励在考大学上的公平竞争、还是为了某种目的而造出的舆论,甚至是设下的一个骗局？对此，上面的当权派和下面的我们，都是心知肚明、心照不宣罢了。

　　上面可以大量宣传和拔高像侯隽、邢燕子、董加耕、黄桂玉这样的新农民典型。也可以让周恩来总理和陈毅副总理在出访归国途中，特意停留新疆生产建设兵团农一师所在地的石河子。据报道，党和国家领导人去看望那里的上海支边青年，并语重心长地对知青们说：一个人的家庭出身不能选择，可是走的革命道路，是可以自己选择的。我看了报道中的这些话后，与其说是报上写的"感到亲切"，还不如说是一种有苦说不出的无奈。我想，那群上海支边青年的心情，大概也是这样。

　　此时我离考高中还有一两年，离考大学还有四五年时间。所以对前途的忧虑，我是等待和期望，持侥幸心理。说不定当事到临头时，情况会好转了呢。我的出身毕竟还没到地富反坏右的地步，师范院校还是可以录取吧？

　　此时我能做的，是首先把学习搞好，还要德智体全面发展。与大多数人一样，被迫违心地说假话，认同"一颗红心，两种准备"。

## 65. 重回高三甲

金勤（66届高三甲）

重回高三甲，感觉真有些奇怪，我们仿佛不是已年近花甲、两鬓斑白的中年人，不是儿孙绕膝的奶奶、爷爷（不知是否有当上爷爷的），而是昨天刚刚离校的中学生。那么多熟悉的名字扑面而来，勾起的回忆是那么那么多。

记得高一时，女生大约有几十人住在二楼一个大房间里，方明睡上铺，我在下铺，熄灯后，咱俩躲着说悄悄话，她不声不响地塞给我一把好吃的东西，在食品匮乏的年代，这东西真香啊！当时我就认定：这肯定是奶酪，不然怎么这么香。后来在大串联时，我在包头、呼和浩特到处找奶酪、奶皮子，可商店里卖的是上海产的奶粉。又记得，我曾改写过一个剧本，在写时真是热血澎湃，夜不能寐。写完后，曹前带回去给她爸爸看。看完后曹前告诉我，她爸爸的评语是：太幼稚了。当时真难接受。可是走进社会、经历了许多事情后，我才懂得，当年的我是多么肤浅幼稚。讲到曹前又想到曹敏，每当她和我讲话时，我就会感到自己在收缩变小，变成了一个幼儿园的孩子，她说话柔柔地、甜甜地灌进耳朵，痒痒的怪舒服。徐慧文当年可真是英姿飒爽，尤其她挑水时，扁担颤悠悠地让我们羡慕极了。说实话，我是直到插队半年后，才学会你那水桶不离扁担、扁担不离肩在河里把水担回家的绝活。江渝是小巧玲珑、安安静静的女孩子，张玉琪则是风风火火、慌慌张张的风格。左小美不大爱说话，但偶尔冒出几句，它的犀利幽默常常惊倒四座。金慰先热情似火，可有一次我和韦斌在建国院把她吓唬得够呛，当年附中女生的淘气一点也不逊男生。还有直爽坦率的运动健将官思桥，她的家在竹篱笆围绕的绿树红花中，就像神话中的小屋。温文儒雅的魏金锦，当教师真太合适了。朴实真挚的李凤、孙序珍，我们班的才女王史维…高三甲班的男生，首先想到的是李天燕，很快又是"8.18"，能上天安门站在毛主席身边向全国讲话，是你的荣耀，也是我们的骄傲。但我也想到在农村劳动，你养小狗，怕吕老师批评，晚上抱进被窝里，小狗放屁，熏得你跳出被窝。第二天我们听说后笑得直不起腰。还有，在六郎公社，你出去买菜打了一条蛇，好长的蛇，男生在四清工作队的一个海军军官指导下剥去蛇皮，煮熟了吃，我们都是第一次吃蛇，谁都不怕，真香啊！赵恒利也是我们一组的，记得学习讨论会上，他讲了句大实话：糖炒栗子真香啊。我们都有同感，但一想，不对，这是小资情调。应该想，糖炒栗子是臭的，大粪才是香的。还记得，在讨论我的入团问题时，由于我骄傲自负，（在以后的工作、生活中为此我吃足了苦头）同学们给我提了许多尖锐的意见，我想，这回又完了。正当我绝望地用小刀刻桌子时，听到有人说：我同意金勤入团。寻声望去，是张小湖。一股亲切的暖流一下子涌上来，我拼命忍住夺眶而出的眼泪，后来又有许多同学发言，讲什么已经记不清了，当时直想哭，并发誓：再也不骄傲了。秦大力还记得在步行去马坝的路上，在马群小学一起编批"三家村"的快板书吗？当时我们谁也想不到，这是国家、民族大浩劫的开始，我们的前途和命运也在这场风暴中转折，我们同学间的友谊和感情被蒙上了阴影，被隔得那么远、那么久。

  重回高三甲，感觉真奇妙，我们从这里出发，走进了社会，经历了人生多少坎坷，尝过几多酸甜苦辣。三十多年过去了，我们又来到高三甲，又回到了起点。有点生疏，有点亲切，尤其是听到邢迎光唱起：小和尚泪汪汪…，一下子拉近了距离。我们的人生经历不同，各人取得成就不一样，社会地位、经济状况差别也可能距离较大，但岁月同样给我们留下白发，在每人的脸上写下沧桑，回到了起点，我们又都是一样的。一声：小和尚…，我们又回到了快乐纯真的高中年代，这种感觉真奇妙。感谢附中百年校庆给我们提供了一个欢聚一堂的机会，盼望着同学相聚的日子，届时挚手泪眼相看，还识否？

转自高二乙新浪博客

## 66. 名人报告

戴相陵（66 届初三丙）

南师附中时而能邀请到当时的名人或者重要人物来做报告。对数学家华罗庚的来访，我们都很好奇。那天下午，我们还在上课，就在窗口看见一辆小车经过。后面跟着车一路小跑的，是教数学的仇老师，他兴奋地大喊：来了、来了。没有多久，全校师生都坐在五四草坪上，听华罗庚做报告。台上台下应酬最起眼的是陶强老师。学校让她出面接待，不仅因为她是数学教研组组长，而且后来听说，华罗庚来附中，很大程度上是天文学家张玉哲的面子。他是陶老师的夫婿。华罗庚身材高大，一条腿有点瘸，戴着一副眼镜。他当时的职务应该是中国科学院数学研究所所长、中国科技大学校长。我还记得华罗庚报告中的两个亮点。

只见华先生先在黑板上画了一个蜜蜂窝的六边形，然后，讲了一番道理，博得了全场的笑声和掌声。可惜我一点都没听懂。又讲了一阵其他事情后，他提及了一件关于预测苏联试射导弹的事。在不久前，苏联官方通讯社塔斯社授权向全世界发布公告，说苏联将对太平洋某海域发射运载火箭和导弹，希望各国船只届时回避、不要误入该地区。公告本身只给出了时间和东经北纬围出的一个四边形。华罗庚就把这四边形拿回来算了算，然后预测，这次火箭和导弹，将从苏联乌拉尔山脉中的某基地发射出来。后来证明，这个预测是对的。我和全场都为此使劲鼓掌，一是敬佩华罗庚，二是当时的中苏关系已开始恶化。

我们在五四草坪还听过中印边境自卫反击战的故事。报告人是解放军西藏军区后勤部部长，他可能是回南京休假的。部长告诉我们，边界印方一侧的后方是平原；而我方一侧是青藏高原，所以后勤补给困难、供给不如人家。印度兵高个头；而解放军都是来自四川的小个头。可是双方交上火后，印度兵却不堪一击。他还告诉我们，尼泊尔和不丹两个小国，夹在中印两大国之间，它们都不喜欢印度。他还告诫，中国不能没有西藏。西藏的矿产资源极为丰富。保密的就不便说了。硼砂，属于半保密的。西藏的硼砂储量，是世界第一。部长的报告使我们很长见识。我们也很得意，因为只有附中，才能请到这样级别的领导，来给我们传播"半官方消息"。

我们在大礼堂，听过另一位首长的报告。他时任南京军区空军副政委。话题从他在国民党监狱忍受严刑拷打、到台湾海峡两边的空军侦察战术都有。记得他说：台湾方面每架飞机的升降情况，这边都是马上就知道的。而我方的每个飞行员的材料，台湾方面也是做了卡片研究的。

董加耕在大礼堂给我们做过一次报告。他是早年上山下乡知识青年的全国模范人物。在台上，他一口苏北话，衣着典型的、盐城地区农民穿的那种黑棉袄头。他报告的主题，当然是报纸上的那种心得和宣传。可是有两点倒好像是"对着干"的，挺符合我的胃口。董加耕认为，"下乡是干革命，不下乡就是不干革命"是错误的。他还指出，"实践可以出真理，实践也可以出错误——因为实践的目的不明确。"尽管自己当时也是属于不想当农民的一族，可是与我们中形形色色的一批高喊着"一颗红心、两种准备"的人相比，我对董加耕的思想境界十分佩服。因为他出身贫农，在高中毕业弃考回乡务农时，就是品学兼优的中共党员。像他这样，是完全可以去试一下，考北大清华的。董加耕当时已经是共青团九大的中央候补委员。

"我叫董云良，今年十八岁"，我至今还记得当年他那特有的苏北灌云口音。董云良是贫下中农子女中，与阶级敌人作生死搏斗的勇士。他做过报告后，还下到教室里，与大家见面。当他来到我们班时，同学们要我领头喊口号。当时，我与他近在咫尺。大家都激动地跟我振臂高呼："向董云良同志学习！向董云良同志致敬！"那几天，董云良、董加耕等，大概正在南京出席省贫下中农代表大会。

## 67. 教改中的思想革命化

戴相陵（66届初三丙）

在校园的两个醒目处，分别写着两条毛主席语录。一条写着：我们的教育方针应该使受教育者在德育、智育、体育几个方面都得到发展，成为有社会主义觉悟的、有文化的劳动者。这是党的教育方针，写在教室大楼正面的墙上。另一条是党的教育工作方针：教育为无产阶级政治服务，教育与生产劳动相结合。巨大的标语牌就竖在学校大门的左内侧。

这两处语录，在我开始记事的上世纪五十年代起，就在那儿了。只是直到1965年初的附中教改开始，才要求同学们在德育和觉悟上发展到"思想革命化"的高度。附中的教改，肯定是全国急剧左转的大气候下的产物。可是上面为什么选中了附中作为教改试点，我个人认为，还是与名声在外的附中治学传统和教学质量有关。

教改的试点班是1966届的高三丁，班主任是胡百良老师、副班主任是袁金华老师。这两位老师当时已经分别是物理和语文教研组组长外，还兼任着教导处副主任。胡老师曾经是爸爸妈妈的附中学生。我从小在家就听说，他聪明至极，"头脑灵光得不得了"。我们初一时，袁老师被请来讲过一次课。我对他的课印象深刻、对他本人十分佩服，把他当作附中出色的教师代表。上面提及的"一颗红心、两种准备""与工农群众相结合"，是思想革命化的一个重要方面。

教改期间，全校师生曾被召集到大门口，去欢迎到马坝劳动的高三丁同学徒步归来，听他们大唱歌颂贫下中农的歌曲。整个晚自习的时间，我们也可以去听辅导班的学长们大谈背着背包行军去马坝的故事和事迹。我还记得一首自编打油诗以表扬同去的汪老师。另一首是描述冒雨行军，什么脚底板踩着万金油之类的。

贫下中农的事迹，其实也讲不出所以然来。于是，有学长就告诉我们，有个贫下中农，衣服很破、茅草房很破、又没有干饭吃，可是他在生产队里干起活来，却非常卖力。我听了后，半信半疑，又不能说什么，同时对他挺同情的。

当时，校内的劳动已经非常频繁，可能每周有一次劳动课。什么都做，从打扫卫生、化石灰水，到去校外运石头。好像这还嫌不够，有一天午休的时候，我、张宁阳和陈光国在建造实验大楼的工地上，帮工人铲小石子。一直干到上课的铃响，我们才气喘吁吁、大汗淋漓地冲进教室。众目睽睽之下，这显然有点在显示自己在做好事，劳动化，思想进步。

语文课上写的每篇作文，也要求革命化了，已经近似于政治思想汇报了。有一次作文题目是写校内的劳动。内容是抬大粪浇菜地。我的交上去后，结果被徐远凡老师驳回来重写。第二次还是不过关。第三次才通过，因为里面已经在联系自己的思想革命化，喊出了"没有大粪臭、哪有米饭香"的口号了。

我和张永春为了显示自己革命和艰苦朴素，有一次，在雨花台班级活动结束后，硬是撑着不乘车，步行经学校回家。途中，张永春看看就不行了，就央求我读一段毛主席语录给他听，以鼓士气。当时我读没读，读的哪一条，记不得了。经过中山东路一号的银行大楼时，进去在皮沙发上一躺，那个舒服劲啊，终生难忘。

家庭出身在组织路线上越来越重要。不仅出身不好的同学要更革命化一点，而且一度还出现了拔高工农子弟以压抑干部子弟的倾向。新班长梁立成就是工人出身。我记不清是选的、还是任命的。大概是为了造舆论，汪老师曾私下问我梁立成怎么样，他是不是艰苦朴素？我不解其意，随口否认。因为上次课外活动在馆子里吃午饭时，我买了一碗阳春面，而他却非要吃炒面。比我的贵好几分钱呢。我的意思是我比梁立成还要艰苦朴素。

文革前的附中，干部子弟本人的优越感只能放在自己的心里，充其量，只能侧面提起。如果公然挂在嘴上，是要受到同学的嗤之以鼻和遭到老师的批评的。文革中盛行一时的血统论，其初始阶段，是

"自然红"或者"自来红"的思想。官方文件中最早批判这种思潮的，可以追溯到胡耀邦在共青团九大做的政治报告中。我们几次分小组在五四草坪围坐，学习讨论这个报告。

有一次政治课，小组讨论的话题涉及我们同学应该属于哪个阶级的。开始，陈光国说，当然是无产阶级。可是有人反对，说应该是资产阶级。也有人疑惑地问：那家庭出身怎么办？后来，我提议是否应该从思想上来划分。如果你有资产阶级思想，你就属于资产阶级。

建立劳动人民的思想感情是思想革命化的重要部分。1966年元旦，班上决意要骑车去陆郎看望贫下中农。女生体弱，被挡驾。于是有人出人，有车出车。我家有辆26女车，怕备不住乡村土路的颠簸，于是就换了赵和献出的28男车。

一伙男生，清晨上路了。唐晶晶不会骑车，但由于他的文艺天才，只好众人轮流带着。去时一路顺风，宁芜公路上，轻骑队一路西行。到了地头，贫协组长热情接待。我们都感谢他上次在雨天的泥泞中给我们送热水。那天也是我们第一次吃新米饭，觉得特别顺口。中午在公社礼堂看农民宣传队大跳"王杰的枪，我们扛"。回宁时，好像体力不支了。周海平带着唐晶晶在前，不知怎么与车队失去了联系，使后面的大队人马好生担心。天黑到家，吃完晚饭，只觉头昏眼花，头重脚轻。连洗完脚，脚盆都是妈妈端走的。我倒头便睡。

三个月后的一次班会上，我们接受了陆郎来的贫下中农赠送的锦旗。女生上台表演了节目。大家都决心不辜负贫下中农的关怀。

一天晚上在家，突然广东路一带的木材场失火，火光映红了半边天。第二天早上去学校才知道，昨天晚上，住校生在季福修老师的带领下，好像个个都从校园冲到火场，成了奋不顾身抢救国家财产的勇士。我对他们羡慕不已。

无独有偶。没过几天，我们正在上上午第三节课。忽然，校外街道上消防车汽笛大作。同学们又坐不住、想当救火英雄了。大家一起涌到教室外面，寻求战机。结果没有发现目标，还把一堂课给搅了。我们很不甘心地回到教室坐定后，喇叭里传来了沙校长的训话。他发了很大的脾气，并警告下回不准这样。

# 68. 浅论南师附中的教改

吴小白（68 届高一甲）

南师附中在文化大革命初期血统论泛滥，非红五类学生、成分不好的教师深受其害，追其根源，固然有当时文化大革命前阶级斗争越演越烈的外部共性因素，也有南师附中当时的校长沙尧在教改的名义下执行了阶级斗争路线，培养了南师附中空前浓烈的阶级斗争氛围，把这样一个名校变成了政治至上、忽视知识，名副其实的"第三次世界大战备战军校"，留下了沉痛的教训。

我不是学哲学、学政治的，文化大革命中也没写过几张大字报，研究校史决非我长，可是经历过文化革命，看到了阶级斗争对社会、对人们的伤害是有目共睹。南师附中的教改如同文化革命前的中国国内政治形势一样，不断升温，发烧发热，成就了南京文革初期的风云历史。为保存南师附中教改的真实面貌，有些话也不得不说。有不到之处，欢迎指正。

## 68.1.教改的前奏曲

经过三年的"自然灾害"，国家经济刚走出困境，人民生活得到暂时的安定，本应该走科技立国，发展经济，改善人民生活的道路。但是毛泽东六二年在中央全会提出："以阶级斗争为纲"，开展各项领域的革命，敲响了文化大革命的前奏曲。在毛泽东理论中，只有阶级斗争才是社会发展的动力，所以建国以来，大规模的政治运动从未间断过，揪出高岗、饶漱石反党集团，"三反五反"，反胡风反党集团，57年反右，庐山会议斗争彭德怀，农村社教，文化领域斗争"四条汉子"，斗"三家村"，直到文化革命搞得昏天黑地，铸成人类最大的闹剧。阶级斗争使一些人红袍加身，青云直上，更让无数的人无端受辱，家破人亡。南附附中的教改正是在教育领域创造性地执行阶级斗争路线的典范，最终是培养出许多对出身不好的教师和学生进行迫害的执行人。

小升初时，同班的许多同学都报考南师附中。我听同学说南师附中是南京最好的中学，我就糊里糊涂地跟着报考了南师附中，六二年九月我糊里糊涂地进入了南师附中。到南师附中，就发现这里的气氛不一样，阶级斗争的气氛特别浓烈。

毛泽东说：学制要改革，教育要革命，"资产阶级知识分子统治我们学校的现象再也不能继续下去了。"这也就是教改的理论基础和教改的起因。进校不久，沙尧在一次全校师生的动员大会上提到南师附中要进行教改，并说南师附中是全国重点试点教改的学校四所中学之一，任务重大，意义深远。以后沙尧在教改中，不遗余力地以推行了阶级斗争路线，将南师附中引向极"左"的道路。

针对所谓的"资产阶级知识分子统治学校"的现象，学校请贫下中农到学校忆苦思甜，讲述旧社会的苦，激发对资产阶级、地主阶级的仇恨，要让地富反坏右被"打翻在地，再踏上一只脚，叫他们永世不得翻身"。忆苦思甜成了教改中的最重要内容，无论支农，还是下厂，都要搞忆苦思甜教育，口号是"牢记阶级苦，不忘血泪仇"。"为解放占全人类四分之三的人民而奋斗"。（改革开放后才发现当时全世界大多数人比我们生活得好。更叫人始料不及的是：改革开放才几年，所有的成分意识烟消云散，越是过去的"资产阶级""地富反坏左"分子越吃香，共产党人也过一把当"资本家"的瘾，真正生活贫困的还是中国的工人和农民。）

六五年，南师附中教改领导小组成立，教育厅副厅长朱之闻是小组负责人，教改在南师附中大行其道。附中校园里就常有了朱之闻的身影，以后还跟我们一道下乡，参加过我们班组织的教育革命心得体会讨论会，还做过引导发言。到文化革命前，朱之闻更是常到附中，左右附中的文革运动,直到文革时揪走资本主义道路的当权派为止。

## 68.2.支农劳动是教改的重要内容

到农村劳动,在南师附中成了进行阶级斗争教育、忆苦思甜的课堂。我记忆中,初一时可能是年龄太小,没去农村,初二上到慕府山下劳动了一次,初二下学期到十月公社甘家巷大队劳动,初三上到江宁陆郎公社湾山大队劳动。高一上到南师大句容农场劳动。以后还到江宁陆郎公社朱门大队劳动。农村劳动时间从开始的一个星期到后来的每次半个月。除到十月公社甘家巷大队是先坐了火车到尧化门火车站,然后步行到目的地,其余的劳动都是步行走去的,一路还唱歌,喊口号。男生还好一些,就是累一些,而女生体力差,脚底板又嫩,打几个血泡也是常事。

农村劳动时我们与农民一道,学会了许多农活,打场、收割、车水、挑肥、插秧等。白天干得一身汗,晚上躺在草褥上浑身酸痛。每天的劳动,都是抱着改造思想的信念坚持下来,达到了身体的极限。每天的洗澡都成问题,男生洗澡是下塘游泳,有时洗澡时水蛇就在我们身边游过,女生洗澡就困难得多,借农民的澡盆轮流烧水洗澡,特不容易。

当时我们都是单纯的学生,劳动时还与当地贫下中农建立了一些感情,支农劳动结束后,我还与不少同学一道,利用节假日骑自行车到十月公社和陆郎公社看望过当地的农民。我与陆郎公社湾山大队的省贫协代表钱启才还互通书信,建立联系。看他害眼病,省下另花钱给他买眼药水送去,他很是感动。开省贫协大会时,许多贫协代表住在古楼饭店,我们同学轮流去服务。当时所做得许多事,都是自觉的,不事宣扬的。后来文化革命一到,非红五类子弟已是四面楚歌,我也没有心情去"傍大款了。

农村劳动时还有几件难忘的事。当时农民都住黄泥土墙茅草房,南方农村的跳蚤被当地人叫虼(ge)蚤,实在太猖狂,城里的学生细皮嫩肉,是跳蚤的好食料。晚上睡觉时,跳蚤钻到被褥里一阵乱咬,奇痒难当，越痒越抓，越抓越痒，一抓就全身都痒，痒得是浑身发热。抓起痒来整夜睡不着觉。学校买来六六六粉洒到地铺下、白天晒被子等都没用。过敏厉害的同学被咬处先是红肿，抓搔后生出水泡，水泡抓破后淌黄水，惨不忍睹。我是回城后半个月才基本好清，原被咬处发黑，一数全身被咬了三百处。现在农村已看不到跳蚤了，应该是广施农药的结果。

在句容南师农场劳动时才初春，正碰上倒春寒。那次我们上工，突遇大雨，离宿舍很远，赶不回来，气温骤降，大雨变成大雪，我们最后跑回来时全身都湿透了，农场给我们送来几个烤火盆，同学们轮流将湿透的衣服烤干。第二天早上起来一看，室外一片白雪茫茫，结了冰柱，天气奇冷。老师通知不出工了，有的同学带来衣服不厚，无法御寒，干脆睡在床上不起来了。晚上，老师决定每班派几位同学，坐校车往返南京，到班上同学的家，取御寒棉衣。第二天晚上，棉衣、毛衣取到，同学们才度过严寒。

每到农村劳动，访贫问苦是必修课，都是晚上，同学们分成小组来到指定的贫下中农家，引导他们忆旧社会的苦，思新社会的甜。访贫问苦和忆苦思甜也会闹笑话，一些贫下中农实话实说，说着说着就讲到大跃进中吃得苦，三年自然灾害中没粮食吃，吃树皮草根，饿死了人。这时学生干部和老师就要岔开话题，引导思路，搞得总是啼笑皆非。在许多农民的经历中，大跃进、三年自然灾害受得苦比解放前吃得苦要大得多。

到农村劳动是遵从毛泽东的指示：学生以学习为主，也要学工、学农、学军，也要批判资产阶级。说到底就是要搞阶级斗争。我们学生用大量的时间参加农村劳动，从农村劳动回来还要收心，耽误了宝贵的学习时间，反正校方认为，宁要社会主义的草，不要修正主义的苗，要培养无产阶级革命接班人，不做"资产阶级的孝子贤孙"，得大于失，所以越是年级升高，农村劳动的时间越长。用农村劳动的方式培养出的学生，学业耽误但阶级斗争观念强。

## 68.3.阶级斗争路线决定了同学的前途

班上刚开始发展的团员，搞得是神秘兮兮，多是成绩比较一般，思想汇报多，与班主任能密切联系的干部子弟，开始入团是女生占优。不久就成立了团小组，后来就有了团支部。能入团的途径就是要找班主任、团员汇报思想，政治调子要喊得越高越好，能从日常生活中总结出革命道理。有一名团干部入团时说了至理名言：我要从团章里看到全世界。同时团员在我们班也成了政治说教和向校方反映班上同学思想的工具。

在干部子弟因其成分而入团的同时，不少学习成绩优异的学生因其成分差而饱受歧视，甚至被剥夺了读书的权力。我班有一位男生刘伯和同学，聪慧非凡，成绩顶尖，深博女生喜爱，但因父亲是右派，加上本人不关心政治，一心读书，不知校方哪根弦断了，剥夺他努力学习的机会，他初中毕业后没有被任何高中录取。班主任和团支部发动班上的一批批团员及同学轰炸机似的到他家动员，每天一组三人，一个团员带两个同学，到他家坐下不走，终于将他赶到了新疆，他当时已是完全绝望了。到新疆支边的一批同学，除了有几个自愿的，都是因为成分不好而剥夺了学习的机会。所有到新疆支边的同学，基本没有干部子弟，那些"一颗红心，多种准备"喊得最响的人，没看到他们率先支边的革命行动。

班上的一位女生，身体本来就不好，在新疆农场劳动条件差，支边几年后得了严重的肝炎，在当地没法治疗好，病退回来不到一年就去世了。当时所谓的到新疆支边，实际上是学校对部分成分不好同学的迫害。对遭受迫害的这些同学，虽然现在有的人经过努力已事业有成，但对在附中的一段往事是刻骨铭心，终身不忘。

迫于当时的南师附中执行阶级路线的浓重气氛，对于不少成分不好而认真学习的同学造成了很大的压抑，一些成绩优秀的非红五类子弟学生初中毕业后放弃了报考南师附中高中，而改上十中、九中等学校，这也间接地完成了南师附中校方对非红五类学生"清队"的效果。

## 68.4.班主任成了掌控学生思想的工具

沙尧用班主任老师,对班上同学的思想进行控制和监督,真是把阶级斗争观念融化到血液里,落实到同学身上。

班上有位成分不好的学生杨威森,为人热情豪爽,经常带几位要好的同学上他家去玩,其中有干部、军干子弟,有知识分子子弟,玩得比较投缘。他们也听起了西方经典歌曲和音乐的唱片,感觉到西方歌曲的旋律很优美很动听,后来在闲聊时无意中告诉了其他同学,并最后报告给了班主任,结果是引来大祸,班主任、团支部对这几位同学进行"帮助"。只是十四、五岁的初中学生,还没有明确的政治意识,但聚众听西方音乐这件事,被定性为"裴多菲俱乐部"。("裴多菲俱乐部"是当时匈牙利反动秘密组织的代名词,以后也用来形容国内反动秘密组织。)而那位成分不好的同学,成为拉拢、腐蚀干部子弟的罪魁祸首。所参加"裴多菲俱乐部"的同学都作了检查,一位干部子弟也被迫划清界限,但直到初中毕业也没能入团。而那位成分不好的同学,更是倒了大霉,虽然学习用功,人很聪明,成绩在班上名列前茅,受到成分和"裴多菲俱乐部"事件的影响,中考时不敢报考南师附中及普通中学,报了一个很差的技校,还是没被录取,最后被迫去新疆支边。我不是当事人,整个事件不甚了解,不想多做评论,只是想说,一个稚嫩的学生,就因为听听西方歌曲,就能被阶级斗争路线莫名断送前程,这种阶级路线难道能不被唾弃吗。

在沙尧执行的阶级路线之下,美好的事物被扼杀,不谙世事的学生也成了斗争对象。这是对人性和理性的摧残,也是附中教改的写照。

南师附中的一个特点是许多班主任成为斗争同学的组织者。我们班初中毕业后没考上高中的几位学习成绩优秀而出身不好的同学就是例证。高一乙班同学说他们的班主任还到他们插队的公社反映他们的政治问题。初三某班的班主任还组织班上同学"斗争"成分不好的同学。离校时,我班的老师给我们成分不好的一些同学政治评语很不好(这是我单位搞政工的好友当时告诉我的)。阶级斗争的观念，让本应善良、为人师表的老师把自己斗争的矛头指向更加弱小的学生，人的理性和良知真的就可以抛弃吗？

## 68.5.南师附中的招生之道

下面，一定要说到南师附中招生之道。按照沙尧的报告，南师附中以前是被资产阶级知识分子统治，培养只专不红的学生，是修正主义的温床，培养资产阶级、地主阶级的子弟，于是乎招生的政策有了极大的变化，而且一年比一年明显。

南师附中的第一个特点是干部子弟特多，南京军区和江苏省委的绝大多数高级官员，他们的子女不论学习成绩如何都在南师附中读书，这难道是巧合，还是沙尧开了后门？这样做，也直接取悦于各级领导，又可美其名曰是执行党的阶级路线，是向上请功多好的机会呀！这种干部开后门的特权在文革前的附中就大量地存在。

干部子弟有他们的特点，内部消息多，内部资料看得多，几个人在一起，摆起谱来有说不完的话。干部子弟中，等级观念也很重，谁的父母是什么资历，现在是什么级别的干部等津津乐道。等级观念是特权思想的重要体现，仅是现在未被纠正而已。我班有干部子弟，就因为父辈参加革命时间较早与现任官职不相称，文化革命中被更纯的红五类子弟排挤出红五类群体，不能加入红卫兵。

真正的工农子弟，南师附中每个班级也都点缀几个，但那真正是弱势群体，无论做派和言论，与干部子弟的张扬就差得远了。再就是近一半的知识分子子弟，读书是认真的，迫于当时阶级斗争的形势，改造思想是积极的，但也存在太多的困惑，也形成了另外一个群体。

南师附中的第二个特点是越是后招生的班，干部子弟的比例越大。高中的学生是初中升上来的，干部子弟占的比例还少一些，初三就多一些，到了初一，有的班几乎成了干部子弟班，文革中要找非红五类子弟"挖烙印"都不容易。

## 68.6. 教改的走向极端

六五~六六年，社会上文艺革命方兴未艾，"四条汉子"成了斗争的对象，南师附中的教改从社会实践进入教育改革阶段。教学秩序已经混乱，许多课目可以不上，正式的教课书弃用，老师印一些临时的讲义来上课，学习的循序渐进已被打破。我们高一年级走得最远，班上同学自由组成了学习兴趣小组，名之曰发挥个人的学习积极性，学习、讨论、做作业都在兴趣小组内完成。这样，少数自觉性强的同学还在学习，还在别人原地踏步之时努力不断进取，学习成绩取得很大的提高；自觉性差的同学早已放松了学业，随大流混一天是一天。班上还组织政治问题和兴趣问题讨论会，如对"有成分论，不唯成分，重在表现"如何理解；是"先破后立，还是先立后破"的问题；是"先有鸡还是先有蛋"的争论，讨论十分热烈，几个小时谁也说服不了谁。

在学习的课目上，学校对高一年级进行了大改，高一六个班，高一"甲""丙""戊"班在高一年级只学物理，高一"乙""丁""己"只学化学，准备到高二后再反过来学。美其名曰精减课程，将两门有机联系的课目分开，造成的后果是系统的学习被打乱，学生的记忆受到冲击。

此时事实上已取消了检查和考试，初中时每周各课目一次小测验，每周交一篇作文，随时随地的抽查测验使我们神经紧张，现在没有考试，是彻底的松懈了。班上同学的学习水平越拉越大，老师的教学越来越困难。如讲得深一点，学习差的同学听不懂，就要被指责为"马尾巴的功能"，没有实用意义。

我在想，在教改氛围下教育出的学生，到高考的考场上真要"是驴子是马拉出来遛遛"时，比起十中、一中的学生，一定是惨败告终。"幸好"，是打引号的"幸好"，文化革命开始了，学习已经无用，停课闹革命，大家都到了同一起跑线上，避免了南师附中我们这一届高考成绩的丢丑。

## 68.7. 思想改造下的学生

初中时，学校里传达过一件事，某外地技校的一名学生，突然发狂，用不到三寸的水果刀，刺伤了九名同学，其余同学四散奔跑，因为是这位同学成分不好，事情定性为"反革命报复事件"。学校传达时更要求大家提高革命警惕，锻炼好身体，防止发生类似事件。

在南师附中特定的环境下，不少学生做了现在的人不可理喻的举动。有的同学剃光头，说是向解放军学习，时刻准备战斗。有的同学不穿鞋袜，光脚走路，特别是数九寒天还光脚在北操场跑步，锻炼身体，锻炼意志。很多的同学为锻炼自己的挑担子的铁肩膀，做社会主义新农民，每天下午到工具房借来扁担水桶，到湖里挑上一担水，沿着湖边行走。挑水的事我也做过，只是没有天天坚持，三天打鱼，两天晒网。中学时代是青春的、美好的，可是，南师附中老三届人的青春有一大半都埋葬在教改中，埋葬在政治运动中，埋葬在文化革命中。教育革命和文化领域的革命一样，是文化大革命的前奏，文化大革命一开始，南师附中同学就能率先走向社会，"破四旧、立四新"，"横扫一切牛鬼蛇中"，也是教改中阶级斗争观念熏陶的结果。

总之，南师附中教改，是基于"资产阶级知识分子统治学校"这一认识的产物，应该给予真正的历史评价。我的回忆就是针对教改的历史现象做出自己的结论：南师附中教改是阶级斗争的产物，是执行极"左"路线的怪胎，也是沙尧思想路线发挥的结果。

最后说一下，在教改前后，不少老教师因出身也深受其害。为了执行其阶级斗争路线，沙尧对教师队伍进行"改造"，聘用了一些年轻教师，包括成分好的教师，担任班主任，监督学生的言论行为。一些成分不好历史不清楚的教师，哪怕教学再好，经验再丰富，也调离了教学岗位或调离南师附中。

我现在不可能深入了解教师受压制的内幕，希望知情者补全这一内容。

以下是网友议论：

1. 小洁：写得不错。无意中发现你的这篇文章，感觉很棒，就像当初我发现 21 天训练营（http://www.21days.cn/train）兴奋的感觉一样。现在，我已参加完 21 天训练营并且做得很好。我想转载一下你的这篇文章，不知可不可以？

2. 某某：写得很好，将我们又带回到那个可怕的年代去了。附中有些青年教师，秉承沙尧的旨意，在班上大搞"阶级斗争"。干部子弟读书被捧为"为革命而学"，知识分子子弟则是"唯有读书高""个人成名成家思想"，要批判斗争。64 年有个姓姚的班主任居然在班上改选班委时，要每个被选人自报出身，出身不好的学生用颤抖的声音说了声"我家不好"立刻坐下了。这是在干什么？迫害学生，16 岁的孩子，有什么罪，要经受这种精神折磨。据说这位老师在后来择偶时，也没贯彻"阶级路线"。

# 69. 金朝红同学的香港来信

金朝红（66届初三丁）

## 69.1.金朝红同学的香港来信

我也估计章诒和的文章对内地来说颇为刺激。今年校庆我没时间去南京，其实心里也想会一会各位网友。我传送这篇文章的目的：

第一，我希望如戴相陵和吴小白、钱南秀一类的文章多多出现，风云人物也是人，不出名的同学也是人，附中的历史并非由几个风云人物构成，"因为任何一个社会，都是由底层搭筑而成。普通百姓的记忆当是社会最真实、人类最重要的记忆。个人的记忆，表面看来微不足道。但所有亲身经历者的记忆，聚合起来才能成为共同记忆"。

第二，我觉得我们附中人讥诮他人的多，反省自己的人少，我希望大家能看看汉娜.阿伦特是怎样看待纳粹罪行的，"她不同意将这一场人类的浩劫，仅仅放在犹太人受难史中去认识。大屠杀是非常残酷的，从成因到过程也都异常复杂。其间有纳粹的命令，也有犹太人的顺从，甚至是合作。因为在纳粹暴力下，犹太人为了个人的生存、利益，就尽量去妥协，对他人冷漠，对世事麻痹。结果呢，每个人胸前都戴上了羞辱性的六角星袖章，生活成了只能喘气儿的日子，到了后来连逃避恐怖的一点可能性也没有了。数百万人排着长队被纳粹送进集中营，送进毒气室，送进焚尸炉"。她要求审判阿道夫.艾希曼时，必须以全人类的名义，应该尽可能多地公布真相！不是公布一部分，遮掩另一部分，被遮掩的部分往往是"阴暗"篇章和"灰色地带"，布满伤痕，也充满教训。但要想避免类似的灾难再度发生，就必须这样做，绝不能把灾难的罪责全部放在具体行为者的身上。否则，就是一种"集体自我欺骗"和"集体失忆"，它的危害不在于给历史留下空白，而在于危害全人类的未来。"袁伟时教授说我们这一代是喝狼奶长大的，初时我还觉得有些委屈，但我看到网页中的表现，我在想自己该查查身上有无狼奶浸润的迹象，要把狼奶全部呕出去，恢复人性。

第三，我认为回顾那段历史，梳理，反思，研究，总结，目的是人类都要以此为戒，我们的民族不要重蹈覆辙，"既要从政治体制上追究历史的罪责，同时还要从人性的深层拷问民族、群体及个人的责任"，从而"求得合情合法合理的"和解"。结束"以暴易暴的历史传统和政治循环。"我希望大家能心平气和地讨论一些问题，思索一些问题，用不着那样剑拔弩张，一付斗士的姿态。

## 69.2. 金朝红同学的第二封来信

我向你们推介两个网站博客，一个网址是 http://kangle78.blog.sohu.com，这是我们大学同学的博客，有部分内容是同学之间叙旧情，呈文采，嬉闹之作，其中也不乏认真的思索和讨论；另一个是香港知青网站 http://www.zhiqing.hk，特点是不同观点、不同角度撰写的文章都能大胆刊登，歌功颂德与批判论驳并存，有包容量，这个网站以海南生产建设兵团的知青为主，现也有其他地区的知青或老三届学生在此撰文。老三届的学生大多数做过知青，共同的经历使我们这代人很容易找到共同记忆，很多人已经拿起笔，把这份含血含泪的珍贵记忆写下来，作为人类记忆的一部分，以传之久远。如果有的文章，你们觉得实在不方便登的话，不妨发往这个网站试试。最重要的是写下来，记下来，留下来。

另外，我以为回忆中牵涉的一些人，在公开刊登时以隐名为好。人的记忆有可能失误，心理学的研究，人的记忆往往很自然地有利自己。写传记或自传，都有一个要求：核实叙事的时间、地点、人物、事件的真实性，要花费大量的功夫，调查不同的当事人，查阅尽量多的资料。随手写的文章不一定能做到这些功夫，为了不伤及无辜，用隐名较妥。我看到同学的文章叙述，往往是一句话就造成巨大的压力，留下一辈子的痛苦回忆。己所不欲，勿施于人，今天的一句话也同样可能伤害了同学。

很高兴接到你们的电邮。我是78年考入中山大学，我们78级的同学大都有一段艰辛的社会阅历，受过一段短短的民主洗礼，虽然毕业25年后同学之间也有很大的分野，但基本上大家都能理解，包容性比较强。我向大家推介卡尔.科恩的《民主概论》的用意就在此，当年蔡元培在北大"有容乃大"造就了北大的校风，胡适那代知识分子都很有包容心。前两年我读到一段史料，中共创始人陈独秀晚年凄寂，他的同志抛弃他，国民党不容他，是胡适等当年同事在关心他的生活及身体。千家驹先生曾跟我讲过一段往事，他大学毕业后是胡适帮他介绍工作的，胡适明知这个学生左倾，政见与己相异，但一样能欣赏学生的才华，关心他的前途。我以为我们对昔时犯了过失的同学也要有包容心、宽容心，其实坚持当年的血统论和阶级斗争说的人没几个，很多人都有悔疚之心。当年简单粗暴的阶级斗争教育伤了很多同学的心，今天我们为何还用这样简单的分别方法对待另一些同学？

民主社会是理性社会，包容是它的一个重要原则，我注意了mcd同学的阐述，有很深的理解，缺点是不能心平气和地表述，个别用词较激烈，所以有的同学不能接受。当然篇幅的限制，也使他的论述不能完整地展开，不免让人有偏激之感，使有的人害怕了。

巴金老人期望的文革博物馆现在还不能在神州大地堂堂皇皇地出现，博客上空间较大，每个人把自己的回忆、反思留下，将来的文革博物馆就不愁没史料。同一件事，不同的人有不同的观感，如你们所说，留下历史的史实，不求观点的一致，还历史一个真实，是我们的愿望和一点责任。

# 70. 朱之闻坠楼前后

张人则（67届高二乙）

1967年春夏，我在"井冈山"搞教改批判，曾向朱之闻做过调查。他坠楼前几天我曾看见他在教学楼被批斗殴打，他坠楼后我又参与了抢救善后。说"坠楼"而不说"跳楼"，是因为我能确定的仅仅是他从教学楼上掉下来，但不知道那是如何发生的。现将我了解的朱之闻的那一阶段的情况记录下来。写作时参照了自己1967年的笔记本，有些内容直接抄自当年笔记（将在文中分别注明）。

1967年"一二六夺权"后，红联中支持夺权的四、五十个同学另行成立了一个组织，最初简单就叫"革命造反队"。虽然它在校内问题上与红联"并肩战斗"，一起批判"血统论"和"资反路线"，但小的派性摩擦还是免不了的。红联几个初一女生，见了我们就用东北二人转的调子唱"'革造''革造'，是个大跳蚤，铛铛铛铛一铛铛铛铛一铛铛铛铛铛"。我们只好另起了个大名叫"井冈山"造反兵团。到3、4月份，"井冈山"内分了三个组："内办"，由顾浩、金乐平、陆炜等负责，包括"井冈山"大部分同学，搞校内"路线斗争"；"外办"，有何立群等五、六个同学，多半时间参加校外"红总"派组织的活动；"教办"，基本成员有我、王咸、徐捷、叶秀林等，于含英也参加部分活动，搞"教改批判"。

"教办"重点做了几件事：

1. 向朱之闻调查教改指导思想及其"后台"。
2. 到盱眙马坝再调查了解方玉等知青的经历、现状，并做分析评价。

3. 编写"教改大事记"。

当时的认识是,既然教育界是"黑线专政",附中贯彻的当然是错误路线,附中的教改当然是错的。

但教改有其特色,如"思想革命化""上山下乡当社员""小小组"教学,等等,需要深入了解,深刻批判。我们先到教育厅找造反派组织"省革总"分部,要求协助调查朱之闻,他们叫我们到朱家去。朱之闻夫妇把我们当客人待,让我们在沙发上坐定,给每人倒了一杯茶。他当时在教育厅的处境并不坏,已经写了好几份大字报,揭发批判省委书记江渭清、陈光、彭冲等反对"春节指示"、压制教育革命。

针对我们关于教改的指导思想和他的支持者的问题,他说教改的指导思想是"防修反修",省委内支持他的是省委书记刘顺元。笔记摘抄:"在和刘顺元接触过程中,我主要是搞两个工作,一个是抓知识青年下乡,一个是抓教改。当时这两方面都有阻力……他积极支持。"

刘顺元在文革前就因为"右倾"而在省委内处于"靠边"的地位,但在这两方面却是相当激进的。笔记摘抄:"朱:他们(按指方玉等知青)在乡里的小组叫革命之家,生活方式是共产的,叫小共产。刘:这是个新事物。观念上有了改变,这就了不起。你一辈子能干好这一件事,我看就很不错了。"

朱之闻回答我们的问题,详尽而具体,如上面的例子所显示。他十分希望把附中教改作为追随毛泽东"春节指示"的革命成果而肯定下来。我们一般只作笔记,不做讨论辩驳。回到学校,我们整理文稿,再作上纲上线的批判。例如(笔记摘抄):"这是一个修正主义的思想体系……搞的是圣西门的共产主义。在小范围内分配的共产性质,不仅微不足道,而且看来是不可能持之以恒地贯彻的……五七指示是方针,通过办毛泽东思想大学校,阶级斗争,无产阶级专政来实现。"(现在看来,对附中教改及其他问题,应该另作反思,此文不论。)

我们对朱之闻的上门调查,隔一两个星期进行一次,持续了一两个月。我们还到教育厅抄录了他的大字报稿子，对他的秘书卢乐珍做了多次调查。收集的材料，很多用在我们编写的"教改大事记"中。那是一本油印的小册子，现在手头没有了。

我们还找刘顺元做了一次调查。当时省委书记们都被"军管"，群众组织要找他们调查问题，手续很简单：到中山北路大方巷省军管会填一张表，办事人员就排定会见日程，依时前往即可。那次会见是在那座很气派的大楼中的一间小办公室进行，门口有军人站岗，里面有一张桌子，我们和刘顺元相对而坐。旁边的一间间房间里，是其他省委干部在接受群众调查。刘顺元面目清癯，两眼有神，眉毛很长。他第一句话就说他心脏不好，而且放在桌子上的一只手一直微微颤抖。听到我们问的关于附中教改的问题，他显得放松一点。具体谈的内容，已经记不得了。印象清楚的是，他确实支持朱之闻。对"教育与生产劳动相结合"等问题，是提到马克思怎么说、毛主席怎么说的高度，肯定附中教改的。另一方面，其他省委书记，陈光、彭冲、许家屯、李士英等，对步行到盱眙、一学期在农村待一个月等做法，都有很直接的批评。我们确实感到，如果没有刘顺元的支持，朱之闻在附中的教改，很可能是坚持不下去的。

68年4月初，一天晚上，听有人说，"高二甲班几个人在斗朱之闻"。我们就到教学楼二楼去看。那间教室（应该就是高二甲班教室）中，课桌椅都被推到墙边堆得高高的，中间留下一小块空地，像个天井，只能容十来个人站着。我们到门口一看，已经有些同学堵在"天井"外围观看，我们只能看到他们的背影。我爬到旁边堆着的桌椅上，居高临下，才看见批斗的情况。朱之闻站在中间，四五个同学，记得有×××、×××，围在他前后左右。×××面对朱之闻，斥责、追问他的历史问题，朱之闻似乎有所申辩，他就劈头盖脸打下去。朱之闻往后退，后面的同学又把他推向前。四边的同学，也有推推搡搡、拳打脚踢的。

我们只看了几分钟，就默默地退了出来。我心里有点纳闷，不知道他们为什么在这个时候把朱之闻揪到学校，斗他的历史问题。对于没有出面制止这样的武斗，我至今良心有愧。另一方面，当时如果出面，矛盾也可能转化。文革中为批斗一个当权派而导致两派群众组织武斗的情况，实在太多了。

又过了几天，一大早，我到食堂打了早饭出来，斜穿过五四草坪，往"井冈山"队部东二楼走。记得是石笑海走在我前面几步路，先发现教学楼中间地面上有情况。她现在（2007年）的回忆是，看见朱之闻已经坐在地上，二楼有两个人从窗口往楼下看，一下就不见了。我的记忆是，我快步走过去看，朱之闻躺在水泥地上，有点蠕动。他身上没有明显的伤痕、血迹，两眼闭着，不说话，但显然活着。我当时判定他是跳楼自杀，虽然至今也不清楚他是如何从楼上掉下来的。石笑海回到"井冈山"队部，就跟别人说朱之闻的情况。我则在朱之闻旁边守候。很快旁边就围了其他一些同学。

我记得的下一个场景是，我和王咸在鼓楼医院照料朱之闻（但我们现在都不记得是如何从附中到鼓楼医院的）。是我去填表、办了住院手续，朱之闻进了急救室。医生检查后告诉我们，朱之闻是两脚朝下以站立的姿势着地的，因此脚后跟的骨头粉碎性骨折，脊椎因体重而压断。医生让他保持仰卧，把他脚吊高牵引。后来朱师母来，我们介绍了情况，她就默默地守候在病床前。

当晚我和王咸留在医院，"井冈山"其他一些同学也曾到医院了解情况。记得钱迈期半夜骑车来到医院，看见朱之闻嘴唇干裂，问为什么不给他喝点水。我们说，医生不让喂水，只让用棉花球沾水润润嘴唇。朱师母一直严格执行医嘱。半夜时朱师母不在，钱迈期就喂了一点水，还说，"这水顶多到喉咙管，到不了胃里的，不碍事。"

第二天，"井冈山"仍然有同学到医院轮换值班，一直到教育厅的群众组织接管过去。这以后，一直到下乡插队，我都没有再见过朱之闻，只听说他奇迹般地复原，不仅没有瘫痪，而且能够走路。

文革结束后，我曾经和一起在泗洪界集插队的几个同学，在逢年过节的时候去看过朱之闻。他仍然强烈希望肯定教改，希望我们根据插队到上大学的经历来肯定教改。他似乎始终没有意识到，教改中推行的"阶级斗争""阶级路线"，我是被严重排斥、压抑、歧视的受害者。撇开这一点不说，我们在乡下，特别是在林彪事件之后，对文革前、文革中的正统意识，已经经历了激烈的反叛；在文革后，由于接触到新的思想资源，正在进行更深入的反思提升。

但是在结束这篇关于朱之闻的回忆文章时，我还是想对教改说一点正面的看法——教改中我最喜欢的一件事。那就是开放图书馆里中大附中的藏书。当年建国院南头的图书馆，最东头的书库是49年前旧书，封存多年，在教改中居然开放了。我至今不明白这件事怎么会发生。但我仍然记得我在那里自由翻阅那些盖着中大附中图书馆图章的旧书时，内心的喜悦。今天的附中，能做到这一点吗？

附记：
此文写好之后，2007年10月1号，附中105年校庆，我们返校。见到秦昕老师，谈了很多文革旧事。

他说，朱之闻已在几个月前（2007年7月？）去世。

以下是网友议论：

1. PP：可以认为当年附中的教改是追随毛泽东的，朱之闻的认识没有错。附中的文革也同附中的教改一脉相承。在文革中批判教改，有点"不识时务，不合时宜"。不过从这点上也可以证明，造反派在思想上并不完全同毛泽东一致，在行为上也常常有走岔道的时候。

2. 史安琪：朱之闻（原江苏教育厅副厅长），今年91岁了，身体很好，除了两个毛病：1.听力不行，耳朵是当年在附中就被革命小将打残。2.腿力不行，腿是从附中被关押的二楼跌下时摔断的。许多人对于他当年从被某派性组织关押的二楼跳下自杀的事感到疑虑重重：因为就朱子闻的智力而言，他不会不知道从二楼跳下，死亡的可能性基本没有，他也不会不知道，跳下时脚朝下头朝上是没有致命危险的。可他就是这样掉下了，这不能不让人怀疑他不是自己跳下，而是被别人推下的；可那时谁也不敢怀疑他不是自绝于人民自绝于党的自杀。朱子闻究竟是自杀还是被推下，至今都是一个谜。前不久，有人问他当年是不是被人推下去的，他只是说："娃娃们没有罪。"

这样的回答隐含了什么？

当年的"娃娃们"现在也都逐渐步入老年，今天面对一个慈祥宽容的更老的老人，我们是不是该思考些什么，不管曾经做了什么。

3. 王虹：当年的文攻武卫是南京市革委会下的一个机构，受革委会领导。朱之闻应该说出实情才是。

# 71. 南师附中教改大事记(1964—1966)
## 南师附中革总编印

张人则　于含英

## 序

南师附中,是一所有五十年历史的老校。它的前身是伪中央大学附中。是国民党反动派高级官吏子女云集的重点学校。一九四九年南京解放后接管,改为南大附中。五二年高校院系调整,改为南师附中。

解放以后,党内一小撮反革命修正主义分子,为了实现其资本主义复辟的阴谋,不仅不去改造它,反而把国民党反动派、帝国主义的办学经验原封不动地接受下来。加上再把苏修的一套照搬过来,旧南师附中已经成为封、资、修号的,培养资产阶级接班人的"名牌"学校。

十多年来,旧南师附中一直在旧江苏省委、旧教育厅内走资派,及其他们伸向附中的黑手,前党支部书记、大叛徒沙尧的把持下,招降纳叛,结党营私,忠实推行刘少奇的修正主义教育路线,疯狂抵制毛主席的革命路线。他们反对突出政治,宣扬"唯有读书高",积极贯彻"智育第一""升学第一"的资产阶级教育方针,实行"关,管,灌"的教育方法。课程之多,分量之重,简直把学生压得喘不过气来。严重地摧残着青少年身心健康,并一步步把他们往修正主义道路上引。他们对广大工农子女实行资产阶级专政,把广大工农子女推于学校大门之外。

六三年初，旧教育部在上海召开了上海，江苏部分"名牌"中学办学经验座谈会。这个黑会在刘邓黑司令部干将反革命修正主义分子杨秀峰的主持下，大刮崇洋复古的阴风，大搞"三名主义"，提出要总结国民党反动派统治时期的"名牌"学校办学经验，大肆吹捧资产阶级"名教师"的教学经验，鼓吹要保持学校由于历史传统而形成的"特色"。朱之闻率领江苏部分"名牌"中学校长参加了这个会议，沙尧介绍了办学"经验"，深得杨秀峰的赏识。会后，杨秀峰来南京，宣扬"小宝塔"，并亲自来我校视察，向沙尧面授机宜。

之后，在朱之闻主持下，省教育厅拟了一个"小宝塔"规划与"办好一批拔尖学校"的意见，获得了以杨秀峰为首的教育部的赞扬，并通报全国。在旧省委、旧教育厅一小撮反革命修正主义分子策划下，我校从此就被装进了刘、邓、陆的小宝塔，成为他们的"重点学校""（条例）试点学校""示范学校"。

朱之闻对重点学校提出的要求是："保证高校来源和作出榜样"。办好重点学校的办法是：

1. 干部、教师加强稳定，特别是老教师。

2. 招生有较多的选择余地。

3. 规模不能太大。

4. 有较为充足的设备。

5. 编制宽一点。

6. 树立良好的校风、学风。此外也可以设奖学金。总之，讲来讲去就是不要毛泽东思想武装师生，不要突出无产阶级政治。

为了办好重点、试点、示范学校，六三年朱之闻到旧教育部参加教改会议时，还到阎王店的试验田——北京景山学校去"取经"。回来后大肆吹捧"景山经验"，说什么"过去出了唐宋八大家，应该学，要老老实实地学。景山学校小学教文言文……一开始就大量识字，《三字经》《百家姓》《千字文》就有两千字，这里有老祖宗的经验……初中就学《古文观止》"。并说什么"语文课不要讲成政治课，……语文课是工具课。""通过各科进行政治思想教育恐怕不行，联系不好，两败俱伤。"还说什么"搞点数学竞赛是可以的。××搞了一下，美国就很重视。搞点天才教育也好，……不要怕搞天才教育……"为了把附中办成南京的景山，朱之闻自六三年下半年开始就经常来校联系，根据"景山经验"与他对重点学校提出的要求来指导附中的教改。

六三年暑假泰州、泰兴、杨中等校在高考中名列前茅，朱之闻为了研究吸取他们的"经验"，把沙尧带去一同视察。他在泰州中学教职员工大会上做了一个臭名昭著的视察报告，表扬了他们狠抓"双基"提高教学质量的经验，提出要向老祖宗学习，什么一四七教书，二五八理书，三六九背书。沙尧在这次视察中真是"得益匪浅"，带回了三校的大量各科考题与一套多读、多练、多写、多背的经验，与朱之闻一唱一和，一搭一当，在附中搞起"教改"来了。

六四年春节我们的伟大领袖毛主席召开了教育工作座谈会。同年三月十日毛主席又对北京铁路二中的材料做了批示。毛主席严厉指出："我们的方针正确，方法不对。现在的学制、课程、教学方法、考试方法都要改。""现在的办法是摧残人才、摧残青年，我很不赞成。"同年毛主席又向全党发出了"培养和造就千百万无产阶级革命事业接班人"的号召。毛主席的《春节讲话》和《批示》点燃了教育革命的烈火，指出了教育革命的道路，敲响了封、资、修旧教育制度的丧钟。广大革命师生在毛主席的伟大号召下教育革命的热情空前高涨，而刘邓黑司令部对此却害怕得要命，仇恨得要死，千方百计地加以抵制。他们一方面封锁毛主席的声音，另一方面阉割春节指示的基本精神。在陆定一指示下，刘季平抛出了育才中学的所谓"改革教学方法的经验"来进行对抗和抵制。当时我校在朱之闻、沙尧的主持下，也组织教师学习了育才中学的"十六字经验"与"郭兴福教学法"作为我校教改的主要依据。

后来，刘季平根据刘、邓、陆黑司令部的意旨，又耍出偷天换日的阴谋，根据"两种教育制度"的黑纲领，提出每省指定一、二所全日制学校进行大改试点，想以此达到一箭双雕的目的。这样，一方面把大改学校的领导权控制在手，打着红旗反红旗，用修正主义的货色来偷代毛主席提出的教育革命，把教改纳入他们的轨道，欺骗毛主席；而另一方面以此去压制广大学校的教育革命运动。

我校"大改试点"的"教改"就在这个背景下正式出笼了。

## 71.1. 第一时期（64.1—65.2）

毛主席教导我们说：社会主义是一个相当长的历史阶段。在社会主义这个历史阶段中，还存在着阶级、阶级矛盾和阶级斗争，存在着社会主义和资本主义两条道路的斗争，存在着资本主义复辟的危险。

中国赫鲁晓夫刘邓资产阶级司令部里的干将——陆定一之流把持了旧中宣部，死心塌地地追随中国赫鲁晓夫，顽固地对抗毛主席的无产阶级教育路线，把教育界搞得乌烟瘴气！

针对教育界的情况，一九六四年，毛主席发出了具有伟大历史意义的春节指示，深刻地揭示了教育战线上存在的一系列根本问题，作出极其重要的指示，又一次点燃了教育革命的火种。反革命修正主义分子陆定一之流竭力封锁，肆意篡改，对毛主席的指示阳奉阴违，大搞修正主义的所谓教改，用以对抗毛主席的春节指示。我校教改就是为了执行阎王殿和旧省委的黑指示而"试验""蹲点""搞样板"的。

是坚决执行毛主席的春节指示，砸烂旧教育制度，还是对毛主席的指示阳奉阴违，实行修正主义的教育改良，是这场斗争的焦点。朱之闻、沙尧之流紧跟阎王殿的黑主子，歪曲抵制毛主席的春节指示，进行了一些教法上的改良，把我校教改引入了修正主义的歧途。

1月8日反革命修正主义分子刘顺元应沙尧邀请来我校做关于教育方针报告。刘胡说什么我们的教育方针是"培养干部，培养劳动者""不管那个阶级办教育总有这么一个目的"，宣扬阶级斗争熄灭论，胡说什么"生产斗争"比阶级斗争"更重要"；企图按照修正主义教育方针培养特权阶层。刘的这个黑报告对沙尧"震动很大"，立即组织教师学习了多次，要教师反复学习，很好领会方针精神。还说什么"社会主义教育和资本主义教育的共同点都是培养干部，劳动者，不同点是社会主义比资本主义教育普及"，竭力抹杀社会主义和资本主义的区别，抹杀社会主义和资本主义之间的阶级斗争。

2月1日人民日报发表社论"全国都要学习解放军"。这是毛主席向全国人民发出的具有伟大战略意义的号召。陆定一、蒋南翔对抗毛主席指示，说："解放军院校的经验不适应地方学校。"公然反对学习解放军。

2月13日毛主席在春节座谈会对教育革命作了极其重要的指示。毛主席说："我们现在的方针正确，方法不对。""现在的学制、课程、教学方法、考试方法都要改。""洋教条土教条都要搞掉。""学制要缩短""课程可以砍掉一半""学生要下乡下厂，还要到军队当兵，不能死读书，要联系实际。"

2月24日开学。校内广大师生相应毛主席号召，掀起大学解放军，大搞思想革命化的高潮。

2月21日沙尧在教职工大会上，初步总结学习大庆的情况，表扬了12个教职员工。这些被表扬的教师，丝毫不突出无产阶级政治，都是什么"进修好""动脑筋"，什么"爱生如子"而受到表扬。就在这个会上，沙尧提出资产阶级校风（好学向上，虚心踏实，艰苦朴素，团结活泼）和资产阶级的教师要求（教好功课，爱护学生，以身作则，努力学习），大肆宣扬罗瑞卿的黑典型"郭兴福教学法"，要教师做郭兴福式的教师。

3月10日毛主席对北京铁路二中"关于学校课程和讲授，考试方法问题"的批示中，再次指出："现在学校课程太多，对学生压力太大，讲授又不甚得法。考试方法以学生为敌人，举行突然袭击。这三项都是不利于培养青年们在德、智、体诸方面生动活泼地主动地得到发展的。"陆定一、刘季平之流严密封锁毛主席指示，在全国教育厅局长会议上，陆贼别有用心地说："当前教育上阶级斗争突出的问题是片面追求升学率的问题。"企图转移目标，抵制毛主席关于学制、课程、教学方法和考试方法改革的指示。杨秀峰公开跳出来，抛出"思想积极，行动稳妥"的方针，提出"学制不动，专业设置不动，教学计划的大框框不动"的反动的"三不动"，猖狂地对抗毛主席的春节指示。

3月16日校会"忆苦思甜"。会后,沙尧恶狠狠地把大家骂了一顿,把广大师生学习解放军的热情诬蔑为"浪费时间""浪费青春""形式主义",反对广大师生相应毛主席的伟大号召:学习解放军,大搞思想革命化。

3月26日沙尧传达刘季平在全国教育厅局长会议上的指示,并传达了陆定一的黑指示:"我们的教育有双重目的,第一个是培养接班人,培养后代。所谓接班人就是'有社会主义觉悟的有文化的劳动者'。第(另)一个目的是提高国家文化科学水平,这包括普及教育,培养无产阶级的科学家,工程师,文学家,教授,等等。以便中国实现……(原文不清,缺若干字)。"疯狂地对抗主席提出的教育方针。

3月19—4月4日初三以上同学到十月人民公社劳动,开展了些访贫问苦活动。高三年级开始学习讨论董加耕问题。

4月10日在陆定一指使下,刘季平发表"培养生动活泼主动的学习空气"黑文,公然篡改"……(原文不清,缺若干字)德智体诸方面生动活泼地主动地得到发展……(原文不清,缺若干字)"的育才黑经验。

4月23日欧阳惠林在女一中、二……(原文不清,缺若干字)师座谈会上,以"减轻负担",为名……(原文不清,缺若干字),"苛捐杂税","要坚决去掉",公然对抗主……(原文不清,缺若干字)一半。这是要中央决定的,要请示中央。"

5月3日沙尧回校立即执行,在校内大会上报告,叫嚣"除课外学习小组保留外,砍掉一切政治活动。"甚至连毛选学习小组也砍掉了。以后,还经常到处侦查有无所谓学毛选的"地下活动",居心何其毒也!

4、5月份坏分子杨壮彪,因贯彻朱之闻传达的景山黑经验得力有功,深受省委和朱沙的青睐,在会上、在报上连连表扬。同期,华罗庚来校,朱沙大献殷勤,趁此机会再次宣扬成名成家思想。

4月下旬省委,旧教育厅党组讨论,为了执行陆定一要"试验"和江渭清要"蹲点""搞样板"的黑指示,正式确定我校为省的教改试点学校。从此，省委的黑手不断直接伸入我校。

5月4日陆定一盗用中央和国务院的名义，批转了教育部临时党组关于克服中小学学生负担过重现象和提高教学质量的报告。该文件要学校"不要任意改变教学计划"，"不要离开教学大纲和教科书"，考试方法的改革由各省市自治区"指定一，二所学校进行试点"，顽固地维护摇摇欲坠的旧教育制度。我校沙尧积极执行此文件，沙尧令在各种场合反复学习、宣传，深入人心，在某些方面做了些改革，砍掉部分补充教材、习题、小测验、单元测验等。

5月19日吴鼎福传达刘顺元在学习董加耕毕业生座谈会上的黑话，胡说什么"今天通过阶级斗争和工农打成一片，但不是主要的""主要是通过和他们一起参加劳动"，散布"阶级斗争熄灭论"，反对主席早已指出的要在群众斗争中"经风雨，见世面"的教导。

6月11-29日共青团召开九大，毛主席接见了全体代表，并发出伟大号召："五代、十代，永远革命，永不变质"，成为亿万青年的努力方向。

6-7月高三毕业生更激烈地展开了学习董加耕的讨论。董加耕形象的出现，董加耕弃考务农，走上与工农相结合道路的行动，对在教育界根深蒂固的"唯有读书高""学而优则仕"的反动思想是一个冲击和震动。董加耕否定了"小学-中学-大学"这一条所谓天经地义的道路。不少青少年学习董加耕，开始考虑应该走一条什么样的道路问题。在我校，以黄桂玉为代表的一批同学选择了正确的方向。但是董加耕这个形象是脱离现实斗争，只讲劳动锻炼，消灭差别，只抽象地讲建设社会主义新农村，绝口不提农村中两个阶级、两条道路的斗争。所以他就是适应了刘少奇那种不要无产阶级专政而要把世界一步一步地改造成为假共产主义的需要。正因为如此，当时学习董加耕，从团中央到我校团委会都是引导学生围绕一些类似"贡献有无大小"，"怎样处理个人理想、爱好"等等，事实上是以个人为中心而提出的问题而进行的，而不是从反修防修而提出要全心全意为人民服务这个高度去认识。党内一小撮走资派力图使学董加耕运动在"修养"所规定的范围去进行。也正因为如此，使不少青年中了"吃小亏，占大便宜"的毒。

　　7月毛主席与毛远新同志谈话，对教育革命工作又做了重要指示："阶级斗争是一门主课"，"学习马列主义，最重要的是到实际中去学。"毛主席这一篇讲话，一针见血地打中了脱离无产阶级政治，脱离实际劳动的修正主义制度的要害。

　　7月中旬招生考试，刮起分数第一的黑风。拒不执行主席关于改革考试方法论的指示，不但闭卷考试，而且还加口试。发榜后，大叛徒沙尧拉入党内的反共知识分子赵耀如对新生讲话，鼓吹智育第一。

　　7月14日九评发表，指出培养和造就无产阶级革命事业接班人的五项条件，并且指出"无产阶级革命事业的接班人，是在群众斗争中产生，是在革命的大风大浪中成长的。"

　　刘修夫妇6-8月跑遍十几省，赤膊上阵，游说八方，贩卖资产阶级的"双轨制"。由于董加耕弃考务农对旧教育制度的冲击在广大同学心中引起极大震动，我校有四十多人弃考务农，对资产阶级的教育制度进行了有力的冲击！欧阳惠林把我校及本市许多学生弃考务农之事反映给中宣部陆定一，邓小平、陆定一批示："好学生都下乡，难道让地富子女上大学？"朱沙之流积极地奉行陆定一给欧阳惠林的黑指示，经支部研究确定同意黄桂玉等7人不考，准备树典型，捞取政治资本，而积极动员其他同学"一定要报考"，甚至以"不听党的话"的大帽子来威胁同学，强迫同学向旧教育制度投降。

　　7月中旬-8月×××参加中宣部召开的高、中等学校政治理论工作会议，会上，陆定一含沙射影地攻击毛主席。

　　9月17日欢送四十三名毕业生到马坝安家落户。刚开学，高中同学就到十月人民公社劳动。

　　9月份毛主席再次指出："政治教育是一切教育的中心""教育青年是个大问题，如果我们麻痹大意，资产阶级就会起来夺权。"当同学们热情高涨地学习毛选时候，沙尧挥出资产阶级自由主义的"三不"大棒，阻碍学习毛选。

　　10月高一组织了修养式的"为什么要上高中"的专题讨论，提出弄清"谁培养了我，我为谁服务"的口号。高二展开了"红与专"

的讨论。广大师生通过毛选学习后，针对资产阶级校风进行了批判，并提出用三八作风作为我们的校风的革命倡议，沙尧竟说："全国都用三八作风，那就没有特色了。"公然反对学习解放军。参加北大社教的教育厅长方非打电话给教育厅，指示"根据北大社教的经验，派工作组到附中学校搞教改，中学的四清活动就是教改。"

11月校内组织了学习方玉的活动，提出"这就是学习雷锋的继续"，贬低毛主席对雷锋同志的评价。我校较现代化的实验大楼正式开工，设备齐全，造价昂贵。学校在校内教学方法上做了某些改革。有的同志提出学制，课程等问题问朱之闻，朱说，"学制现在不考虑，看我们改得如何，改得好学制缩短是自然的结果。课程有些是常识，是有用的，砍了舆论大。教材没有力量解决。"公然对抗毛主席"不破不立"的教导。期中考试，拒不执行主席春节指示，反而变本加厉地搞超分题，继续对学生进行分数刺激，受到同学的严厉批判，沙尧拒不认错。

11月中旬由反革命分子吴天石建议，从全省各"名牌"学校抽调一批懂"业务"的校长（有的是叛徒，走资派，反动学术权威，资产阶级知识分子）组成教改工作队进入我校。

12月广大群众在学习毛选的基础上，批判了资产阶级教育思想，批判了《朝阳》的资产阶级方向。同时向校方提出上千条尖锐的意见和革命建议，主张突出政治，高举毛泽东思想伟大红旗，进行彻底的教育革命。他们否定学制，主张搞半工半读，可是朱沙之流把这些意见整理汇编成册，向上报功，丝毫不作任何实施，仅仅只实行一些改革，如不吃豆浆、油球之类。很多师生强烈要求增加社会实践，增加劳动时间，沙尧推说："你们讨论，讨论不好，不准出去。"在强大的师生压力下，沙尧同意每星期安排半天实践课，他们把同学带到飞机场去"开眼界"，绝大多数班级自愿组织到工厂、码头去劳动，接触工农，同学们的思想觉悟有了极大提高。为了"健全一个强有力的领导班子，在朱之闻的指使下，对李夜光、马明等干部的资产阶级思想进行"批判"和"审查"，同时也批判了教研组七、八个教师的资产阶级思想。按教师户头搞了教师言论录，收集了教师反对教改的

"反动"言论,又由××搞了教师档案材料。但是,唯独没有审查和批判大叛徒朱之闻和沙尧。这是资产阶级"打击一大片,保护一小撮"的反动路线在教改中的反映。

## 1965年

1月中旬教育部建议并经教育厅党组研究后,我校正式选为教育部的试点学校。

2月寒假中,一百多同学步行到盱眙马坝,看望新农民和贫下中农。同学们第一次行军二百余里,第一次了解了新农民和贫下中农,热情极高涨,更加坚定了砸烂旧教育制度,誓把教育革命进行到底的决心。朱沙之流对去盱眙的人数百般限制,尽量压缩时间,极大地压制了同学们的热情。为了实验刘少奇的四四制,朱要同学带业务书去半天读书。

## 71.2. 第二时期(65.2 - 65.11)

毛主席对教育革命的一系列指示,大大地鼓舞了革命师生。在全国大学毛主席著作的高潮中,他们迅速解放思想,斗志昂扬,强烈要求改革旧教育制度。在65年高考中,高三的革命小将勇敢地造了高考制度的反,表示了改革高考制度的决心。以刘少奇为首的资产阶级司令部,拼命反对毛主席的革命路线,保护破烂不堪的全日制,公开叫嚣:"全日制学校还要保存一,二百年。"朱沙之流秉承黑司令部的旨意,提出了"为全日制教改闯路"的反动方针。我们伟大领袖毛主席又一次给教育作了极为重要的指示,即七三指示。但是刘邓黑司令部极力封锁,歪曲毛主席指示,陆定一丧心病狂地将七三指示后一段砍掉,并公开叫嚣:"负担太重,是因政治活动过头了。"朱沙之流忠实地执行刘邓黑司令部的指示,大砍政治活动,毛选学习,并提反动的"三不"方针,破坏群众性的毛选学习的活动。在陆郎劳动的一个月中,他们用刘少奇的"愿意上山下乡当社员"这句黑话来代替无产阶级世界观，脱离火热的阶级斗争来修身养性，积极实验刘少奇的半天劳动、半天学习的教育与生产劳动相结合。他们逐步创造了一整套反革命经验。

2月10日沙尧在开学典礼上胡说什么："对教改要慎重，改法跟不上去无法巩固。"并且宣布：本学期高二四个班下乡两个月，实验半工半读，不自愿者不去，家长不同意者不去，其他一律在校改革。并规定高三不去。开学后，去盱眙的师生返校，革命精神极大地鼓舞了其他同学。高一乙班集体到校长室，强烈要求实行半工半读，并表示作试点。沙尧拒不出见，事后反而说："头脑简单，这件事上街，性质就变了，这是向党示威。"借此来压制群众的革命积极性。以后几次在全校的团员大会上，还不断提及此事，杀鸡骇猴。朱沙镇压群众革命行动，罪责难逃。

2月17日省贫协代表会前夕，董云良等来我校作报告，给我们上了一堂生动的阶级斗争教育课。在大会期间，广大同学自动组织为代表服务、访问，受到极大教育。朱沙之流拼命压制去为贫下中农服务，要砍掉其他活动。

2月19日沙尧在班主任会议上讲："教改的目的使学生具有革命思想，学好规定内容，多余时间看课外书，而且要比以往学得更好、更高。"并大骂同学"思想有片面性，盲目性，只往前看，不往后、左、右看。"

2月25日沙尧胡说什么："要树立劳动者的形象和革命大学生形象，"以此来对抗毛主席提出有社会主义觉悟的有文化的劳动者。朱之闻在一次教师会上说："不是离开教学单纯搞运动。我们始终搞的是教学革命，从而又带动思想革命。"朱沙之流拼命维护资产阶级知识分子统治学校。

3月高二乙、丁两班到盱眙劳动，去试验半工半读，追求在农村条件下比在城市学得好，积极引导同学死啃外语，多做作文，并叫广大同学脱离农村三大革命运动去"暴露思想"，考虑"谁养活我，我为谁服务"。这完全是黑《修养》的一套。这样，我校的半工半读试验就走上了修正主义道路。

3月18日朱之闻在教师会说："有人说附中搞半工半读，我们说附中目前不搞半工半读，像附中这类学校（指的是全日制），教改学校不是实验半工半读。"意思也就是要为全日制教改闯路。

3月19日沙尧在高三级会上讲："突出政治要落实教改，教改三阶段：（1）解决片面追求升学率，（2）教法的改革，（3）走出校门到农村和三大革命运动结合。"三个阶段完全是按着刘少奇、陆定一的步子走的。由吕新伟率领的教育部工作组进校，重点调查了高二丁的教改情况。

4月教育部走资派何伟召开全国半农半读会议。陆定一在会上讲，"全日制学校还要存在一、二百年，半农半读本身就是阶级斗争。"不许触动旧教育制度。何伟在会上叫嚣要防"左"。

4月下旬朱之闻去京开中小学教改座谈会，刘季平在会上胡说什么"教改要从实际出发，有先立后破，有先破后立，有边破边立，有又破又立，"公然抵制毛主席的不破不立的指示。强调"保持学校正常教学秩序，大改学校也不准改为半工半读。"吹捧陆定一的黑文"教育必须与生产劳动相结合"，要大家学习，规定"具体问题要按中央批转教育部临时党组的报告办事，当前工作按教育部意见办。"明目张胆地抵制毛主席的指示。

教育厅开教改蹲点会议，彭冲在会上指示：

1. 关门教改，要封闭学生。
2. 要以刘季平炮制的报告作为教改的依据。

沙尧在一次家长会上说："我校教改不改为半工半读，学校性质不变。"和刘季平唱的一个调子。会后请家长参观作业，说什么："我校教改并没有降低质量。"

5月8日朱之闻从北京开会回来，传达刘季平报告，说："教育部要求教改根据毛主席的春节指示，与毛远新的谈话，与中央批转教育部党组报告，政治理论课工作会议报告四件文件来进行，但有几个条件：

1. 不能多。
2. 学校性质不变。

2. 不搞半工半读。

4. 关门闹革命。"

忠实贯彻刘季平指示，并提出"为全日制教改闯路"的反动方针，胡说什么"我们与凯洛夫的区别是教育与不与生产劳动相结合"。

5月上旬高中同学步行几十里到江宁六郎劳动，学校提出的中心任务：和贫下中农比生活，比劳动，比贡献。沙尧屈从陈光、吴天石压力，将初一、二提前抽回来。

5月下旬在教育厅一次会上，朱之闻传达刘季平的黑报告，吴天石在会上说："下面产生教师不好好教书，学生不好好学现象，值得注意。"

6月5日沙尧在校会上讲："革命热情要落实，老师为革命而教，学生为革命而学习。"

教育部反革命修正主义分子戴白韬来校视察，肯定了我校教改，并抽了高二乙、丁两班闭卷考试。

朱之闻在教师会上胡说："最强大的动力是毛泽东思想，再一个动力是贫下中农感情。"朱沙恶意贬低毛泽东思想，罪该万死！

7月3日我们伟大领袖毛主席指示："学生负担太重，影响健康，学了也无用。建议从一切活动总量中砍掉三分之一。请邀学校师生代表讨论几次，决定实行。"并号召："我们这一代青年人将亲手把我们一穷二白的祖国建设成为伟大的社会主义强国，将亲自参加埋葬帝国主义的战斗，任重而道远。有志气有抱负的中国青年，一定要为完成我们伟大的历史使命而奋斗终身！为完成我们伟大的历史使命，我们这一代要下决心一辈子艰苦奋斗。"毛主席几次和王海蓉谈话，毛主席说："要允许学生上课看小说，要允许学生上课打瞌睡。""不要学那么多东西，学多了害死人！""学校应该允许学生造反，回去你就带头造反。"七三指示下来后，陆定一丧心病狂将后一大段砍掉。干部×××要向学生传达七三指示，朱之闻不让传达。

7月15日高考。高考前，朱之闻指示发复习提纲，并作报考志愿指导，提出要"为教改争光"，并选了高二几个同学准备提前考大学。部分同学表示弃考务农，朱沙动员考大学，大刮升学第一的黑风。在高考中，我校一些革命小将起来造了高考制度的反，他们在考卷中揭露，批判了高考制度的罪恶。他们说："对高考制度首先肯定方法不好，造成学生死背教条，目的不明，精神紧张，体质减弱，教条主义，言行不一。""我看这样考下去，中国的下一代的确要演变了。我希望高教部能予注意，研究加以改革。"造反有理，革命无罪，这些充满革命激情的意见写得多么好啊！革命小将造反行动，遭到教育界走资派残酷镇压，他们的试卷被打成"0"分，他们的意见被压制，直到文化革命，毛主席为我们撑腰，旧的高考制度终于彻底砸烂了。

7月20日刘少奇在中央工作会议上讲他对其侄子说："毕业后你愿意上山下乡当社员，就让你上高中，否则就不让你上高中。"这句大黑话，被朱沙之流作为教改的核心问题。

8月1日彭真对抗毛主席七？三指示说："学生负担过重，主要是上司过多。"为大砍政治活动制造舆论。

8月上旬朱之闻到北京参加全国教育厅局长会议。何伟在会上说："有些东西搞过头，如学毛选、学解放军、军训、搞政治活动，"刘季平在会上大反毛主席，胡说什么："有人只看到一个砍字"，"在大好形势出现一些现象。"他在会上叫嚣："要注意几件事：（1）教学为主原则是对的，提高质量也还是对的，教好学好保持正常秩序，不能动摇。"会后，何伟，刘季平搞了个"关于减轻负担"的七条，一面强调教材不准砍，一面要砍政治活动、民兵活动、劳动。陆定一也说："培养接班人问题解决了，现在问题是程度、上天的问题。"在会上，刘季平肯定了附中教改。高三毕业生到汤山野营。同学大学解放军，大学老三篇。朱沙坚决反对这样办，却叫同学到农村去解决愿意上山下乡当社员问题。同学们坚决造反，拿着毛主席语录批评朱沙，朱沙大为恼怒，沙尧说："这是右派言论。"这是朱沙之流反对毛泽东思想，镇压群众运动的反动本质一次大暴露。吕新伟工作组回北京，吕在教育部作报告，附中教改给予肯定的评价。9月1日沙尧在开学典礼上说："本学期工作是突出政治，减轻负担，教好学好，增进健康，提高质量。""要改成全日制，对外不得宣传。"忠实执行刘季平的黑指示。

9月5日沙尧在校会上公然说："减轻负担是毛主席教育思想和资产阶级教育思想，假马克思形而上学的教育思想斗争的环节。""当前教育战线形势大好，但出现一些盲目现象，要革命，但对德智体关系认识不足。"

朱沙之流借贯彻七三指示为名，大砍政治活动，劳动，连团组织开会还要请示一下才能开，并且叫嚣要"侦察地下活动"。朱之闻在教师会上说："提倡学生在不同情况下，根据自己的需要，自己的条件，去学习毛主席著作，但不建立固定的组织，不规定统一的篇目，不规定学习时间。"宣扬资产阶级自由化，破坏学习毛主席著作运动。朱沙之流根据刘季平的"提高质量"黑指示，提出各科要求："外语，一口好音，二百字文章，三分钟讲话，语文，一张铁嘴，一手好字，一笔好文章。"死抱住智育第一僵尸。

朱之闻指示沙尧，将我校高考试卷与苏高中质量比较。这充分暴露朱沙根本没有克服升学第一思想。

10月4日-11月5日朱对教师讲："愿意上山下乡当社员，这是每个学校毕业生都要解决这个问题。这是党的教育方针的具体化，要组织学生反复学习《人民教育》这篇短评，树立愿意上山下乡当社员的思想，解决世界观问题，这样教改才能改得下去。"用刘修的黑话代替无产阶级世界观。在农村，朱沙之流组织广大同学学《人民教育》短评以及胡崇海的信，脱离农村三大革命，引导同学只在"愿意""不愿意"上修身养性，要考虑什么"我为什么不下农村？""我不下农村就变成胡崇海，前途多么危险！"照这样培养下去，培养出来是一些不关心国家大事，不关心无产阶级专政的政治庸人。当时陆郎搞四清，四清工作组要求同学做些工作，沙不同意，说："他们搞他们的，我们搞我们的。"在农村，搞理论联系实际，就是让同学先看书，再东奔西跑找问题联系，凑上就写一写论文，实际上是"理论-实践-论文"。

11月3日沙作下乡劳动总结报告。沙尧说："这次下乡，创造了解决世界观问题和理论联系实际的经验""收获很大""把上山下乡当社员的问题提高到世界观的高度来认识，解决这个问题。"从此以后，朱沙一整套的反革命修正主义经验逐步发展和完善了。

## 教改大事记

### 71.3.第三时期（65.11-66.5）

最高指示：

那些不相信突出政治，对于突出政治表现阳奉阴违，而自己另外散布一套折中主义（即机会主义）的人们，大家都应当有所警惕。

这一时期，阶级斗争的重要表现在党内围绕"突出政治，政治统率业务"，还是"反对突出政治，政治落实到业务"，展开了尖锐的斗争。中国最大的一小撮党内走资派利用被他们篡夺的宣传工具，极力宣扬"业务第一，政治第二，政治为业务服务"，"政治和业务都第一"的修正主义论调，疯狂诋毁毛主席、林副主席关于"政治第一，业务第二，政治统帅业务"的思想。

朱之闻从北京带回了反革命修正主义分子何伟，刘季平的"教学为主""提高质量"的黑指示，伙同沙尧大肆贩卖"政治落实到教改"的黑货，狂热鼓吹所谓"为革命而学，用革命精神学习"，暴露了他们反革命修正主义的狰狞面目。广大革命师生在毛主席七三指示指引下，奋起毛泽东思想的千钧棒，挥戈东向，大批狠批资产阶级教育思想，痛斥旧的教学方法，在师生代表会上又一次提出了"废除高考制度"，"到盱眙办自修大学"等闪烁着毛泽东思想光辉的革命建议。朱之闻，沙尧之流是扼杀教育革命的凶手。同学们的革命建议都被他们一一打了下去。

就在这时，我们最最敬爱的伟大领袖毛主席发出了具有划时代意义的五七指示。毛主席说："学制要缩短，教育要革命，资产阶级知识分子统治我们学校的现象，再也不能继续下去了。"宣判了旧教育制度的死刑。

史无前例的无产阶级文化大革命如汹涌呼啸的浪潮，狂烈地荡击旧社会遗留下来的一切污泥浊水，冲决了一切不适合社会主义经济基础的上层建筑，为资产阶级培养接班人的旧教育制度也逃脱不了被埋葬的命运！被一小撮资产阶级知识分子所颠倒的历史由我们革命的红卫兵再颠倒了过来！对抗毛主席春节指示的我校修正主义教改也必将为用毛泽东思想武装起来的红卫兵砸得稀巴烂。一个崭新的无产阶级教育体制正含苞待放，显示出无限生机。让我们举起双手来迎接它的到来吧！

11月初林彪副主席对全国政工做了关于突出政治五项原则的指示，指出"活学活用毛著特别要在'用'字上狠下功夫。"王杰英雄事迹和日记发表，全国掀起学习王杰的高潮，在王杰"一不怕苦，二不怕死"精神鼓舞下，我校广大革命师生大练长跑，练刺杀，练爬墙。

11月12日沙尧迫于形势，做了一个学习王杰的动员报告。

11月20日在毛主席亲自领导和发动下，姚文元"评新编历史剧'海瑞罢官'"发表，吹响了文化革命的号角。

12月1日召开全校大会。沙尧在会上说："本学期解决上山下乡当社员问题，提高到人生观高度。""学王杰，学毛选，学大庆必须落实到教改上来。为革命而学，用革命精神学。"并提出以"活"对付"死"的口号，大力强调基本训练，忠实执行在8月召开的全国厅局长座谈会上刘季平"教学为主""提高质量"的黑指示。

12月7日朱之闻组织我校部分教师去上海育才参观，十分欣赏育才的"高质量"，教育部司长温克敏等来校调查一个月，温肯定我校学毛选、劳动，唯一担心学习质量。朱之闻，沙尧大抓学习，特别强调在高三的突出问题是教材教法，是教学方法的改革。学校提出各科教学规格，极其繁琐，如外语要"一口好音""一二百字文章""三分钟讲话"。遭到同学强烈反对，沙尧就提出所谓"组织纪律""大少爷作风"，大压同学。

12月17日华东宣传部长来宁作报告，沙尧等人参加，竟公然反对缩短学制，说什么教改"步子要稳"，"听到风就是雨，一定要出乱子"。毛主席在杭州讲话，指出："现在这个大学教育我很怀疑，从小学到大学，一共十六、七年，二十多年看不见稻、粱、菽、麦、黍、稷，看不见工人怎样做工，农民怎样种田，看不见怎样做买卖，身体也搞坏了，真是害死人！""高中毕业后，就要做点实际工作，单下农村还不行，还要下工厂，下商店，下连队，这样搞他几年，然后再读几年书就行了。"

## 1966 年

1月1日《红旗》和《解放军报》分别发表题为"政治是统帅是灵魂"，"更高举起毛泽东思想伟大红旗，为继续突出政治，坚决执行五项原则而斗争"，指出：政治是阶级的政治，群众的政治，突出政治就是要抓两条道路，两个阶级的斗争。

1月8日高三丁班周小阳入党，这是一个"政治落实到业务"的典型，为了向教育部请功，朱沙大肆宣扬她如何从"四门不及格"提高到"优秀"。后温克敏回北京在教育部作有关师生面貌变化的报告，后"中学生"记者来校采访。

1月10日开始搞教改总结，准备5月份上北京开会（全日制教改工作会议）。朱沙为向上表功，反反复复修改，先是"18条纲纲"，后"教改两年"，"教改总结提纲"，最后朱之闻亲自修改定稿。陆定一视察江西共大时说："我们和资产阶级，消灭三大差别，是不同点，共同点都是高精尖。"1月15日沙尧在团员大会上作报告，中心内容：教改要解决一个根本问题：教和学的矛盾，师和生的矛盾。矢口否认教改是要根本改革旧教育制度。另外还提出："政治工作不要光抓政治不抓学习。"

1月16日沙尧在教师大组会上做期末总结，总结教改18点经验，并提放下"升学率""负担重"两个包袱，和找到"学毛选""贫下中农"两个动力。

1月下旬放寒假。麦贤得事迹发表。革命师生在英雄的鼓舞下，自动组织起二百来人，步行到盱眙和那些贫下中农一起过春节，但沙尧却大泼冷水，百般阻拦。

1月31日吴鼎福在开学典礼上做报告，集中讲精神变物质的问题，说："这学期是教改深入发展的关键时刻"，要求同学"把精神化为物质"。朱沙之流的"精神变物质"就是"政治要落实到教学质量的提高"上。

2月初《解放军报》接连发表"突出政治"的社论，发起了对资产阶级司令部的反击，全国各条战线大抓突出政治，大抓阶级斗争，大抓学毛著，工农兵掌握毛泽东思想的时代开始了，全国上下一派大好形势。

2月1-7日省委宣传部召开全省全日制中等学校政治工作会议，朱之闻、沙尧参加。会上，陈光、欧阳惠林、吴天石作三报告，攻击"大破大立"，反对学制课程的改革到教学方法，考试方法的改革，"全面开花"，并提出："教学改革的目的是要提高教学质量"，"在教学改革中，要继续坚持质量第一，效果第一的原则，所有试点学校都应该以教学为中心，认真加强文化科学知识的教学工作，努力提高教学质量。"会后，沙尧回校传达陈光等报告。

2月8日开支部扩大会。沙尧顽固坚持资产阶级立场，继续散布对抗突出政治的毒素，说："我国新农民应该比资本主义国家的农业专家高明万倍，只想当新农民不想学习是不行的。""反对唯有读书高，不是反对读书，否则还办学干什么？"

2月12日在刘少奇支持下，彭真等人盗用中央名义，抛出"五人小组汇报提纲"，妄图扼杀无产阶级文化大革命，实现资本主义复辟。

2月下旬学校宣布取消教研组，成立年级组。

3月1日董家耕来我校作报告。

3月上旬《中学生》刊登了周小阳"为革命而学，用革命精神学"的文章，全国青年纷纷来信，探求如何"为革命而学"的问题。朱沙乘机大捞资本，向全国贩卖"政治落实业务"的黑货，强制同学利用政治，语文课写回信。沙尧在朱之闻密授下，伙同团支书×××，政治辅导员×××、×××等把师生平时的言行，整理成黑材料，作为"阶级斗争"材料向黑省委汇报。朱、沙忠实执行"二月提纲"，罪该万死。

沙尧积极搞"跳级试验"，分别在高一，二级选拔三名"尖子"，单辟一室，进行专门教师，专门时间的实验，要他们一头钻入书堆，攻完全部高中课程，报考大学。朱沙之流实行的是什么"学制改革"，难道还不清楚吗？他们的"学制改革"就是不摧毁旧的"全日制"教育制度，不改革旧的教材，高速度学完全部课程，报考大学。这是不折不扣的打着"红旗"反红旗的冒牌货。

3月19日沙尧给高三年级作"组织新的战役"的动员报告。这个"组织新的战役"就是要求高三同学在毕业高考前几个月划为四个回合，实行单科连排，以利集中力量打歼灭战，保证高考质量。在这里，沙尧搞教改梦寐以求的是什么东西不昭然若揭吗？高三同学根据主席创办"湖南自修大学"的经验，提出"小小组"的学习形式，朱沙之流贪天功据为己有，一面向刘顺元请功，另一面企图把"小小组"作为"抓好学习，保证质量"的工具。

3月22日我校又有四个学生入党，这是沙尧对抗毛主席关于在三大革命中培养接班人的指示，鼓吹"中学阶段就可以解决世界观"的产物。朱沙之流就是青年一代不经过三大革命的考验，在学校里舒舒服服地和平演变成修正主义苗子。当时，校内反响很大，许多同学纷纷写入党申请书，朱沙又阴险地将同学的革命要求利用来为自己培养驯服工具。在教改和文化革命中，朱沙数次用黑"修养"给这些同学上课，要他们"紧跟党（紧跟沙尧）"，做党的"驯服工具"，实际是做修正主义教改，资反路线的保镖。沙尧，何其毒也！

4月2日人民日报发表戚本禹同志"《海瑞骂皇帝》和《海瑞罢官》的反动本质"的文章，打中了"罢官"这一要害问题。广大革命师生提出在政治，语文课上进行对"海瑞罢官"的批判。但朱沙之流处于阶级本性，避开"罢官"的政治问题，搞了一个"学术讨论会"，把一场严肃的阶级斗争引向纯学术讨论，忠实执行"二月提纲"。彭冲到京开会，何伟要省委帮助附中总结教改经验。在旧省委的指示下，朱之闻、沙尧进行了教改总结。

4月4-14日师生代表大会召开。这次会是教改中两个阶级，两条路线斗争的集中表现。广大同学在毛主席春节、七三等指示的指引下，发扬敢想、敢说、敢造反的革命精神，对资产阶级教育路线、教育制度、教学方法进行了有力的批判，大胆地提出很多革命化建议，如：废除高考制度，用"自报公议"代替旧的招生制度，到盱眙办半耕半读学校、自修大学以及到农村参加四清，到部队农村改造世界观，缩短学制，自编教材。这些革命化的建议刺中了朱沙的痛处，在总结会上，朱沙狼狈为奸，只对同学高昂热情说了几句不痛不痒的话，假惺惺地说："自报公议是我们巴不得办到的，为什么办不到，因为人们觉悟不高，实行分配有人不闹死掉了，吵死掉了吗？"沙尧也说，"学制也不是我们要缩就缩，不能哄，哄得快，垮得快。"抵制革命师生对旧教育制度的批判。另一方面朱沙又把大量革命化的建议集中为"教学""作风"问题，胡说"解决好这一点，教改大大地再跳一步。"极力抹杀教育革命夺权斗争，与黑阎王陆定一"培养无产阶级革命接班人问题解决了，还有一个高精尖问题怎么解决"的黑话如出一辙，充分暴露朱沙对抗毛主席指示，扼杀教育革命的刽子手嘴脸。

4月14日吴冷西炮制的"二论突出政治"大毒草出笼，朱沙之流如获至宝，组织同学学习，讨论，为到盱眙搞好"复习"作舆论准备。经南师院党委批准，政治处成立。

4月15-5月19日高二高三去盱眙劳动，沙尧积极推行刘少奇"四小时学习"，"四小时劳动"的"四四制"。下乡动员会和马坝中学行军小结会上，沙尧积极鼓吹政治落实教改，说什么"两年来的教改，社会上很多人承认我们的思想质量，怀疑我们的知识质量，我们要拿出成绩，质量来和资产阶级教育家较量较量。"这和陆定一说的"教育方面，我们同资产阶级有不同的地方，消灭三大差别。有共同的地方，高精尖"又有什么两样呢？广大同学抵制抓学习，沙尧搬出训政："有些人准备到盱眙只搞政治，不搞学习。实际上这种人就是不突出政治，就想学习。"并要同学把大量地课本、复习材料，用汽车送下乡。第一阶段，学习成绩不大，许多人学习任务没有完成，朱沙大为恼火，对高三训骂一通，沙尧说："要从培养接班人，反修防修出发，一定要全面系统复习好。"又说："突出政治就有信心复习好功课，智育上过得硬。"并向高三提出高考要"考出风格，考出水平"的口号。朱沙为搞好高三毕业班的复习，提出"四小时学习雷打不动"，连烧饭也提出只占劳动时间和学习好的烧饭。朱沙之流对日益发展的史无前例的文化大革命，则不闻不问，不遗余力地大抓学习质量，复习质量。5月14日，马坝礼堂总结会上，他一面积极鼓吹刘少奇的"上山下乡当社员"来抓好学习，另一面大算复习时间。在马集，沙尧对高三同学说："你们不要急，回去复习，还有20天，时间是不少的，过去高考复习也只有三、四个星期。"充分暴露了这位被吹嘘为"教改闯将"，大抓"智育第一"，大抓"升学第一"，培养资产阶级接班人的真面目。

此时旧中宣部召开高等学校刘氏"半工半读"会议，同时预定七、八月份召开中等学校"半工半读"会议，我校将作为全省刘氏"半工半读"学校。5月7日毛主席发出了伟大的五七指示。这个指示是建设共产主义的伟大纲领，它宣判了旧教育制度的死刑，进一步指出了教育革命的方向，在我国教育史上具有划时代的意义。毛主席指出："学制要缩短，教育要革命，资产阶级知识分子统治我们学校的现象再也不能继续下去了。"中央政治局开会，揪出了彭、罗、陆、杨反党集团。

5月13日姚文元"评'三家村'"发表。

5月16日毛主席亲自主持制定的中央5月16日"通知"下达，吹响了无产阶级文化大革命进军的号角。这个伟大的历史文件是我国无产阶级文化大革命的伟大纲领。它将马克思主义发展到了一个崭新的阶段，即毛泽东思想阶段，是马克思主义发展史上的又一个伟大的里程碑。

5月18日高二、三返宁途中，迫于形势，在马集中学开了声讨"三家村罪行"的群众大会。

5月20日回到学校，此时全国文化大革命蓬蓬勃勃开展了起来，在大好形势鼓舞下，积极投入这场史无前例的文化大革命，革命热情高昂百倍，纷纷要求不搞高考复习，要求停课闹革命。朱沙预感自己垮台就要来临，避开轰轰烈烈的大革命，企图把广大师生卷入书堆里，却提出"分科复习，准备迎考"决定。朱沙之流对抗无产阶级文化大革命，罪该万死！

6月1日毛主席亲自决定播送北京大学聂元梓等同志的全国第一张马列主义大字报，并指出这是六十年代巴黎公社的宣言，从而点燃了无产阶级文化大革命的熊熊烈火，在东方的大地上掀起一场伟大的震撼世界的革命群众运动。

[注]：

这次回南京听说李得宁处还存有一份文革中编写的附中教改大事记。回来后我们和他联系，他把文件拍成照片寄给了我们。我们现已将文件打出。原件中有少数字句模糊不可辨认，总体还算完整。我们尽可能地保持了原貌。也许当年亲历教改的同学还会对它有兴趣？我们自己看了很感慨。当年参加调查和编写大事记的，应该有"井冈山"（或称"革造""革总"）成员，高二乙班的王咸，徐捷，叶秀林，张人则等人。初稿应该在1967年6月1号前写成。

张人则于含英 2007年10月

## 72. 朱之闻、刘顺元与附中教改

于含英（66 届高三丙）

重读"南师附中教改大事记（1964-1966）"，引起我们对附中教改的回忆和思考。

### 72.1. 朱之闻

朱之闻给我留下的第一印象，至今还很鲜明，那就是他不同于我们通常看到的"领导"。记得他刚到附中之初，有一天在五四草坪东北角那颗水杉树边和几个同学闲聊，我从旁走过，正好听见他在说，"我知道你们向往去露宿，风雨浴，吃蚕豆饭……"我确知他是在引用李锐的《毛泽东同志的初期革命活动》（中国青年出版社，1957，第 68、81 页）。李锐这本书，对青年时代的毛泽东的思想形成提供了非常丰富的材料，但是出版后仅过了四、五年，到我们的中学时代，就已湮没无闻。现在想来，1959 年庐山会议上李锐被定为"反党集团"的一员，固然是一主因，这本书本身的基调也应是原因之一。它对青年时代的毛泽东虽然赞美很多，但仍然是分析性的，并不溢美和造神。拜附中环境之赐，我初中时能读到此书，当时对毛泽东青年时代的读书求知方式，非常向往。所以朱之闻这几句话，一直说到我心里，至今不忘。

李锐的这本书，对我们回顾和讨论教改意义很大。重看毛泽东 1964 年春节讲话，看他和毛远新、王海蓉的谈话，使人感到毛泽东对教育的看法，他当时要推动的教学改革，完全是基于他本人青年时代求学的经验。仅以一个人的经验为蓝本，就可以指导与几千万学生有关的教改，这是那个"天才论"时代特有的畸形现象。而且，恐怕就连这本书，也没有几个搞教育的人好好研究过。朱之闻看过李锐的书，而且能理解这本书对中学生可能产生的影响，我觉得，这表明他追随毛泽东比其他人更自觉，他对教改的态度也更认真。朱之闻在教改中经常直接和一般学生对话，谈他对教育问题的理解。在我印象中，他绝不属于那种"语言干瘪，形象可憎"的官僚。他对教改这项工作怀抱真实的热情。

## 72.2.刘顺元

刘顺元支持了朱之闻的教改，看来没有疑问。刘顺元自己，在党内也是一奇人。从现在能看到的回忆文章来看，刘顺元一生至少有两件事可圈可点。一是1945年他在任中共旅大党委领导期间，因不满苏军扰民曾提出异议，被苏占领军指名要求调离。刘为此曾受党纪处分。二是1953年，刘顺元调入江苏，任分管农业的书记，并曾担任过江苏省委常务书记。大跃进、人民公社化运动兴起后，刘顺元对浮夸风多有尖锐抨击。他的言论一直传到毛泽东那里。1959年10月后，省委第一书记江渭清与省长惠浴宇接到华东局第一书记柯庆施传来毛泽东的指示，其意是江苏还有一个"老右倾"刘顺元。后来刘顺元是因为江渭清与惠浴宇的力保而幸免于清算。（见 http://gaohua.coldwarchina.com/ztlw/rwyj/000037_2.htm）既然刘顺元是直接触犯了毛泽东的人，当时不可能处于权力中心。

文革后刘顺元曾任中央纪律检查委员会第二书记（黄克诚是第一书记）。他1996年去世后，李锐为《刘顺元传》写序，说"刘顺元同志是党内老一代中极为难得的领导干部；是具有大德、大智、大勇，不应被后人忘记的历史人物。"（见：http://kaoshi.gmw.cn/01ds/1999-07/07/GB/257%5EDS1012.htm）北师大毕业的刘顺元具有领导干部中少见的品格、智慧、学养，看来无可怀疑。

刘顺元显然不是主管教育的书记，刘和朱怎么会在附中教改时走到一起的呢？朱之闻说："在和刘顺元接触过程中，我主要是搞两个工作，一个是抓知识青年下乡，一个是抓教改。当时这两方面都有阻力，我是积极找人出来支持的。在我和刘的接触中，每次谈到这两方面的问题，他都是热情支持的。他热情支持，希望了解这方面的情况，当然我也愿意找他多谈，或送材料给他看，想听他的意见。……和其他书记、部长比较起来，我对他是最相信的。"（摘自朱之闻文革中的大字报"对刘顺元的认识和揭发"）

### 72.3. 对"教育改革"的两种不同理念

"教改大事记"中提到，1963年初，教育部长杨秀峰曾到我校视察。我记得那次视察中。杨秀峰走过当时的教学大楼和五四草坪之间那条路，碰到一群学生正在扫教学大楼中间的水泥场地，扫前没有洒水，灰尘飞扬扑面。他停下来批评了学生。这件事，沙尧后来在全校大会上着重提出来，狠狠地又批评了一通。由此不难想象，杨秀峰一定是那种比较传统意义上的教育家，认为学生的文明行为，包括衣冠的整洁，对师长的礼貌，行为的得体等，都是教育的重要内容。至于智育和出人才，那更是重中之重，念念不忘。例如，"初中就学《古文观止》"，"不要怕搞天才教育"，"搞点数学竞赛"……即使在毛的"春节指示"之后，陆定一、刘季平（教育部副部长）等还是讲"教学为主原则是对的，提高质量也还是对的，教好学好保持正常秩序，不能动摇。""培养接班人问题解决了，现在问题是程度、上天的问题。"没有证据说他们是处心积虑反毛，但说他们和毛泽东有不同的教育理念，则也许很接近事实。我们理解，教改前的沙尧校长，也正是持杨秀峰、陆定一、刘季平这样的教育理念。

网友PP说："可以认为当年附中的教改是追随毛泽东的。"这也是我们的看法。毛在1966年以前不断发警报，要求"念念不忘阶级斗争"，要求警惕资本主义复辟，认为无产阶级和资产阶级正在激烈争夺接班人，等等。虽然他要求改革学制、教材、课程，那都不是为了要"智育第一"，恰恰相反，那是为了把学生从"智育第一"中解放出来，走上他所相信的"在革命实践中锻炼成长"的道路。现在看来，党内很多人，如陆定一、刘季平，对毛这一套其实并不以为然，或不深以为然，但朱之闻显然听得很认真，也执行得很认真。回想我们高中几年，"上山下乡""培养反修防修的革命接班人"始终是第一主题，远远盖过了对课程、教材、教法改革的注意。我们当时以为，教改天经地义就是象朱之闻这样改。现在才看出，这其实是朱之闻有意识地选择的结果。换一个人来领导，就完全可能按陆定一、刘季平的路子去做，更明确地以提高教学质量为目标，而非"突出政治"。

记得65年10月，我们去陆郎劳动，朱之闻在一次师生全体会议上说："教改处于风雨飘摇之中。"大家听了很震撼。这是很不寻常的作法，直接把上层人物对附中教改的不同看法暴露在学生面前。后来在文革中，我们听朱之闻说了江苏省当时的若干领导人对附中教改的批评。

陈光："全日制中学是为高一级学校准备较高质量的学生来源，将来为国家培养高级建设人才，政治挂帅，要挂在教学上，你们要劳动，跑那么远干什么？"彭冲："'革命不怕苦，怕苦不革命'是苦行僧。"许家屯："本来没有苦，为什么要找苦吃？"

不难看出，当时的省委领导，思路上更接近陆定一、刘季平，认为学生就是要好好读书，明确地不赞成朱之闻如此强调下乡劳动的做法。朱之闻居然顶逆流而上，更说明他是非常自觉地在追随'突出政治'的路线。而刘顺元的支持，对朱之闻就变得格外重要。奇怪的是，尽管刘顺元被毛泽东视为"老右倾"，在教改问题上，好像正好倒过来，他变成了"左派"。

### 72.4."上山下乡当社员"

细看"教改大事记"，可以读出我们当时不能领会其区别的各种声音：毛泽东1964年春节讲话，他对北京铁路二中的材料的批示，他和毛远新、王海蓉的谈话，"学习解放军""突出政治"，是一种声音；陆定一、刘季平等是一种声音；此外还有刘少奇的声音："半工半读""上山下乡当社员"。毛一贯提倡"知识分子与工农群众相结合"，但他从来没有说"上山下乡"是唯一道路。1965年12月，毛在其"杭州讲话"中，反而是这样说："高中毕业后，就要做点实际工作，单下农村还不行，还要下工厂，下商店，下连队，这样搞他几年，然后再读几年书就行了。"

　　现在让人不能理解的是，为什么在附中教改中，"突出政治"后来只落实在"愿意上山下乡当社员"上？刘、朱花了很大力气向我们灌输"上山下乡"的观念，对此，他们实际上是怎么想的？记得是高二时，有一次听我们班的向家德说，他在会上听到传达，"省委领导"对知青下乡有如下评价："知识青年下乡，建设革命化的农村，等同于再搞一次'以农村包围城市'。如果城市变修了，他们就应该率领农民，浩浩荡荡地杀回城市来。"当时说的人、听的人都是眉飞色舞，非常兴奋。我对这段话的记忆一直很清楚，但我没有直接听传达，希望当时听到传达的同学能回忆一下（向家德不幸于1997年死于车祸）。

　　我相信这只能是刘顺元的话。

　　刘顺元应该是懂得现实政治的人，怎么会对"上山下乡"热衷到这种程度？怎么会说出让知青和农民联手搞"农村包围城市的"的"二次革命"这样的话来？文革前知青下乡，由各级"安置办公室"负责。"安置"二字，非常能说明实质。等我们1968年下乡时，身份再一次下降："接受再教育"——也可以说是"接受改造"。我们在农村八年，对"上山下乡"有了足够的理解。回城后我们去看过朱之闻。他拿出一封高一宋××给他的信，告诉我们，这封信上说，"直到现在，每当我碰到困难，就想起在附中下乡劳动时认识的贫下中农。……"朱对我们说："看看，这是多么大的精神动力！"这大约是1978年左右的事，朱一直到那时，仍然相信他自己提出的"贫下中农（革命形象）动力说"，这让我们觉得奇怪，也使我们感到和他思想上的距离。

## 72.5. 两个正面回忆

在附中突出政治的教改中，有很多极左的坏东西，曾伤害过很多同学。有些老三届同学，在离开附中以后，再也不愿意进附中的门。教改的这一部分内容，永远不应该在任何中学重演。

自然我们的教改经历也不会是一团漆黑。比起当今中学生那种令人不堪忍受的负担，有些同学渐渐倾向于肯定附中教改的一些作法。

对我们高中学习生活，我可以提供两个正面回忆。一是我们班的一节数学课。那时我们班很多同学都热衷于三角恒等式证明的难题，不仅要求解，大家还互相比，讲究简洁和最少步骤。有一次，几个同学（我记得其中有77级考到南师数学系的江明）上黑板各自写出了对一道难题的不同解法，看起来已经是五彩纷呈，授课的马明老师这时点了杨洪苍的名，问他还有没有其他解法。杨洪苍上黑板，写出一个比其他人步骤更多，好像是故意绕了一个弯的解。等他写完并回到座位，马明老师还在专注地盯着黑板细看，然后，他慢慢地点头，说出一句评语："这是一个通解。这个方法可以用来解一种类型的问题。"一句话，让我有醍醐灌顶之感，懂得最少步骤，并非最佳解的唯一标准，并一直记得这学生、老师，学识才华，相得而益彰的一幕。杨洪苍现在是中科院数学所研究员。他十月初曾去看望我们的班主任、数学老师葛家覃，据说葛老师一认出他，马上大喝一声："你高中三年从来不交作业！"可见对杨的"不守规矩"至今"耿耿于怀"。事实上杨洪苍不仅不做数学作业，上数学课据说也从来不听，而是用来自学大学数学课程。应该说当时的教改确实给了杨洪苍这样的学生很大自由，这对他们的成长也有益处。

另一记忆是关于语文老师袁金华。1965年10月，我们在江宁陆郎劳动时，学校印发了往届毕业生胡崇海的信，信中批评教改和朱、沙等领导。文革开始时，胡被当作"反动学生"，"揪"回学校批斗。记得当时胡低头站在一方凳上，四周是一大群愤怒的同学。我站在后面，正好听见袁金华老师像在上课一样娓娓而谈，告诉站在他周围的同学；胡崇海的信中，用了"每下愈况"一词。这个词，在孔子时候是"每下愈况"，后来渐渐被误用成"每况愈下"。胡倒是使用了一个正确说法。在那样的场合，袁金华老师竟然情不自禁，细细点评一封"反动信"的辞章，而且，对学生正确使用了一个古老词汇难掩嘉许，真是语文老师本色。凡在场者，大约都终身不忘"每下愈况"。

回忆这两件事，让我想到其实对附中的教改，当时很多老师们应该比我们看得清楚，因为他们的知识、经验、识别学生的眼力，都非我们可比。毛泽东把他们统统打成"统治我们学校"的"资产阶级知识分子"，在这样的大环境下，即使刘顺元、朱之闻和沙尧更多地注意了课程、教材、教法的改革，亦难有成效。如"教改大事记"所记，马明这样的老师，在教改中竟然是被批判的。（全文完）


以下是网友议论：

1. 于含英：收到钱南秀来信，"每下愈况"最早见于"庄子·知北游"。特此说明，并致谢。

2. 戴相陵：本文于含英写得确实很好。分析已达到一定的高度。正如我对她和张人则半开玩笑时说的：你俩是本网"杰出的理论家"。

另外，在教改时，汪遐义老师曾在班上说：某领导言，如果三大差别不消灭，总有一天，农民会举着锄头，浩浩荡荡地杀进城市来。不知"浩浩荡荡地杀进/回城市来"是两个出处，还是有误传？

3. 许祖云：105周年校庆那天张人则主动与我晤面握手，没有见到于含英。文革中我与袁金华老师到泗洪界集知青农场看望附中同学，曾见到于含英等一大批正在埋头苦读的有志知青。附中教改是个值得深究的课题。简言之，大方向错了，小动作或许有可美之处。

## 73. 纵晨光、曾小渤、戴相陵有话说

戴相陵（66届初三丙）

今年（2007）国庆前后，我从美国回南京，于是与二位学长有了接触的机会。纵晨光（纵二）家是她太太夏松秀（小夏）接的电话。我们上次聚会是2000年的事了，于是寒暄过后，马上就约好我们两对夫妇在星期天见面。说是他俩开车来接我们，在南京到处兜兜。接着他们说，要到我家见我母亲后，然后再接我和太太出去。我知其意，就说，八十老母已眼花耳聋，不便会客。你们文革中对我母亲的那件事，我已经郑重地把你们的歉意正式转达了，母亲也早就接受和原谅你们了。可是在电话中，纵二执意要登门"看看戴老师"，我再三推谢，最后实在拗不过，只好答应了他们。

那天早上，纵二夫妇给我母亲带来了鲜花和水果，还有纵二父亲写的自传。见到他们，不知怎么搞的，我的第一感觉竟是伤感。时光把纵二和我的头发已经剥夺得差不多了；当年附中高一的小夏也成了老夏；只是我太太小郭据说还是像从前那样。我和小郭一直在和小夏谈着淮安的往事，而纵二却一直陪着我母亲小心地说着好话。他郑重其事地对我母亲道了歉。母亲说，不需要道歉了，你那次没有造成直接的伤害。纵二说，那也一定要道歉。可以看出，向我母亲当面道歉，是纵二的一个心愿。这次他圆了这一心愿，我也为他的解脱感到欣慰。

谈话间，母亲又说出两条典故，使我们感慨不已。其一，母亲曾经做过纵二姐姐的班主任。其二，母亲最近在路上偶尔遇见高一甲班的李维民。李马上为文革中的事向她道歉。母亲不解其意，说你文革

时一直对我很好，有什么可道歉的？李答曰：我曾经在背后整过你的材料。

纵二和小夏向母亲告辞出来，我们就登上了他们的汽车。纵二开车带我们在街上随便转，最后去了夫子庙，在一家酒楼坐定。他们夫妇一定要请我们品尝这家所有的小吃。聚会期间，纵二一直闭口不谈文革和老三届网站上的事。只有我直接提及时，他才有所回答。网站他以前也常去转转，最近忙，不大去了。"戴相陵是条汉子，有话就说，有屁就放"，这条评论，就是他匿名留下的。

纵二自己根本记不得整我母亲的事了。我想一是他记性差了，二是这样的事，他文革中可能做多了，当然也就记不得了。但是他的态度是明朗的。只要说他做过的，他都认错、忏悔、道歉。最后，他不愿意、甚至反对"搞清算"，原因是"人生苦短，应该享受生活"。他说，文革对他是场噩梦，不堪回首。在文革中他最对不起的人是李夜光。至于为什么，我没好意思开口问他。我也表明了我的态度。这就是要把文革史实弄清楚。至于忏悔和反思，那是针对自己的。对别人的，认错了就认同，不愿意的，我们不强求。纵二听完后说，到了这把年龄，每个人都应该干自己想干的事。我猜他的意思是，他研究他的汽车、我写我的自传，有人如果想整理附中文革中的史实，也随他们的便。

曾小渤的家不在南京，于是我拨通了他在广州的电话。由于我俩从未面对面的交流过，我就先自报山门。我说：你曾经说愿意和我握手的，现在我来与你握手、与你交流了。于是我把话题很快转入我的那篇文章"罪孽、忏悔与反思"中的史实。曾小渤再次申明，他文革初期打柯绮霞老师的皮带不是铜头皮带，而是帆布皮带；打人地点，不是在学校门口，而是在带领老师上街游行的时候。

我对他解释：我的那篇文章是在附中老三届网站开张前写的。整篇文章具有戏曲性和个人感情色彩。由于文章的主要目的是感慨，所以在史实细节方面没有经过核实，发生了偏差。这是我的过错，对此我表示歉意。我与曾小渤谈了大约一个小时。

在我后来对柯老师的拜访中，证实了曾小渤以上两条细节对我文章的更正。柯老师还对我做了进一步的更正。曾小渤不是登门道歉的，而是写了一封长长的道歉信。抬头是写给沙尧等师长的，其中包括柯老师。柯老师代表众师长给曾写了回信。她也给我看了当年回信长长的草稿。柯老师还向我讲述了是曾小渤把她送进劳改队的，后来是李天燕"解放"了她。

也是在文革初期红卫兵肆虐日子中的那几天，柯老师在教室大楼前与李天燕、曾小渤不期而遇。柯老师可以感觉到李天燕有意要放她一马。可是曾小渤却不让，翻脸对她喝道：你他妈给我进劳改队去！就是这一句话，柯老师就不得不乖乖地进了劳改队。她在"牛鬼蛇神"的劳改队里劳动了几天后，有一天红卫兵带他们一起上街去游斗校长沙尧。游斗期间，李天燕示意要她赶快上台揭发几句。于是柯老师就上去讲了几句。然后李天燕就马上"解放"了她，把柯老师放出了劳改队。

关于当年总务处杨长庚老师被装在麻袋里遭毒打、呛水一事，我这次偶有机会询问过附中当年的教工。他们是：我母亲、柯绮霞、秦昕和钱启珍。他们的反应和追忆基本上是一致的。他们都是听说有这么回事，但都不是目击者。他们对木疙瘩的工友杨友林为主打一说，都表示了怀疑。他们都认为打人是学生所为。据他们分析，杨友林即使在场，充其量也不过是个敲边鼓的，或者是个唆哄者。所以这件事，迄今仍然没有直接的人证。

这次在南京期间，我还会晤了附中老三届网管王虹、朱琼瑶和黄健。我把我以上所有的活动和采访都一一向他们做了如实地通报。国庆前后，我也有幸分别见到了其他附中校友。他们是：张人则、于含英、曾海燕、mcd、吴小白和孙重明等。

以下是网友议论：

1. PP：纵二的道歉确实是发自肺腑的，这一点应该没有疑义。问题是纵二常常扮演着当事人的角色。作为当事人的纵二，除了研究他的汽车外，也应该将自己经历的史实说出来，以便让想整理附中文革史的工作能够更顺畅些。如果说文革初抄家的事情已经记不清楚了，那么文革中期抄李夜光家的事情多少应该记得吧？就算初期中期的记忆都很模糊，那么后期"绑架"李夜光的事情应该是记忆犹新吧！说出自己干的史实，同向当事人道歉并不是对立的行为。说出自己参与的史实，也不会影响对汽车的研究。

纵二怎么能用人生苦短，研究汽车等借口作为不说出史实的理由呢。对"话语权"十分看重的纵二，更应该向戴相陵那样，有"话"就说。

2. YY：在美生活多年，已非常不习惯听这种用"应该"向人或多或少地施加压力的说话口气。言者不是法官（没有这种权力），被言者不是罪犯（没有这种责任）。有一种可能，后者会认为说出是他的义务而说，那咱们听者要感谢他的礼貌才对。要建立一个文明的环境，仅仅靠不许漫骂是远远不够的。人的自由，权利，人与人之间的相互尊重，应该出现在任何一个地方；相互理解，相互信任，也才可能发生在任何一个角落。话说回来，不具备这种现代文明，也不可能看到一个被尽可能客观地回忆出的，被较公正地评价的历史。

## 74. 文革中高一甲班的大字报

吴小白（68届高一甲）

这里陆续发表高一甲班红卫兵对非红五类子弟的部分大字报，写得很有"力度"，很有"气势"，不过是向班上最弱势的同学发出的。高一甲班当时并不是学校中闹得最厉害的班级，但看到这些大字报，触目惊心地感受当年的同时，还在问自己，当时的人们到底怎么了？！

到目前为止，我没有看到和听到有关当事者的道歉说明，只听到某某同学说他（她）没有参与或很快当了逍遥派的托词。我不想对别人要求什么，感悟只能源于思想。我只想对班上化名"东海"的两同学张建东、曾海玲表示深深的敬意，是她们在附中造反军中第一个贴出大字报，对附中红卫兵将矛头指向学生提出自责，并要求造反军头头迅速转变立场。她们敢于发表不同意见，敢于指责造反军的错误，背负着"叛徒"的骂名，在"血统论"还十分盛行的当时，这种胆识，这种勇气非比寻常，并在造反军中产生极大的震动。造反军有人立即写了一张化名"太平洋"（意喻比东海大，知情人告诉我此人就是高三甲班曾小渤写的）的大字报，重申了造反军大方向是正确的，是毛主席的红小兵，才稍稍地稳住了阵脚。

下面就是第一张贴在教室黑板上的大字报：

### 74.1. 必须揭开我班阶级斗争的盖子！

毛主席说，阶级斗争是客观存在，不依人的意志为转移的，就是说，不可避免的。人的意志想要避免也不可能，只有因势利导，夺取胜利。这一场史无前例的文化大革命是一场触及人们灵魂的大革命，是真革命，假革命和反革命的试金石。你是真革命的，你就必然积极投入到这场文化大革命的激流中去，带头造一切资产阶级的反，造一切帝国主义的反，从中得到教育，得到锻炼，得到改造，得到提高。你是假革命的，你就必然对这场无产阶级文化大革命采取抵制躲避的态度或者采取投机革命的态度。

从文化大革命以来，我们班一直冷冷清清，阶级斗争的盖子始终没有揭开。在你们这些崽子们中间，有的始终保持沉默，自己的观点从来不发表；有的却想在这场文化大革命中捞半根稻草，妄想投机革命，告诉你们这些姓资的，你们这是在妄想，办不到！随着文化大革命的更深入发展，这种现象再也不会长期存在下去。

毛主席说："资产阶级，小资产阶级他们的思想意识是一定要反映出来的一定要在政治问题和思想问题上，用各种方法顽强地表现他们自己，要他们不反映，不表现是不可能的。"毛主席的这段话，一针见血地指出你们发展的必然趋向。告诉你们，中间道路是没有的，你们要革命的，就必须要改造自己，首先要造娘老子的反，造你们灵魂深处一切资产阶级思想的反，否则，将被这场革命的急流所卷走，要革命的就得跟着咱们工农，干部子弟，朝着毛主席所指引的方向前进，不要革命的就滚开！

我们要警告那些在这场大革命中想捞根稻草的崽子们，如果你们不老老实实的，踏踏实实的改造自己，那你们将会爬得高，跌得重，终究会被革命群众所抛弃。告诉你们，咱们工农干部子弟的眼睛是雪亮的，咱们有毛泽东思想这面照妖镜，你们的花招，你们的伎俩都逃不过我们的眼睛！

以上种种情况严重地阻碍了我班文化大革命的深入发展，这种现象再也不能继续下去了，我们希望一切真正愿意革命的同学和我们一起点燃阶级斗争的导火索，让各种思想全都爆发出来，把我班搅得个天翻地覆，经过复杂的艰巨的斗争，求得团结，把我班的无产阶级文化大革命更加深入，广泛地开展下去！敢于造反划清界限，投身革命。

红旗战斗小组 1966.8.26

### 74.2.《你们要先造娘老子的反!》

现在,红卫兵奋起造反,造资产阶级的反,造帝国主义的反,造修正主义的反,造一切旧思想,旧文化,旧风俗,旧习惯的反。可是,一些资产阶级的孝子贤孙们也想乘机造反,想投机革命,想从中捣乱,破坏社会主义制度,想捞半根稻草。我们要正告这些崽子们,过去,你们的混蛋娘老子压迫有理,剥削有理。我们最最敬爱的领袖毛主席把这个混蛋理论扭转过来了,现在工农干部子弟造反有理。现在你们要造反吗?必须回家先造娘老子的反。不准你们乱搞!目前,阶级斗争十分复杂,有些崽子们想从中破坏,将水搅浑,发泄对党不满。你们要造反吗?你们娘老子的肮脏东西最多,旧文化最多,旧风俗最多,旧习惯最多,你们要把你们娘老子的肮脏东西统统抛出来,狠狠地反,完全彻底和家庭划清界限,这才是你们要革命,要造反的第一步。你们从小就生活在这样的家庭,因此,你们的肮脏也是大大的,你们首先不造娘老子的反,你们还能革命吗?自来黑,自来黄,自来白们,你们应拿着面糊,带着大字报,扛着标语牌,回家去造反,造娘老子们的反,把一切破货,陈货,烂货,臭货统统砸烂!

红旗战斗小组 1966.8.26

### 74.3.团结

目前,班上有人大叫要我们团结他们。我们倒要问问这些姓资的,到底怎样才叫团结呢?毛主席说:"在一九四二年我们曾经把解决人民内部矛盾的这种民主的方法具体化为一个公式,叫作'团结—批评—团结',讲详细一点,就是从团结的愿望出发,经过批评或者斗争,使矛盾得到解决,从而在新的基础上达到新的团结。"这就是说,团结是实在的东西,并不是玄,团结要有基础,这个基础就是批评和斗争。无原则的团结是绝对不行的，是对革命有害无益的。我们要团结，我们要团结的是一切真正愿意革命的同学，这真正愿意革命，我们班目前姓资的中间太少了，而真正愿意革命的开始，就是首先与家庭划清界限，造家庭的反，造娘老子的反。你不造反，还自称愿意革命，岂非咄咄怪事！

现在，我班姓资的，口头革命派很多，讲要造娘老子的反，就是不造，就是说，也流于形式，根本没有和家庭划清界限，这怎么行呢？我们现在对你们的冲击，对你们的"红色恐怖"就是为了团结，使你们认识到自己的家庭是什么样的家庭，自己被打的是什么样的烙印！姓资的小子们，你们看看刘应驷，胡崇海等人，就是因为他们平时在学校太一帆风顺了，因此，对自己的家庭，对自己打的烙印没有认识，以至在革命的紧要关头，成为可耻的逃兵，可耻的反革命。最近，我们对你们的冲击不小，有些人感到有压力，很痛苦。我们认为这并不是坏事，而是好事。关键的关键是正确对待，这个压力将狠狠地冲击你们的灵魂，把你们由黑烙印，黄烙印，白烙印所带的一切肮脏思想全都暴露出来。革命就是不能怕痛，怕痛就不能革命一万年太久，只争朝夕，要乘无产阶级文化大革命的东风，狠狠改造自己，争取投降到无产阶级的队伍中来！我们的观点很鲜明，真正革命的我们就团结，不革命或假革命就滚到一边去！

红旗战斗小组 1966.8.26

以下是网友议论：

**戴相陵**：这群人中，有很多就是这些大字报的受害者，即当年的弱势群体。这种在心灵上遭受的震撼之大，是一辈子忘不了的。在以后的岁月里，他们在二十岁时，能在噩梦中见到它后惊醒；三十岁时也这样；四十、五十，甚至到了六十，还会在噩梦中见到它。自揭伤疤，到了这把年龄也不怕别人笑话，我也是做过类似噩梦的人之一。

# 75. "血统论"大字报《快滚》

吴小白（68届高一甲）

说起当年的"血统论"，有些当年的红卫兵觉得委屈，那就请看当年班上红卫兵重量级的文章，简直不可思议，当年却是有言论，也有行动。从崽子到姓资的混蛋，也是骂得尽兴。

## 《快滚》

在两个敌对阶级激烈搏斗的时候，要么做革命派，要么就是反革命派，骑墙是不行的！也就是说，不革命，就是反革命！不要以为不革命就可以滚到一边去享清福！因此，我们向你们这些姓资的混蛋发出最后通牒，命令你们立即滚回家去，造你他妈狗娘老子的反！不准你们进入劳动人民造的教室，不准你们留在红大附中！不准你们整日吃饱饭胡思乱想！不准你们东窜西流，勒令你们快滚回去，把家里什么黄色小说，黄色图片，黄色唱片，黄色塑像，黄色相片，祖宗狗牌位，尖头皮鞋，奇装异服和金银财宝统统翻出来，不准破坏，不准销毁，下星期一统统交到《红旗战斗小组》来，违令者，当心刺刀见红！老子英雄儿好汉；老子反动儿混蛋

要是革命的你就站过来，不革命的，滚他妈的蛋！

（每人都必须发表己见）

同意者签名不同意者加批

（红匡）　　　（黑匡）

1966.8.25

以下是网友议论；：

某某：8.18之后，怎么会是这样？以出身为条件的红卫兵组织在南师附中怎么会延续到1968年？最后竟然会成为两派中的一派？看看南京地区的各单位的两派，有像南师附中这样的所谓两派吗？

## 76. 金玉鸾老师

于含英（66届高三丙）

在网上看到南京正在纪念南京大屠杀 70 周年。本文是去年写的，希望能发在老三届网上，以纪念南京大屠杀亲历者，我们高中的语文老师金玉鸾。

我不能确切记得这是哪一年，可能是 1974 年冬，或早一点，我们还在泗洪县界集公社插队。我去清江市，遇姜澄宇，他说葛老师碰巧也在清江，约我和仇芳仪一起去看老师。葛老师当时应该是下放在洪泽县，临时被地区抽上来，好像是搞普及优选法，或者类似的什么工作，总之是需要懂数学的人。到了地方，进去看见那像是很大一个教室，空空荡荡，没有多少人。地上铺着草垫，草垫上薄薄的一铺一盖，大体是县、地区三级干部会的住宿规格。在房间一隅的地铺上，葛老师用被子裹着腿，一个人枯坐在那里。那种景象，一直留在我记忆里。我们当时年轻，火力旺盛，可是对葛老师来说，那样的冬天一定是太寒冷了。

记得是从葛老师那里回来的路上，姜澄宇告诉我们，金玉鸾老师已经去世。她也被下放到洪泽，离葛老师不远。就在前不久，一天早上在村里的井台上洗衣服时，突然就一头栽倒在地。

最近若干年来，我越来越多地回想起金老师。记得金老师是我们高一时才来附中，而且在附中只教了我们这个年级。我只知道金老师以前是工农速中的老师，曾在北师大进修。她一定是声誉卓著的语文老师，所以才能在我们知道的几位语文老师调离附中的时候调进附中。高一时师生关系还比较松弛正常，那年冬天的一个下雪天，我们班几个同学去金老师家玩儿，她那时住在鼓楼坡下，北京东路上的哲学社会科学学部院子里。聊天时金老师提起抗日战争时日本鬼子打到南京，她十多岁，正住在南京。因为家里是基督徒，得以躲进教堂。她说那时大家只能在教堂里席地而坐，日本兵不断企图闯入，九死一生地活了下来。金老师是我所知道的第一个，也是唯一一个亲历南京大屠杀的人。她所说的这番经历，给我极深印象。我原以为柯惟中既是语文课代表，那天一定在场，但他说没有印象。那天还有谁呢？不记得了。无论如何，虽然过去我们历史课上讲过南京屠杀的情况，却绝不会提到教堂之类。这样的历史细节，不听金老师讲起，我怎么也不能凭空想象出来。

1997年，美国华裔女作家张纯如出书：被遗忘的大屠杀，1937南京浩劫。人们都说书在华人社会引起震动。1998年春，张纯如到新泽西作新书宣传，我们去参加，会场果然爆满。按惯例，张纯如只讲了二十分钟的样子，主要时间用于答听众问。张纯如的书写得充满激愤，在会场上却显得很审慎。那天一再有人发问：日本人为什么会如此凶残，是不是日本的文化出了问题。对此张显然是一再回避正面回答。人则说，他想问张纯如：她在南京的调查，有没有得到南京地方政府的支持帮助；我说，我想问她：调查过程中，有没有碰到过和金老师有相同经历的人。后来因为要求提问的人太多，排了长长一队，我们没有得到机会。

虽然按照籍贯，我们不算南京人，但是不生于斯而长于斯，南京是真正的故乡。对1937年的大屠杀，现在因为每每想到金老师，而格外有一种切身之感。从张纯如的书上，不能看出金老师当年是在哪里避难，因为当时在南京建立"安全区"，从而保护了二十至三十万居民的二十几名欧美人士中，相当一部分是教会人士；"安全区"内的金陵大学和金陵女大，从广义上说，也是教会领地。从1937年12月12日南京沦陷开始，大屠杀持续到1938年春，最惨烈的是最初的6至8周。由此推断，金老师的人间炼狱经历，很可能延续了数月。对张纯如这样的研究者，对无数深切关心这段历史的人，金老师本来可以是无比宝贵的见证人。

回忆高中时代，和金老师最接近的日子，是有一次去十月人民公社的一个叫松山圩的生产队，和金老师床挨床住了十余天。那样的生活，对金老师来说，一定是她前半生从未有过的体验，一定很不容易。我们当时太不知道应该关心照顾老师，从来没想到问问老师家里有没有年幼的孩子，老师自己有没有心血管方面的问题，我现在甚至不能判断老师的年龄。希望我们作为学生，能有机会在一起纪念她，纪念一个南京大屠杀的幸存者，纪念一个为我们传道授业解惑数年，温文可亲的老师。

赵晓丽补充：（高一冬天去金老师家的）那天我肯定在场。好像还有顾浩，王瑾。我记得金老师说1938年初她16岁，所以我们高一时她应该是40出头。金老师说她们逃难时女孩子们都用焦土把脸抹黑，后来终于能回家了，家里的坛坛罐罐里都是粪便…金老师在学习上给我很多帮助和鼓励，文革中听到她去世的消息我很受震动。在我记忆中她永远是和蔼和尽职的老师。

# 77. 也谈教改

## ——读《朱之闻、刘顺元与附中教改》有感

李得宁（66届高三丁）

谢谢于含英寄来近作《朱之闻、刘顺元与附中教改》（以下简称"于文"），附中教改虽然只进行了一年半，却占了我们高中生活的一半。附中教改的做法和方向，更像是文革的热身和准备，如于文所述的批斗胡崇海，则直接与附中教改相关联。四十多年过去，真是不堪回首。

### 77.1.附中教改是什么时候开始的。

49年后有过各种教改，如大事记中的六三年"教改会议"。高一时，沙尧曾在建国院大课教室宣布，毕业时给连续三年优秀生发金质奖章。当时也称教育改革，但这显然不是我们通常所说的附中教改。从教改大事记可见，我们所说的附中教改，始于64年底65年初，即64年11月教改工作队进校及65年1月附中入选教育部大改试点之间。大致是教改大事记上的"第二时期"（65.2-65.11）和"第三时期"（65.12-66.5）。教改进行一年半，直至文革。作为教改试点的丁班，比其他班早一些，约64年下半年就开始了。

## 77.2.附中教改的特点。

回顾附中教改离不开当时的大环境,既要与教改前比较,还要与其他教改学校如上海育才相比。同样的大环境中,附中的教改有什么与众不同的地方,只有这样,才能认清附中教改的特色。

教改前后究竟有什么变化?初三以上在附中待过至少三年的同学,对此会有切身体会。教改大事记提供了不少线索,如:

65年3月,高二四个班(应为两个班)下乡两个月。这种中学生长时间下乡劳动,是个大手笔,不仅在南京独一无二,可能全国其他的同类学校(如上海育才和北京景山)也没有。这一点是朱之闻在附中的独创。

5月下旬,"吴天石在会上说:下面产生教师不好好教书,学生不好好学现象,值得注意。"

65年12月7日,"教育部司长温克敏等来校调查一个月,温肯定我校学毛选、劳动,唯一担心学习质量"。

对于上海育才的教改,教改大事记也有提及:

65年12月7日,"我校部分教师去上海育才参观","十分欣赏育才的'高质量'"。对于这件事,我还有印象。当时我班的胡百良和袁金华老师似乎也去了,回来后对学生的简单传达很有分寸,我记得大致是:育才的教改是单纯强调提高教学质量,与附中不同。附中的态度是:育才搞育才的,我们不批评;我们附中走自己的路。此事一定还有别人记得,也可再向胡袁两老师核实。

同为大改试点的上海育才,做法显然与附中大不相同,这说明附中教改"学毛选、下乡劳动"的特色,并不能用当时的"大环境"解释。尽管大事记的立场是批判朱沙,但也仍然承认这一点,可见这一特点的显著。综观大事记全文,可以给附中教改的特色一个评价:学毛选,下乡劳动,突出政治,但教学质量下降。

### 77.3. 朱之闻在教改中的作用。

当年附中教改的独特做法，当然不是沙尧自行其是，朱之闻在附中蹲点，应负有主要责任。作为批判朱沙的教改大事记，涉及了当时教育部和省委主要领导对附中教改的不同意见。对于朱之闻在附中教改中的特出主导作用，于文"教育改革的两种不同理念"及"上山下乡当社员"整整两节，提供了更多的证据和支持。（所引文革中朱之闻说省委领导陈，彭，许等人的批评，最好给个出处。）

于文对附中教改有如下评论："是朱之闻有意识地选择的结果，换一个人来领导，就完全可能按陆定一、刘季平的路子去做，更明确地以提高教学质量为目标，而非'突出政治'"。"当时的省委领导，思路上更接近陆定一、刘季平，认为学生就是要好好读书，明确地不赞成朱之闻如此强调下乡劳动的做法。朱之闻居然顶逆流而上，更说明他是非常自觉地在追随'突出政治'的路线。"

于文的这一判断准确，中肯。于文令人信服地说明，在有其他道路的情况下，是朱之闻的有意识选择，决定了附中教改"突出政治"，"学毛选、劳动"，强调"上山下乡当社员"的特色。令人惊讶的是，于文结尾又写道："在这样的大环境下，即使刘顺元、朱之闻和沙尧更多地注意了课程、教材、教法的改革，亦难有成效。"没有任何说明与解释，来了个180度的大转弯，一下子完全推翻了前述关于"朱之闻有意识选择"和"自觉追随"的论断，似乎刘朱已经"注意了"，只是没有"更多地"而已。附中的教改特色，忽然变成了"大环境下"不可避免的东西了，难以让人信服。

人们确实不能超越当时的大环境，但不是所有人的所有行为都可归结于此，不能由此否定个人的责任。环境是人造成的，对当时的大环境，有人积极推进，有人消极，有人暗中抵制。在朱之闻可控制的江苏中学教育界，正是他的行动，造成了突出政治而非提高教学质量的大环境。上海育才的教改，就是一个明摆着的反例，凭什么说附中也像育才一样做，就"难有成效"呢？

刘顺元在旅顺的事在网上见过，读了于文，才知道原来刘顺元还和附中教改有特殊关系。对于"刘顺元应该是懂得现实政治的人",还可补充一句,刘顺元应该也是参加过62年七千人大会的。朱之闻即使没参加,以其地位,也必知悉其内容。对于真实的毛,他们知道得比我们多得多。毛造就当时的大环境,离不开刘朱这些积极的追随者。以刘顺元支持朱之闻的特色教改来看,其"少见的品格、智慧、学养"一说,恐怕要打些折扣。

沙尧的情况倒有所不同,他应该没有参加过62年的七千人大会,对于真实的毛,他当时不一定了解得比青年教师和学生多到那儿去。又有顶头上司朱之闻蹲点压阵,他似乎没有什么自主的余地。

## 77.4.教改推动了"生动活泼"还是抑制了"生动活泼"?

且不谈政治和劳动,单就教学来看,有些同学似乎觉得,附中的教改推动了"生动活泼"。似乎教改前的附中就是"死读书",教改后学生们才"生动活泼"起来。这真是个极大的误会。今天,当我回忆起当年在附中的学生生活时,脑海里出现的那些生动的场面,居然差不多全是在教改以前的事。高一上时热烈的班委会提名及选举;龙祥生以笔名"钻天杨"写的散文;钱南秀信手几笔画的人物让黑板报顿时生辉;体委黎明如何策划优化组织人力,以"田忌赛马"的策略在校运动会上夺取总分第一;排演话剧"放下你的鞭子",同王亮扮演两法官时涂的满脸油彩;武步宇在朗诵会上得奖;在航海俱乐部学习手旗通讯;班级篮球队的比赛,等等。

至于教学,高一时胡百良老师的物理课,给我留下深刻的印象。胡老师教书,也讲学习方法,强调学习是"由薄到厚,由厚到薄"。课堂提问也别具特色,他不满足于学生的回答正确,还要用种种似是而非的说法对学生挑战,以使学生彻底理解。按胡老师的说法,即要"从清楚到糊涂,到再清楚",才是真清楚。此外,还有华罗庚在五四草坪作报告,甲班的龚庆明64年在校数学竞赛得了第一名等。

教改前的附中,学生读书是不假,要说这就是"死读书",我看怎么都不像。与教改后相比,我看是更为生动活泼些。教改后,开卷考试了,百分制变成了"优上中下劣"(不知教师按什么标准,又有同学评议?请诸位补充更正)。除了毛选,书是读得少了,我想不出究竟怎样生动活泼。对于学习课本联系实际,与生产劳动相结合,我个人只有一个记忆。那年在马坝两个月劳动学习,我坐在木凳上,痴痴地盯着农民家养的小猪欢跑,苦苦思索所学的力学知识,琢磨了一个上午也不得所以,唯一的成绩是清楚记得四脚动物跑起来的姿势。

"教改前死读书"这一误会,原因之一可能是:64年2月13日毛在春节座谈会上说"不能死读书";同年与王海蓉谈话又有"爱护学生身体"一说。但此话不能当真,大权在握更要紧,不然三年困难时期何至于饿死那么多人。多年来听惯了"死读书"的说法,人们对此不再思考。

另一原因,大概是附中教改时也提"生动活泼"的口号。然而,说"生动活泼"是一回事,是否真如此,可能完全是另外一回事。形式上增加了自学及下乡下厂等新花样,但要看牺牲了什么。毕竟,无论教改与否,一天只有24小时。花样变了,学毛选和劳动成了新的重点。学生的活动,更加统一纳入革命化的框架内,只允许在此框架内"生动活泼",学生的自由更少了。

### 77.5. 教改"减轻负担"吗?

要说"减轻负担",先要问什么是"负担"。"负担"一词带有贬义,含有被动,不情愿的意思。说某事是"负担",其中已暗含结论。是不是"负担",只能问当事人,尤其不能由官员说了算。这种政府钦定的关怀,当年相当普遍,如合作化"把农民从个体劳动的束缚中解放出来"等,我们这些过来人想必耳熟能详。

学生到学校是学知识的,他人凭什么把求知的过程说成一定就是"负担",又奢谈什么"减轻"呢?如果不上学,那不就最没有负担了吗?每个人当年的感受各有不同,我只说自己的体会。回想起来，高中三年我学业上收获最大，学习最愉快的就是高一那年。作为从外校进附中的学生，能感到附中学习氛围的不同，与本校的同学相比，有明显的差距。高一上的英语课是三天两头小测验，我只能得60-70分，而本校的同学几乎都是90-100分。那时学习确实很紧张，有压力，然而并不觉得这是"负担"。这本是我自己争取来的机会，如果不想要"负担"，何必考到附中来？虽然学习紧张，但精神上很愉快。几乎每一天，每一周，都学到了新东西，都能感受到进步。

教改后，考试少了，读书不化力气，也就没有什么长进，但精神压力却越来越重，"要改造思想"，"要愿意上山下乡"。多年后与一些老同学谈起，如果早知道附中那么教改，真不如上一所其他学校。

### 77.6.教改和于含英的两个正面记忆

于文具体谈到教改时说："我们的教改经历也不会是一团漆黑。比起当今中学生那种令人不堪忍受的负担，有些同学渐渐倾向于肯定附中教改的一些做法。"并接着对高中生活提供了两个"正面记忆"。于文所说的两件事，我虽未目睹，但都有所闻。这两件事对我们认识教改，颇有代表性，仔细来看一下，还是蛮有意思的。

遗憾的是，于文在此有些语焉不详。既然要"肯定附中教改的一些做法"，总该作些说明，然而只有一句"当时的教改确实给了杨洪苍这样的学生很大自由"。作者似乎应该明确，在两个正面记忆中，究竟是什么正面的东西与教改相关（或无关？），又如何肯定了附中教改的那些做法。

### 77.7.杨洪苍与马明的数学课

先看关于杨洪苍学数学的"正面回忆"。于文说："应该说当时的教改确实给了杨洪苍这样的学生很大自由，这对他们的成长也有益处。"这一论断值得商榷。按于文所述，葛家覃说杨洪苍"三年不交作业"，故杨洪苍自学数学的自由应从高一就有，并非得益于教改。至多只能说教改尚未把杨洪苍的这种自由剥夺而已，似不宜把它算在教改的功劳簿上。

当年自学高等数学的，除杨洪苍外，尚有丙班柯维中，姜澄宇，丁班宋杰等人。他们后来多未选择数学专业，这一现象颇能说明问题。教改后课堂教学松弛，人文学科几无可学，而不涉及政治又便于自学的数学，便受到学生青睐。如果只是减少课堂教学就是给予自由，成了教改值得肯定之处，那插队岂不是给了我们更大的自由，更值得肯定了？

于文生动描述了在马明的数学课上，学生们证明三角恒等式的经过。66 届高三共四个班，甲丙班的数学老师是葛家覃，乙丁班是陈新昌，三年未变。于含英所说的这节课，显然是马明临时代葛家覃上的一节课。马明是知名的优秀教师，他的这一节课给人留下深刻印象，应在情理之中。然而，若将此事与"肯定附中教改的一些做法"联系在一起，就有点张冠李戴了。

高中的数学我还有印象：高一，高二分别用的十年制高中数学第一、第二册，高三是平面解析几何。还有一本立体几何，似乎也在高一学的。高中数学第一册书，开始是函数概念，其后主要篇幅是三角。第二册的内容依次是不等式，指数对数，排列组合，高次方程，二项式定理等。所以，我们当年学习三角应该在高一下学期，也即 64 年上半年。当时乙丙两班曾有高中两年考大学之议，故丙班三角课的进度只可能更快一些，而决不会迟于 64 年暑假。

因此，于文所说的这一节数学课，显然是在附中教改之前，而不在教改后。这一节课是教改前课堂教学的典型范例，否定了所谓教改前的"死读书"一说。这种生动活泼，恰恰是教改后日益减少的东西。作者试图肯定附中教改时，无意中举出了这一反例，颇说明问题，即使从教学上看，附中教改也乏善可陈。

## 77.8. 袁金华，胡崇海及"每下愈况"

对于批斗胡崇海，于文有传神的描写："记得当时胡低头站在一方凳上，四周是一大群愤怒的同学。"当然，在这个镜头里，这四周围着的"一大群愤怒的同学"，正是当年受过教改熏陶的"我们"。

胡崇海没考上大学，不愿下乡而留城待业，他65年给朱之闻写信，附中将其作为反面教材印发给我们学生，这是我初次听说他的名字。文革之初，不知是些什么人，把已同附中没有关系的胡崇海揪到学校批斗，是即于文所描述的场景。今天，我对胡崇海只有敬佩。在我等只知服从领导改造思想的当年，在大多数人只敢逆来顺受的时代，年轻的胡崇海已能站出来，面对权势化身的教育厅长朱之闻，批评教改，维护自己的基本权利，真是了不起。当时大家对朱之闻总是尊称"朱厅长"，但胡崇海的信则直呼"朱之闻"，对此我记忆犹新。

从人性的角度来看，为维护自己基本权利的胡崇海被"革命化"的学生们批斗，是文革中摧残人性的典型一幕，我们今天只有沉痛和愤怒。从学生的学业来看，胡崇海比我们受教改的影响少，他所正确使用的"每下愈况"，在场的"我们"多数不知道，令人扼腕。

高一时我班的语文老师是鲍善本，我那时对中文无特殊兴趣，然而很喜欢鲍善本老师上的许多课。

鲍善本讲述欧阳修的"醉翁亭记"时，曾忘情地当堂吟唱，想必还有人记得。当时不仅全文背诵，我还因此到滁县去看了一次。即使是那些颇为深奥枯燥的课文，如诗经的"伐檀"，"硕鼠"，屈原的"国殇"，直至今天，也还能背得几句。现有的一点点古文知识，竟有那么多来自那短短的一年！

袁金华从高二起担任我班语文教师，直到文革。作为一个中学生来看，无论是中文造诣、表达能力，还是教学经验和技巧，袁金华不比鲍善本差。问题在于，高二开始教改，教科书中原本不多的古文又删去许多，毛选等日益成为重点。这怨不得袁金华，即使鲍善本继续留任，他也不可能再教出那么精彩的课了。

我班的英语老师张守己和物理老师胡百良也是一样。幸亏从高一就开始了解他们，如果两位也是高二才到我班，以他们后来的拘谨，谁能想象他们曾是那么才华横溢，要求严格？如于文所说，马明也在教改中被批判。正是当年的教改，使附中这些优秀的教师们光彩黯然。

作为语文老师的袁金华，本应在课堂上堂堂正正地讲授"每下愈况"及其典故，然而此时，却只能在批斗胡崇海的场合下，"情不自禁"地做一个脚注。于文让我们重温这一场景，给人以深刻的印象。

无论是从人性的摧残，从青年学业荒废，还是从袁金华个人境遇来看，都令人悲哀。

## 77.9. 是由于"有了教改"，还是尽管"有了教改"

对于自己的青春岁月，每个人都会有许多"正面回忆"。即便是在以后艰苦的插队生涯，我们心中也还保存着温馨的片段时光。问题在于，于文如果把这些回忆同"肯定教改的一些做法"联系在一起，这就值得商榷了。

于文所说的两件事中，有没有正面的东西呢？确实有：杨洪苍等对知识的追求，葛家罿的理解和支持，胡崇海挺身维护自己的权利，袁金华对专业的热爱和执着，这些都是人性中光明美好的一面。这两件事，只是在这一点上，才有正面意义，切不可误会成"肯定教改的一些做法"。这种美好而正面的东西，是在附中教改过程中受到压抑和摧残，而不是因为教改新生成长出来的。所以，我赞同于文所说的"我们的教改经历也不会是一团漆黑"，但是不赞成其中的逻辑。我们的经历之所以不是一团漆黑，不是"由于"（because of）教改，而是"尽管"教改。人性中的光明、美好和坚韧，即使在教改"每下愈况"的条件下，依然顽强地表现，不曾泯灭。

## 77.10.附中教改与"当今中学生"

至于附中教改与"当今的中学生"相比,两者时间上的跨度之大,大环境面目全非,脱离大环境的比较就很难有意义。这是个大题目,一言难尽,只能略评几句。

生动活泼的本意,在于自由意志。附中教改特定形式的"生动活泼",犹如中国特色的民主,当然不是真正的"生动活泼"。每个时代的学生,面临各自的条件制约和挑战。今天的中学生,竞相挤入"负担过重"的重点学校和奥数班等,是他们自主对各种利弊作出的权衡。纵然有许多可改进的余地,他们还是比我们那时幸运得多,有较多的自由意志和发展道路,这是我们当年在全方位极权控制下所不能及的,应该说是个进步。我倒是真希望当年在附中,也能有今天中学生的发展可能,即使"负担"重也是情愿的。(全文完)

补充:马明老师

据于含英记忆,马明老师当时代课的教室在二楼,如果是这样,这节课的时间确如于含英所说,应该在高二,而不是我所说的高一下。我的判断是基于我对高中数学教科书的印象,可惜现在没有书了。既然于含英对那节三角课印象深刻,又确认是高二,这说明我们高二的数学课应该有三角的内容。读了于含英的说明,再仔细想想,的确可能如此。

高二的数学书内容比较杂,次序是不等式,指数对数,排列组合,高次方程,二项式定理。当时学对数的一个重要内容是用对数来近似计算,当年我们人手一册的"四位数学用表"即为此用。而在对数近似计算中,包括用对数解三角形,"四位数学用表"中也有三角对数的专页。这些东西对当今的中学生说起来,真好像是天方夜谭了。那本数学教科书上,似有"解三角形"一章,其中包含正弦,余弦定理等。由此看来,于含英在二楼上课的记忆是准确的。从三角对数一章的大致位置,可以判断马明那节课的时间大致在高二上末下初,64-65年冬天前后,也即附中教改将动未动,或初动之际。

对于马明老师的这节数学课，与其说与教改有什么关系，倒不如说是作为数学教师马明的个人学养和教学风格。马明也在我们丁班代过课，具体时间和内容记不得了，但仍记得他上课时令人耳目一新的感觉。于含英对马明的数学课记忆犹新，应在情理之中。

马明老师是个人物，可惜我接触不多。当年有一套以中学生为对象的数学丛书，作者多是大数学家，似乎马明也是作者之一。高一进校时马明好像还没有调来，像马明这样的老师，附中是用什么办法调来的？原单位怎么肯放的？文革中，马明一直没有怎么出头露面，是十分清醒吗？后来马明又到什么地方去了？在附中读了几年书，居然没怎么上过马明的课，真遗憾。（李得宁补充）

以下是网友议论：

1. 王虹：好像是由老师根据平时的印象来评定学生掌握知识的程度。同学评议似乎没有实施。不过，对优秀生倒是采取了全班评议的办法。记得高二学年，班里评出的优秀生只有一名女同学。将学科成绩不用分数来表示并不是附中独创，据说当时古巴的卡斯特罗也是这么干的。

2. PP：过去我们绕过了文革，今天我们要绕过教改。十一年前的口号就演变为"绕过文革，绕过教改，回到同学"。就高中时期而言，能够"回到同学"的时光实在是太短暂，太需要珍惜了。

3. 某某：当年能够考入南师附中这样的学校，很是高兴和自豪。高一时，学校的大环境和班级好学向上的氛围还让人振奋，心情也舒畅。可是高二以后，随着教改、革命化、劳动化、阶级路线不断深入宣传，心情也越来越压抑，最初的自豪感没了，一个感觉越来越明显：这里不是我这种人待的地方。至今提起南师附中，没有自豪，却多苦涩！

# 78. 关于《朱之闻、刘顺元与附中教改》一文的几点说明

于含英（66届高三丙）

## 1. 陈光等引言的出处

我在《朱之闻、刘顺元与附中教改》中引用了陈光、彭冲等对附中教改的批评，其出处是张人则文革中去教育厅所抄录的朱之闻揭发省委领导的大字报。根据现有的笔记记录，朱之闻写过如下一些大字报：

揭露江渭清、彭冲反对春节指示的罪行（1967.1.21）粉碎彭冲修正主义教育路线（1967.2.19）

彻底批判陈光的修正主义教育路线（1967.3.19）

我对刘顺元的认识和揭发（1967.4.9）

朱之闻批判陈光大字报的第三部分，是批判省委领导脱离劳动，脱离群众，其中提到前文所引用的陈光、彭冲、许家屯等对附中下乡劳动的批评。

## 2. 马明老师的一节课

马明老师不是我们的数学老师，为什么他会给我们上那一节课，已记不清。我们班高一的教室是在教学大楼一楼，东北角，讲台在教

室东头；高二的教室，在教学大楼二楼的南侧，甲、乙、丙、丁四个班从东排到西，讲台都在教室的西头。在我的记忆中，那节课是在二楼教室上的，马明老师是站在教室西侧的讲台上，所以，如果我的场景记忆不错，那就应该是高二的事。

### 3. 前文的最后一段

前文的最后一段是这样说的："毛泽东把他们统统打成'统治我们学校'的'资产阶级知识分子'，在这样的大环境下，即使刘顺元、朱之闻和沙尧更多地注意了课程、教材、教法的改革，亦难有成效。"这是一个虚拟语气的句子，意思是，朱沙并没有注意此事，而且，即使他们注意了，或者他们打算注意，因为毛泽东已经给老师们带了"帽子"，也注定不会有什么结果。看来话没有说清楚，抱歉。

### 4. 关于刘顺元

戴相陵的一个评论，使我觉得对刘顺元多了一些理解。他说："汪遐义老师曾在班上说：某领导言，如果三大差别不消灭，总有一天，农民会举着锄头，浩浩荡荡地杀进城市来。"在附中教改的具体环境中，可以判断，该领导是刘顺元。类似的话，印象中杜润生在主持国家农委工作时说过，现在讨论三农问题的学者们也说过。这是一个警告。在文革末期，毛泽东的合作化政策和"让农民为工业化进贡"的政策，使农村经济破败凋零，农业生产难以为继。杜润生他们认为，若不改变政策，农民不会继续忍受下去。这里有两个要点：一是农民改变现状的要求是合理的，应得到满足；二是如果农民像在历史上一样被迫"揭竿而起"，那是一种被动的力量，对社会将起破坏作用，所以应当尽量避免。杜润生他们之所以要把话说到这种程度，是因为自有一帮在位者，到那时仍不能体认问题的严重性。

刘顺元讲了和杜润生他们相同的话，所不同者，刘比他们早讲了十年。可见我们1966年去马坝时，所看到的那种惊心动魄的贫穷，刘顺元是知道的，或者说，他比我们知道得更清楚。历史教授高华的文章，对此提供了证据。他说："大跃进、人民公社化运动兴起后，刘顺元对浮夸风多有尖锐抨击，他曾公开批评时下尽多'三六九干部'和'风马牛'干部。'三六九'者，指嘴上高唱'三面红旗''六亿人民''九个指头'（即成绩为九个指头，缺点为一个指头，此为毛泽东所创的名言）；'风马牛'者，指顺风转舵、溜须拍马也。刘顺元这番切中时弊的'名言'不胫而走，竟传到毛泽东那里。毛在打倒彭、黄、张、周后，一不做，二不休，正待将所有敢于表示异议的干部一网收尽，于是，刘顺元成了撞上枪口的靶子。"

高华下面所写的细节，几乎像是电影剧本："考验江渭清与惠浴宇道德良知的关键时刻已经到来。据惠浴宇回忆，为了商讨如何应对来自毛泽东的直接压力，江渭清与惠浴宇相约，在南京市郊的高级招待所中山陵五号的草坪上，'搬两把藤椅，避开闲人，从早晨直谈到暮色苍茫'。在'全党上下噤若寒蝉'（惠浴宇语）的大气候下，江苏省两位主要领导的意见完全一致：向柯庆施求援，全力保护刘顺元。经过江渭清的力保，柯庆施默认了江渭清的要求。此时已是1960年后，大灾荒已成为明摆的现实，毛泽东似乎已无兴致再抓'右倾分子'，刘顺元一事也就不了了之了。"（见 http://gaohua.coldwarchina.com/ztlw/rwyj/000037_2.htm）"三六九""风马牛"这样的话，不是一个趋奉者可以说得出来的。几年后，到我们教改期间，刘顺元个人所处环境或许依然险恶，更何况那时颂圣的"时代的最强音"比以往更加铺天盖地，举国上下，谁敢为"大好形势"抹黑？在那样的时候，敢于大声疾呼"总有一天，农民会举着锄头，浩浩荡荡地杀进城市来"，我看，那是一种为民请命的情怀。1984年，我们曾重回界集，村里的"老社员"说，连着几年，年年中央一号文件是讲农业问题。杜润生名字，在那样偏僻的乡村，也几乎是家喻户晓，倍受尊崇。那么，比杜润生早十余年站出来说话的刘顺元呢？凭这一点，可以说李锐对他所做的评价，其实并不过分。我在前文中引了据信是刘顺元的另一句话："知识青年下乡，建设革命化的农村，等同于再搞一次'以农村包围城市'。如果城市变修了，他们就应该率领农民，浩浩荡荡地杀回城市来。"这句话和上面所引汪遐义老师所说,不是一个意思。在这里,农民好像成了主动的、先进的社会力量,而且会有意识地反对"修正主义"。这就成了神话了。"贫下中农革命形象动力论",同样是一种神话。用这样的神话去论证教改中的"上山下乡"主题,如前文所说,是我所完全不能理解的。八年的插队经历,只能让我们得出那是脱离现实政治的诳语的结论。知青在农村是漂泊无根的群体,对农村事物的发言权,只能是还在农民以下。

# 79. 也谈刘顺元

网友 MDC

于含英有关刘顺元的补充，也证实了我前面帖子的观点：刘顺元是一个变化的人。他对三面红旗持批评态度，因此得罪了毛，受到惩罚，若不是江渭清等说情，就丢了（政治）性命。刘顺元是经历过反右斗争的，知其厉害，被毛亲定为"大右派"后，受到的惊恐可想而知。他必须想法改变命运，能做到这点唯一可行的方法是追随毛的路线。我下面来具体说明我的观点。

刘顺元先在省内分管农业，后又靠边。教育一直非在他的管辖之下，但却主动插手教育，顶着省里主要领导的反对去支持附中教改。他本人很清楚附中教改是代表毛的教育路线，所以在文革中对来访者谈到教改就比较有底气。张人则的文章<朱之闻堕楼前后>有段回忆，"我们（访问者）和刘顺元相对而坐。旁边的一间间房间里，是其他省委干部在接受群众调查。刘顺元面目清癯，两眼有神，眉毛很长。他第一句话就说他心脏不好，而且放在桌子上的一只手一直微微颤抖。听到我们问的关于附中教改的问题，他显得放松一点。具体谈的内容，已经记不得了。印象清楚的是，他确实支持朱之闻。对'教育与生产劳动相结合'等问题，是提到马克思怎么说、毛主席怎么说的高度，肯定附中教改的。另一方面，其他省委书记，陈光、彭冲、许家屯、李士英等，对步行到盱眙、一学期在农村待一个月等做法，都有很直接的批评。"

看来刘顺元是认为靠毛的教育路线下培养出来的学生上山下乡能够保证中国反修防修的了。于含英对此也有段回忆评论，"有一次听我们班的向家德说，他在会上听到传达，"省委领导"对知青下乡有如下评价："知识青年下乡，建设革命化的农村，等同于再搞一次'以农村包围城市'。如果城市变修了，他们就应该率领农民，浩浩荡荡地杀回城市来。"我相信这只能是刘顺元的话（见于含英"朱之闻、刘顺元与附中教改"）。四十年后我们也知道了当时所谓的"变修"是指刘少奇等修补毛的所造成的经济灾难。而这"修"也正是刘顺元自己早先对农业合作化导致了农民的贫困的评论。

我对刘顺元一生功过的评价没有兴趣，我关心的是使刘顺元会有这个变化的原因。另外，刘少奇的遭遇也同样说明问题。刘少奇变化的程序与刘顺元不同，他是靠提出"毛泽东思想"并把这个提法写入党章起家的，因此在党内升到第二把手的位置。由于刘召开七千人大会修补毛的错误，使毛嫉恨在心。尽管刘少奇在处理这件事上给了毛足够的面子，还保持了毛原有的地位，但毛还是发动文革置刘于死地。

毛的一个政策下来，下面的干部们或于良心，或于私心，或于看法，或于工作习惯，有不同表现是正常的。但当人们看到结果总是顺毛者昌，逆毛者亡就不得不调整自己原来的立场以顺应毛。之所以产生这样的大环境并不是没有许多人曾出来反毛，而是没有建立一个能保证群言堂的制度，这就给了精于权术的人坐大的机会。当刘少奇提出"毛泽东思想"时，就为自己日后的杀身之祸埋下了种子。

# 80. 育才与附中教改

## ——与李得宁商榷

张人则（67届高二乙）

李得宁"也谈教改"一文（以下称"李文"），使这个网站上对教改的反思，在先有了吴小白和于含英等人的文章之后，进入了真正的讨论，即有理有据地展开不同观点的交流。这是很可喜可贵的进步。

此文先对育才教改提供一些资料，再对育才和附中教改的对比提供我的观察和看法。这是一篇急就章，先抛出来引玉。对其中一些观点的更充分的阐发，留待后日。

## 80.1. 育才教改

上海育才中学校长段力佩（1906－2003）是中国教育界的一个传奇人物。他在文革前主持了育才的教改，文革后继续工作到94年，还是搞教改。到 Google 查一下，看到不少信息，把一些有关资料抄贴在下面。因为不便改动原文，贴的篇幅长了一点，内容也有重复之处。请浏览一下即可。

### 1. 教育改革家段力佩

育才中学1901年建校，原是一个英籍犹太人叫嘉道理的开办的私校，是上海一所历史悠久的学校。段力佩在育才中学进行了40余年的教改实践，取得累累硕果，成为中学教育改革的一面旗帜，在我国的教育史上留下了光辉的一页。1964年，为减轻学生负担，全面贯彻党的教育方针，使学生能生动活泼地发展，段力佩校长带领教师经过试验和实践，总结出了"紧扣教材，边讲边练，新旧联系，因材施教"的16字经验，完全改变了传统的"满堂灌"的局面。同年4月2日，上海《解放日报》《文汇报》，4月6日的《人民日报》，分别报道了育才中学教学法改革经验，并发表社论，影响所致，遍及全国。

从1978年起，在段力佩校长带领下，学校掀起了新的教改热潮。段力佩提出学校工作必须以学生为主体，教师为主导；教师的侧重点应该放在"育"，学生的侧重点应该放在"学"；从改革课堂教学方法着手，通过探索、实践，总结出"读读、议议、练练、讲讲"有领导的"茶馆式"的课堂教学形式，继而逐步发展到对课程、课时、教材、课外活动、考试方法、学生思想教育、体育卫生、领导体制和学校管理等方面进行综合性的全面改革。1982年12月，由全国政协文教组、中国教育工会、民进中央组成的联合调查组来校考察，肯定了育才教改是卓有成效的。当时《光明日报》为之发表了题为"一所教育思想端正的学校"的长篇报道。（http://www.jinganlib.com/ja/htm/3-3-167.asp）

## 2. 中国教育发展网/中国教育名人录

段力佩（1907— ）当代教育改革家。江苏金坛人。出生于教育世家。1926年考入江苏省立第一师范，1929年毕业后回乡任小学教员。1938年举家迁至上海。先后任教或就职于东明小学、华光中学、麦伦中学、储能中学，其间加入中国共产党。解放后，他于1950年出任上海育才中学校长，晚年当选为中国教育学会常务理事、全国政协委员等。段力佩主张抓整顿、抓教师团结、抓学生民主秩序、积极从事社会主义学校的改革活动。1963年他曾总结出"紧扣教材、边教边练、新旧联系、因材施教"的教改主导思想，产生过较大影响。1978年提出"读读、议议、练练、讲讲"的八字教学法，并在学校实行教工大会民主管理制度。1980年，他在重视学生能力提高，引导学生全面发展的思想指导下，又在育才中学掀起新的教改高潮：改革课时安排，设长短课；增加体育课和音乐课；取消期中考试；减轻教材份量等。育才中学的做法在当时普通中学片面追求升学率的情况下引起过很大轰动，实践证明，"育才经验"取得了令人瞩目的成功，学校面貌焕然一新，学生素质普遍提高，为高校输送了大批合格新生。（http://personage.edude.net/now_06.htm）

### 3. 刘良华等：有效教学论

"早在1960年，育才中学就进行教学改革试点"。当时主要着眼于教师的"教"。1961年段力佩对1960年以来的教改进行了总结，提出要"让学生学会自己看书、自己练习、教师再加以指导"等想法。1963年，段力佩自己抓初一（3）班的语文、数学、英语教学方法改革试验。自己上语文课，"我先用十分钟言简意赅、条理分明地讲述了新课的内容，然后让学生自由讨论，对不理解的地方再启发引导，到了下课前20分钟，我拿出事先拟好的十道题给同学们做，下课时大多数同学都完成了那十道题"。这种方法强调"要注意在上课时少讲一些，一定要促使学生多读多练一些，做到读练结合，因材施教要注意以旧导新，以新带旧。教师虽然讲得少，但要明白通达，通俗易懂。"结果在一次测验时，这个班级语文、数学和英语的平均成绩都超过了其余班而负担减轻了。在此基础上，育才中学总结出"紧扣教材，精讲多练，注意新旧知识的联系。在讲课、作业布置等教学环节中，教师们还注意贯彻因材施教的原则，充分调动学生的积极性。"

1979年2月7日，《光明日报》发表《上海市育才中学改革课堂教学取得成效》的文章，第一次全面在媒体上提到"读读、议议、练练、讲讲"八个字。同年2月，段力佩写了《有领导的"茶馆式"的教学形式》一文，对"读读""议议"的概念，"读""议""练""讲"的相互关系进行了概括。（http://hist.cersp.com/xspd/200707/7088.html）

### 4. 段力佩先生：一生至乐育人才执着教改

段力佩认为：教育的目的不是为了制作"书橱"，而应该以人为本，发挥每个人的才能，参与社会互动。然而当时中小学生在学校里的生活是被动的，一切依照教师的指令行动，教师是学生精神王国的主宰者。这样的教育不改怎么行？段力佩敢为人先，提出了"紧扣教材，边讲边练，新旧联系，因材施教"的16字教改尝试。经过一段时间的实践，显出成效。1964年初，《文汇报》《解放日报》以头版头条位置报道了育才中学的教改经验，《人民日报》专门发表了社论，向全国教育界推荐育才经验。1965年，段力佩被评为上海市中学超级校长。

段力佩坚信，学会思考和探究比埋头做习题更重要。他鼓励师生大胆改革"教师讲学生听"的传统教学模式，采用"读读、议议、练练、讲讲"的方式进行"茶馆式"教学，变单向灌输为互动探究，促进教师角色由主宰者向导师转变，让学生成为教育的主体，使课堂焕发出生命活力。1982年，《光明日报》在头版载文赞誉育才是全国中小学"教育改革的一面旗帜"。（http://blog.cersp.com/10000/531045.aspx）

5. 一次一位从国外留学归来的育才毕业生去探望段力佩。段力佩问起他在大学学习的情况，这位学生诚恳地说："段校长，育才的老师在教学上花了不少工夫。但我们这些学生在大学里自学能力却比其他中学毕业生差。"段力佩忙问："什么原因？"

"我们育才教学方法不够灵活，教师上课满堂灌，让学生自己琢磨、思考比较少。因此培养了学生的依赖思想，使育才的学生自学能力不及其他学校的毕业生。"是啊，如果再沿袭陋习，不力破陈规，人才就出不来，终于，教育改革的劲风开始在育才校园吹起来了。

教改首先从数学课开始。段力佩起用了一位刚分配到育才的大学毕业生，亲自和他商量教学方案，教学步骤。他一改在课堂上教师一讲到底的风气，让学生们展开讨论，教师再循循善诱，这一堂课使一些坚持传统教法的教师大开眼界。教学改革在教学教研组蓬勃开展起来。接着，段力佩又决定亲自给初一年级上一堂数学课："段校长要亲自上课了！"这消息不胫而走，大家都想来看一看，听一听段力佩是怎样在数学教学上改革的。未上课，教室里已坐满了听课的教师。上课铃响了，段力佩夹起讲义，从容地走到讲台上。他先用十分钟言简意赅、条理分明地讲述了新课内容。然后让学生们自由讨论，对不理解的地方再启发引导。到了下课前二十分钟，他拿出事先拟好的十道题给同学们做。下课铃响了，几乎大多数同学都已完成那十道题。这一节课完全达到预期效果。段力佩接下来又到外语、物理、化学等各学科上课，亲自掌握第一手资料，和教师们一起摸索出各学科的一些教改方法。对育才的教改，段力佩用十六字来概括总结：紧扣教材，边教边练，新旧联系，因材施教。不久，育才的教改经验首先在《人民教育》上发表了，接着《人民日报》《解放日报》《文汇报》等都以头版头条的显著地位报道了育才的教改探索。育才的教改经验很快地全国中学界普遍推广，育才也随之闻名遐迩。（http://www.21shte.net/gaojiao/mingshi/viewtea.asp?all_id159&document_parents_all_id153）

## 80.2. 育才与附中教改的对比

应该说明，抄贴这些资料并不意味着我赞同其中的观点或提法，毋宁说，抄贴这些资料是为了显示按照主流媒体的主旋律，育才的教改是什么样的。这些资料反复强调的内容——因而可以认为是育才教改的关键因素——大体包括：

—减轻学生负担，改变传统的"满堂灌"

—"紧扣教材，边讲边练，新旧联系，因材施教"

—以学生为主体，教师为主导；教师的侧重点在"育"，学生的侧重点在"学"

—"读读、议议、练练、讲讲"，有领导的"茶馆式"的课堂教学形式（"茶馆式"这个经验是文革后创造的）为了方便对比育才、附中的教改经验，让我们区分以下四个阶段或状态。

（1）前教改：这时育才与附中基本相似

（2）教改后附中：这里有两个层面，"政治教改"和"教学改革"

（3）教改后育才：按照上述资料，只有教学改革，没有"政治教改"

（4）今日中学教育

附中教改的重点和特色是"政治教改"，那就是如李文所说，"突出政治"，"学毛选、劳动"，强调"上山下乡当社员"等等。对此，李文和此网上其他文章、评论的看法比较一致：基本否定。我持同样的意见。另一方面，附中教改也有教学改革的层面，即减轻学生负担，改变"满堂灌"，提倡学生主动性、理论联系实际，等等，附中在这方面也有自己的独创，即"小小组"教学方式。对这一层面的教改，我的看法与李文或有不同，现在提出来商榷。

首先，承认附中教改的重点和特色是"政治教改"，同时承认附中教改也有教学改革的层面，逻辑上并无矛盾，与实际情况也相符合。其次，附中与育才的教学改革，是相似的。如果回想一下当年附中教改，则上面抄贴的育才教改的内容，是否似曾相识？甚至耳熟能详？例如，对比段力佩那堂著名的讨论式教学案例（有的资料说是数学课，有的说是语文课，这里姑且不论），附中教改中是否有很多老师做过类似的"讨论式"教学的尝试？

再次，育才总结了一套一套的教学改革成功经验，附中教学改革乏善可陈（大家普遍认为教改后不如教改前学得扎实），关键因素恐怕在于教师的主导地位。例如，我以为附中"小小组"教学方式流于放任自流，基本是失败的，但育才认为他们的"讨论式"教学、有领导的"茶馆式"的课堂教学形式是成功的。我们高二数学是陶强老师教的，后期采用"小小组"教学。记得上课时往往是同学们"组自为战"，吵开了锅；陶老师沿走道来回巡视，有同学提问，她就如获至宝，耐心解答；但多半时间，她走来走去，满脸是茫然而无可奈何的神情。从以上抄贴的资料看，育才没有搞"政治教改"，因而政治的负面影响少一些，教师还能发挥主导地位。

第四,"减轻学生负担"是育才教改的一个出发点及其成功经验。下面遵照李文意见,避免带贬义的"负担"一词,而选用"负荷"这个中性的概念(例如"机器负荷"是个物理／工程概念,可以客观地测度),来谈课业负荷。我认为,附中教改也减轻了课业负荷,而且减轻课业负荷有正面意义。这里涉及一点技术性因素,我单独写一节,放在文末,有兴趣的网友可以看一下。

第五,育才的教改,是对前教改状态的否定。因此,肯定育才教改成果,就不能同时肯定育才教改前的状态。如果我们假定育才、附中教改前状态相似,则肯定育才教改,与肯定附中教改前状态,是否就有不相容之处了?

第六,课业负荷是一个表征,更深层的问题是所谓"应试教育"。它是中国教育的一个痼疾,可能与科举的传统有关,表现为"满堂灌"、题海战术、偏重智育而忽略全面发展,等等。58年大跃进、66年文革,曾经打破这个传统,同时造成很大破坏。60年代初的"调整",文革后的"拨乱反正",恢复了正常教学秩序,但这个痼疾也就复发。附中和育才文革前的"教学改革",在一定程度上是针对这个问题的。在今日中学教育中,"应试教育"或许可以说是到了走火入魔的程度。正因此,反思当年的教改带有现实的针对性。这个问题太大,这里只能点到为止。

概述一下:李文批评附中的"政治教改",我完全赞同。李文以育才教改与附中相对照,肯定育才教改,同时肯定附中教改前的状态,则使我困惑。我以为,根据网上资料,育才教改与附中的"教学改革",目标和内容都是相似的。附中未能在教学改革上取得成果,主要原因是以"政治教改"为主线,压制、排斥了"教学改革"的层面,许多优秀教师丧失主导地位。另一方面,附中教改前,今日中学教育中,都存在"应试教育"的问题,于今为烈。批判附中当年的"政治教改"时,不能忽视当下正在严重危害青年学生的"应试教育"问题。

首先,课业负荷当然可以按李文所说,去"问当事人",用当事人的主观感受来表达。例如,以10到1的尺度,10为负荷最重,

1为最轻,让同学打分。但是采用这样的主观指标就要面临一些难题。首先是人与人之间心理测度的可比性。老师出了20道三角作业题,李得宁可能认为负荷为5（不重不轻,正好）,别的同学则可能认为负荷是8,9,10。使用任何主观指标（快乐、痛苦或者经济学中某个商品对一个消费者而言的效用,等等）都因为心理测度强度因人而异而无法做直接的人际比较。

其次是为了反映总体状态而"汇总"众多个人的主观指标的困难。举例来说,甲、乙、丙三个同学对教改前后的课业负荷分别给出负荷指数如下：教改前教改后甲6 5 乙5 4 丙4 8 进行汇总时,可以说

1) 有三分之二的同学（同学甲、乙）认为教改后负荷减轻了,因而总体而言负荷减轻了；

2) 教改前负荷指数总值为15（＝6+5+4）,教改后负荷指数总值为17（＝5+4+8）,因而总体而言负荷增加了。一个悖论。

这实际上是社会指标、社会选择领域的重要课题,顺便点到,不详论。课业负荷也可以按上课时数、作业时数、一学期测验考试总数等客观指标来测度。曾经看到关于中学生一学年上课时数的国际比较的文章,中国、日本等国高于欧美,因此课业负荷比较重。按照这样的测度,虽然现在缺乏具体的统计资料可用,但说附中教改后课业负荷减轻了,应该是不会错的——大家可能都会同意,教改后测验、考试少了,作业少了,等等。同理,考虑到当年附中住校生做作业只有晚自习两堂课,今日中学生晚上做作业,普遍情况是很少能在11点以前睡觉,我们也可以说今日中学生的课业负荷比较重。课业负荷本身是中性的,但它关系到"应试教育"和"育人教育"的大方向,关系到学生的自由发展、全面发展、主动发展,需要认真评价。

# 81. 文革历史资料

"井冈山"编辑油印（1967年夏）

## 文革历史资料（朱之闻自供及沙尧讲话）

这几份文件，是在文革中由"井冈山"编辑刻印而保存下来的。原"井冈山"的一成员还留有当时的油印件，我们根据她最近寄来的复印件，将它们打成电子文本。其中的"朱之闻的自供"，是根据1967年6月部分"井冈山"成员和朱之闻的谈话记录整理而成。

关注附中教改讨论的同学也许会对这篇"朱之闻的自供"有兴趣。朱之闻在文中说："65年4月我到北京开会，吕型伟也回北京，他对我说：人家几个学校稳，育才有上海市委，景山有中宣部，附中这个点没有人支持，还在风雨飘摇之中。"

吕型伟一生职务很多。当时他有可能是在中国教育学会副会长的任上。从他这句话看来，他和朱之闻都认为附中的教改没有得到江苏省委的支持。接下来，朱之闻引了戴白韬的话，并说："戴认为（附中）教学质量没有保证。"朱之闻又说，65年8月，教育部副部长刘季平对附中教改"表扬一句，又批评一句"。由此看来，教育部对附中教改也不真正看好。在此情况下，朱之闻仍然坚持他自己的教改路子，的确耐人寻味。不过，无论用哪一种"一般规律"为刘，朱作定论，恐怕都缺乏说服力。还是要有更具体的证据才行。

朱之闻的其他三篇讲话（64年8月，65年11月1日，65年11月21日），比较集中地讲了上山下乡当社员的问题。沙尧66年1月15日的讲话，则突出反映了要求同学好好读书的焦虑之心。

张人则、于含英
2008-1-24

文革历史资料

（该历史资料原文如下：）

"井冈山"编辑油印（1967年夏）朱之闻、沙尧言论（供批判）朱之闻的自供

## 81.1. 朱之闻的自供

《按》这是今年六月份，朱之闻对他在我校进行教改的指导思想及有关问题的一份交代。这个交代，比较系统地反映了朱之闻反革命修正主义的教育思想，他打着红旗反红旗，对毛主席关于教育革命的光辉指示进行恶毒的篡改、歪曲。有些地方，虽然吞吞吐吐，但也足够清楚地说明，朱之闻的货色完全是刘少奇修正主义思想体系的破烂。这是朱之闻追随刘少奇在教育界复辟资本主义的铁证。现在整理出来，供分析批判。

### 1. 关于教改是怎样搞起来的

教改是在毛主席春节指示以后，我到附中蹲点搞起来的。一开始就从两方面入手，第一，学习董加耕，展开对教育方针的辩论，明确培养目标，反对单纯追求升学率。第二，明确目的之后，搞减轻负担，试验教法的改革。以后一直还是沿着这两条路子向前发展。

65年高二两个班到盱眙试验半工半读，就把两方面结合起来了。

### 2. 关于春节指示

毛主席说，方针正确，方法不对。我到附中就是带着这两条来的。春节指示归纳起来，有五个问题，（1）课程重；（2）考试态度，考试方法不对；（3）教法不对，不在实践中学，不是自学；（4）要搞劳动，下乡实践；（5）改革学制，这一点我们没有接触到，其他都搞了，是努力按照主席的春节指示办的。

### 3. 关于半工半读

65年春天,高二乙、丁到盱眙。当时我们想,怎样才能在乡下待长一些,过去下去十天,和贫下中农感情建立不起来,身体刚刚适应又回来了,就想把时间搞长一些。半天学习,半天劳动,就是从这个动机出发的。后来实践,下乡半工半读是教改的一种好形式。回到学校里,社会实践,实验田,理化课的实验,在城市里也和生产劳动相结合起来。

我们的指导思想,大的方面,从培养革命接班人出发,把学生引导到三大革命运动中锻炼,另一个,使学生得到完整的知识,马克思就说过,要把学习和实践结合起来,要实行半工半读,我们搞的,高二物理考试装收音机,初三生理卫生学打针,验血等等,就是以这个为纲领。

### 4. 关于"上山下乡当社员"

在教改实践中,我们认识到,下农村必须解决世界观问题,只有为广大人民服务,才能上山下乡,这个问题六郎总结就提出来了,从这个角度看是对的,用刘少奇的话不对,我们当时没有可能怀疑他,我觉得下农村是艰苦的,刘作为国家主席,劝子女下乡,我想用它来宣传作用大,可以引导同学为人民服务,为贫下中农服务,现在看来,应当直接宣传毛主席的著作,毛主席关于知识分子和贫下中农结合的指示,比如《论联合政府》,《湖南农民运动考察报告》,合作化运动等等……用刘少奇的话是错误的。

(问:刘少奇的话本身错不错?)

这个问题,我这样看:第一,中学生应该解决世界观问题,为人民服务。中学生愿意为人民服务这是可能的。第二,为人民服务,为贫下中农服务这是一个具体化,农村最苦,有下农村的思想准备,干其他的没有问题,所以,应当把下农村当社员提高到世界观高度来认识,从世界观高度来解决下农村问题,这也是正确的。第三,如果当时我们提了"愿意当社员"就是解决世界观，这不妥当，不能划等号。

刘少奇是一个反革命，是修正主义分子，他说这句话不可能实行，他是要吃小亏占大便宜的。

### 5. 关于新农民，"革命之家"

"革命之家"是共产主义萌芽，这个问题是我提出来的，我没有把握。我研究了盱眙新农民，他们的"革命之家"，五六人一起生活，其他地区有分成一个人一个人烧饭的情况，新农民这样的生活方式，有可能过渡到全民所有制的一个细胞。

苏联革命初期，实行过军事共产主义，虽然生产力，生产关系都不是共产主义，但是供应紧张，实行平均供给，我先有这个印象，我们设想从社会主义怎样过渡到共产主义，无非是生产关系生产力。生产关系改变了，促进生产力发展，生产力发展了，要新的生产关系。新农民之家的方式，有军事共产主义的味道，但不全是，他们共同劳动，生活平均分配，在社会主义时期，这可能成为农村从集体所有制向共产主义过渡的萌芽，生产力发展了，革命之家成为消灭三大差别的基地，新农民的身上体现了缩小三大差别，新农民，脑力劳动和体力劳动相结合嘛，城乡相结合，也可以工农相结合，这是我研究新农民问题想起来的。刘顺元没有向我讲过这件事。

### 6. 关于学毛选"三不一自"

这是怎么提出来的？先是研究附中的具体情况，学毛选是怎样学起来的。我们认为是不要限制学生。附中怎么学的？64年学董加耕，辩论方针问题，后来参加劳动，带毛选下去学习，我们的办法有三点，（1）领导干部加强学习，（2）在课堂中学，（3）各个时期突出重点（如学《人的正确思想是从哪里来的》，学268字指示），在这个情况下，不定篇目，我知道南师提三不，如果目的是为了不学毛选，这样提是错误的，目的是为了学好，那提法可能不妥当。

## 7. 关于教育部对我校教改评价问题

65年4月我到北京开会,吕型伟也回北京,他对我说:"人家几个学校稳,育才有上海市委,景山有中宣部,附中这个点没有人支持,还在风雨飘摇之中。"

65年5月,戴白韬来校说,"学毛选热气很高,看到了毛泽东思想一代代传下去的希望。"这话真一半假一半,戴认为教学质量没有保证。吕型伟跟我们意见比较一致,65年7月回教育部作了长篇报告。

65年8月我第二次去北京开会讨论七三指示,刘季平在会上说:"各地教育大改点已有了三四十个,不过多数没搞起来,搞出东西的,两个老学校,景山,黑山,两个新学校,附中,育才。"表扬一句,又批评一句,批判教师是胡闹。

朱之闻在64年8月对七十二名弃考务农同学的讲话前天听了很多,我看你们还是要树立雄心大志,你们检查自己是对的。我提点要求:还是要有理想,七十二人坚定起来,你们能带多少人下去?平均每个人带8个下去,一共是560个人,组成一个队伍。下农村以后要求七十二个人能带好这一个班。怎样劳动,生活,管理,学习,董加耕的错误是青年的火气很足,急于求成,迫切要求革命的性情,你们不要忘记你们七十二个人,艰苦的生活如何闯?做好各种准备,怎样向农民学习,劳动,学会一般农活,劳动这一关如何闯,各人体力不同,如何打气,如何带好这一批人,有的人热情过高,蛮干,如何控制他,有的人身体不好,如何体贴他,我们要一件件解决,以后我们要树立一个观念,没有克服不了的困难。新家庭要制定出个制度来,艰苦的生活关闯过后闯群众关,干群关,要彻底了解每一户情况,有计划的了解,要做群众工作,要和好干部,好群众打成一片。对坏分子怎么办?有些干部作风不好怎么办?有些干部工作态度不好怎么办?有些地方风俗不好,劝婚,强婚怎么办?应该坚强起来,取得农民的批准,生根,立足。

下去后要养活自己,不要写信要钱,要粮票,城市知识青年下乡是千千万万人的事。一个人185元钱，盖房子，中央统一规定。政治上要有雄心大志，经济上要会过日子，在185元以内过得好，给全省做个好榜样，为全国做个好榜样，要精打细算，盖房子，买农具，吃饭，今年不能参加分配了，下去后的工分明年麦收后统一分配了，要吃自己的口粮了。下去后不要单干，一定要走集体化的道路。一下去就要有一个打算，下去十个人就是十个劳动力，以后家庭是优裕的，半年后完全能自己养活自己了。三年后看你们的成绩如何，看生产队的产量，目前农村的生产力很成问题，没有肥料，你们有觉悟，身强力壮，一二年后生产就能提高的，甚至于成倍地增加，你们要多想想，看看你们生产队现代化的条件，水利好，病虫害防的好，农药化肥用得好，科学实验好，然后就要提前现代化了，将来还有个生产关系现代化，你们这个队什么时候能逐步进到全民所有制，能办高小，初中，高中，使成年人办起业余教育，使劳动人民知识化，使人民有觉悟，有知识，随着这些变化，从中改变了我们自己，改变了农村。首先取得了新农民的资格，争取人人成为五好社员，再过三年，五年，十年以后成为农学家，科学家，公社的农业专家，在农村把生产队变得更好，现在不要背光荣，伟大的包袱，就是要当个新农民，历史会考验人的，真正干下去的人一定会成为个专家的，将来会出政治家，革命家，几百个人到这个大熔炉中去锻炼，你们是集体的董加耕，三年、五年后变化就大了，广东搞得很好，开了一百多个荒山，收入很大，新疆搞黄军装，我们搞集体插队，你们过了关，得到了大大提高，我们下去后千万不要忘记我是社员，参加生产队的一切活动，实际上把农村变为一个大学，我们下去开个大学，正规大学，通过学毛选改造自己的思想，除劳动以外把全部精力用在读毛选，我建议你们读江苏的函授大学。

不碰钉子，不经过实践毛选读不好，通过你们下去后的复杂的生活，抓住毛选不放，那么你们的毛选就学到手了，一篇文章可以读十遍，二十遍，三十遍，要创造性地读毛选，要分散地在家里学，你们的家庭是个政治单位，生活，学习，生产，劳动，农闲时也可以搞搞活动。没有哪个先进人物不是自我改造的，通过写日记，不断在思想上得到提高,我们要不怕碰钉子,不怕困难,带着问题学毛选,日记很好,可以在上面写体会。光劳动不思考,将来变成一个头脑简单的人,光思考不劳动成为一个空谈家,日记要不间断地记,我们这个学校一定会形成的,天下都找不到。抗日大学天下闻名。对你们很感兴趣,将来组织社会人士,家长来参观,形成城乡交流。(完)

## 81.2.朱之闻65年11月1日在江宁六郎公社对高三级的讲话

一、这一个月,大多数人开始树立了愿意当社员的思想。这是很大的成绩。这件事应如何估价,要看今后的发展。如果作为起点,从本届开始,在中学阶段人人能把这个问题解决了,其影响是很深远的。能解决一校的问题,意味着能解决全省全国的问题,有可能解决一代人的问题,更会解决下一代、下二代人的问题。

上山下乡当社员意味着有决心消灭三大差别,消灭体脑差别,有决心用自己的行动去为绝大多数人服务,为共产主义事业而奋斗。这不是孤立的问题,和革命,革命接班人,消灭三大差别,世界革命,共产主义结合起来。有同学说,消灭三大差别既是目标,又是动力,既是远景又是现实。我看他说得很好。成绩是通过一个月的斗争才取得的。同学发展不平衡。一小部分解决好一些,大部分较好,少数差一些也比过去大大进一步。

贫下中农、革命,一直在我们同学头脑中占上风,这一个月又大大提高一步。对这个问题解决较深,决心较大。把这个问题和回去搞教改,开始能联系起来。这部分人的思想观点是比较高的。一个月来大家思想都有不同程度的变化。不少人原来想得多的城市、升学、成名、成家、个人,对农村怕苦、怕单调、怕埋没人才、埋没一生。这两种思想是有很大距离的。这是一个立场的变化,观点的变化。哪怕刚开始,只有一点点,都是可贵的。当然不能说世界观解决了。

从个人主义立场转向贫下中农,绝大多数人的立场。取得这个成就,不是一帆风顺的。长期、大量的唯有读书高思想的影响,从家庭、社会、学校，结合我们个人得失，这个影响是很深广的；另一方面，脑子里没有远大的革命理想，不能驱逐它。要造成一种条件，一种环境，让革命东西占上风，才能驱逐它。这一个月不是单一的劳动，活动丰富，有七八种活动。外面的同学支援了我们，几封信，正面的，反面的，可谓丰富。两种势力都有在，就必然要交锋，心里七上八下，反反复复，要经过一番艰巨的斗争，激烈的斗争。凡用革命思想战胜了个人主义思想，都取得了成绩。有意识地锻炼自己，考验自己，很好。跳蚤咬。成绩来之不易，要珍贵。

开始尝试了理论联系实际：

1.学毛选解决思想问题，过去有，这次比较深刻。

2.在自然科学上理论联系实际，后几天问题很多，同学很有兴趣。一个现象，一个问题，往往要涉及好几个原理，不单是数，理，化一门的问题。有思考，有争论，体会更深。

为进一步教改，理论联系实际突破口。意义很大。十几年来从小到现在，我们的教材，教学方法，很大程度脱离实际的，使我们的学习是脱离实际的，形成一个"中小学知识是不能运用的"的观点，这个观点是很可怕的。到底为什么学习？为学而学，为做习题而做习题，是教条主义，教条主义狗屁也不如。开始打破这个观念，就很了不起。这个实验又反过来增强了我们对贫下中农，对农业生产的感情，为将来教改打开路子。学习语、外、数、理、化，从量上看，成绩不小，超过过去半月、一月，从质上看，超过过去半个月以至一个月的成绩。

二、当社员和教改的关系

为什么要解决当社员的问题，和教改有什么关系？上次到二丙，同学讲，不解决上山下乡当社员的问题，回去教改是改不下去的。可见这两件事有联系。这里决定于为革命而学，为革命而用还是为个人而学，为单纯升大学而用。如果为革命而学，而用，具体化就是为贫下中农的利益而学，而用。解决这个问题，就是把自己站在贫下中农的立场上来看待学习问题。如不解决，就站在个人立场上，以单纯考大学观点来看待学习。产生两个不同的愿望和要求。树立这种思想，就希望学活,能用,理论联系实际,能改变农村面貌,三大差别能快点消灭。不少新农民就是从这个立场出发,他们已经站到贫下中农一边了。从为个人,从单纯应付两个钟头考试,越改越可怕。有人说,按主席说的去改,越改越考不取大学。这种心理状态不改,毛主席指示就接受不了,教改就改不下去。毛泽东思想可以给我们树立一个体系,给我们巨大力量。知识都是从实践中来的,我们要到实际斗争中去学,去考验。学的结果全在于用,服务于革命。

因此,必须强调理论联系实际。不接受毛泽东思想,就会接受别的思想,马路新闻就会起作用。解决这个问题,才能正确地接受毛泽东思想。要解决为革命而学,为革命而用的问题,还要解决用革命方法学的问题。革命的方法,第一是主动性。教改一年来出现了几种好现象:学生主动看书,讨论,独立处理问题,解决问题,自觉锻炼,劳动等等均是主动的表现。毛主席在湖南自修大学的宣言中说,师院的主动性是好的,但没有科学;洋学堂有科学,没有主动性,把学生管得死死的。革命的学习方法第二条,书本不能单纯停留在书本上,教育和生产劳动相结合,和三大革命运动结合。上海交大用两课时上完了六十课时的课,这是教师的努力,学生的主动性,理论联系实际三个臭皮匠因素结合的结果。江西功劳大,过去120课时森林植物学,只认几十种植物,理论联系实际后,用60课时认得200多种。这里面天地广阔。

马克思《资本论》的三个例子:

1. 工厂视察员的汇报:工厂半工半读比全日制读得多,读得好。
2. 资产阶级学者:上等阶级和中等阶级的子女,不生产,一天到晚读书,徒徒浪费老师的时间;老师光给儿童上课,徒徒浪费儿童的时间。
3. 纺织工厂资本家:产生优秀工人的秘诀在于早期的生产劳动和教育结合。马克思得出结论:教育和生产结合,是改造世界巨大的力量,不仅发展生产,而且是培养接班人的唯一方法。

为革命而学是出发点,用革命方法学是途径,最终才能达到为革命而用。开辟一条路子,数理化哪些可以在实验上,哪些可以在工厂上。作文没有日记好,这是思想没有解放,文字表达高于口头表达。数学没有好像真没用,用起来到处都用上。

不要看成绝好和绝坏。成分不好,自己不努力或错努力(如埋头读书)都是没有前途的,路是错的。如按党和革命的需要下决心把自己培养成革命接班人,家庭促进他更多地改造自己,进步快。家庭好只是天生的好。可能会变成包袱。要认识时代的特点。现在我党是执政的党,革命干部比过去大不同。现在的工人阶级和过去不同,是住楼房的工人阶级,物质环境会影响人的思想意识,关键在于自觉。家庭成分和个人努力不是一回事,不好的不会阻挡个人努力,好的不能代替自己革命。我们时代都可能走革命道路,关键在于个人努力。

读毛选老三篇是根本,但不够了,要学四篇哲学论文。

## 81.3.朱之闻在高二级部分同学和西宁大队新农民座谈会上的讲话(1965年11月21日)

这个座谈会开得非常好。

第一、今天所提的问题就是整个社会对你们提出的问题。做新农民是个新事物,在这面前,多少人持有不同的态度,用不同的眼光来看它。有人反对,有人怀疑。这是古今中外都没有的,所以怀疑也是很自然的。因此,我们有责任回答这些问题。如不能正确地回答,疑问就更多,如能正确地回答,新农民的队伍会愈来愈壮大,几十万,甚至几千万。进一步就会有多少人来歌颂这件事。我们要拿行动来改变社会的看法,使他们变成羡慕,变成追求。

第二、我们伟大的革命目标,就在我们自己身上开始体现,这是十分有意义的。我们要彻底革命,要消灭三大差别,就是通过我们自己的行动来体现。为了个人名利去追逐,官再大,生活再好,知识再高,也是没有意义的。我们现在从事这伟大的事业,再默默无闻,再苦,再困难,也是值得的。一代人有一代人的任务。我们现在的任务,一方面,用枪杆子打了天下,现在仍没完,还要我们去努力;另一方面,要向共产主义目标前进。如何走向共产主义越来越变为现实,从新农民身上体现出三大差别的缩小。你们现在革命之家的家庭生活方式就是共产主义的萌芽，在农村就是共产主义的细胞。将来生产力发展了，就需要相适应的生产关系。现在你们每户五个人的生活方式，就体现了全民所有制的生产关系，就是特殊情况下的共产主义，从吃，穿，住，到各方面都各取所需，与以前的家不能比，因为那里有血统关系。这个家在农村是放光芒的。这是新农民最可贵的创造，这是有伟大意义的。

第三、新农民要看到自己是在三方面起作用：

1. 如何改造培养青年一代成为无产阶级革命接班人，为全国广大青年树立榜样；

2. 有改造农村一穷二白面貌的任务，你们要下决心和农民共甘共苦，一点一滴地来改造；

3. 对城市有很大的影响作用。今后将有大量的知识青年下来，大量的城里人就更关心农村了。

第四、要好好总结经验，用积极的东西来克服家庭内部和个人存在的…（不清）今天你们谈了很多积极的东西，要充分发扬。（完）

## 81.4.沙尧在66年1月15日团员大会上的讲话

我们搞大改，全国来讲不是很多的，别人希望我们先走一条路子出来。我们怎么办呢？要引起每一个同学来考虑。要看到身上的担子。看不到自己的责任，作为共青团员是很不够的。班级的好坏决定于团组织，决定于团的干部。看到成绩，还要看到问题。

应看清方向，鼓足干劲，鼓起热气，坚持教改方向，坚定教改信心。要做到"政治浓浓的，热气高高的，干劲足足的，好人好事多多的，毛泽东思想举得高高的，上山下乡当社员思想扎得牢牢的，身体练得棒棒的，知识学得活活的。"要解决一个根本问题：教和学的问题，师和生的问题。只有师生双方考虑解决问题才能解决。

学生方面：思想认识上的问题和实际行动上的问题。

1. 思想认识："公说公有理，婆说婆有理"，就是缺少真理，缺少毛泽东思想。社会上人们都赞成要教改，最担心的是知识，是考大学。这个要求是不正确的。教改是为了提高质量——德智体三方面，不应追求升学率。但教改就是要提高质量。两年来成绩是主流，但缺点也不要回避。解决当社员的问题是解决世界观的问题。将来干什么是革命的需要，知识上的问题还是当社员和上大学问题没有完全解决。

应该把问题看得完全一些。不要愿意了，就万事大吉了，就不管学习的好坏了。愿意是自己的世界观，不一定就是革命的需要。当社员是要解决根本方向问题，而且当社员是当新社员，要动脑筋，考虑问题。外语不学是近视眼，是片面的，极其错误的。

2.生动活泼和组织纪律。要学解放军，既生动活泼又有高度组织纪律性。不要烦琐哲学。对老师要求苛刻，不承认差别，唯心。对老师的做法，首先应否定；但敢于向老师提意见，很好。

一、学习上个人和集体的关系。总的认为靠个人钻研，不希望搞小组。学习上要老师，同学，集体三结合。学习上什么是知识？什么是老框框？要善于破旧，又要善于立新，要又破又立，不能只破不立。基本功问题：学习能力，解决问题能力，动手能力是很重要的基本功。活和死的关系。该记的要记，问题在怎么记，要会用，基础知识活学活用。学习上的自觉性问题。老师不敢严格要求，我们本身不自觉，时间浪费很多。教改是对同学要求更高了，而不是更低了。

二、学风上，作风上的问题。要学大庆作风：三老四严，四个一样。作风不踏实，认真，严肃，归根到底是为革命而学习没有落实到德智体各方面的锻炼上。好好考虑为中国世界革命而学，为五亿农民和三分之二人民而学的思想究竟有没有解决？当社员问题是否彻底解决了？师生问题根本上是思想问题。学毛选主要解决生活方向和思想方法。批评要考虑方式方法，考虑效果。这中间有艺术。团员要懂得怎样做人的工作。下学期要坚定按此路子走到底，但要进一步解决新出现的师生关系矛盾。要把老师的热气搞得高高的。

老师有三种情况：

1.想改，有方法；

2. 想改，无方法；

3. 思想认识上有距离。

对团支部的要求：

团组织要发挥作用。团组织不要光管发展团员，不管教育团员。政治工作不要光抓政治，不抓学习。

对团员的要求：一颗红心，两个动力，三好学生，四好支部，五条标准。

团支部和班主任的关系。高三要把这些问题解决好，第一届要争取搞出经验，不要只有教训。不解决这些问题就不能有高质量。要找差距，狠抓到底。（完）

## 82. 关于"朱之闻、沙尧言论"的说明（1）

张人则　于含英

1. 文革期间铅印、油印、手抄、复印的大小字报、讲话纪录、会议记录等等，如果保留下来了，今天就是文革史料。有许多中外学者、史料专家在大规模地收集、整理、出版文革史料。2003 年夏，我们在宾州一所大学见到其中一位收集者，并看到他所收集的大量各种文革小报。他已经得到项目资金，当时正在把所有那些资料复印 200 余份，目的是送交各大图书馆收藏。收集、出版这些文革史料在美国都是合法的，所有文革历史的研究者在这些图书馆查寻并在自己的研究中引用这些资料，也是合法的。文革史料的集大成者，是有中外十多名学者参加，用三年多时间，走遍了世界各地的亚洲图书馆，征集了众多的私人收藏，抢救了无数第一手的文字资料，在数以百万计的官方和非官方的文献中进行专业性的编辑校勘，汇集成的《文化大革命文库光碟》。这一光碟包括上万篇文献，三千多万字，有网站可以下载其中的文件。中国许多图书馆也收藏这样的文革史料。

2. "老三届"网站的目的之一，就是收集和保存与附中教改和文革有关的史料。这个网站上已存放了若干附中文革史料，例如：红联成立宣言，何纪宁等反对"自来红"的大字报，"井冈山"编印的"教改大事记"，高一甲班红卫兵的大字报，等等。这个网站上也刊登了红联、"井冈山"、造反军不少同学回忆、反思文革的文章，其中包括各种史料。

3. 我们这次提供朱之闻、沙尧言论的史料时，已经说明，这是根据当年的油印材料复制的电子文本,而且在标题特地标明"文革历史资料 / '井冈山'编辑油印(1967年夏)/ 朱之闻、沙尧言论(供批判)"。

其中"(供批判)"是照抄史料,这个标题以下的全部内容,都是当年的史料。这可以由当年的油印本证明。提供史料是为反思文革用,不是要今天再开展"大批判"。我们否定文革中那种批判,承认我们当年认识和行为的错谬。我们的这些认识,在老三届网站上发表的文章中,有过多次表示。

4. 史料的收集者、提供者对史料的真实性负有责任(不有意作假,避免认假为真),但他们不对史料的内容的真假、对错负责。历史研究者会对史料的内容做各种各样的分析,会有不同的看法,那是历史研究的常态,与史料本身的真实性是两回事。比如说,甲提供了一则史料,是乙一百年前的日记,其中记载有"丙某年某日说丁不好"的内容。甲有责任说明史料的来源。如果这史料经过验证,确实是乙一百年前的日记,甲的责任就尽到了,但是,甲对日记本身内容的真实性不负有责任。其他研究者可以考证并辩论,"丙没有说丁不好""丙说丁不好,但不是某年某日说的""丙说丁不好,但丁不是象丙说的那么不好",等等,这是历史研究的内容。所谓历史研究,就是梳理原始史料的过程。我们可以证明我们提交给老三届网站的电子本,确实是根据文革中的油印件打成。我们对此负责。这些文件究竟说明了什么,则有待老三届网友讨论。

5. 近年来,政府决策、执法的公开性和透明度越来越受到重视,国务院 2007 年 1 月 17 日颁布的《中华人民共和国政府信息公开条例》是其中一例。朱之闻和沙尧当年是作为政府官员在管理附中,他们关于附中办校的基本方针、政策,是他们在公共领域内的发言,即使是在当时也是完全公开的,现在更无秘密可言。我们并没有在此公开他们的私人信件、私人文件,或其他受法律保护的私人信息,所以丝毫谈不上对他们人权的侵犯。陈光、刘顺元的与他们职务相关的言论事迹,那更是早就成为历史学家研究的内容。至于历史学家们所引史料是否"符合"所论人物"他们的意,这是谁也不能断然回答的问题，而恰恰是历史研究的内容。

6. 有网友说到文革中"大字报、小字报满天飞，造谣生事，捕风捉影，抓住一点，不及其余，庇害种种，危害极大……"，这是一种观点。将来如果有人真要把它写进历史，就不能只凭这一句话，而要把具体证据拿出来。我们希望和几位批评我们的网友能在这一点上有共识，那就是：有一分史料，才能说一分话。这是我们现在要尽可能收集文革史料的理由。一位网友说"看来，楼主还是很欣赏文革的垃圾喽"，从史料角度讲，实在不能说什么是垃圾，什么是珍宝。如果从原始史料中把每一个人认为是垃圾的东西都剔除掉，历史将只剩下一张白纸。

7. 我们相信，收集、保存、提供文革史料是有重要意义的事，"老三届"网站为此所做的努力非常可贵。应该强调，在公共领域内，历史的真相、公众的知情权是第一位的。在遵循此原则的前提之下，需要非常慎重地考虑的其他因素。例如，决不能沿用文革中的贴大字报那样的思维方式和做法，决不能搞人身攻击等。如何搞好文革反思，是很大的课题。感谢几位网友提出这个问题。希望我们继续讨论。


以下是网友议论：

张人则于含英：我们收到的从南京寄来的油印件，原标题为"朱之闻，沙尧言论115条（供批判）"。我们没有把115条言论收录在此，所以省去这几个字。

## 83. 关于"朱之闻、沙尧言论"的说明（2）

张人则　于舍英

本文继续和网友讨论"文革历史资料《朱之闻自供及沙尧讲话》（老三届网站105）。本来这只是一条评论，但放进评论有点嫌长，要截成几段，只好再作为文章发出。这份资料，是根据我们去年年底收到的来自南京的一份油印件，由我们输入电脑而制成。我们收到的不是文革中留下的原件，是复印件。

8开纸，5张，整10页。原标题第一行是"朱之闻、沙尧言论115条"第二行是"（供批判）"。在115条言论摘录后面，有落款："南师附中井冈山造反兵团整理，67.11.13"这115条言论，共约6页半，下面的3页半，即是我们送交老三届登出的朱之闻的三个讲话，沙尧一个讲话和"朱之闻的自供"。收到油印件后，我们先打出了后面的3页半。我们觉得这几个讲话是可以单独成文的，但考虑到网上同学也许没兴趣，所以并没有立即就寄给网管。

1月24日，鉴于网上的争执越来越严重，而且我们觉得是偏离了老三届的主题，本着转移话题，"打打岔"的希望，我们同时寄给网管两篇文章（老三届104，105），并在105文前加了一个短短的说明。我们在复制文革史料时，遵循一切以原件为准的原则，即使看到小文法错误也不予订正。但在加标题时，觉得"115条"没有着落，去掉了这三个字，变成了现在的《朱之闻、沙尧言论（供批判）》。我们自己的确认为，既然该标题是在"文革历史资料"的大标题之下，就表明这是当时的说法。现在看来，"供批判"几个字，引起了很大误解，让一些同学误以为是还要继续搞文革那样的批判。

我们应该再次说明：不是那样的意图。文革中附中同学对朱、沙的所谓"大批判"，曾同时使用了语言暴力和肢体暴力，对他们造成极大伤害。我们虽然没有参与过直接的肢体行动，但思想上仍然是属于那无知狂热的一群，这从我们当时编写的"教改大事记"，为"朱之闻的自供"所加的按语中，都可以看得很清楚。复制和保存这样的史料，同时也就保存了一段我们自己的历史。我们绝不认为那是光彩的历史，而是永远应该引以为戒的历史。

我们在2007年5月8日的文章里，说过同样的认识："我们曾经信奉、实践那种阶级斗争理论，我们曾经参与斗校长、批老师那些'国家滥权'的行动。我们错了，应该反省、道歉，而且，要尽力消除错误重演的可能性。"（老三届：060）希望这些话能表明我们确有反对文革大批判的诚意。

但是，另一方面，发表和保存这些史料，又确实有供分析（包括批评）的意图。不是文革那样蛮不讲理、有罪推定的所谓"大批判"，而是在现代民主政治意义上的，公众对政府行为（包括历史上的行为）的分析、讨论、监督性质的批评。我们在上文中提到，应该分清公共领域和私人领域。每个公民的私人领域，应受法律保护，不容他人窥探和侵犯。握有国家公器的公务员，他们在社会公共领域内运用权力的行为，则应坚持公开性和透明性，一般公众对他们的与其职务有关的言论行为，应该有知情权和批评权。

这种一般原则，在运用中一定有需要进一步具体化的地方。我们看到一位网友的长篇评论（见老三届105），其中先说到他有一本同学谈教改的小册子，然后讨论应否公开。在这个问题上，我们现在的想法和做法与该网友相似。我们也收有部分文革中造反军公开贴出的大字报稿，也没有打算现在就公开。因为我们确实希望能先问问他们的意见，但现在没有办法去问。我们一直觉得，涉及同学的事情，要格外谨慎。这位网友接着提出三问：当年的违心之论、当年有错误观点而现在已经改变、不愿意出现在公共视野之中，在这三种情况下，是否应该违背本人的意愿，公开他们的历史讲话。这位网友的分析，帮助我们理解为什么一些同学对发表史料那样反感，我们非常感谢。但我们现在的思路和这位网友不相同。我们觉得公开性和透明度的程度，不是依据于当事人的意愿，而是依据于他们握有公权力的大小。大到一国首脑，不仅他对公权力的应用完全公开透明（即使涉及国家机密也有一定的解密期限），连本人的私生活有时都暴露在大众面前，这是因为他手里的权力太重要。公权力越小，公民身份越突出，隐私就越应当受到保护。我们送交文章前讨论过此事。我们觉得作为教育厅副厅长，朱之闻的历史讲话应该有充分的公开性和透明度；对沙尧，其实我们曾经有点犹豫，因为校长这样的身份，有时是介于领导和老师之间。后来是因为想到这个讲话本身不包含任何负面内容，所以还是送出去了。我们的想法对否，希望讨论。

现在公布 40 年前的与公权力有关的讲话，鉴于这 40 年间的政治变化，也许对多数涉及的人来说，都是不愉快的事，这很可以理解。在任何情况下，我们都不能轻言让个人放弃他应有的公民权利，我们理解这是上引网友的基本意见。但是，一个人在选择公职时，是不是应该想到，这份工作所赋予的权力，本来就是有成本的？他的一言一行，在现在和在将来，都是要受到大众监督的？否则，一个社会如何能防止权力的滥用？所以，公开性和透明度，不能不是更高一级的原则。我们相信，老三届收集史料的努力，来自于这样的基本信念：历史的公开和透明，能帮助我们以史为鉴，不重犯过去的错误；使当代人有所警戒，知道真相终究要大白天下，从而更谨慎使用手中权力。我们仔细地看了网友的批评，并在这里说出我们的想法。我们特别希望继续看到上引网友的意见。你这样具体地提出意见，对我们是很大帮助。在反思领域内，需要仔细琢磨的问题，太多了。只有通过这样具体的讨论，持不同意见的同学才能通过相互补充，取得充分的相互理解并达成共识。

以下是网友议论：

某某：张人则于含英二位学长：感谢二位学长很仔细地看了我的论述，同时我也很仔细地看了二位学长的论述。我十分同意二位学长关于公共领域、私人领域等方面的论述。可是，我不得不遗憾地说：

我们讨论的不是相同的论题。我是针对二位学长发表的《文革历史资料〈朱之闻自供及沙尧讲话〉》一文从法律层面上提出了问题：

1. 文稿是否真实；
2. 文稿的来源是否合法；
3. 文告的公布是否是当事人的愿意。

二位学长在"关于'朱之闻、沙尧言论'"一文中已经明确表示："史料的收集者、提供者对史料的真实性负有责任（不有意作假，避免认假为真），但他们不对史料的内容的真假、对错负责"。二位学长已经很清楚地回答了我的问题，即你们不对"朱之闻自供及沙尧讲话"的内容的真假、对错负责"。既然如此，在不能保证真假的条件下，奢谈什么公共领域的公开性和透明度、奢谈更高一级的原则等有什么实际意义呢？这是一个很浅显的道理，可是在我们的网站里对这个道理还不甚明了。所以不得不多说几句。比如，网站上发表了3篇有关教改的文章，大家依据这3篇文章谈的热火朝天，甚至具此得出某种结论，大家非常高兴。后来一核对，一篇所述事实严重失真、一篇是在某种不可忍耐压力下的不实之词、另一篇简直就是子虚乌有。那么，这种在公共领域公开性和透明性的讨论有什么实际意义呢？我们现在面临的还不是"更高一级的原则"而是更前一级的"真实"。这就是我所说的："皮之不存，毛何焉附"的道理。

不能保证真实的证据在法律上是绝对不能被采信的。即便是真实的，取证不合法，比如说偷拍，没有事先说明录音的录音，没有签字的笔录等法律上也是绝对不能被采信的。《朱之闻自供及沙尧讲话》就属于不能被法律采信的材料。

# 84. 《进入文革》及《结束语》

戴相陵（66 届初三丙）

## 84.1.进入文革

我们国家 1966 年上半年的政治舆论导向认为，世界上以美国和前苏联为首的大部分国家，都是我们的敌人。这些国家被称为"帝、修、反"，它们亡我之心不死。在国内，警惕在党内出现"赫鲁晓夫式的人物"和防止他们篡党夺权，逐渐上升为头等重要的大事。而且，为了有效地抵御帝、修、反的进攻，就一定要揭露睡在我们身边的党内的资产阶级代表人物。

对于这些宣传，全国人民都相信，包括我在内。处在教改的茫然中，我一方面要在思想革命化上试图跟上时代的节奏，另一方面又要默默地低调地准备即将到来的高中升学考试。当今政治、历史和学术界，对文革到底是哪一天发生的，恐怕还没有定论。对于我来说，无产阶级文化大革命好像不是突然爆发的。它的前奏或前期，被称为社会主义文化大革命。挖出来的反党反社会主义的黑线还局限在文艺界。

官方先后发表了姚文元的两篇文章：1965 年 12 月的"评新编历史剧海瑞罢官"和 1966 年 5 月的"评三家村"。在这期间，不断地有小说、电影被抛出来批判。早在 4 月 4 日，我们在语文课上就讨论并上纲上线地批判了田汉的文章"为演员的青春请命"。

一天，有同学神秘地向我提醒，今天的报纸上，北京市长彭真的名字在"党和国家领导人"的一连串的名单中消失了。

5月14日，上午的两节政治课上我们写文章、做准备。下午全校师生员工举行大会声讨"三家村"。会上，大家情绪激昂。有31位师生发言，还有五十多个书面发言。我还记得其中有一个同学的发言颇有鼓动性：我们这一代没有赶上红军长征、没有赶上八年抗战、没有赶上解放战争、也没有赶上抗美援朝，可是我们赶上了文化大革命。我们一定要紧跟党中央和毛主席。这天，有新闻记者到场给会场拍照。我似乎找到了父辈们在1957年反右运动中随大流跟着声讨时的感觉。

6月1日，《人民日报》发表社论，号召"横扫一切牛鬼蛇神"。该报同时刊登北京大学聂元梓等人揭露北大党委和北京市委的一张大字报。这张大字报后来又被毛泽东钦定为"全国第一张马列主义大字报"。大概是这张大字报颇有分量，以及其矛头直指党内的当权派，使得后人认为，1966年的6月1日，应该是标志着文革的开始。

6月8日下午，学校开始出现许多批判某些教师反动言行的大字报。

6月9日，全校开始停课，专门写大字报，揭露老师的反动言行。

6月13日，中共中央、国务院发出通知，声称以往的招生考试办法"基本上没有跳出资产阶级的框框"，必须"彻底改革"。

6月18日，《人民日报》刊登北京女一中高三（4）班、北京四中高三（5）班写给党中央、毛主席的信，强烈要求废除旧的升学制度。《人民日报》开始以更激烈的言辞来抨击高考制度，宣称要将它"扔进垃圾堆里去"。随后，中共中央、国务院根据毛泽东的指示，决定全国高校停止招生。

虽然我在日记里写到要坚决拥护中央的英明决定，但也无奈地感叹：反正以后是服从国家分配、不必烦心了。党需要我到哪儿，我就上哪儿。心头上挂着几个月的升学考试的悬念终于被放下了。我当时竟感到了一时的轻松。我和全国人民一起，就这样一步步地走进了长达十年之久的无产阶级文化大革命。

以下是网友议论：

知情者：记得在1967年春天红联的一次会议上，刚刚从八一战斗队转到红联的吴芸生再次说过同样的话，也是慷慨激昂，鼓动人心。相信吴芸生加入红联是经过认真思考后的选择。我们收集文革，教改的史料的时候，不能忽略我们当初的思考以及心历路程。人们的内心活动，也反射着外部社会的本质。

## 85. 公共讨论中的史料运用

张人则　于含英

本文讨论网上文章（南师附中老三届网文 108）的跟帖。为行文方便，没有任何不恭敬的意思，我们选英文第一个字母，称主要与我们讨论的网友为 A 同学。我们感谢你称我们"学长"的好意，但是当之有愧。就称我们为张于二同学，或 ZY 同学，我们平等对谈，如何？

如 A 同学 1 月 31 日的帖所说，他是"从法律层面"提出问题，这和我们的想法在起点上就不一样，我们是在回顾和重新认识我们中学时代（包括文革）的那一段历史。历史讨论和法律取证，都讲究"求真"，但遵循不同原则，使用不同方法，这由这两个领域不同的处理对象所决定。

我们理解，A 同学的核心看法是："不能保证真实的证据在法律上是绝对不能被采信的。即便是真实的，取证不合法，比如说偷拍，没有事先说明录音的录音，没有签字的笔录等法律上也是绝对不能被采信的。"这些话我们都完全同意。但是，首先要有人起诉，经法院核准立案，才有这里所说的取证问题。在我们目前的讨论中，是不是有一个这样的案子存在？由谁来审这个案子，可能的宣判结果是什么？如果这些问题都无着落，我们如何从"法律层面"讨论问题？

我们觉得，这是弄错了"文革反思"的性质，把一个作为公共讨论中的历史反思问题，变成了法庭判案问题。下面，我们就提出 A 同学提出的三点质疑，讨论这二者的区别：

1. "文稿是否真实"。我们已经说明,文稿提供者的责任在于"版本的真实"。看来 A 同学接受这一点,但又认为,如果不能进一步保证"内容的真实",讨论没有意义。我们知道法庭判案中的证据采信,有明确的标准,要经过严格的法庭程序,所作出的结论具有权威性。证据提出者要对"内容的真实"负责,但"内容的真实"是否成立,不由证据提出者的断言所确定,而要通过诸如双方律师交叉盘诘的程序(各国具体情况有所不同),由法庭裁定。历史史料内容真实性的判定,和上述法律过程不同。一件史料的真实性如何,可以在几十年,几百年间反复被人讨论,而仍然不能得出被大家普遍接受的结论(如"古文经"是否由汉代刘歆所伪造);在几百年间,不同的观点同时并存,并不需要、也不可能由某一权威来裁决孰对孰错。重要之点是,史料的真实性,一定要在讨论中才能逐渐显现。离开讨论,一般来说,任何个人都不能对史料的真实性,单独做出被大家所接受的判断。

我们在网上固然不是讨论那样高深的历史问题。但在"鉴别史料的真实,必须经过广泛讨论"这一点上,是一样的。这和"证据是否采信,要经过法庭程序作出裁决",也是相似的。就是说,常常不是先有了"真实性",然后再讨论,而是"真实性"本身的鉴别,就必须经过讨论。A 同学提出这样的情况:"网站上发表了 3 篇有关教改的文章,大家依据这 3 篇文章谈的热火朝天,甚至具此得出某种结论,大家非常高兴。后来一核对,一篇所述事实严重失真、一篇是在某种不可忍耐压力下的不实之词、另一篇简直就是子虚乌有。那么,这种在公共领域公开性和透明性的讨论有什么实际意义呢?"附中同学都不是专业人员,犯这样错误是可能的。但是,这并不会带来错判一个案子那样的后果,完全可以推倒重来,在错误中学习。我们大家在讨论中都应该避免草率,遵循"先审核史料、再依据史料分析历史事件"的程序。

2. "文稿的来源是否合法"。这里 A 同学的主要关切,是如何对待"精神暴力"下产生的文件。A 同学认为,这类文件不符合"来源合法"的要求,不能作为法律证据。我们同意。但是,法律和历史是两个不等同的领域，有不同的标准。可以举三个大家熟悉的例子：研究"太平天国"后期历史，会引用"李自成自述"；研究瞿秋白，会引用"多余的话"；研究"庐山会议"，会引用彭德怀自述。这三个压力下的文件，不会被视为法律证据，但它们确实被公认是三件重要的史料。在历史研究中引用它们，决不会带来"是否合法"的问题。

文革中附中同学大多深受"否定一切"思潮的影响，普遍认为教改是"修正主义教改"，我们当时也持这样的观点。朱之闻在此情况下谈教改，思想上有很大压力，这是事实。但我们是在和他谈话中作的记录，没有施加其他压力（可参见南师附中老三届网站文章号090）。我们的这一陈述，以及这个讲话本身的史料价值，都应该根据它的具体的文字内容，通过大家的讨论，来做出判定。简单地在法律意义上把它作为"自供词"处理，认为它根本不应该进入讨论，不是对待史料的正确态度。上面举出的三例，可以表明这一点。进一步说，如果把与"精神压力"相联系的史料全都排除在历史讨论之外，49年以来的历次政治运动，将面临除了"红头文件"而外，无史料可用的尴尬局面。因为我们完全可以论证，运动中的揭发者和被批判者，全都处于某种"精神压力"之下。

3. "文告的公布是否是当事人的愿意。"我们在"说明（2）"（老三届网站文章号108）中已经讨论了这个问题。我们复制的这几个讲话，其内容都是"公共领域"的问题，所以公众对它们有合法的"知情权"，这种"知情权"是第一位的。国务院2007年1月17日颁布的《中华人民共和国政府信息公开条例》及相关文件，对此作了说明。在文件只涉及当事人的私人信息时（如所谓的"历史问题"），则公布文件与否，完全取决于他们的意愿。

这里说句题外话。我们在以前的网上文章（老三届网站文章号92）中说到我们对朱之闻的一个看法，我们说，他对教改这项工作怀抱真实的热情。后来听说，朱之闻对教育问题的关注，确实是贯彻其文革后生命的始终。一个人，为后人留下经验，或留下教训，都可以是宝贵遗产。如果我们能在讨论中学会用理性公允的态度评价教改，难道不是对朱之闻最大的尊重和安慰？难道朱之闻更愿意看到我们把教改当作不值一顾的"陈芝麻烂谷子"？

如果 A 同学同意史料和法律取证有相同点（先拿出来，再判别真伪），又有本文所说的区别，那么，我们应该倒过来说，对任何一件史料的可信度，提出法律取证那样严格的盘诘，对研究只有帮助，绝无损害。A 同学对《朱之闻自述》所提疑问，应该看作是研究这条史料的所不可缺少的第一步。我们从中学到很多。

本文立论极大地依赖于网上讨论的质量，鉴于网站讨论的特点（公开性，可以匿名发言，等等）和目前现状，如何发挥其长处，避免可能的负面作用？由于篇幅限制，我们将另文讨论这一问题。

请 A 同学指正。

# 86. 历史研究中的史料运用

## ——以《李秀成自述》为例

张人则　于舍英

在网站上通过公共讨论来反思文革，我们设想的理想的情况是：有兴趣的同学，一起收集、提供史料，一起梳理、分析史料，一起反思、总结那段历史的经验教训。这比较接近于历史研究（当然不具备那么严格的学术规范性）。最近，我们送交网站刊登"文革历史资料"，引发争论。其中，A同学从法理角度谈对史料的处理原则。

本文用一个著名的案例，对《李秀成自述》持续了几十年的学术讨论，来说明史料运用的各种因素。并对"法庭判案"与"历史研究"两种场景，做了简略的对比。本文可以看作是我们"公共讨论中的史料运用"一文的附录，希望和对历史感兴趣的网友共同讨论。

## 一、历史研究中对史料的版本与内容的判定

1864年7月23日忠王李秀成被捕后，在囚笼中亲笔写下数万言的供词，后来称作《李秀成自述》，公认是研究李秀成和太平天国历史的重要史料。对这份史料的研究涉及"版本的真假"和"内容的真假、对错"两方面问题。

（甲）版本的真假

1."九如堂本"：《李秀成自述》经过曾国藩删改后刊刻，称"九如堂本"。

2. 罗尔纲 1951 年本：1944 年暮春，在广西通志馆工作的吕集义，到湘乡曾氏家里看到秘藏多年的《李秀成自述》原稿。他根据"九如堂刻本"，对勘、抄补、拍照，并把材料带回广西。罗尔纲根据吕氏抄补本作注，取名《忠王李秀成自传原稿笺证》发表。这被认为是重大成果。

3. 曾国藩伪造说：1956 年，《华东师大学报》第 4 期发表年子敏、束世澂的文章《关于忠王自供原稿真伪问题商榷》，称经过司法部法医研究所笔迹研究专家鉴定，《李秀成自述原稿》非李秀成的笔迹，从而作出了《自述原稿》乃曾国藩伪造的论断。此说一出，就引发了一场关于《自述》真伪的大论战。

4. 台湾 1963 年影印本：1963 年曾国藩的曾孙曾约农在台湾将《李秀成自述原稿》全部影印公布，

5.《自述原稿》为李秀成亲笔似已不容置疑。

6. 罗尔纲 1982 年本：罗尔纲积几十年的功夫，注《李秀成自述》，最终于 1982 年出版了《李秀成自述原稿注》。

（乙）内容的真假、对错《李秀成自述》详细叙述了李秀成参加太平军、从战士到主将的历史，以及太平天国的兴亡始末。文中涉及三个问题，引起重大争议：

1. 吹捧曾氏兄弟和清廷

2. 对太平天国、特别是天王洪秀全不满

3. 提出"收齐章程"，自愿以"罪将"之身，出面代为招降太平军余部

这些问题是争辩"内容的真假、对错"的焦点。罗尔纲认为李秀成写《自述》是故意"诱敌伪降"，是李秀成设下的"缓兵苦肉计"，因此丝毫无损李秀成的光辉形象。在 50 年代的历史教科书中，如范文澜的《中国近代史》，都把李秀成誉为"民族英雄""伟大的英雄"。他认为"李秀成表示向曾国藩投降，自然不是像反动统治者所说的'宛转求生，乞贷一命'；而是想争取曾国藩的庇护，保存数十万太平军残余革命力量，逐渐分化曾国藩与满清的关系，等待时机到来，再度进行反满反外国侵略"。

罗尔纲、范文澜的观点，长期是历史学界的主流观点，也是我们在小学、中学学到的观点。1963年，《历史研究》第四期刊出戚本禹文章，题为《评李秀成自述——并与罗尔纲、梁枯庐、吕集义等先生的商榷》。文章说："太平天国后期的重要将领忠王李秀成，在1864年7月22日被曾国藩的军队俘虏了。他在敌人的囚笼里写了一个自述。这个自述，从它的史料价值来看，无疑是极其珍贵的；但是，从它的根本立场来看，却是一个背叛太平天国革命事业的'自白书'"。他的结论是：李秀成是叛徒，并"认贼作父"。

范文澜、翦伯赞、侯外庐、邓拓、刘大年、李新等著名学者，对戚本禹文章和观点提出了严厉批评。戚本禹的文章也被江青看到了。江青将文章呈送毛泽东。喜欢历史的毛泽东特意据此读了《李秀成自述》原稿影印本。读毕，毛泽东写下批语："白纸黑字，铁证如山；晚节不忠，不足为训。"对戚本禹文章予以肯定。自此，李秀成被定性为叛徒。文革之中，主张李秀成"伪降"说的人都受到打击迫害。文革之后，这个问题才又回到学术领域。二、法庭判案中的证据采信原则

A同学从这个角度看待网站讨论中的史料问题。根据我们有限的知识，法庭判案中对证据的处理，要点如下（说错了，请纠正）：

1.法庭判案中，检方/辩方分别提出证据来证明被告有罪/无罪，他们对证据的"有效性"要负责。

2.法律（或其他政府文件）对证据的"有效性"有明确规定。

3.证据是否确实有效，要经过严格法庭程序来判定，比如说，检方/辩方律师交叉盘诘（各国具体形式有所不同）。例如，检方提出审讯记录，被告已经认罪。但辩方提出医生证明等其他文件，说明被告曾受刑讯。法庭审理最后判定被告确实曾受刑讯，检方证据无效。检方须对此负责。

## 三、"法庭判案"与"历史研究"的对比

1.刑讯之下的供词不为法庭采信，但可以而且确实是历史研究

的重要史料。

2.法庭判案中,提出证据的目的是支持一个特定的断言(有罪/无罪),提出证据的人要对证据的真假、对错负责。历史研究中,提出史料的人,可以只对史料的版本真假负责(他们可能不涉及用该史料去支持任何命题)。学者们不认为需要由罗尔纲在提出史料文本的时候,对内容真假、对错负责。他们既审核罗尔纲提供的版本是否为真,同时自己解读文本,对其内容真假、对错作出判断。

3.法庭判案中,对证据的有效性,要依据法律(或其他政府文件),经过严格的法庭程序审核,作出裁定。裁定具有权威性。历史研究中则通常没有简单划一的判别标准,只有在讨论中形成的"主流"观点。而且,对版本真假持相同观点的人,如罗尔纲、戚本禹,都以《李秀成自述》版本为真,仍然可以对内容真假、对错持完全相反的看法。学术讨论中不存在"裁决"真假、对错的个人、机构、机制。

在学术自由的环境下,没有人能强迫别人接受自己的观点。不同的观点可以长期并存。

## 87. 南师附中 1969 年下放教职员工的情况

王虹（66 届高三丁）

继文革后期的知青上山下乡，中央政府于 69 年冬季展开了新一轮城镇居民下放农村的运作。江苏省革委会在具体执行的过程中，将下放工作同前期的"清理阶级队伍"密切地联系在一起，从而在落实中央政府的下放任务方面，走在了全国的前列。

南师附中在这次下放运动中没能幸免，先后近 20 名教职员工下放农村。如果说当初知青上山下乡可能是出于"无奈"，那么让在职教职员工下放农村则完全是"恶搞胡来"了。说"恶搞胡来"一点儿也不为过。当时南师附中因文革的原因，生源大增教师严重缺乏，以至于不得不让新高中生去担任初中的教师工作。在这种尴尬的情形下还搞教师下放，不是胡来是什么？下面是南师附中 1969 年下放教职员工 18 人的情况：

周兴发（男）化学教师、教研组长，下放洪泽县万集公社袁集大队。

葛家覃（男）数学教师，下放洪泽县公河公社盱丰大队。

辛天桦（女）俄语教师，下放洪泽县公河公社盱丰大队。

吴至婉（女）语文教师，下放洪泽县万集公社丰收大队。

杨秀清（女）校医，下放洪泽县万集公社袁集大队。

丁文卿（男）地理教师，下放淮安县大兴公社。

戴国芬（女）物理教师，下放淮安县复兴公社朱庄大队第九生产队。

季联芳（男）语文教师，下放淮安县盐河公社胡庄大队。

唐世中（女）数学教师，下放淮安县径口公社。

徐远凡（女）语文、外语教师，下放丹阳县荆林公社蒯家大队。

印敬良（男）化学实验员，下放灌云县百蚬公社大兴大队。

余仁（男）生物教师原教导处副主任，下放泗洪县双沟公社。

杨雪（男）音乐教师，下放洪泽县岔河公社张五大队倪庄生产队。

张泽山（男）69年8月来校后即下放灌云县四队公社民治大队。

李淑华（女）69年8月由五七干校分配来校，不久即下放淮安县溪河公社。

金玉鸾（女）语文教师，74年4月病故于洪泽县双沟公社东风大队。

吴耀卿（男）外语教师，72年病故于泗洪县龙集公社。

华永昌（男）政治教师，下放洪泽县岔河公社张马一队，在"下放干部"返城之前病逝。

另外还有几位教职员工由于其他原因幸免于下放。他们中有陶强老师，吴寿玉老师，金从有老师，李琳文老师。

以下是网友议论：

1. 知情者：68年插队内蒙的校友应该感谢杨雪老师，正是杨老师"贡献"出200元人民币给同学们作探路盘缠，才使得内蒙之行顺利如愿以偿。当然，沙尧校长被抄走的存折也是盘缠的重要来源。

2. 某某：杨雪老师下放地点为"张王大队倪庄生产队"，华永昌老师病逝于"下放干部"返城之前，与吴耀卿老师一样没有等到返回南京的那一天。

3. WH：吴耀卿是晚一步去农村的。原因是下放开始的时候，吴先生的问题还没有搞清楚，所以还不能走。总不能将问题交给贫下中农去"清理"吧！不过，为了不落下这班下放车，附中还是迅速地将吴先生的问题搞清楚了。

## 88. 《记得插队》

洪小宁（68届初一丙）

  桔黄色的落日余晖给一切都带上一丝怀旧的温情，哪怕是断头台。

——米兰·昆德拉

  前两天我们兄弟姐妹带着老父亲给母亲去上坟，我姐姐小芸（68届初一乙）告诉我说："你们班同学的姐姐施立平在网上发了一篇题为《在东辛农场的日子》，看后很是心酸，你如有空也到网上看看。"她列举了文章中一些内容，便哭了起来，并对我说："如果我们当年不随着小虹（我大姐）到高淳，也是应该到东辛农场的，像我们这样的家庭成分，遭遇会更加悲惨，命都可能会没有。相比之下，我们的插队生活已经很奢侈了。"今天我打开"老三届"网，四十年来一天一天努力忘却的事犹如放开的弹簧般一瞬间全部呈现在眼前。

  说到"奢侈"二字，主要又是相对于文革中的遭遇而言。插队前，父亲已被关押了两年，罪名是叛徒走资派。因为我们没有按照南工红卫兵的意图让出家中的房屋，他们就贴出海报，结果不仅全家被批斗，我小哥哥被打，而且被勒令24小时全家搬出，家具被全部没收，父亲从老解放区就开始集起的几十本邮册也被洗劫一空（听说当晚就全部失踪，至今没有下落）。我的两个哥哥用小板车将家里剩余的东西一点一点送到妈妈学校宿舍的楼梯肚里. 我们没有了家，我们全家都分别到各自学校寄宿。六八年妈妈学校后勤有好心人，把学校空着的一些小琴房给我们住，又给我们一些课桌当床，妈妈每周把全家聚在一块，做些好吃的，使我从十二岁就常常疼的心口得到莫大的安慰。

我常常期盼着父亲的问题能像变戏法般突然解决，然而这种期盼在当时只是无望的（因为全国最大的叛徒、走资派没有解决）。六八年底，妈妈到高校干部培训班封闭学习（一个一个过关）了，我们兄弟姐妹中也已有三个插队。我大哥去插队在要上火车时被十三中的同学打了。他们骂他狗崽子，不准他上车，叫他跪下低头认错。家里只剩下我和小芸，我们正准备吃饭，他回来了，一声不响，灰头土脸。我们赶紧让他先吃饭，吃完饭再去争取尽快到广阔的农村去练红心。

插队前居委会组织人天天来动员，我们家是重点。家里只剩下两个人，小芸自然做主啦。对于插队，她开始考虑得多，比较谨慎，我就每天和她吵着要去插队："我是坚决不在城里当社青的！"正好玄武区有了一次机会，可以照顾一批妹妹到姐姐那里去插队，我们俩就高高兴兴地到区政府去办理了，记得是68年12月30日。元旦休息一天，一月二日我俩迁了户口，就步行到十几里外设在电磁厂的干部培训班通知妈妈。

插队时，我十四岁多，小芸十六岁。前一天晚上，不知是停电还是什么原因，留在记忆里的光线很暗。我们班的同学战英急匆匆地到我们临时的家来了，穿的一条卫生裤，一只裤管高高地卷起。她来了解插队手续怎么办理，临走时想将我们的插队证明借回家。因为有前面我大哥的例子，小芸就很谨慎，生怕失去这次机会。可是战英是我的好朋友，文革前去农村劳动我们总是一路同行，一起唱歌。《江姐》插曲《红梅赞》《绣红旗》我就是那时向她学会的。我姐姐不同意，我就很为难。记得那时她在农村劳动中脚受伤被送回家，我和经建偷偷溜出去探望，我们身无分文从晓庄林场走了很多路，才走到牯岭路四号她的家，回林场后遭到老师和全班同学痛批。现在回想起来这事也觉得很奢侈。后来晓芸老和我说起那晚战英来时的样子，每次提起，我们的心里都很难过。我以后再没有见到过战英。

一月五号我们下乡插队落户了。我妈妈请假前来送行。那天天气阴冷，区政府门前全是人，有哭的，也有笑的。我永远记得妈妈当时看着我们的直直的眼神，满脸神色凝重。相反我们自己倒觉得挺轻松的，坐上卡车后一路高歌。当农村广阔的天地和纵横交错的河流展现在面前时，真的感觉很好。我们又坐了三个小时的船，听着完全听不懂的话，甚至于有到了苏联的幻觉。终于到达高淳县下面20里外我们的新家。这一待，就是八年。

我们住的是没有天花板的瓦房，隔壁是沙英家的天井，因此我们等于住在露天。但是屋里又很暗，房间除了一个极小的窗户外，只有屋顶的瓦上还有个天窗。里屋的门只是摆设的，门旁可以走人，门上也全是空的。逢到下雨屋顶到处漏水，无论床怎么搬也没用，后来我们索性将塑料布往帐子顶一夹，就什么也不管了。一到晚上，还有许多老鼠吱吱地叫，在帐子上跑来跑去。这屋没有人住。听说五八年城里吃饭不要钱，而这里却在闹饥荒，干部打人。这屋的主人经受不住，在梁上上吊自杀了，从此这屋归了大队，以后也没有人敢住。我们住下后，大队拿我们的经费盖了轧米厂。有农民一本正经来问我有没有遇到过鬼，我开玩笑说天天晚上出来喝水，可是我们不怕。他相信地点点头说："你们是毛主席派下来的，能镇住鬼。"

每天早晨隔壁沙英家养的猪、鸡、鸭子、猫的叫声、吃东西及喝水声将我们吵醒。她家还有一只狗，名叫"盖萝"，经常在我们家出入。我们小队是公社148个生产队最差的一个队，政治气氛也不浓。有一次，一个贫下中农对我们说："这个草泥塘真大，比毛主席还伟大。"把我吓了一跳，在当时说这种话是要被杀头的，可是大家听了都无动于衷。农民对我们却很好，从生活上处处关心，并且教我们做农活。有些农活很呆，比如往一个草泥塘里舀水，舀下去就漏掉了。农民不管，只是叫我们一勺一勺一直舀到太阳下山，我就不断地数数，数数能忘记手酸，数数中有很多期盼。当时不会归纳，只想尽快地数到中午吃带来的干粮。高淳的习惯一天吃两顿，因此带的一点点干粮对我们来说就相当重要了。再比如在麦田里锄草，一下一下枯燥极了。我们就一边唱歌一边干。比较好的是栽秧，我们俩栽得都很快，能超过队里的劳动力。割稻我们也快，但我总是会气接不上有要死的感觉，比不过小芸。比较累的活是挑担和吊草塘泥，刚开始挑圩，我才挑一点点肩膀就肿了，可过了几年我能挑一百四十多斤稻子到河对面狮树公社。吊草塘泥是用钉耙将与河泥和在一起的草从泥塘里吊上来，这使我回城时手劲很大能超过男同志。劳动虽苦，但比起家里人整天挨批斗提心吊胆的那些日子要好。每次填表都很头疼，成分这栏很难填。

经过商量，我们如实填写后，都加上"尚不是最后结论。"几个字。当时绝对没有想到这真的不是最后结论。

有段时间，"三忠于"活动很盛行，每天早晚都要进行"早请示，晚汇报"，还跳"忠"字舞。我们也这样做，并且觉得好玩。可是西湾大队有个男知青在请示后哭着反复说："我不吃，我给毛主席吃。我有罪，请毛主席原谅。"随后长跪不起。知青中传说他得了精神病。由于知青开会时我对他第一眼印象较好，因此这事总在记忆中挥不去。九大召开之时，我们剪了许多"忠"字送到贫下中农家，每到一家，就得到一份炒米和炒米糖。后来才知道，当地人有种活动叫送春（是一种文明的要饭），唱到谁家，谁家就送一份炒米和炒米糖，或是年糕。我们把吃不完的炒米装在新发的马桶里面，中午带到田里当干粮。

村里的喇叭每天早晨都要放好几遍《文化大革命就是好！就是好来就是好！》，将我们从睡梦中惊醒。我不明白这种噪音为什么要通过歌曲的形式放出来。没有一点美感，简直像是泼妇在骂街、翻白眼。相比之下，革命现代样板戏要好听一些，几年下来，我们没有一段不会唱的。初到农村时我们看书并不多，可能是农村生活的单调反而激起了我们学习的欲望。有段时间小芸在晚上点着油灯，跟着小半导体学起了英语，我则抄写字典上的生词。后来知青中开始相互借小说看，我们因此借到一些书看。这些书的特点是无头无尾，但大多是名著。知青中还相互传抄一些歌曲，在当时被认为是黄色歌曲，其实除了知青之歌外，大多是出自民歌二百首，另有一些是电影插曲。有一次支援其他公社挑圩，要在圩埂上走十多里，我和洪小芸一路走一路学《重归苏莲托》，唱了一遍又一遍，等到了那里，歌已经学会了。

高淳是水网地带，我们每天劳动划船至少要行半个小时以上，才能到田间，其中要经过一片水宕，名叫洗马宕，相传这里是三国时期孙权洗马的地方。这里的景色非常之美。每当下工时经过这里，看着天边被落日染红的云彩，远远的有水鸟贴着水面飞行，忽隐忽现，疲惫的人们不再说话，只听见幽幽的桨声，我们都不禁会唱起《家》《思乡曲》《怀念战友》等好听的歌曲。

插队两年后，我们与对面狮树公社其他学校的知青有了来往，后来成为好朋友。联民大队有一家三个知青，小鲁、顾子、二子，见了面才知道与我哥哥是同学。与他们的交往使我们单调的生活有了一些改善。男生生活没有计划，有次我们去拜访，遇见八位男知青正在吃一脸盆没有油的莴笋；还有一次去时，他们正在就着盐水吃饭。因此我们有的时候在下雨天不上工的日子聚集在联民大队，一起包饺子或是烧肉吃。吃饱肚子就开始唱歌，念诗。我还记得南伍大队大眼子那时带头唱歌的样子："红－军－不怕－远－征－难"，大家就一起和道："红军不怕远征难！"那时真的很开心。大眼子是我们中间的才子，他是属于非常聪明，有一点点神经质的那种人，写的诗词和剧本都相当痴情，可惜我当时没有记下来，现在只记得一首写给他患有白血病的小学女同学的长诗，最后一句是"我似天边一只失群雁，声声泪，你可听见？"另一首词是写在与顾子往来的信中，最后一句是："草屋布被，安知暖凉？"后二年大眼子离开我们到冶山铁矿当矿工去了，后来又考到江西冶金大学去读书。那时我不会写诗，但还是献丑送他几句："江南五年才情蓄，发奋北山半生余。稻菽浪里展大道，矿灯丛中忆往昔。"三虎、魏宝玉也是联民的常客。三虎也是一位聪明人，号称"江南才子"，他和大眼子记得《三国演义》《水浒》中许多重要对白的出处，甚至是在第几页，超强的记忆使他们经常互相对考。三虎后来回南京博览群书，成为文学评论家。联民大队小鲁比较帅，风流倜傥一表人才，当时是许多女知青崇拜的偶像，故事很多，但到底有没有和谁正式谈过恋爱，我们至今也没搞明白。后来他因为个子高，篮球打得好，考进一所体育学院，和该院的一位老师结了婚。顾子则是我最要好的朋友，他为人善良、诚恳，做事踏实，因为当时家庭、处境与我们相似，我们很谈得来。他常常以大哥哥自居，给我们很多关心和帮助。他人好，箫也吹得好，一曲"春江花月夜"如泣如诉，听得直教人落泪。七四年他父亲问题得到解决，他也因此被推荐考上一所师范学校，后因工作努力被留校。

一次南京外贸公司来人招工，需要会外语的知青，小芸报了名。有天晚上来人将她找去面试，她回来后感觉非常之好。我姐姐不仅外语学得好，且人长得聪明漂亮，身材姣好，当时来组织面试的人很感兴趣，她自己也抱很大希望。可是没多久，不知在哪个环节发生了问题，她的名额被别人占去，还被振振有词地说成是因为成分不好的原因。不久，我妈妈患子宫肌瘤大出血开刀，后又得了糖尿病，身边没有一个子女。为了照顾妈妈，我姐姐回南京，做起了临时油漆工。

我妈妈始终是我们的依靠，在那些日子里，我爸爸工资被减到每月只有三十元，还不够他自己吃饭钱，妈妈挑起了沉重的经济负担和精神负担. 为了让我们过得好一些，她每月按时在发工资的当天分别给我们五个子女每人寄去拾元钱，剩下不多的她维持着家用，给我们回去时增加营养。她多次到农村来探望我们，每次来都要买上许多肉菜烧给我们吃. 不仅烧给我们吃，还到其他知青家烧给他们吃。她刚一到农村我们家，就发现我们的床下是一条大阴沟，床上被子是湿漉漉的（可是我们因为热气大，睡在上面全然不觉），就要了草木灰帮我们填上。我妈妈是天下最善良慈祥的母亲。她从小是孤儿，十七岁参加革命入伍，同年加入中国共产党。文革前对我们子女要求严格，常常组织我们学习雷锋。文革中出于对党的纯洁的感情，参加了保卫院党委的联名签字，因此遭到迫害。但她个性很强，每次批斗都不屈不挠，甚至于现场进行忆苦思甜，造反派也拿她没有办法。在她多年糖尿病后又患癌症，可她始终关心我们党的生死存亡，始终关心每一个子女的成长教育。直至临终全身疼痛，她都忍着尽量不哼出声音，尽量不给我们增添麻烦。

最后她知道自己不行了，深情地对我们说："我家的小孩都是好小孩。"一次我爸爸补发了六百元工资，妈妈分给我们每人一百元。我拿这一百元给自己买了一把二胡，此外又买了一个当时最好的半导体送给妈妈,以感谢妈妈的养育之恩。现在想起来,真后悔对妈妈这样的报答太少了!

每家身边无子女可以照顾一名知青回城,我们一致将名额让给了我大姐。

每当我早晨醒来望着屋顶的小窗,就会有井底之蛙的感觉。可即使是井底之蛙,也会对着光亮产生各种幻想,既然不是现实,就可以放开去想象,我是这样充实自己的精神生活的。有一次我做了一个梦,我和我所崇拜的人、朋友们一起从雪山上往下滑,空中很美,有许多彩色的东西在飘。这梦在相隔三十多年依然记得,可见当时对我精神的作用了。我还经常会梦到回到课堂上听课,参加考试。

周围的知青陆陆续续都已通过不同的途径走得差不多了。我也开始尝试做一些努力。我和生产队的轻人相处很好,用业余时间为他们办了一个小夜校,帮他们排演节目进行汇报演出,还组织大家捐书,搞了一个小图书室(就在我的小屋里),当时还真有不少青年前来借书。一次"五一"劳动节,我和队里的年轻人一起到县城去买书,因为当时正值批林批孔,书严重缺乏,在县城只买到两本书,一本是郭沫若的《李白和杜甫》,另一本是克鲁普斯卡娅的《列宁回忆录》。之后我们集体在县城合了影。这一年我没有回家。冬天,屋子里水桶里的水、挂的毛巾,都结了冰,我独自一人拉着二胡,也快成了冰人。夏天,踩在滚烫的水田里,为了防晒,放下的袖子被稻叶撕得像白毛女。有次农忙,天不亮去搞秧苗,农村妇女都用毛巾包扎好自己,我自作聪明涂的防蚊油,以为万事大吉了,结果头被一种小蠓虫叮成笆斗了。

我的入团是通过特批的。我的日记里有对于当时的记载。当时争取入团的青年那天有上交二百斤水草的任务,我在挑完一天泥后刚放下工具就去和另一个农村姑娘一起捞水草,浑身湿淋淋的回家来不及吃一口饭又去教夜校,晚上回到家,浑身骨架都散了。在递交入团报告若干时候,有一天,我培养的这批姑娘、小伙兴高采烈地告诉我,他们入团全部批下来了。但是没有我。我沉默了,心想又没有希望了。又过了一个月左右,我们队的团支委告诉我,我的入团申请因为家庭成分有问题而被搁浅，可是一位老团支书曾经在我们大队做过工作组工作，对我的表现很清楚，那天他正好顺道路过，说了一句："我了解她，批吧！"就这样批下来了。悲哀之余，我又深感庆幸，庆幸自己能遇到这样的好人。在当时能做到这样有人性，有水平，懂政策的人真的不多，尽管在当时党的政策是"有成分论，不唯成分论，重在政治表现。"

七五年下半年，邓小平同志主持工作后将温暖送到千万户知青家中，我也从公社知青办领取到一床救济棉胎，真切地感受到一种从未有过的温暖。而在此之前，我都不知道公社有这样的机构。而此时文史哲上刊登的一些文章，却在指桑骂槐，恶意中伤这位伟人。到元旦社论发表，卑鄙地将阴谋已发展成为公开。

七六年一月八日，我们敬爱的周恩来总理与世长辞了．当这一噩耗传来时，我们这些留守的知青顿时泪流满面，有的人禁不住失声痛哭，自发地到镇上买来黑纱或是做小白花进行哀悼。仅过半个月，知青大面积回城开始，我接到了决定命运的上调函，结束我为期八年的插队生活。这一年，我已二十二岁。这是我生命中最好年龄的八年，在特定的年代，特定的地点构成的一首悲欢离合的交响曲，深藏在我心底永不能忘。

一月二十六日，我踏上了回宁的路程。前一天晚上，我买了两斤糖到队里挨家挨户告别，感谢他们八年来的照顾。我收到队里高中毕业生玉南赠送的日记本，一直珍藏到现在。隔壁沙英的哥哥一声不响，帮我把行李挑到高淳县城，他家的狗"盖萝"一直将我送了二十多里路，八年的相处使它成为知青的好朋友。我相信"盖萝"真的是来自伊甸园。

以下是网友议论：

1. 王虹：文中提到的外国民歌 200 首的流行，确实是知青生活中具有真正意义上的中国特色。外国民歌 200 首显然不是通常所谓的流行歌曲，而是经典的外国民歌，这让知青的一代受益匪浅。眼下央视青歌大赛四种唱法的同台展示，让人们匪夷所思。40 年前，我们的生活没现在丰富。当时没有"流行歌曲",流行唱法也不存在。地道的中国民歌也不多,好像也没有形成什么民族唱法。原生态的歌倒是接触到一点儿,农民在劳作时哼的一些号子着实让人耳目一新。但知青拥有外国民歌 200 首!外国民歌虽然也是民歌,但它具有的却是外国的特色,用中国特色的唱法来演唱显然不很合适。歪打正着,外国民歌 200 首最终造就了一代人的美声情结!对于一个各方面还在发展中的社会来说,美声艺术发展的基础或许正是受益于外国民歌 200 首的流行吧!

2. 戴相陵:小宁好文章!永远记得那位当年初一级最小的学生,小宁,那圆圆的红扑扑的小脸蛋,和那永远善良的微笑.真不知道你家还吃了这般多的苦头.不知小芸后来命运如何?她当年也是个很聪明的小姑娘。上世纪 70 年代初的一天,淮安县复兴公社朱庄大队附中知青小聚。高二学长汪铁羽手风琴一曲少数民族的"送我一朵玫瑰花",我听了后,几乎要流下眼泪。二十岁男儿也想哭?那时,我在农村,我全家都在农村。"送我一朵玫瑰花",我一直喜欢。今年春晚里还在唱。但最好最深刻的一次,是汪铁羽拉手风琴的那一次。

3. 施亚平(68 届初一乙):我也是流着泪看完了文章。我们都经历了那个特殊的年代。我想知道小芸小宁你们都好吗?每次同学聚会都会提到你们,但谁都不知道您们在哪里,能告诉我你们的联系方式吗?下次聚会大家见见吧。

4. 小芸:这是一件真事。大哥确实当天没走成,是被当时初一的主义兵打的。由于派别不同及其他原因,我和大哥几年不说话,但第二天天没亮我就为大哥烧好了早饭,好让他动身。大哥很感动,我们也和解了!多年过去了,这事仍被经常提起,谁都没忘记。

# 89. 祖国的花朵

戴相陵（66 届初三丙）

## 89.1.附中情结的由来和发展

南师附中是南京最好的中学。本人的"附中情结"似乎比别人更重得放不下，这是有深远的社会原因的。首先，父母都是南师附中的教师。父亲的历史，甚至要追溯到抗战时期附中的前身中大附中，直到 1956 年。我从小生活在附中宿舍大院里，进进出出的人都是附中的，他们口口声声都是附中长、附中短。再看看我同院的那些学长们，他们不仅家长是附中老师，而且自己都考进了附中读书。我两位伯伯家的堂姐堂哥们，也大多数是附中的学生。

每年寒假暑假都有那些登门来看望母亲的学生。他们都是当今名牌大学的学生，又都是当年母亲教出来，从附中毕业的。于是今天附中与明天的大学，似乎是联系在一起的。在这种环境下长大的我，附中，好像是天生注定在我的学生生涯中了。尽管如此，我已经开始意识到，不是人人都能进附中的。首先是要当好学生才有希望。像我们这座平民小学，每年只有两三个毕业生能有这个运气。在录取时，附中也不照顾自己的教师子女，甚至还有把他们踢出来的。有的是因为分数，有的是因为家庭出身。

就这样，我在心目中已经朦朦胧胧地盯住附中了。可是，从环境里产生的惯性使然到确定目标，再到迫不及待、进而到志在必得，还需要一个过程。小学毕业前，有两件事对我决意要上附中，起了很大的鼓动作用。

通常，吃完早饭后我就去学校上学。但是，这天早饭后，我必须先去附中校园办一件事，然后再去我的学校。我刚入附中校园，就被学生们的早读气氛给镇住了。我第一次看到这么自觉读书的同学，他们分散在校园各处，操场上、道路旁、树荫下、教室里。他们来回走动、口中念念有词，要么是语文、要么是外语。最重要的是，他们完全是自觉的，没有老师和班干部在旁边监督。

这与我们平民学校的被迫早读形成了鲜明的对照，我不禁想起了前几天在自己班上看见的不自觉的现象。那天早上，当我踏进教室时，只见里面一片混乱。大声吵嚷的、互相打闹的、自玩游戏的都有，唯独没有早读的。照理说，现在是第一节课之前，何老师还未到，由当天的值日班委蔡晓冬坐镇，带领大家早读。显然，现在蔡晓冬因故未到，教室里的局面已经失控。

我马上皱着眉头走到黑板前，刷刷地写下几条要求。意思是何老师马上要我们会背诵这几篇课文的，今天作业本要交上来给蔡晓冬等等。当我回到自己的座位上读书时，教室里平稳了下来，慢慢地有了早读声了。不久何老师来了。她看了看我在黑板上写的，似乎察觉和明白了点什么，然后就开始表扬我了。

从附中校园的晨读里，我才知道，附中都是"好学生"。从那天起，我是下定决心，要上附中了。

1963年的六一儿童节，此时，我仍然是萨小学生，面临着毕业和升学考试。这天晚上，附中初一初二的学生文艺汇演，庆祝六一，妈妈让我也去观看。那台演出的质量之高、道具之好，都是我们平民学校不能比的。附中同学的多才多艺，使我倾倒。而且这是按班级上台，班班的水平都是一流的。更让我难忘的是这些小学长们，男生个个英俊、女生个个漂亮。如果说在看六一演出前，我还是在下定决心要上附中的话，那么演出后，我对考入附中就是志在必得了。这天，离升学考试，只有一个多月的时间。

## 89.2. 小学毕业—1963 年夏

考入南师附中,虽然对我来说是志在必得,可是对升学考试付出的主观努力却很少。客观上,我们平民学校所能提供的迎考复习的条件,就更有限了。学校每年在七月中旬放暑假,我们六年级的三个班在这期间毕业了。我不记得毕业证书的事了,可是还记得毕业照。

那一天上午,我们一百多号学生和校长、主任、老师们,前后高低分成三排,在操场上演习了很长的时间,才看着摄影师远远地按下了快门。后来照片出来了,还传到我的手上看过一次。黑白 120 的四寸照片,单从面孔上,我根本看不出来自己,也认不出其他和我一起考入附中的五人。这张照片,学校从来没有宣传过,我也从来没有拥有过。

毕业典礼是在晚上进行的。印象最深的是我大概是因为大声讲话被胡主任训了,一直训到我当场哭了下来。何老师看我哭得伤心,还过来安抚了一番。那天晚上哭的,还不止我一人,各种各样的原因都有。本班的一个女生比我大一两岁。她临散时也哭得很委屈,大声抱怨说有同学说她想和一位我们的代课老师好,完全是胡说八道。

从毕业典礼到初中入学考试(初考)大约有十几天。此时已是暑假前期,校园内已人走房空。学校把三个毕业班留了下来,我们也就进入温课迎考中了。

我们的祖国,与她的老三届花朵,后来开了一个命运级的玩笑。那就是三年后,共和国的政治和历史,让我们卷入和全程经历了的那场史无前例的、长达十年的无产阶级文化大革命。正是由于这场文革,使 1963 年夏天的初考,成了绝大多数老三届初三同学人生中,唯一的一场升学考试。我是属于他们中有点运气的那一小群,底气不足地参加了人生的第二场,勉强地爬上了姗姗迟到的最后一班车。那就是十四年后的两场对老三届网开一面的七七和七八级的高考。至于我们中能在国内研究生试场里搏一搏的人,那就更是凤毛麟角了。

那场 1977/78 年高考前后发生的每一件事,对我来说,是那样的刻骨铭心,就像发生在昨天似的。

《我的大学梦》里那些几乎使人不敢相信的传奇故事,都可以作为写小说或者报告文学的基本素材了。

相比之下,我对这场1963年初考的回忆,为什么是这样零零碎碎、甚至是有点枯燥无味呢?

### 89.3.复习迎考

我们三个班在初考前,天天上学。在学校里,没有什么紧张而言,因为大家都知道,像萨小这样的平民学校,大部分毕业生是考不取初中的。学校也从来不讲究考名校、不追求升学率。大家每天来,只是因为规定要来,老师好像也只是看管着同学。

压题猜题,是几年后在附中才听说的。我在四五年级的时候,曾经想过作文考题的。听说1961和1962两年初考的作文题几乎雷同,好像分别是"有意义的一天"和"一个有意义的星期天"。有年暑假,我还思索过如何写这篇作文。我翻开《中国少年报》,里面类似的文章太多了,于是自己也下决心要模仿着写一篇。

可是由于贪玩的秉性,我从来也没动过笔。最后只是确定,诸如此类的题目,要根据何老师的教导,写"有思想性"的东西。有人告诉我要写"做好人好事",不能写"玩"。那些写春游秋游的人,虽然自己觉得"有意义",可是结果全都被刷到差一点的学校去了。这点,我早就铭记在心了。且不说作文了,就是语文造句,如果构思没有思想性,何老师也不会喜欢的。由于我们的语文书里的课文体裁,记叙文占压倒多数,再加上历届初考都是记叙文,大家都想当然的期待,今年的初考作文体裁也是记叙文。我不记得在那几天有没有做过模拟作文了,即使做过,题目也记不清了。

学校把一位总务处的李老师派来,给我们班复习算术。平时大家就觉得李老师凶,不喜欢他,背后叫他"李猴子"。他是本班同学李天慧的爸爸。他搞出了很多难题,先给他女儿做,以确定难度和水平。难度相当的,就拿来给全班做。做完后,大家再找李天慧对答案。李老师的算术题相当难,难得几乎都使我们丧失了信心。那些计算题的答案，都有十几位数，再加上小数点。我很少做对这些算术题。我心里想，如果考试中的题目有这么难，就算我倒霉。有一条李老师、何老师的教导，我是记住了。最后的应用题，最好用一道综合列式列出，以示你理解题目。这样，即使最后计算失误，也可得到该题的一半分数。

这一天，初考填志愿了。我把志愿表带回家，依次填下了五个学校：南师附中、宁海中学、二中、八中和十六中。前两所是重点中学，而最后的十六中，当时还没有高中。那年，爸爸带着一批大学生在二中实习。二中给了他很好的印象。星期天，他就带我们小孩去二中的校园里玩，有点实地考察的意思。于是，二中就成了第三志愿。

南京的夏天特别闷热，我们在教室里整天都汗流浃背。我偶尔发现，学校的一间背靠城墙的小房间很阴凉。于是有一天，就把何老师带进去改本子。那间房子是水泥地，门窗紧闭，又见不到阳光，所以阴暗潮湿，坐在里面很舒服。

有一天下午，天空突然乌云密布。只见何老师刚一松口，我们全冲到了操场上。此时天地一片昏暗，狂风把炎热一扫而光。同学们在操场上跑啊、闹啊、疯啊，把复习一事全甩在脑后了。这就是当年的复习。不认真、不紧张。直到那天，大家都糊里糊涂地坐进了考场。

## 89.4. 初考那天

我的那间考场就在南师附中建国院南厢房一排的靠后面一点。大概就是几个月后初一乙或者初一丙班的教室。我们院子唐老师的儿子二陵，刚好和我同一考场。二陵的生日在九月份以后，所以他整个小学都是在一所民办小学上的。

我们考了一个上午，作文和算术共两门。可能是先考作文的。大概没有语文部分。作文题目是"夏天的早晨"。我没加思索地就按散文体裁写了，时间很充裕，因为我有时间打草稿。交卷时是要求把草稿也一起交上去的。俯首做文时，感觉良好，就是大脑滑筋，一时想不起来"碧绿"的"碧"怎么写了，最后只好用"绿色"来代替形容河水。

　　交卷出来，课间休息，我与送考的何老师谈了散文体裁。老师未加评论，可能是怕影响大家下面考算术的情绪。由于老师眼神里有点赞许，我很得意地告诉她，我的文章里用了一组对偶句，从"开国大典"那课里学来的。"夏天的早晨"是否当记叙文写，并没有什么原则性的问题。可是后来我听说，那些用这个题目来叙事的考生，不幸都失手了。看来，考前的什么记叙文和压题，是很难得手的。

　　课间休息时，校园里人头攒动。很多是送考的家长。在五四草坪边的路上，我看见了大伯的后侧影。他从教室大楼这边向建国院走去。我念头一闪：他们家今天有两人应考：姜树李与我同届，他哥哥考附中高中。高中的考场设在教室大楼。当时我一点都没想到自己父母没来为我送考。即使想到了，我也不会在乎的，因为我的父母从来就没认真参与过我的学习。

　　接着开始考算术。我接受了以往教训，细心再细心、验算再验算。最后一道应用题，是基数除以（1分数）的形式。我用综合列式列出。答案出来后，反复验算多次，才交了卷。考完后出来，有的学校的老师拦住了他们的学生。他们要同学马上回忆出每道算术考题，记下来为来年的考生做打算。我们学校没有这么做，何老师与我和同学们，只是简单地对了一下答案。我心中有数：自己算术全对，几乎有希望得满分。作文感觉不错、算术几乎满分，我轻松地回到家里。爸爸妈妈连问都没问我考试情况。

　　这时，中央人民广播电台正在全文播送"苏共中央公开信"-苏共中央给她的全体基层党员的公开信，阐述苏中分歧。此时，中苏两党分歧已经公开化。作为反面教材，女播音员的调子是软绵绵的。这是为后来我党的"九评"反击系列论文做准备的。

## 89.5.发榜

　　发榜那天，天气爽朗。一大早，我就跑到学校去等通知。按当时的规矩，初中录取通知书发到毕业生的小学，让我们自己去拿。与此同时，各个中学的大门口也张贴出录取名单，这大概就是历代传统上的"发榜"吧。我们都在校园里等着，只见老师们在办公室进进出出。显然，通知昨天已经抵达学校，老师们已经知道底细了。

由于学校对颁发通知不是很急，所以产生了一个时间差的问题。有人来报告，隔壁的八中，已经发榜。八中大门口的"金榜"前，人山人海。八中是我校大部分毕业生的第一志愿，于是很多人马上出校园，直奔八中。八中是我的第四志愿，我知道与她无缘，也就没跟着出去。不久，人们就回来了。有人高兴、有人懊恼。甲班的肖幼鹏，这位本校大队长，自嘲地对我说：我们吗，就在八中上上算啦。显然，他已知道，自己附中落榜、八中榜上有名。也有和我一样没去八中门口凑热闹的人。本班的吴振民，口口声声说自己上八中没有问题，后来没想到进了丁家桥附近的三十三中。

这时，学校对发通知仍然是你急他不急，说是要等到九点。蒙在鼓里的我，有点着急了。这时，我看见王锦星老师步入校园，她的爱人是附中的陆远猷老师。我想她一定知道我的去向了，于是就上前问王老师：我有没有考取附中。王老师笑着问我：难道你真的不知道？她的意思我明白：你妈妈是南师附中的，她能不知道？

后来我才知道，妈妈从来没去打听过我的事。她不敢去打听，是因为沙尧校长的威严。她事后告诉我：沙校长在学期结束的附中教职员工大会上严肃地警告：今年子女考附中的，一个都不准来学校来打听。这"打听"到底是指探情还是说情、还是两者都有，就不清楚了。不过胆小老实的母亲，确实没有越过雷池一步。

见我一头雾水的模样，王老师微笑地告诉我：你考取了。我至今还记得通知书上盖着的南师附中鲜红的大印。从六一节演出引发的志在必得、到毕业后不是很努力地温课迎考、到考场里的自信发挥、再到今天的录取通知书，一共才两个月的时间。我变得异常兴奋起来，一路小跑回家去报喜。在上楼冲进门的一刹那，我举着通知书大喊：考取了！据说，当时我兴奋的喊声，全院子的人都听见了。后来，我才知道，1963年是共和国政治上最宽松的年代之一。她对考生录取的原则是择优录取，不注重家庭出身。楼下的王亮也从福建路中学毕业后考入了附中高中。他没有高中学历的姐姐王明，从工厂考上了大学。

妈妈在我上学的事上，终于走了一次后门。她后来去了附中教务处，要求把我分到学英语的班级。那时，俄语已经越来越不吃香了。和我一起考入附中的小学同届校友只有五人。他们分别是甲班的蔡善强、沈芝英、吴孝元、李世平；乙班的刘大恒；丙班仅我一人。

后来，我从母亲那里听说，1963年附中初一年级招生，报名应考人数599人，录取200人，录取分数线170分。我堂兄姜树李考得172分。其他人的分数，包括我的在内，至今一无所知。作文试题"夏天的早晨"首次要求散文体裁。算术好像不难，100分问题不大。按现在的水平来看，竞争并不算很激烈，我们被附中录取似乎容易了一些。我们是否是当年矮子里挑出来的将军？

## 89.6. 初一丙班的老师 1963-1964

### 1. 张亦瑾

进入新学校上初中，一切都是新鲜的。老师自然都是新老师了。我们班的班主任是张亦瑾老师。

张老师大概四十多岁，和蔼可亲，脸上总是微笑。她终身未嫁，与另一个老姑娘住在附中镇江路宿舍的一间房子里。她对待我们，就像对自己的孩子一样。她从来没有对同学板过面孔。

张老师虽然没有亲生的孩子，但她却是我一生所有老师中，最具有母性的老师。她在课堂上，几次皱眉头、微笑着"喝令"王志东同学把棉袄脱了。我们在下面都觉得好笑。因为已经是初夏了，只有王志东一人还穿着棉袄，全然不顾自己的满头大汗。

因为年龄小，我们对张老师的未婚原因都不感兴趣、也不多问。学校也对此保密。听说在文革清队政审时，连专案组都对她放了一马，允许她不公开交代。直到最近我才听说，张老师不嫁的原因很简单，她戴着一口假牙。我对这个原因至今都没想通。

听说张老师曾经有一年被评为学校的优秀班主任。面对本班，她的首要任务，是把五十个互相陌生的同学团结在一起，融洽相处。最棘手的难题，是怎样任命和分配那几个有限的班干部名额。她很清楚，班上从各个学校考进来的这五十个人，都是各校最优秀的学生。其中很多，都是戴着两条杆或三条杠的中队或大队干部。

于是在班会上，张老师向大家讲明了"粥少僧多"的原因，使对当干部有想当然的同学有了足够的思想准备。然后大家都在班会上表了态，若当不上干部，不仅不发牢骚，而且还要配合班干部搞好今后的工作。班会后，在一次与我单独的谈话里，她拿郭浩翔同学为例子。对这个平时低调的同学，张老师说他来附中前，是小学里的大队劳动委员。

张老师教我们地理。因为不是主课，每个星期只上两次课。张老师是一位优秀的地理老师。我至今还记得她那细腻的江浙口音：气压越低、气温越高。她对气温与三位一体的纬度、海拔和海陆的辩证关系，讲得非常清晰。我们受益匪浅，以至于在十五年后的高考中，我在解答地理考题里的一道有关在地球赤道上的山顶上，有终年不化的冰雪时，张老师的慈祥笑容又出现在我的眼前。

下课后，我们常到张老师的史地教研组办公室去办事。在那里，我们经常在旁听徐康宁老师在大声地给气象小组作指导。我在那里第一次看到了立体的中国地形的模型。我还特别注意到喜马拉雅山的世界最高峰，珠穆朗玛峰，是在国境线上的我国一侧，而不属于尼泊尔。

1978年我从苏北回南京后，几乎每年我都要探视张老师。那时她已经在床上，不便下地了。我出国前最后一次见到张老师是1984年。后来她的身影还出现在我们班1993年聚会的录影带里。看着大家一个一个地向她鞠躬，我真后悔自己没能参加那次聚会。

## 2. 吴至婉

吴至婉是我们的语文老师。她同时也是隔壁初一丁的班主任，教两个班的语文。

小学毕业时，我在怀疑以后能不能遇到与何老师一样好的语文教师。到了附中，当吴老师走进教室给我们上课时，我就知道自己的担心是多余的。吴老师教我们初一的语文，是我们的运气。吴老师执教严格。她要求我们会背诵每一篇课文。这就是我至今还能对一些课文朗朗上口的原因之一。比如：第一课，《落花生》，作者/许地山：我们屋后有半亩隙地，母亲说，让它荒芜着怪可惜……第二课，《荔枝蜜》，作者/杨朔：花鸟草虫，凡是上得画的，往往都十分惹人喜爱……

美中不足的是，吴老师似乎对我们太严了。与和蔼可亲的张老师不同，吴老师总是在讲台上用尖锐的眼光搜索着下面。面对这位"爱找茬的私塾先生"，预备好功课的同学都有点提心吊胆，那些没准备好的，就更连大气都不敢出一声了。在全班集体背诵课文的时候，吴老师的眼睛是不会放过任何一个"滥竽充数"的人的。而她的眼光，很容易被我们当成是一种"捉贼"加"不怀好意"的眼光。在如此紧张的气氛中，就是连会背的同学都不能正常发挥了。于是那些底气不足的同学，就被拎出来单独背，往往是当场出丑。

有一次，我自认为会背。可是在集体背诵时，被吴老师的目光盯上了。紧张导致了跟不上趟，于是我就索性闭嘴低头不背了。结果，当然是被单独喊起来表演了。我刚进附中不久，就栽在吴老师手里，连连"翻船"。

在课堂上对学生进行"突然袭击"，是附中老师的教学手段之一。开学没几天，吴老师就摸底，突然考我们的汉语拼音。以前在平民学校里，我的汉语拼音算是好的，所以很自信。但是，当卷子发还时，上面只有七十几分，不算过关，因为吴老师定了八十分为过关。我大吃一惊，补考一次，得了八十多分。但仍然不算过关，因为过关标准提高到了九十分。第三次考试，吴老师要的是一百分。

小学的何老师，此时仍然总把我初一的每篇作文要去，给她的儿子和学生们模仿。尽管那头何老师仍然在夸我的作文，可是，在这头吴老师的眼里，我从来就不是一个语文和作文优秀的学生。最后，事情竟发展到吴老师来找母亲，谈我的语文问题了。好在二位在探讨结束时，总算达成了共识：戴相陵并不算很差的学生。照吴老师的原话：他的作文还可以。她那一句"还可以"，让我这个平民小学里的佼佼者第一次意识到：我那时只是矮子里的将军。

吴老师不仅严格严厉，而且在批评同学时，语气尖刻，往往得理不饶人，不给面子。一天上午，我们正在上作文课。可能是刚刚上完第一课"落花生"和第二课"荔枝蜜"的原因，大家根据吴老师的要求，埋头在写一篇关于一个动物或一棵植物的散文。教室里静悄悄的，我在写我的"壁虎"。忽然，我右前方一阵骚动。抬头一看，只见"可怜的"姜树李被吴老师一把"揪出"。老师压低了嗓子，但很严厉地指责，说他在抄袭初二语文课本上陶铸的散文"松树的风格"。姜树李拒不承认，结果，被请出教室。下课后，我看见吴老师还在门廊上与姜树李谈话。姜一脸委曲，眼泪直淌，脸一抽一抽的。

我当时（直至现在都）认为吴老师有点过分了。在我们幼小的心灵里，有抄袭剽窃的下意识吗？有这样不顾面子的教育方法吗？况且仅仅几个月前，姜树李还是力学小学的班干部、好学生。他受过这种委屈吗？此事最后不了了之。不知是通过校方还是私人关系，母亲后来也知道了，在家提过一次。我们都有向着姜树李的意思。尽管如此，我们却从未后悔做过一年吴至婉老师的国文弟子。

### 3. 张玉芬、仇炳生、闵开仁

张玉芬是我们第一位代数老师。她二十多岁，讲课带有苏北口音。记得她的"最大公约数"的"约"字，口音有点像"鸭"字了，于是有点不顺耳。大概初一上半学期还没结束，张老师就不教我们了。估计是有同学听她的课不习惯，去教务处反映了。张老师的爱人，是解放军现役军官。这在当时的附中是不多见的。尽管如此，张老师在老师中，一贯低调。尤其是在后来的文革中，她也能保持低调，与我母亲等一组"从旧社会过来"的老师，关系融洽。

张老师走后，仇炳生老师来了。仇老师当时正在教着高三。他过来教我们初一代数，明显有代课的性质。仇老师虽然也二十几岁，却长着小孩的脸，笑起来，脸上有两个酒窝。不要看仇老师的身材比一般人要矮一些，他教数学却是第一流的。初一下学期代数的最后一章是一元一次方程。有一套例题是甲乙两人在同一条环形跑道上比赛。所不同的是两人的速度、起跑点、起跑时间和起跑方向。求解却是一个：问两人何时在跑道上相遇。仇老师把所有的问题都用一元一次方程列出来了，而且讲得非常清楚。这使我们初次感到数学的奇妙性。仇老师是我一生中最好的数学老师。

数学老师闵开仁是我们隔壁初一乙的班主任。他主持了我们初一的数学兴趣小组。记得在大课教室里，他给我们讲"九余数"的方法。仅从数学兴趣小组的几次大课来看，闵老师也是一位优秀的数学老师。不久，数学兴趣小组发展到全年级人人参加，而完全不是什么小组了。这时，学校认定，兴趣小组已经实际上成为学生的负担了，于是就解散了它。

### 4. 林锦山

林锦山是我们的英语教师。林老师是归国华侨，福建人。那年他于南师外语系毕业、留校当助教后，被派到附中，"体验生活"一年。林老师只教我们一个班。好像是对他初上讲台不放心似的，经常在教室后面，坐着一排资深老师听林老师的课。为首的那个戴金丝边眼镜的，是南师的孙瑞瑾老师，还有本校外语教研组组长吴耀卿老师。

其实，林老师是称职的英语教师。我们十三岁、初一，英语才起步时，老师太重要了。否则，误人子弟的后果将不堪设想。我们也很替林老师争气。每次后面有人听课，只要提问，我总是卖力地表现。初一的英语是永远不会忘的。字母歌、硬壳果谜语、生日歌、新年歌，几十年来，一旦再次接触，伴随而来的，总有林老师的身影。

当时录音机很少，在上总复习课时，林老师用录音机给我们反复听语音练习。这对我们那个年龄段，太重要了。那台录音机，后来我们还在东二楼的语音室里私自摆弄过一次。在录音闹着玩时，被管理员大声呵斥过。也是在这间语音室，我们进行过唯一的一次英语口试。吴耀卿老师当场为我纠正 can't 的发音。当时，我在纳闷：难道林老师教错了？后来才知道，这只是美国英语和英国英语的发音差别。

林老师也是个"有争议"的老师。隔壁的班级，曾"揭发"过林老师向我们透露考试题。其实不然。林老师只是在复习重要句型时，提醒我们，考试时，句型要"改头换面"地考。

林老师不太掩饰对个别同学的喜欢。他们好像是林双秀、余曰辛、蔡钟业等。对我，还可以，但谈不上偏爱。他也不太掩饰对有些干部子弟的看法，曾不止一次在课堂上说：该批评时，我不会管你的爸爸是将军、还是部长。

直到十五年后的1978年，当英语成为本人的专业时，我才开始对林老师感激不尽，认定他是我当年的英语启蒙老师。

### 5. 季福修、王盘琴、张玉清、杨雪、方毅侯、李琳文

季福修是我们的政治老师。初一的政治课本叫"道德品质教育"。第一课是"共产主义劳动"，其中的精华，是列宁对"劳动是人生第一需要"的论述。季老师讲课时，非常投入，而且显得十分严肃和激动。在这样的氛围里，同学的听视全部被调动起来了，不容有任何思想开小差的。季老师的教学方法给我留下了深刻的印象。每课的要点，他都用工整秀丽的字写在黑板上。所以他课上的笔记，是最完整的，最系统的。我很习惯他的满堂灌的授课方式。黑板上写的，就是重点，也是要考的。记住了，考试就有好成绩。当时我并不知道，政治及政治常识和理论，在今后的十几年里，对我们来说，是太重要，也太有用了。

王盘琴是我们的生物老师。她说话带江浙口音，细声细气的。课堂上几乎每次提问，王老师在点名册上搜寻了一番后，总是先叫"陈光国"。这时陈光国在后排扭扭捏捏地站起来。因为陈光国是班上身材最高大，也是"最不怕老师"的同学，所以同学都有点害怕王老师，生物课纪律也就特别好。

第一堂课是植物学的细胞。然后我们去生物实验室做实验，观察细胞。家庭作业是把显微镜里看到的细胞画下来。我马马虎虎地画好

交了上去，结果被退了回来要求重画。最后硬是参考了书上的，我用细尖的铅笔，把细胞壁、细胞质、细胞核全画清楚了，王老师才收下了实验报告。在生物实验室里，面对那几十台昂贵的显微镜，我们再次为南师附中精良的教学设备所倾倒。在当时，两人就可以合用一台显微镜的学校，是不多见的。

张玉清老师教我们图画。她上了年纪了。她的课纪律不太好。面对台下的乱哄哄，张老师就抄着她的徐州口音在前面要求：一点声音也没有！一点声音也没有！！张老师还管着女生宿舍。她女儿是南京大学的学生。母女俩就住在女生宿舍里。张老师的爱人鲜为人知，听说是出走，或流亡海外，或不在人世了。每当人们提起张老师时，都说她不容易，都夸她有个好女儿。

杨雪是学校唯一的音乐老师。杨老师家住在西瓜圃桥38号附中宿舍院里。我几乎每天在上学的路上，都看到他骑着那辆紫金山牌自行车，头一点一点地向前骑。音乐教室的椅子，分成两片。一边是男生，一边是女生，是按学号和姓氏笔画排的。戴姓为男生之末，于是，我的左边是韩发展，另一边的女生之首，是于小翠。在读书期间，我从来没对音乐课感过兴趣。初一不考声乐，考的是乐理，而且是口试。

我对乐理也是一窍不通，自然也没有好成绩了。

方毅侯是资深语文教师，在学校年龄最大，期待着来年的光荣退休。他教我们书法课。

李琳文是体育教研组组长，连续带了我们三年的体育课。

## 89.7.国庆游行 1963—1965

每年九月一日开学后的第一个活动，就是彩排十一国庆游行的队列。

1963年，我们班的大多数人都报名参加了游行。每天下午的第七第八节课，北操场上都人头攒动、热闹非凡。彩排是按班按年级分片进行的。按照南京市国庆游行指挥部的要求，各个片的方阵在游行时，将编入不同的队伍。这年，除了游行外，我们班还分配到了两三个看游行的名额。

文革前，南京市的游行检阅台是设在新街口的，而不是鼓楼。而这次看游行的地点，是在离检阅台很近的新街口邮局前面。这是我历年来看游行从未到达过的地方。往年，像我们这样的无组织的小孩要看游行，国庆节起大早不说，最多，我们只能挤到鼓楼为止。再往前，就是戒严线了。所以鼓楼以南的游行，我只看过第二天报纸上的照片。于是，我马上报名看游行。尽管听说本班游行的同学是"少先队总仪仗队"的一部分，我也顾不上了，还是把看游行的名额之一争到了手。

9月30日的晚上，按规定，我到学校集中。一夜没睡，在凌晨时，我们"观礼"的队伍就开拔了，徒步沿着中山北路南进。这时已经戒严，路上几乎没有车辆。我们通过了几道关卡，在新街口邮局前安顿下来的时候，大约是国庆凌晨三四点钟。天蒙蒙亮了。在晨雾中，可以隐隐约约地看到新街口广场的检阅台。也可以看到少先队总仪仗队的队列已经集结到位，就在检阅台前不远的北路口。

那年的游行，我确实看到了许多历年没有看到过的队列。可惜留在我记忆中的只有两个片段。第一个片段是在游行刚开始时，少先队总仪仗队呼着口号，很快就消失在视野里了。当然，我能看见的，只是他们的队尾。第二个片段是在临近中午的时候。这时我们南师附中的队伍开过来了。当经过我们面前时，大家都不约而同地站起来，向本校队伍喝彩。不料，由闵开仁老师指挥的口琴队，此刻正在无声地行进，集聚精力，准备在接近检阅台时，亮相齐奏，推向高潮。听到我们的呼叫，闵老师当即就察觉，是本校的观礼团。于是他马上回过头，面对口琴队，挥起了指挥棒，想为我们大显身手。可惜有点迟了，我们看到的是渐渐向主席台奔去的队尾，听到的，只是口琴队的开头，还有那越来越小的口琴声。

国庆以后，我开始对总仪仗队刮目相看了。尤其是毛永年的那篇参加游行的作文，在吴老师的课上读过后，少先队总仪仗队的光荣感和完美体现，使我暗暗地下了决心。明年，1964年的国庆，一定不能与她擦肩而过，机会难得啊。

1964年的国庆游行，我如愿以偿地加入了少先队总仪仗队的行列。这年是建国十五周年大庆。经过了三年困难时期的磨难，不久前，我国向全世界宣告：我国的国民经济已经全面好转。此时此刻，国内的政治局面相对轻松、人民的心情也相对愉快。我们几乎每天下午都在北操场排练。这时，我才知道，这确实是南京市给南师附中的一份殊荣。少先队总仪仗队的方阵中共二百人，全部来自我校初一初二的同学。

我们的带队老师是李行。她是语文教师。与去年的林老师类似，李老师也是南师助教，下放到我校体验生活一年。不同的是，李老师还另有重任。她要协助吴杏珍老师做大队辅导员的工作。李老师那年轻的女高音，天天在重复下面的说教。其实，这些我们早就懂了。步伐要一致、眼睛要盯着前面的同学、两眼的余光要兼顾两边的同学，手中的花束是左右晃动，全方阵的口号步伐步调要一致。李老师教得很认真，我们练得也很卖力。走步时，煤渣跑道上时而扬起了阵阵的尘灰。九月份下午的太阳，并不比夏日逊色多少，往往使人汗流浃背。我们很投入，也就顾不了那些灰尘和汗水了。

九月底一个星期天的下午，我们安排去参加市一级的正式彩排预演。地点是北极阁附近的南京市第十三中学的操场。因为是正式，所以我们的行头也是正式的队服。白衬衫、红领巾、蓝裤子或花裙子。这是我一生中唯一的一次，亲眼看见了南京市国庆游行前导总仪仗队的强大阵容。预演场地上依次列着六个方阵。最前面，是三位并列的领队。他们身着正式礼服，胸前分别别着"总指挥"和"副总指挥"的字徽。领队后面，是解放军陆海空三军礼兵护导的国旗。后面是肩扛的大幅字块：国庆 1949－1964。总仪仗队的六方阵之首是雄壮的解放军军乐队。六方阵之二，就是少先队总仪仗队了。内部又称"护像队"，我们簇拥着巨大的毛泽东主席石膏像，象征着祖国的花朵热爱毛主席。我们的口号只有一句：毛主席万岁！我们后面的四个方阵，也有各自的代表性和象征性。

国庆节当天的游行，也只记得几个片段了。宣布集会游行开始，奏国歌后，是市长讲话。那几年，南京市市长一直是徐步。只是到了1965年，上面要他走人，与太原市市长岳维蕃作了对调。以前的市长是彭冲。当下他是省委书记处书记，还兼着南京市委第一书记。在经过检阅台时，我们都尽力高呼：毛主席万岁、毛主席万岁！此时此刻，恐怕是本人"祖国的花朵"的朦胧意识，升华到人生中的最高点吧。

在检阅台前，我才搞清楚了整个游行结构。原来，南京市历年的游行都是分成南北两路的。我们是北路，沿着中山北路向新街口广场进发。抵达检阅台后，左转进入中山东路向东继续前进。在大行宫附近解散，人群分别向中山门、北京东路和健康路方向分流。南路与北路同时进发。南路是沿着中山南路北上，在经过新街口检阅台时，向西转，进入汉中路。在省中医院附近解散后，分别向朝天宫、汉中门和五台山方向分流。南路也有她的总仪仗队。难怪我注意到，在预演的那天，还有另一支仪表庄严的军乐队在旁边肃立。他们由海员组成，是南路的军乐队。

由于我们是整个游行队伍的前导部分，所以解散后，由北京东路返回到北极阁附近时，还不到中午。于是我们决定登上北极阁。站在山顶上向西望去，鼓楼广场那边的游行还在进行呢，可能有的队伍才起步吧。山下的北京东路上，正缓缓行驶着在我们后面撤下来的南京民兵师的炮车队。一辆卡车上四门炮，挺威武的。

1965年的国庆游行，我也参加了。级别比往年差多了。虽然南师附中走在南京中等学校的队列的最前面，可是附中队伍的集聚和出发地是鼓楼的曙光电影院前面。领队仍然是闵开仁老师。当开到新街口检阅台时，南路过来的是体育大队。这年游行时，天公不作美，阴沉沉的，下了阵雨，把我们淋得不轻。当时谁也不清楚，老天爷可能是在给我们作暗示。以后几年的国庆游行将进入文革。届时，游行队伍的心情与现在有很大的不同。检阅台上的人，也得年年换茬，最终导致传统的国庆游行，被党中央彻底取消。

## 89.8. 附中膳团

不知为什么，那时我们称学生食堂为"膳团"。住宿生包伙，周六的晚饭到周日的午饭除外。当然，如果其中有一顿不去吃的，可以"退伙"。这样生活委员曹忠的工作是比较忙的，因为我在教室里经常听到"退伙"的喊声。大概是预先通知，事后再把那顿的粮票和钱退回。可以理解，在温饱尚未解决的计划经济年代，退伙是非常必要的。

我是走读生，不住校，也不在附中吃饭。但有一些走读生，早出晚归，在学校包中饭。学生的伙食费是每月九元，平均一天三角钱。每天一斤米煮成了饭食，已经要花去一角五了。剩下的，早上一分钱酱菜、晚上五分钱蔬菜，正餐午饭的菜金，只剩一角左右了。

有一次中午开饭前，我偶尔路过建国院后面的学生餐厅，看见八人一席的方桌一字排开。每桌的一大盆青菜旁边，有一小钵红烧肉。以肥肉为主，上面飘着一层油。当年，这就算开大荤了。估计平常中午，至少是小荤。按如此伙食标准，学生的伙食还是搞得不错的。听母亲说：学校一直在暗地补贴着食堂。学校大概在近郊有一处农场，每年都有颇为丰盛的收获进账。

当时，我国国民经济才走出困境，时而还能看到一点阴影。有时，餐桌上还有黑面馒头，粗糙得很，有可能和入了山芋干粉。有的同学就不高兴吃了。按蔡善强私下告诉我的现身说法：放在桌子上，用拳头砸扁，给蔡钟业拿回家去喂鸡。这类事情，可能学校不知道。否则，糟蹋粮食不说，在后来的日子里，还要算政治账呢。可以说你不艰苦朴素，需要改造思想。附中伙食也有一点特殊的地方。每天早上第二第三节课间休息时，食堂供应点心。每个教室前，放着一个大木桶，里面的豆浆热气腾腾。点心，按当今标准，还是粗淀粉型。一两一个的馒头、花卷、发糕。最好的点心，也见过油球、油饼、油炸馒头的。这顿点心是在标准伙食费之外，想吃的人要另外交钱粮的。住宿生、走读生都可以参加。大概可能是奖励我考取了附中，母亲慷慨地问我要不要吃点心。后来，我选择了每天领取五分钱和一两粮票，可以在校园小卖铺里买一个油球，或者称一两玩具饼干。

有一阵子，在下午第七第八节课的体育活动时，南农实验牧场来北操场供应热牛奶。牛奶是脱过脂、加了糖精了。估计是提取了奶油做奶粉后的牛奶，一分钱可以买一大茶缸。有时高兴了，两三分钱，人家可以给你舀上一锅带走。脱脂牛奶的口感虽然不及全脂的，可也是挺价廉物美的。牛奶连同上午的点心，传到了校外。新闻传偏了，有人对"特殊化"有意见了，他们说：难怪南师附中学生好，人家上午是点心、下午是牛奶。初二初三时，社会政治形势开始向左转，我校也开始教改。届时，思想上提倡革命化、生活上提倡艰苦朴素。于是，点心制就取消了。我对教学大楼里豆浆桶的记忆，没几天。

在教改全盛时期，膳团一度有过吃饭不限量的美谈。同学们在交了伙食费后，与1958年农村的食堂一样，可以敞开肚皮吃饭。根据用膳人的思想觉悟，按需分配，还真有点尝试共产主义的味道。可是，我们膳团的创新，没能持续多久就叫停了。总务处及时地抱怨说，学校农场小金库里历年辛辛苦苦的积蓄，很快就要贴光了。

## 89.9.辅导班、一二九汇演、除夕晚会

辅导班制是附中的传统之一。这不是当今上课补习用的辅导班，而是初中和高中两个对应的班级建立起来的辅导关系。我们初一丙班的辅导班是高一丙班。高一甲辅导初一甲、高二丁辅导初二丁，以此类推。按规定，高一丙给我们班派来了辅导员。她叫石笑海，一个挺和蔼、挺漂亮的大姐姐，带着团徽。

开学不久，我们班的一部分同学应邀访问了高一丙班。记得与石笑海同桌的男生叫顾浩。

两班之间的关系当然就超出一般了。他们班的人经常来我们班转转。体育活动时，有时也在一起打球。两班之间也知道互相支持。比如，在抢占为数不多的球场时，也想着对方。我们有困难需要帮助时，求援的第一对象，也是高一丙。不久，高一丙又指定了一个男生做辅导员助理，他叫姜澄宇。

1964年暑假登紫金山，可能是我们唯一的一次与对口辅导班一起组织的活动。暑假前，本班男生就分为两组。我们计划分别在辅导班各自学长的带领下，在某日凌晨四点从不同的地点出发，经解放门借着月光登紫金山主峰。看过日出后，就下山。而且还约定比赛，看哪组先到。

那天凌晨，我四点准时到达本组集合地鼓楼广场。不料无一人准时。直到天蒙蒙亮，陆续来了张宁阳、李胜利和学长刘立群、向家德。看看不能再等了，五人沿北京东路，经解放门，向山顶狂奔。冤家路窄，又似乎在预料之中，在山间遇到凯旋下山的另一组。他们中有什么人已经记不清了。可能有江涛。印象最深的，是曹忠那张得意的脸，吹嘘月光山路如何惊险。分道扬镳后，我们也很快抵达山顶。我们三人很尊重刘立群、向家德。他俩当年都是学生会的部长。好像一个是文艺部长，一个是体育部长。一路上都在谈学生会的工作，使我好生羡慕。

在山顶上，自然没赶上看日出，却首次看到了飞机在脚下盘旋。众人口干舌燥，但壶中的水已不多，所以规定每人一口，还要漱漱口、润润喉后，再往下咽。

秋季开学，在班会上介绍暑假见闻。又是曹忠那张得意的脸在叙说：我们下山时，张宁阳他们才慢慢吞吞地上山。我们组作为输家，当即遭到全班哄笑。面对哄笑，张宁阳脸红，李胜利仍嬉皮笑脸，而我眼朝下，恨不得找个地洞钻下去。

文革前，学校搞过一次全年级的辅导班对口拉练行军。当时抗美援越、反帝反修运动一片热火朝天。军事体育训练时有发生。那一次，我们要负重急行军、强行军。几个辅导班的学长还扛着小口径步枪，荷枪实弹。沿途也是解放门到紫金山山麓一带。途中要行军、奔跑、卧倒、防空。在解放门的古城墙外，烈日下一声空袭警报，大家分散在草丛里卧倒隐蔽。我碰巧位于高三乙班学长纵晨光的旁边。只见他俯卧转仰卧，端起手中的小口径步枪，对天乒乒开了几枪。枪口火光青烟喷发。这是我生平第一次近观实弹射击。当然也对纵晨光很羡慕、也很敬畏。

关于我班的首批同学的入团和建立团支部，我不知道高一丙学长有没有参与。随着进入初三丙，我们达到了退出少先队的年龄，身心日益成熟，于是辅导班的职能也渐渐淡化了。可是，两班的关系始终是友好的。

1963年12月初，学校举行传统的纪念一二九合唱汇演，各个班一一登场亮相。会场是借用了机器制造学校的礼堂。显然，那个礼堂要正规得多，灯光也专业化一些。我对此也只有片段记忆了。高三甲演唱时，我在里面认出了姜树海，他是我的堂兄。初一乙的节目之一，是歌曲"歌唱祖国"里的第一句，"五星红旗迎风飘扬"。有工农兵的造型出现。那个演兵的，头上是大盖帽。他叫黄志平，小学一二年级与我同学，他爸爸在教育学院，与我父亲是同事。我们班登台时，只记得灯光直刺我的双眼。台下黑压压的，一点也看不见。

每年除夕，以班级为单位举行的文艺晚会，也是传统。自编自排自演自赏自乐，精彩的还去其他班巡回表演。记得小学时，就跟当班主任的母亲每年到场，有时还应邀登台。半夜回家，口袋里揣满了平时不多见的瓜子花生糖果。1963年除夕晚会，本班自家的演出印象不深了。隔壁的乙班有个女生来的巡回表演。在一组悬挂的玻璃瓶子上，她敲出了音乐。节目进行之中，孙盛元老师扮新年老人，领着一班老师进来，向大家祝贺新年。节目演完后，就击鼓传手绢。鼓停时手中持有手绢者，就得即席献艺。或者在一个口袋里摸出一个字条来宣读。记得有一张纸条上写着：请蔡钟业大笑三声。结果，这强装出的干笑，引起了全场的哄堂大笑。

1964年的除夕夜，有徐晓榭、徐小虹等人的女声小合唱"越南人民打得好"，还有林双秀的独唱"不忘那一年"。最精彩的要算男生的活报剧了。陈南北演美国驻南越大使泰勒（普通话）、牟承晋演南越司令阮高棋（山东话）、盛小元演南越总理陈文香（老南京话）。内容是当这三位听到边和机场遭到袭击时的尴尬情形。有些老南京话台词是很滑稽搞笑的：飞机不像个飞机，倒像个大烧鸡；是不是越共游击队的炮弹，装了半导体？可惜如此精彩的剧目，居然没有去外班巡回表演。

我的节目是展示一个力学上的平衡仪器。有一个小纸条上，也要我对大家大笑了三声。朱晓民当时导演女生演出，似乎已经有点历史了。好像在后来的一段相声里，对此来了曲艺似的评点。

几乎所有附中的传统，都在1966年文革时截止了。有些停得更早，可能是政治气候导致。一二九汇演，我只经历了一次。1965年的除夕晚会没有举行。第二天是1966年元旦，一大早，男生还要骑车去陆郎看望贫下中农。再以后十年的除夕，人们只能在家收听中央台那特有的、亢奋的男高音播出的御用文人的杰作——两报一刊元旦社论，准备新年的阶级斗争防卫战和进攻战了。

## 89.10. 沉重的学习负担

附中同学学习是认真的。附中同学学习也是自觉的。可是学生学习负担过重的问题，也开始暴露出来。与小学相比，首先多了一个实实在在的早读。早读如此重要，因为初一时，语文和英语要求我们每一课都会背。另外，除了下午第七八节课的体育活动外，其他的时间，基本上都用在学习上了。我上床睡觉的时间已经推迟到了晚上九点。晚自习时，即使当天家庭作业完成了，也不敢提早休息。我总是要拿起一门课本来复习。那是为了以应付第二天老师可能给的突然袭击。可能是小测验，也可能是提问。事到临头，不会就是不会。吃零蛋就不管你是好学生还是差学生了。

印象最深的是开学后的第二堂生物课。才开课，王盘琴老师就挂出一幅细胞教学图。她笑眯眯地让我们每人拿出一张纸。随着老师的教鞭在图上的移动，她要我们依次写下指点部位的名称：细胞壁、细胞质、细胞核等等。可以想象，此时大部分同学是措手不及的。记性好一点的，尚可写出一二。不行的，只有俯首干咬铅笔头的份了。不到三分钟，小测验就交了上去。然后再听王老师笑眯眯地宣布：今后这样的测验，成绩占总分的百分之十。从此以后，对生物课的复习和强记，是每周必不可少的了。顺便提醒一下：生物课在中学，只是副课，不算主课。这是我第一次领教附中特有的、对学生的突然袭击。

好成绩只有来自勤奋。附中同学的学习比外校相对好一些,对于我来说,原因很简单。除了学习自觉外,就是扑上去的时间,比别人多一些。就拿各种各样的写作来说吧。每周的作文课一次两节。作文当场交出。另外,语文课还每周要一篇读书笔记。图书馆的藏书是丰富的。可是我只是在星期六的晚上,才有时间去做课外阅读。我从小就喜欢小说,可那是为了好玩消遣。如今要写读后感了,脑袋里干巴巴的,写不出来。如果光把现成的内容提要写上去,是会被马上退回的。最后是写周记,附中的传统之一。我们在这里每周向班主任写一篇报告,或者汇报思想。这些课外写作,对我确实是个不小的负担。令人哭笑不得的是,传到了外面,人家却说南师附中的学生如何如何好,是因为他们每周要写三四篇作文。

我小学时,算术就不是强项。到了初中代数,也是如此。只是知道数学的重要性,经过努力,也算入了门。可是对数学,我从来没有特别的兴趣。参加数学兴趣小组,我是被迫的。被上进心驱使,生怕在主课上落在人家后面。记得兴趣小组第一次摸底测试和竞赛,有一道题是 $1+2+3\cdots+98+99+100$。我从未见过类似的题目,可也当场想出了一个速算法。用 $1+99$,$2+98$,直到 $49+51$,一共 49 个 100。然后再加上那个最后的 100,一共是 50 个 100,共 5000。可是在得意之际,竟没有算上中间的那个 50。交卷后,听一个同学说,答案是 5050,还说自己早就知道答案了,一点时间也没花。我心里还不服气,说这算什么本事。后来,虽然勉强每次都去参加活动,可是越来越感到数学兴趣小组是一种负担了。

当年,老师的教学方法基本上是"满堂灌"。对这种小学教学方法的延续,我很习惯。每堂课,老师是主角、主讲,我们在下面听、理解、记笔记。课后,按课本死记硬背。考试时,一般都能应付的。

在后来的教改中,"满堂灌"遭到指责,被"满堂看""小小组"所取代。其结果,我认为是导致了教学质量的下降。

经过自己的努力,在初一的时候,我的成绩保持在中等偏上的水平上。此时,正是身心发育和摸索建立世界观的年龄。虽然从来没有认真思索过,我的下意识已经模模糊糊地把中学的成绩优良,与将来能考入大学联系在一起了。可是，由于学习负担的日益加重，使我对学习以外的活动非常渴望。每周的体育课、下午的体育活动是轻松愉快的。另外，连续几天的停课劳动、运动会，对我来说，是最开心的时光了。喜欢短暂的逃避学习，符合我们的心理。在那个年龄段，最重要的，不是学习，而是玩。

## 89.11.尴尬的大队委

上述对当年家庭出身上的两极分化，是我经过了数十年的沧桑后的一些认识和分析。可是当年我仅有13岁，思想上对此是模糊的。当时我的情况是这样的。海外生父一事，自己还不知道。家庭出身算不好不坏。平民小学里六年一贯制的优秀生导致了良好的自我感觉。如愿以偿地考入了附中，自我感觉就更好了。这时又被意外地推上了大队委的位置，自我感觉好在继续膨胀、达到了顶峰。这种被误导的自我感觉，是缺乏自知之明的结果，当然也不会持续多久。原因很简单：南师附中不是平民学校。这里是藏龙卧虎的地方。如果你在各方面不是相对优秀，你就应该低调处事。班干部，尤其是大队委这么高的学生干部，不是我这种人在这个学校应该当的。

在附中，班干部的威信来自几个方面，或者至少要具有其中一个方面的条件。要么成绩特别优秀；要么家庭出身特红，最好是级别很高的高干；要么能力天赋很强，在体育和文艺方面有特长。比如陈光国，他就是当之无愧的体育委员。以上诸条，既然我一条不沾，也就怪不得班上的男生拿我不吃劲了。

当然，这种不吃劲，不是对待"少一窍"的人的那种，也不是对待"差同学"的那种。我是因为被错误地拔高了，而且还不"识相"的那一种。可以理解，在另一个极端，不排除有同学甚至希望我犯错误、看我笑话的可能性。

在开学不久的一次班会结束时，我被众人喊着"大队委"，起哄式强邀，唱了一支歌。唱的是"国际歌"，可是因为歌喉不佳而被哄笑。可惜的是，我没有把哄笑当作"不吃劲"的开始，用以调整我在班上今后的基调。教我们书法课的方老师是苏北人。有一次上课，他刚说出"大字"，我就模仿他的口音说了"小字"，引起了课堂上一阵骚动。我万万没想到，这件事被记在了讲台上的本班教学日志上，指责戴相陵学老师讲话。这件事，当然是我的过错。无论从师道尊严、还是课堂纪律的角度来说，都可以向上打小报告，或者记入教学日志这类的文件中。我至今都没打听过、也不想知道是哪位同学，刻意要在这堂课的教学日志上，一定要做这条纪录。在种种"官方"理由之外，我不能排除该记录者的目的之一，可能是有意要看一个毫无威信的大队委出丑。可惜的是，我当时仍然没有由此联想到自己在班上的"不吃劲"。与此同时，我个人在初一时的有些表现，也是成问题的。比如每次买电影票，我都要去争好座位。

朱晓民同学是干部子弟。可能是个头矮的原因，也有可能是成绩不出众，他进校后一直被班上的一些男生开涮、欺负。为首的是一些干部子弟。有时候他们做得有点过分了。不应该的是，我也加入过对朱晓民的起哄和不吃劲的行列。当年他在弱势中遭到的刺激和伤害的程度，只有在我长大成熟、人到中年，在回顾自己遭受的伤害时，才能体会出来。青少年时期遭受的刺激，可能会影响当事人一辈子的心理发育成长的。我是这样，朱晓民可能也是这样。

在2003年的同学聚会时，有人向我私下披露，说是朱晓民后来一直暗地里在与我"较劲儿"。我就觉得奇怪了：作为干部子弟的他，与我有什么较劲头？在文革前后的以家庭出身为背景的"天时地利人和"中，我下乡插队、朱晓民他去部队当兵；我好不容易招工进了厂、他已经是工农兵大学生了；等到我32岁才毕业留校当助教时，他已经升任处级干部了。可以说在任何一个历史阶段中，朱晓民的地位都要比我高一个头。我甘拜下风，可问题是：暗地里较劲，把我比了下去，有意义吗？

当我被告知朱晓民是在和我较劲英语时，才恍然大悟。据说，我曾当面当众讥笑过朱晓民：像你这样的人也能学英语？我连自己都记不得讲过这话了，可是听者却受到了刺激和伤害，影响了他半辈子的心绪。在向朱晓民道歉时，我在怀疑自己加入对朱不吃劲的行列，是不是在下意识地在依附班上的强势群体，目的之一，是不是想缓解在另一个层次上的、人们对我的不吃劲？

我这尴尬的大队委的彻底垮台，是我出手打江涛同学引起的。他也是干部子弟。具体细节记不清了。建国院晚期，初一下学期的尾声。好像是一些男生强要我对一女生班干部的言行表态，她很可能是另一个大队委徐萍。对于指责她的所谓过失，不知道为什么，我拒不表态。在大家起哄和嘲笑中，江涛说我是"官官相护"。为摆脱尴尬的局面，我举手很不情愿地打了江的肩膀一下。象征性的，不重，与其说打，不如说是拍了一下。于是在哄笑中，一些人得到了满足，自然又汇报了上去。于是也有了"组织处理"。在教务处，余仁主任严加训斥，并扬言要记入档案。回到家里，被母亲痛骂一顿，父亲几乎也要大打出手。

我在班会上检讨，接受同学们的揭发、批评和帮助，包括女生的。我当时头脑里昏昏沉沉。实质性的揭发，我只记得一条。文艺委员说我每次看电影，都要好票。我当时虽然在懊悔打人和电影票的错误，可是也体会到了一次"罪有应得"后"墙倒众人推"的滋味。这些都是因为自不量力而自食其果。如果不在这个不吃劲的大队委的位置上，这些事的组织处理，要会简化淡化得多。

幸运的是，这些事，当时政治气候，还没发展到要指责对干部子弟不满的高度上。打人事件后，我便一蹶不振，决心从此在班里夹着尾巴做人。后来，我的学生时代的干部生涯，也就一落千丈。此后，我再也没有在中学当过正式的干部。初二，我只是班上的物理课代表；初三，我是化学课代表，尽管对这两门课，我从来没有入过门。

## 89.12.体育的重要性

我们班一开始就重视体育，特别是男生。分析起来，原因是来自多方面的。"身体是革命的本钱"的道理，并不是主要原因。对于一群少年来说，大家身体都好好的，一时还看不清体育锻炼的潜在作用。我们热衷于体育，可能是因为当时的教育方针，旨在德智体全面发展。如果光侧重读书，会被说成"白专"。我们都要求进步。体育好，至少可以冲淡白专的效应。体育与军事、国防联系在一起。那时口口声声要准备与美帝、苏修打仗，准备参与"彻底埋葬帝、修、反的战斗"。在这种形势下，个人的体育素质是很重要的。

另外，在开班时，"强势人物"群体就出现了，逐步形成了班里"主流"派。这个主流派的核心人物是陈光国、张宁阳、陈南北等。他们体育好，是干部子弟，还是班干部。主流派有意识无意识地引导着班级的走向，至少是男生。发展到一定程度，体育似乎最能象征班级的荣誉。你体育越好，就对班级的贡献越大。否则，就有可能在班上吃不开。

最后，贪玩、不喜欢学习，是少儿时的天性。体育，是与娱乐联系在一起的。于是，每天下午的第七第八两节课，我一定都是在操场上的。初一举行的年级长跑团体赛中，本班男女生均得第一。陈光国和徐萍分别是男女个人第一。初一时在学校运动会上，我班是年级总分第一。我们经常沾沾自喜地看着教室后墙上挂着的一幅幅奖状，俨然以本校的"体育大班"而自居。可是好景不长，第二年，甲班得了第一，本班屈居第三，给乙班拿走了第二。我在三届校运会上，好像都参加了 4×100 米的接力。这项目如果有名次，分数加倍，象征着班级的荣誉。为了能在初三的校运会上重新夺回第一，本班在参赛人物和项目上也下了功夫。因为我的爆发力和弹跳力还可以，于是报名跳高和三级跳远。我在练习时，三级跳远的成绩就不错。于是满怀信心中还有几分得意。不料有一天，沙坑前来了乙班的洪希和。他只是漫不经心地一跳，三级跳远就比我胜出许多。大惊之后，赶紧把张宁阳喊来看。他是本班的另一个参加三级跳远的人。看看肯定追不上人家，我和张宁阳只好发誓要把第二第三名给拿下。可是雪上加霜的是，在比赛前两周练习时，我的大腿肌肉拉伤，疼痛难忍。在三级跳远进入决赛时，我和张宁阳还是在第二第三的成绩上的。没想到在最后一跳时，甲班的一位把他的成绩推进到了张宁阳和我之间。结果我只得到了个第四，懊恼万分。霉运反映到全班的总分上，男生还是没有夺回第一，只得了个第二。

再看看球类吧。第一学年，足球成为"班球"。陈光国和王志东踢得相当好。未经组织和训练，居然第一次就踢败了高年级班级。后来当然也有输的时候。守门员李惟德还当场眼泪汪汪。我们班女生在初三时居然也玩过一次足球，因为当时没有女足，结果引起班上的争议，为此出了墙报。好像是陈光国、朱晓民写的。谁唱谁和记不清了。只记得一句：为何国家体委不提倡女子足球？当时男生中一部分是不关心，一部分是附和的。此事后来不了了之，未上纲上线。

我本人的足球从来就没踢好过，于是一直被排除在班队之外。在陈光国那里要求过，但仍然不被批准加入，于是我对他还有意见。学校有初中足球校队。王志东在初一就转学去了北京，所以本班只有陈光国在校队里。在鼓楼区的比赛中，我校总是踢不过二中和四中。

初二开始，篮球取代了足球成了"班球"。当年打篮球的条件是有限的。全校一共只有六个土篮球场。只有一个在校内，其他的都在北操场。篮球只有在课外活动时才能从体育教研组借到。由于人多球少，还经常排不上号。于是男生就下决心自筹资金去买一个自己的。当时的一个篮球的要价是十块左右，每个人要摊派好几毛钱。要想说服家长拿出这额外的几毛钱来买篮球，那个年头并不是每家都很爽快的。好在最后钱居然也够筹了，把篮球给买回来了。可是这个篮球并没维持多长的时间。

有一天课间休息，球场边放着一个四齿耙，齿尖朝天。陈南北不知哪根大脑神经走了神。他抱着篮球向齿尖投去，不知是想试试看球的弹性呢，还是想看看球的橡皮有多坚韧。可以想象，结果肯定如同以卵击石，大家眼睁睁地看见篮球的气咻的一声全跑掉了。懊恼之余，大家还是赶快想办法去补球。也不知是篮球本身质量不佳、还是修补技术不行，经过三番五次的胶补火补，都不解决问题，漏洞越补越大。最后篮球变成了椭圆形，根本不能玩了。看来得买第二个。

根据第一次筹款的经验，大家都知道，在短时间内再想让家长出一笔篮球钱，同学们恐怕是口都难开了。这时，还是这个体育委员陈光国，他慷慨地把自己家的篮球拿来，给大家玩。在我的记忆里，这只篮球的小麻点呈平面状。球一直伴随着我们到1966年的文革初期。

抢占篮球场是当年校内一景。课间休息只有十分钟，所以那个唯一的校内球场，成了众班级的争夺对象。于是下课钟声一响，我们的神经就竖了起来，准备冲出去了。当然，毕竟只有两个班能有幸能够抢到自己的半场。别的班，只好在旁边看看，评头论足。

陈光国组织了班篮球队，由十人组成。第一阵容五人是陈光国、张宁阳、张永春、梁立成和李惟德。其中陈光国、张宁阳的个人技术全面，张永春的投篮很准。每次与外班开赛，都是他们第一阵容先上。

另外五人是候补，谑称为"二队"，有陈南北、胡晓军、朱晓民、还有我和另外一个男生。从来就不服气自己是二队，所以每次练球时，我们都不让一队的日子"好过"。我对陈南北说，打"人盯人"。只要你把陈光国看住、我把张宁阳盯死、再让胡晓军对付张永春、朱晓民对付李惟德，他们就不会胜出很多。实践证明，这套战术还行之有效。

到了初三下，陈南北的个人技术见长，由他换下了梁立成。同时我的弹跳力被认可为争夺篮板球的要素。而且有一阵子，我的跳投命中率也跟着感觉走了，于是我取代了李惟德。可是由于我的其他技术跟不上，特别是运球差劲，在对外赛事中，从来没有什么大的贡献，也就难免不遭他人背后议论了。我们班的篮球很强，好像在校内从来没有输过，与高年级比赛也是一样。甲班的篮球队也很棒。其中有两人很突出。一个叫吴若，另一个叫薛又麟，外号"花狸"。由他俩和我班陈光国、张宁阳为主的初三联队，打败过实力很强的教工队。

那时，附中很盛行篮球。教工队里的孙盛元、闵开仁、毛永发、谭全保，甚至小个子老师仇炳生，都是篮球好手。可惜，由于文革的匆匆到来，我们班和甲班，从未进行过篮球对抗赛。

朱晓民的乒乓球打得很棒。我看过他与外校赛过。他的主要特长是反手的快速推挡。我也听说李蔼萍的乒乓球也不错，得过名次。只是在文革前，我没看过她的赛事。

## 89.13.游泳

在上个世纪六十年代初的南京，游泳，对于一个普通家庭来说，要算费用不小的运动和娱乐了。个人首先要照相、体检后办理游泳证。对民众开放的公共游泳池只有两家：五台山体育场游泳池和中山东路体育馆的儿童游泳池。跑过去一看，往往是售票处人头攒动、游泳池里像"下饺子"。个把小时一场的票，要近两角钱。如果自己没有游泳裤，还得租游泳池的。再加上来回的车费，普通市民对游泳也就不敢恭维了。

我还是在小学的时候，去过一两次儿童游泳池。五台山的那家，我只是在外面瞄过一眼它旺盛的人气。这两家游泳池都离家太远，对我来说都不很现实。所以直到1964年的暑假开始，我还不会游泳。

其实，在山西路军人俱乐部的庭院深处，有着南京的第三座近代化的游泳池。因为平时只对军人及其家属开放，所以给了外人一种神秘感。1964年暑假，这层神秘感有所松动。军人俱乐部游泳池对外开放了，但却是有条件的。在买票时，要出具单位介绍信。介绍信并不要求多高的级别，上面有附中医务室的公章即可。

这年夏天，我和大院里王亮、大陵等，每个星期都要光顾这家游泳池。在那里，我学会了游泳。几乎每次游泳，我都能遇到陈光国。后来听说，游泳池也对军工系统开放，只要出示工作证就行了，而一次买票不限数量。我们楼下秦琦老师的弟弟秦麟，在虹桥附近的南京电子管厂工作，属军工系统。于是我们就跟着他一起去游泳，也省得我们每次去求校医开介绍信了。到最后，俱乐部的人都认得我们了。所以我们只要向秦麟借到工作证，就可以买到游泳票了。

1965年开始，在游泳池里游泳已经跟不上形势了。是年，人民日报发表社论，号召"到江河湖海去游泳"。接着，国家体委、团中央、教育部、解放军总参谋部等四部委向基层发出联合通知，指导"到大风大浪中去锻炼"的具体事宜。那年，玄武湖公园在湖的一端，建成了一个"万人游泳场"。附中也不甘落后，闻风而动。

一天下午，我们大队人马在老师的带领下，浩浩荡荡地出了校门，直奔钟阜门外的护城河。到了地头，我们就脱了衣服，一个个扑通扑通地下了水。这是我生平第一次下河。站在河里，水刚刚到我的颈脖子，安全看来不是问题。再望前走了几步，脚底泛起了淤泥，我发现河水不是很清的。跟游泳池的瓷砖清水比起来，我觉得有点"异怪"。

其他同学已经开始游泳了。我赶紧再向前，准备进入状态。可是我连头发还没湿的时候，突然觉得，脚底板被锐器划了一下。我忍着疼，马上爬上岸，只见右脚底下鲜血直淌。人们立刻围了过来。文质彬彬的苏万物老师衣冠楚楚地站在岸上。他没有下水，大概是来给游泳做后勤支援工作来的。只见苏老师马上掏出自己的手帕，把我的右脚包扎起来。这是一块很少见的丝织手帕，上面的格子很漂亮。我想这肯定是泊来之物，如果他不是归国华侨，恐怕也不会有的。

接着，苏老师让我坐在他的那辆凤凰二八自行车的后架上。然后他顺着护城河边的田埂，一步一步地把我推到了城里的钟阜医院。在那里，医生为我做了正式包扎，地上扔着那条浸透鲜血的手帕。后来回校的同学告诉我，从河边到钟阜医院，一路上都有我的血迹。第二天，学校的杨医生要我去江苏医院去打破伤风抗毒素。结果医院缺货而没打成。我担惊受怕地过了两个星期的潜伏期后，又沾沾自喜起来。因为朱晓民告诉我，打破伤风抗毒素会抑制个头生长的。为了游泳，我只是受了伤流点血，还算运气好的。高二的同学乔毅，后来也是在这条护城河里游泳时，不幸丢掉了自己的性命。全校为此，一片悲哀。

又过了些日子，玄武湖公园在解放门下面开辟了另一处天然游泳场。那里人不多，水很清，所以游起来挺自在。可是就在第一次下水时，我又出丑了。话说我正在向湖的纵深游去。有点累了，我便不知深浅地往下一站，以为能掂到湖底。可是万万没想到，脚尖湖底没有探到湖底，整个头颅反而埋入了水中，身体还在不断地下沉。这是我第一次体会人快要淹死的感觉。惊恐之中，嘴刚一张，就无情地呛了一口水。接着，呛了第二口。我本能地使劲刨水，头刚挣扎着露出水面，就拼命地向旁边同游的李惟德扑过去。我那模样，好像他就是救生圈、或者救命稻草似的。李惟德也毫无准备，自卫性地挡驾了我疯狂的举动。可是我的求生欲马上向他发动了第二次、第三次猛扑。当我恢复镇静后，就开始拼命地向岸边游去，一直游到胸脯都要擦到地面了，我才放心地站起来。这件事让我很失面子。在那个革命英雄主义、舍己为人的年代，我的举动大有不顾别人死活之嫌。虽然嘴里没说出来，心里却一直觉得对不起李惟德。

后来遇到的险事多了，我才知道那股疯狂劲，是动物在绝望中，本能的求生反应。也是教科书上写的，为什么在营救落水者时，要从其后面接近他；而不能从正面，以防止他下意识求生存的疯狂举动。否则不仅溺水者不得获救，而且营救者的性命也可能给搭了进去。

还有一次也在解放门游泳场。当我游完上岸准备换衣回家时，发现我下水前包成一卷的衣物已经不翼而飞。这些小偷也确实够缺德的。只想到自己发财，全然不顾我一个人，赤条条、水淋淋地站在那里。身上所有的财产，就是一条贴身的三角裤衩。我真不知道该怎么回家。这次李惟德可真帮上忙了。他安抚过我后，赶紧回家，拿来了自己的汗衫和短裤让我换上。他还给了我乘车的钱。我在百般郁闷之中，可能都没对他讲一句谢谢。好像人家是该派来帮助我的。后来听说，李惟德在救援我的匆乱过程中，不慎把自己的一件衣服也弄丢了，我就越发不安起来。

1966年的春季，学校决定自己动手，建造一个游泳池。位于大礼堂北侧、实验楼西侧，大约五十米长、十五米宽、两米高的土石方，全是同学们在课余时间一锹一铲给挖出来的。游泳池落成后，其模样不土也不洋。没有一块瓷砖，它粗糙的石面，由水泥镶起来的。第一次放水，是引用了附近池塘里的水。这座游泳池很解决问题。几分钱就可以游一场。只是每次换水，都得要一两天的时间。游泳池开张没多久，文革就开始了。

## 89.14. 汪遐义老师

1964年秋季，我们进入初二。教室换到了教室大楼二楼最西南的那一间。我们的新班主任是汪遐义老师。他是个血气方刚的青年人，才大学毕业不久，分到附中后，就入了团。汪老师教我们英语。几十年来，我一直在感谢自己英语基础的三分之一是他给我的。虽然他是一个优秀的英语老师，可是他好像从来没和大多数同学发展出融洽的关系。

作为英语老师，他似乎少了林老师在课堂上那种微笑和幽默。我们班在初一时就开始与汪老师积怨了，那时他在教乙班的英语。据说，汪老师到上面"揭发"过林老师向我们班透露过考试题。于是我们当然就不高兴了。作为班主任，他少了我们仍然需要的张老师给我们的那种母爱。这其实也怪不得汪老师，谁让他是男的呢。问题出于他那张经常板着的脸、经常挂在嘴边的革命词汇和批评教训我们的口气。这些，使我对他只有望而却步。这些，当然也是变化着的政治形势所引起的。

初二才开始，在授意下，班上就同学们对三位老师的"升任"说法，进行过讨论和批判。有的老师原来教初一，现在教高三了。这是指仇老师。其实，他本来就是教高三，只是临时性地兼教了我们一年。有的老师原来教初一，现在教大学了。这是指林老师。其实，他本来就是从南京师范学院下来体验生活的，教了我们一年后就回去了。有的老师原来教初一，现在也不过在教初二。这是指汪老师。相比之下，他没被提升。

这本来就是一群孩子，他们只是在带着情绪借题发挥、在抵触汪老师。可是批判时，竟被上纲到"资产阶级思想"的高度，就使得我们不安甚至生畏了。再加上其他各种各样的原因，班上男生中的主流派开始背地里谑称汪老师为"汪先生"了。他们不太听话，与汪老师还发生摩擦。最严重的是与老师顶嘴。顶嘴次数越来越多，就被反映了上去。有一次，陈光国公开在教室发牢骚。他说沙尧校长找他谈话了，并警告他，如果再和汪老师顶一次嘴，就会叫家长到学校来。

上面来压力并不能解决矛盾。这时，有人发现，英语过去式和过去分词中的 shine、shone、shone 的读音与"遐义、凶、凶"相似。于是我们在读英语时，就有意加强"遐义、凶、凶"的效应。在汪老师在场时，还喊得特别盛。估计汪老师也察觉到了，但他也没办法。每次在课堂上接触到这个组合时，同学们神秘的眼光里还夹着几分得意。

我和陈南北居然为此还蓄意谋划过一次。那天在汪老师的课堂上，轮到我在台上领读动词，然后点台下的一个同学给出过去式和过去分词。当到了 shine 时，我刻意点陈南北回答。他站起来后的那句"遐义、凶、凶"是那样的洪亮、有指和与众不同。同学们先是一愣，然后就是全班一阵哄堂大笑。应有的课堂纪律和师道尊严，被我们的恶作剧搅得荡然无存。

有一次，我与汪老师发生了直接的顶撞，不知道是为了否认对我的指责呢、还是我与他某种方法意见相左。汪老师见不能说服我，就对我大声说，这是初中年级党小组长、初二年级政治辅导员夏雁平老师的意见！当时我的印象是他的语气是凶狠狠的，眼光里也有过分的严厉。我退缩了，因为他提到了政党和政治。一种无形的压力施加在我那不是红色的家庭出身上，使我想起了"夹着尾巴做人"的既定方针。

年少时的印象所形成的偏见，很难逆转。直到八十年初，我从苏北回到南京。在见到张亦谨老师和汪遐义老师后，都仍然觉得，同是班主任，感情感觉就是不同。我想导致这个差别的，与后来的日益左倾的形势有很大的关系。

# 90. 全家下放农村

戴相陵（66届初三丙）

## 90.1. 生世的真相大白

我们初三临毕业时，要填一份正式的政审表.校方在动员大会上强调，填表时要对组织忠诚老实。而我，没和父母做任何商措，就想当然"如实"地填好表，交了上去，事后，组织上找到母亲，严肃告诫：孩子已经16岁了，应将其生父之事如实告知，重新填表。迫于形势的无奈，母亲与我进行了单独的谈话。她开门见山地把我的身世告诉了我。我先是大惊失色，然后就觉得头脑里一片灰白。

母亲拿出了她档案袋里的自传副本让我读。我捧着那几张发黄的稿纸，双手开始颤抖。接着，嘴唇也颤抖起来。我根本都读不下去。苍白的脑海里，只有一个清晰点。我很清楚将面临的问题。我面临的问题，不是生父继父的感情问题，而是严峻的政治问题。在那个年头，只要有了家庭出身问题，马上就有了低人一等的感觉，我感到前途渺茫。

当时有部电影叫《自有后来人》。里面说的是一个家庭的三口原来都不是一家人，但是他们都来自革命的家庭，走到一起来了。相比之下，我也是来自一个不同的家庭，可是那是一个令人谈虎色变的"美国特务和反革命家庭"。我的自卑感马上开始生成。母亲早已毁掉了所有有关生父的照片。我当然也想象不出那张的面孔，也不愿意为此向母亲打听。我的长相一定有生父的基因。这当然是"坏事"。我试图不去想这些生物学上遗传。这是一种心理上不承认，也是一种回避。我甚至怕自己照镜子，不愿意看自己新近的照片。生怕从里面显示出一个陌生的生父形象来。可是不承认和力图回避，只是我的一厢情愿。

在学校的同学中，我很快遭到了另眼相看，日子开始难过起来。我自己感到十分委屈。如果以前，我的家庭出身还不算很坏的话，那么，这位突然间从天而降的、从未见过面的生父，实际上把我推进了所谓的家庭出身不好的行列里。紧接着，就是文革的到来。那场运动，家庭出身是定人终身的。我在运动初期的各种场合里，企图极力表明，生父对我的思想没有影响，可是这种申辩不为别人所理睬。我被打入另册，排除在轰轰烈烈的运动之外。从长远的观点来看，不参加运动，当然是件好事，但是可以想象，作为一个"要革命的青年"，当时对我心理上的打击有多大。随着自卑感的发展，我也在学着看人脸色行事了。可是这也无济于事。

当有一篇大字报在暗示母亲当年的"逃港"，是"叛国分子"时，我就意识到：生父的事情，是不会被人轻易放过的。从此以后，我的策略索性也来了个大转弯。我处处在保护母亲，拒不承认生父的关系和影响。我知道，只有保住了母亲，才能保住我自己的前途。

### 90.2. 最倒霉的年头

1969 年城镇居民下放 1968 年 10 月，我作为一名知识青年从南京去苏北农村插队，地点是淮安县复兴公社朱庄大队第九生产队。这只是本人插队，对我刺激和打击倒不是很大。原因是大部分的同学和同龄人都去了农村。自己的父母亲和妹妹都还在南京，我一人在乡下，好像问题不大。

1969 年初，母亲在南师附中的"清理阶级队伍"的运动中被"解放"，恢复了教师工作，还做了班主任（当时叫排长）。父亲也结束了审查，从丹阳县练湖农场的五七干校返回了江苏教育学院。只身在农村的我，得到这些消息后，非常兴奋心想：只要父母的问题得到了解决，自己今后就有希望。于是，我的下乡镀金的美梦，是越做越甜。

没想到,好梦不长。夏天,外祖母在居委会的"清理阶级队伍"中含冤自杀了。不久,家中一纸来信,说全家即将下放苏北农村。这对我简直是一个晴天霹雳,因为这显然是想断掉我们全家的生计,从而也要毁掉我的前途。我急忙回到南京,试图阻止全家下放,保住自己在城里的根基。但是,这毕竟是螳螂挡车,不自量力。无奈之中,抱着今后全家死也要死在一起的信念,把父母亲和两个妹妹接到了我务农的第九生产队。

当时在江苏省暨南京市代表着祖国的,是一个极左的军人政权。他们似乎嫌知识青年上山下乡运动还不过瘾,别出心裁来了个全国首创,搞了个所谓干部和城镇居民全家下放农村的运动。历次运动都是政治运动。如果说知青的上山下乡运动还是由于迫于城镇就业压力,还有点经济上的原因话,那么,把国家干部和城镇居民全家下放去农村的运动,当权者只有用其特有的政治动机和目的来解释了。他们想彻底铲除文革中形成的,政治上的异己和对立派,顺便再驱逐那些在历史上"有问题"的人。这次他们要做到斩草除根,把这些人的整个家庭都清除出去,让他们永远不得回城。

当年的场景我终生难忘:船离开码头时,船里船外一片鬼哭狼嚎。这使我想起了当年纳粹德国的党卫军在驱赶犹太难民。第二天,当船到达苏北目的地时,我们上了岸。年老体弱、老实巴交的父亲站在一个土坡上。只见疾风卷着苏北特有的黄沙,把父亲的白头发,白眉毛,白胡须和黑棉袄全部染黄时,我的眼泪直往肚里流:对我们家来说,一场空前的浩劫开始了。我不知灾难何时结束,甚至不知道,还能不能结束⋯⋯

我意识到父母亲将要度过他们一生中最黑暗的岁月。此时此刻,我在憎恨这个不公正的社会,也在怨恨我从未谋面的生父。似乎是他,在无形地决定着我们的政治生命。1969年是中共"九大"胜利召开,建国20周年的喜庆之年;对我来说,却是我一生中最倒霉的年头。

## 90.3. 黑暗岁月的压力

在农村，全家五口，和乡下人一样，挤在三间一栋的茅草房里。当时，我们的身份和户口是这样划分的：父母虽然在生产队劳动，算是带薪的下放干部，城镇户口，吃商品粮。两个妹妹，一个七岁，一个十五，她们一夜之间被剥夺了城镇户口，从此与社员一起分粮分草争工分。执行极左路线的当局，使出全家下放的这一招，可真算是斩草除根：把你全家连根拔起，赶到农村；再把你所有的小孩全变成农村户口，从此断绝你们和南京的来往！我们全家，尤其是我，从此背上了沉重的精神负担。我们不知何时才有出头之日，更不知这辈子还有没有出头之日。

父母工资在南京就不算低，到了农村，那就更不得了。虽然我们仍然有吃有喝，但是，有朝一日，若上面突然想来断你的工资怎么办？没了工资，按现在的话讲，那就是在没有了发展权之后，恐怕连生存权都要受到威胁了！

我虽然是知青，举止却更像农民。因为大部分的知青，他们的家，毕竟还在城里。我感到自卑，下意识地与一起下来的知青，保持着距离。那些年，有三件事让我更加自卑和吃惊。首先是不断地有人上门为我提亲，对方当然都是清一色的农民，被知青鄙称为二妹子。显然，人们把我也当着农民。有一天，我在公社的镇上挑河工时，偶尔被一伙同校的知青撞见。谈了一会儿，有人竟对其他知青说：你们看，戴相陵的眼光无神，眼色像农民一样迟钝！我当时听了，心情极端沉重，知道自己的精神压力，已开始反映在外表上了。

最使我震惊和悲伤的是如下的发现：1970年9月，大队治保主任在公社开完国庆治保会议回来后，被一个知青偷看到了会议笔记。他悄悄告诉我：你父母亲的名字，竟然与全村的地富反坏右的名字列在一起，属于国庆期间的监控对象。我听了，顿时头脑一阵昏暗，觉得我这辈子，不会有什么希望了……

## 90.4. 下放小絮

孙盛元老师在我母亲下放过程中是个举足轻重的人物，即使不是决策者，也是具体执行者。当年在得到全家即将下放的噩耗后，我立即从插队的地方赶回南京。我的首要任务，就是要千方百计地阻挠当权派对我家下放计划的实施。我与孙老师带领的在我家的"动员组"，几乎每天都有长时间针锋相对的舌战。

我的理由很简单：让母亲一人下去，或者把两个妹妹也带下去，我没有异议。但凭什么一定要把年老体弱的父亲也弄下去，再说人家大专院校并没有下放任务。我这一人一嘴才出口，马上就遭到对方七嘴八舌的反驳：你父亲下去后，贫下中农会照顾的！

大概是粉碎四人帮后的第一年，当得知孙老师已调到淮阴的清江市委宣传部工作时，我和母亲曾去找他帮忙上调或回调。谈话期间，他对我家下放一事表示了内疚，并说，当时至少姜老师（即父亲）是可以保住不下去的。我当时的反应是：虽然他当年对我家的造孽是严重的，可他现在有忏悔之意，还算有良知吧。

1980年父母亲已调回南京。一天，有人敲门。母亲开了门，前面站着一个满面胡茬的人。他只是想要打听一下某人的地址。没想到母亲很粗鲁地说了声"不知道"后，就乓的一声关了门，脸色就像才见过鬼一样。我马上问原因。母亲说：你还没认出来他是谁？他就是当年来我们家动员下放最凶的工宣队的某某啊！我听了后大惊失色，本能地要夺门而出，要追出去找他算账，结果被母亲死死地拦住而未遂。

当时我的情绪，就像陆定一夫人当年在北京街头认出了在秦城监狱里长期折磨她的看守一样。

这个工宣队某某在与我舌战中最恶毒的一招是这样的：我冷笑说：你说父亲下去后，贫下中农会照顾的？你少来给我开空头支票！工宣队某某马上捉住"贫下中农开空头支票"给我扣帽子、无限上纲。他咬牙切齿地威胁，你戴相陵如果再这样阻挠下放的话，我们就要到你插队的公社去反映情况了。我意识到了问题的潜在严重性。至此，我防线被攻破，全面崩溃。

在我家下放的后期，母亲一度在淮安县近郊的城东中学教书。有一天，我用自行车带着母亲，送她去城东中学上班。半路上，我们追上了一个正在行走的下放干部模样的中年妇女。母亲告诉我：她就是朱之闻的爱人。我当时的反应是：十年河东、十年河西；厅长爱人又怎么样？同是天涯沦落人。

金从有老师，当年是物理实验室的管理员，文化程度不高，但做实验的成功率却是物理组之首，组里老师叫他老金。在我家下放的期间，有一次，母亲回南京在学校碰到了他。老金把母亲拽到一旁，小声说：戴老师，你们下去了也罢，否则后来的运动吓也要吓死啦！他显然在指"抓五一六"。

# 91. "挖烙印"的经历

吴小白（68届高一甲）

十三世纪，资本主义思潮萌芽，英国的"大宪章"响亮地提出了"人生而平等和私有财产神圣不可侵犯"两大原则，奠定了资本主义的思想基础。可悲的是，历史走过了七百余年，到了二十世纪中叶，在中国这个有着古老文明的土地上，已经进入了"最先进、最平等、最自由"的社会主义社会，却要按人的出身决定每个人的政治地位和社会地位。在"阶级斗争"路线的鼓动下，在文化大革命思潮的推动下，过去是共同学习的同窗学友，逐渐地产生隔阂，一部分"红五类"子弟已经不满足于自诩出身的优越感，不满足于几个人情趣相投的高谈阔论，不满足于政治上的自我表现，而将斗争矛头指向了出身不好的教师和广大的"非红五"类学生。

## 91.1. "挖烙印"的开始

在一九六六年的南师附中，已是"黑云压城、山雨欲来"之势。
7月13日，高二丙班"红五类"子弟首先在校园内贴出了控诉南师附中十七年来对"红五类"子弟迫害的大字报，号召"自来红"们起来造反。并敦促"非红五类"同学首要任务是进行"思想改造，与家庭划清界限"。这篇大字报一石惊天，各班级的"红五类"子弟纷纷贴大字报响应，一时间，矛头直指老师和出身不好的同学。一天，我走进教室，发现教室靠门口的墙上贴出了一张通告。通告的内容是班上的几个高、军干子弟决定，根据班上同学的成分和一贯表现，将同学分成五类（这五类人不包括他们自己）。

第一类是工人、农民子弟，部分地方干部子弟。这里面的干部子弟有父母干部级别升得不高，被认为可能有问题，或是父母有一方受过处分。

第二类是城市贫民类，也包括表现不好的干部子弟。

第三类是成分不好不坏，表现一般的同学。

第四类为成分不好，但表现尚可的同学，主要是部分知识分子子弟。

第五类为成分不好，又被认为只专不红的同学，学习成绩优良的同学只能添列其中。

我居然排在第三类，高于其他知识分子的子弟的排位，真是受到抬举。通告要求各类同学，必须按照自己所处的位置，认真学习毛选，提高思想认识。特别是第四、五类同学必须改造世界观，与反动家庭划清界限，造娘老子的反。这时，一位曾任班长、已是团员的女同学方晓珊，成绩优秀，平时各方面表现积极，这次发现自己被划在第四类，心里很不平衡，按捺不住，大声说道：这是谁定的，我有意见，为什么要把我划在第四类，我觉自己是积极要求进步，进行思想改造，与家庭划清界限，你们不应该这样对待我。

班上干部子弟没想到会有人提不同意见，听了这话，很不乐意了地说：行，开个班会辩论一下，说说你的理由，我们要看看有没有道理。在班会上，那位女同学谈到自己如何为革命而努力学习，并认真学习毛选，与父母的思想划清阶级，努力改造世界观，平时常将自己的活思想，主动向干部子弟汇报，既然是"有成分论，不唯成分，重在表现"，我已尽了自己的努力，不应该打击我的革命热情，应该给我们一条出路。不料，她的一席话，还没讲完，就引起了班上"红五类"子弟的勃然大怒，原准备的一场讨论会转为一场批判会。许多"红五类"子弟立即站起来发言，认为从她的"嚣张"态度上可以看出，班上的"阶级斗争盖子"没有揭开，"庙小神灵大，池浅王八多"，许多非红五类子弟不老老实实接受思想改造，当面一套，背后一套，总是顽强表现自己的资产阶级思想意识，根本不愿意向班上

"红五类"子弟靠拢,今天方晓珊跳出来,就是一个证明。

与方晓珊结为"一帮一,一对红"的军干子弟也发言:方晓珊以前所谓的思想进步是虚伪的,是为了骗取我们的好感。今天看到她依然坚持错误立场,对这种态度,我们要坚决斗争。情绪激动之时,一位高干子弟站起来宣布:我们把方晓珊排在第四类,实在是一个错误,我建议,应把她归入第五类,让她从此以后,老老实实进行思想改造。这个提议立即引来"红五类"子弟的一片响应,更有几个军干子弟,拿起笔墨,将原写在第四类的方晓珊名字上打个叉,并在第五类上写上她的名字。

在场的所有非"红五类"子弟都十分震惊,实际上,打击方晓珊给全体非"红五类"子弟树了一个"杀鸡吓猴的榜样"。我相信,这次打击会给当年才十六、七岁的青少年带来永远的刻骨铭心的伤害。

在社会上"破四旧"如火如荼地发展之时,班上的一些"红五类"子弟,也到处赶场子去了,每天到班见面的同学不多。我们有几个虽不是"红五类",也不是"四类分子"的子弟,自认为应做出一些拥护文化大革命的表示,于是我们带上了浆糊桶,骑车到了灵谷寺,第二天又划船到了莫愁湖的湖心亭,贴了几张破四旧的标语。殊不知我们的小小行动引来自认为正统的干部子弟的强烈不满,首先是告诉我们没有资格与"红五类"子弟一起去破"四旧"。接着在教室的墙上连续几天贴出大字报,对所有"非红五类"子弟发出严重警告和通牒。

### 91.2.抄家行动

当时,在《人民日报》社论"横扫一切牛鬼蛇神"呼吁下,社会上正掀起横扫"四旧",对四类分子全面抄家的狂潮。南师附中的"红五类"子弟率先行动,我们班上有四位同学的家受到波及,一位同学的抄家者是南师附中初中班的"红五类"子弟,先抄了楼上南师附中同学的家,知道楼下还有南师附中同学居住,就顺道一并抄了,。另外两位被抄家的是初中同学,高中时已不在附中,都因成分不好高中没有被任何学校录取。一位同学已去了新疆生产建设兵团，一位是被班上同学百般动员仍坚持留在南京待业，都是被"红五类"子弟认定为"思想反动"的学生，借着文化革命中抄家狂潮，到这两位同学的家里发泄一下，了断宿怨。

　　南京大学女同学被抄家之事，我当年是偶然听到的。9月20日毛泽东思想红卫兵组织非"红五类"同学到农村劳动前，班上的红卫兵要我到他们活动的教师休息室去听训话，正好听见我们班上被抄家的南京大学女同学，向班上另一位女红卫兵反映：天渐渐冷了，已经不能安睡，能否把我家的被子发还一些。当时那位红卫兵表示，我去帮你查一查吧。（当年买棉被是要棉花票的，棉被应不属于四旧之列，棉被也被抄走，可能是另有用途。后来知道，班上几位红卫兵女生，为这位女生找还了被子。）

　　想一下，我们高一甲班总共才有四十多位同学，高中、初中同学中就有四位被抄家或斗父母，虽然文化大革命中，班上被抄家的同学应该很多，但多半是父母单位的人干的，可是这样被班上同学抄家的，却是南师附中"红五类"子弟的创举。还有好几位同学被逼回家斗妈老子。我们的"红五类"子弟斗争其他同学时，思想施压，抄家无情，刺刀见红，不愧为响当当的红卫兵。

### 91.3. 参加"大串联"

　　8.18之后，全国掀起了组织红卫兵，并掀起大串联的热潮，班上的"红五类"子弟先忙着参加"破四旧"活动，接着就张罗着到北京串联。教室里少了干部子弟的身影，倒也冷清了不少，一些非"红五类"的同学被放逐回家"造娘老子反"去了，留下了几个二面不靠的同学在班上游荡。

　　看到春风得意的"红五类"子弟陆续到北京串联去了，我们也心痒痒的，我们也想到北京见一见世面。三个同学私下里一商量，回家拿了钱，9月3日夜，买了特22次列车车票。直达北京的车票没有证明不让买，先到了天津，第三天才到了北京。我们与红卫兵串联不同,是自费坐火车去的。从天津到北京,我们因为没有学校的或红卫兵证明,一直躲躲藏藏,情绪十分低落,准备先到北京天安门转一圈,如找不到住宿的地方就回南京。天安门游逛过后坐车到了北京航空学院,已是深夜十二点,居然有人接待我们,终于住下了,我们三人都兴奋不已。但睡在北京航空学院体育馆地面的草席上,两人合盖一床被子,夜里太冷,第二天我发了高烧,勉强支撑着到北航医院看病,身体两天后才恢复。在北京,看到了谭力夫关于"血统论"的讲话。谭力夫的煽动性言论,在南师附中受到红卫兵们的追捧,在北京受到北京各大、中学的一致声讨,被骂得像烂狗粪,这让我们想到,不是干部子弟聚集的学校,"血统论"根本没有市场,你凭什么要高人一等,压制他人。

## 91.4. 农村劳改

9月17日我从北京先回到南京,回校时碰上学校红卫兵出面组织同学到农村劳动,班上红卫兵要我参加,我本来就是一个喜欢劳动锻炼的人,当然就爽快答应了。9月20日,我班同学步行到江宁陆郎公社,一行二十多位同学中,主要都是成分不好的,真正的干部子弟红卫兵一个没去。只有三位准红卫兵同学监管我们,两位是工人子弟,一位工厂的干部子弟。想必是要表现一下,这三位对非"红五类"子弟的态度,比干部子弟有过之而无不及,把这次劳动变成对我们的劳改。

以往每次到农村劳动,大家都很踊跃,自觉地进行访贫问苦,与贫下中农亲切交谈,双方的关系很融洽。而这一次,整个是精神面貌灰头鼠目,心情郁闷。一到生产队,那几个监管把我们集合到一起,告诉全队农民:这是一些成分不好或地富反坏右的子弟,头脑里带有反动家庭的阶级烙印,今天他们到这里来,就是要接受你们的教育,改造思想,深挖烙印的。对他们,就是要用劳动来洗涤心灵上的污点。对他们的错误思想,要毫不留情地进行批判。

以往农村劳动,都是一个小组十几人住到一起,这次是二人一组住到一户贫下中农家，并告诉每户贫下中农对我们进行监督。每天早上，全体人员集合空场上，三位监管站在同学面前，先掏出"毛主席语录"，每天必读的是"在阶级社会中，每个人都在一定的阶级地位中生活，各种思想无不打上阶级的烙印。""凡是反动的东西，你不打，他就不倒。"这与当时学校劳改队必读的内容一样。读完语录就是训话，三位监管先总结前一天劳动的情况，对不好的同学给予批评，对表现好的加以鼓励。然后布置新的劳动任务。只要贫下中农与我们谈得近乎一些，觉得我们还是幼稚的学生，监管就告诉贫下中农，不要看他们那么老实，都是假的，不要相信他们，对他们一定要严厉。

劳动期间，没到农村劳动的几位穿军装带红卫兵袖章的干部子弟前来巡视，听说是乘学校的大卡车来的，对非"红五类"子弟是高昂着头，视而不见，只是找监管同学询问过劳动情况后就回去了。

提到这三位监管同学，二位工人子弟，平时口才不咋地，根本上不了台盘，这次真是超水平发挥了一番，凝聚了十七年的阶级仇恨，肩负如此重任，监管工作做得一点也不含糊，训起人来出口成章，根本不容争辩，将权威发挥到极致。也就这么仅仅发挥了一次，回到南京之后就无声无息了。其中一位工人子弟戴国家同学，在文革前的一次狠斗私字一闪念的班会上，当全班同学的面暴露"活思想"，勇敢地谈到自己几年前听人告诉他：毛泽东是一条"赤龙"，"赤龙"的寿命只有十七年。对于这样的"反动言论"，自己当时没有反驳，还有些半信半疑，现在觉得是不对的。如是一位"地富反坏右"子弟说这样的话可能要触犯"天条"，成批斗对象了。他说这样的话，确实是心境单纯的表现，当时班上大多数同学是一笑而止。只有一位后来随父亲调动离校的军干子弟郭长青同学背后大发其火：戴国家太不像话，听了这样的反动话，不斗争不揭发，思想觉悟太差了。

另一位女监管是工厂的干部子弟，时任班上团支部书记龙江同学，表现积极，口齿锋利，性格泼辣，这次农村劳动中损人太多，引起公愤。几个月后她反戈一击，坚决要求参加红联，班上同学意见极大，特别是女同学，一再表示对她是决不能宽容，想参加红联是投机。最后以她向班上所有受她迫害的人赔礼道歉，诚心检讨，发誓痛改前非，才勉强平息了被迫害人的情绪。参加红联后她表现特别活跃，敢作敢为，也引出一些故事，已是后话了。

劳动结束后，走我事先从当地农民口中探到的一条近路，从陆郎翻山到谷里，经雨花台返回南京。我们在9月30日中午出发，几十里山路，走得同学们都到了体力的极限，特别是几个挑着晚餐的男生，累得够呛，天黑前，我们在一个大湖边吃了晚餐，那时没有污染，湖水十分清澈，我们都喝湖水解渴。只有此时，同样疲惫的三位监管才与同学轻松地讲话，双方的距离稍稍拉近。当走到石子岗时，看到南京的一片明亮的灯火和临近国庆试放的焰火时，大家都高兴地欢呼起来，郁闷的情绪终于一扫而光。此时已是深夜十一点。

## 91.5.二次串联

回校以后我们发现，班上的红卫兵几乎都去串联了。我们五位同学决定组团到北京串联，对我来说，是第二次北上，但这一次是不用自己买车票了。坐火车到蚌埠时，被南京八中的一个红卫兵查到我们没有成分证明，将我们一群人赶下火车。我们向车站的铁路职工说明了情况，同学郑海廷还拿出了户口簿，证明是干部子弟，乘着铁路职工心生同情又无懈看管之时，我们再次登上了北上的列车。

到了北京火车站，我们在车站串联学生接待站准备登记住宿，忽然发现前面几个穿黄军装的学生是南师附中高一乙班的造反军，他们看到我们很惊讶，问我们：你们怎么来了，我们支吾了几句，来了个溜之大吉。

在北京串联时，我特意寻访了谭力夫所在的北京工业大学。学校不大，秋风中满目萧瑟，大字报多是旧的，只有几张北京红三司贴的批判谭力夫的大字报。我在想，谭力夫是有点歪才，能把"血统论"这样荒谬绝伦的理论说得振振有词，极具煽动性。可是这位"歪才"这时不知跑到哪儿去了，听说是逃到广州避难去了，几十万学生要找他辩论，找他算账，跟着涌到广州，使广州串联学生人满为患，达到了百万之众。

在串联中，我们深刻感受到，每个人的命运，应由自己作主，任何他人不能决定，前面的道路虽然坎坷，从前觉得前途渺茫，现在看到了希望。

等我们十一月份回到南京，发现班上的同学都出去串联了，仅有一位成分不好的陈明生同学没有串联，该同学太老实，对命运逆来顺受，一次他到学校，几个初中造反军把在校门口向不是红卫兵的学生讨要学生证，说是要出去串联，于是他把自己的学生证交给了与初中生造反军在一起的同班的造反军同学（农村劳动时的监管）戴国家。没了学生证，他一直无法串联。我们听了这件事当时都义愤填膺，怪他太老实，又找不到拿走他学生证的人，就一起到学校办公室，开了张本校学生的证明。当时北京及沿海大多数城市基本停止串联，几位同学自告奋勇陪他到西北方串联了一次。（他也是班上目前唯一还留在苏北的同学。）

在我们二次串联返校时，校园里情形大变，除了几个红卫兵组织外，从过去受压制的同学中杀出了许多的战斗队，与一些从原红卫兵组织分出来同学组成了新的群众组织"红色造反联合会"（以下简称红联）。在当时阶级斗争气氛严峻的形势下，红联刚成立时，红联中心组的成员都是成分较好的同学，有部分中心组成员还是从原红卫兵组织分化出来的的。高三丁班有一位干部子弟就是红联成立当天退出红卫兵后加入红联红野的。他多次表示：我们干部子弟加入红联，不管反对"血统论"的最终结果如何，都会挺身而出，勇于承担责任。对这一点，家庭出身不好的同学要放心。的确，在红联与造反军同学发生冲突之时，红联中的干部子弟能很好地发挥了作用。部分原红卫兵分出来的同学，向班上非"红五类"子弟检讨了自己的错误，并取得了谅解。12月16日红联一成立，立即斗争矛头指向"血统论"，并宣布解散学校的"劳改队"。从此，"血统论"逐步退出南师附中的历史舞台。

## 91.6. 评诉"挖烙印"

红卫兵运动,从1966年8月起到1966年12月是鼎盛时期,在这短短的四五个月的时间里,是血泪,是摧残,造成的破坏罄竹难书。在南师附中同学中,形成了严重的对立,扭曲了无数稚嫩的心灵。这一历史现象造成的后果深深留在经历了那场浩劫的人们的心里。就是今日,"血统论"还没有真正意义上的彻底铲除,并会从当年政治上特权思想转化为经济上的利益。

文化革命中,大家都是受骗者、受害者,当然非"红五类"子弟受害的程度更加严重。我并不奢求向迫害的执行人讨回尊严,讨回人权,但我希望这些迫害的执行人良心发现,不再津津乐道红卫兵当年的"光荣历史",也希望南师附中有关部门在编写这段历史时能体验一下非"红五类"子弟当年的感受。

## 92. 文革中的一次研讨会

王虹（66届高三丁）

1967年5月军训队离校后的一段日子，附中校内相对比较平静。从66年开始，经历了破四旧，批斗当权派，批斗教师，批斗学生，再到大串联，批判血统论……附中文革已经走过近一年的路程。作为一个造反派组织，确实也该重新认识一下文革，梳理一下思路。抱着这样考虑，高三丁班红野的成员在五四大楼的教室里认真地坐了下来，大家畅所欲言，交流对文革的认识，包括中学运动的特点，以及运动中应该注意的问题等等。

大家将课桌围成几个圈，这也是从教改中形成的讨论形式。我记得自己的发言是阐述文革的必要性和重要性。虽然说得结结巴巴，但思路还算清楚。当时李得宁对我的发言还有评论：别人是想到一句，可以说上十句；王虹是想到十句，只说出一句。其实我也没有想得那么多，只是反应比一般人慢一些而已。

我还记得余仲华着重强调了中学文革的特点，尤其是像附中这样的学校主要就是批判血统论。这个认识也是当时大家的共识。

记得在此期间，我和同学曾几次去过南大，到过南大红色造反队（好派）以及八.二七的红战联。南大红战联同中学八.二七的关系密切，有点儿指导中学运动的味道（红联还有一些同学到红战联工作）。红战联的南大学生认为附中红联作为南京有影响的中学造反组织，对于社会上的贡献远远不够，尽管中学八.二七的头头沈立志也是附中的。

我们则强调中学，尤其是像附中这样的学校，运动的主要内容就是批判血统论。社会上好派、屁派之争，我们的观点已经很明确，也曾经同炮兵工程学院的好派组织摆过擂台辩论会。可武斗之举确实不是附中人之所强，所以我们还是以校内运动为主。

南大学生没有中学文革的体验，所以双方当时只能各持己见了。

值得一提的是，在一次提及"我们要相信群众，我们要相信党"这两条所谓根本原理的时候，宋杰同学阐述了自己独特的看法：首先应该相信自己，相信自己的存在才是。这样的认识同当时社会主流意识相差甚远，思路也是别具一格。当时就引起了争论，宋杰争得面红耳赤，给人留下了深刻的印象。

那个年代，所有的舆论都在宣扬：毛主席指示我照办，毛主席挥手我前进。人们不应有自己的思想，而是统一到毛泽东思想。人们成了驯服的工具，成了螺丝钉，而不是思想者。这个愚昧的传统直到今天，仍然影响着不少人群。尽管毛泽东本人或许并不希望这样。另外，这次文革"研讨会"上，大家议论到了这样一个话题，即在文革中如何对待教师，如何看待老教师的所谓历史问题。作为文革期间的中学生，我们对所谓的旧社会应该说完全没有切身的体验。我们所有的观念都是"新社会"灌输的。即便是这样，我们在研讨中仍然将所谓历史问题或表现，只作为过去的一个"参数"来看待。过去只能说明过去，看一个人应该从发展中，活生生的现实中来把握。不能老是抓住过去的所谓问题不放，把人看成是静止的，一层不变的。所以我们的结论很明确：运动初期整肃教师，设牛棚，劳改队的做法是错误的。文革运动的重点，是整走资本主义的当权派。

宋杰试着用数学上的点和线的关系来进一步说明这个问题，即所谓的历史问题仅仅是一个点，人生这条线上的一个点而已。老是拿一个点来说事就没有发展了，是只看到点而看不见线的表现。一时间"点线"之说成为美谈。记得在一次规模不大的红联会议上，宋杰试着阐述了这个"点线"关系，在场的人虽然觉得颇有道理，却也感到有些似懂非懂，深邃莫及。当时作为红联召集人的赵生易（高一乙）还相当认真地说：请你们（指红野宋杰等）出山呀！站到前台来呀！

实际上，当时作为红野的代表，李丹柯已经在红联中心组了，而其他人并不习惯于抛头露面。这次的文革"研讨会"，整个期间也就一两个星期。主要议题就是中学文革的定位以及正确对待教师。将中学文革的主要任务，定位到"批判血统论"是一个值得深思的定位。按照当局的指示：文革运动的重点，是整走资本主义的当权派。是破旧立新，是横扫一切牛鬼蛇神。但是，当局并没有对中学给出具体的指示。如果中学生们都将中学文革的定位，定为"批判血统论"，那绝对会让当局始料未及。对于后一个议题，当时的认识应该说也是难能可贵的。正是因为有了这个认识，后来68年全国性的清理阶级队伍运动中，我们许多人才能够保持一个比较清醒的头脑，坚持一个内心抵触的态度，而没有去推波助澜。

关于中学运动的定位为批判血统论，也是从一年左右的文革实践中总结出来的。同批判走资派，批判教师相比，批判血统论对于我们来说才是动真格的事情。事实上，中学生批判血统论还真有些自主性。从历史资料可以看出，66年八月红卫兵兴起，利用血统论整学生以来，中央领导们（整体上）并没有认真对待过这个问题。或许是因为毛泽东支持了红卫兵，毛不出来讲话，其他人不好说，所以才有了北京持续的八月血腥！后来批判起血统论，中学生比起中央领导要积极得多，认真得多！例如像南师附中这样的学校，学生们甚至将"走资派"搁置在一边，只是一味地批判血统论。整个文革的过程（两年期间）几乎围绕的都是血统论以及批判血统论。无怪乎南京大学的大学生们不能理解，即便是我们自己当时也觉得文革中作为不够，仅仅是批判了一个血统论。

即便是如此，结局还是令我们心灰意冷：批判血统论的收效似乎微乎其微，作为血统论象征的红色造反军直到68年八月依然健在！甚至在后来的学校革委会席位上，与反血统论的学生组织平分秋色。我们当时没有弄明白：66年八月的血腥，表面上看是部分中学生利用血统论对另一部分中学生实行迫害；实际上应该视为错误的阶级路线，阶级政策在特定条件下的一种结果。中学造反派只批血统论，而不触及错误的阶级路线，阶级政策，怎么可能有好的结局呢？我们中的一些同学应该说是比较早地读到了"出身论"（1966年10月初），尽管那是绝对的禁书。该文67年初虽然在《中学文革报》上公开登载过，但实际上并没有被社会普遍认同，中央文革的成员戚本禹就认为该文是"大毒草"。记得李得宁从北京邮来了"出身论"小报，出于政治上的考虑，我们翻印的时候还是加上了供参考批判的字样。尽管这样，造反军中还是有人指出：那不过是个幌子而已！

平心而论，我们始终没能认真地读懂"出身论"，否则也不会在批判血统论的问题上停滞不前了。文革中我们常常遇到这样的困惑：许多问题总是思考到一定程度的时候，就"自然而然"地不再继续思考下去，似乎思索的过程有缺失的障碍——"思想门"的障碍。对于血统论也是这样，如果进一步思考，血统论为什么会发生，恐怕就能逐步触及实质和要害！但我们总是来到"思想门"之前就停止了脚步。对于文革中能够突破"思想门"的少数人来说，一方面是可能的大彻大悟，另一方面则意味着可能的灭顶之灾！我们属于还没来得及大彻大悟，却避免了灭顶之灾的那一部分人。

67年5月的"研讨会"，因部分同学要外出"串联"而告一段落。红野也从此开始逍遥起来，似乎文革已经没有太多的事情可以做了。

四十多年后的今天，回过头去看文革中的那次"研讨会"，也许会觉得：作为当时的中学生，能够相对正确地看待教师的"历史问题"，并把中学文革定位于"批判血统论"实在是值得欣慰的一件事情。

以下是网友议论：

某某：中学阶段原本是求知欲较强的阶段，遇到"思想门"却不再继续思考，是十七年教育所致，也是文革大环境所致。遇罗克毕竟是个别。

# 93. ×××现象

×学友

一、×××回来了,一袭疑似贵族的华贵与傲慢走进曾小渤的寒舍,单挑她这位死硬"毛派"的老同学。整整一天,×××壮怀激情说得是雷声隆隆咋咋唬呼,曾小渤听得是气喘吁吁紧紧张张。吃了中饭吃晚饭,谈兴甚浓的她还不想走,意欲住下再挑灯彻谈。"中国历史上最坏最恶毒""恶魔""祸首""封建独裁者""法西斯""滔天罪行""罄竹难书",等等等等,翻来覆去,颠三倒四。俨然像代表上帝从天边降来负有重大使命的先知,对曾小渤这个蒙昧无知的原始傻瓜进行布道启蒙。

谁知事不如愿,曾小渤被激怒了。一反常态,如骨鲠喉,不吐不快。几万字的《"BT的灵魂"—×××来访记》一气呵成。他不着一字,只是用对比、白描手法,就把高狠狠修理了,把×××描写成一个贪慕虚荣、善变投机、卖身求荣的东方美人。而且也不时敲了敲王虹,包括这个网站。

文章发表后"引出的评论有两类,一是叫好,二是对曾与高都表示不屑"。不屑者说:这些当年红极一时的"红五类"们已经在几十年以后的今天,分道扬镳,毫不留情地痛打他们昔日的同类!我们这些当年默默无闻的一族,现在只是嗤之以鼻,有兴趣听他们说三道四吗?!都不是东西!叫好者占大多数。

——知道的人都认为她小说有很多篡改事实的地方。这就是为什么同学对她的小说很不看好,尤其是同班的。

——她现在竟然反过头来"控诉迫害","遭受非人待遇"了,真是滑天下之大稽！

——还需要×××这种曾经在我们头上耀武扬威的"汉奸"来拯救我们的祖国吗？

——最无耻的地方就是黑白颠倒，造谣生事。

——她是被非人道的对待。这是她要"告诉全世界关于中国的真相"。弥天大谎！没见过如此恬不知耻的小女人！

——到了国外成了反毛非毛的急先锋，装出一副遭受迫害的受尽折磨的悲惨弱女，骗取西方人的同情，换取英镑。

——此女不知自爱，非但不感恩，反而颠倒黑白、胡说八道，充当西方反华势力的喉舌，出卖祖国、出卖灵魂。

——对那些出卖祖国出卖良心的败类当然要毫不留情地痛打。

——拉大旗作虎皮，包着自己吓唬别人，自传BT撕开了×××自己的画皮。

——七整八整，将自己整进了大牢。为了回到社会的"高处"，就开始了楼主文中所描述的出卖灵魂，出卖祖国的生涯。

——×××的无耻与卖国求荣遭人唾弃。

——忘了祖宗。可悲啊！这个结果，×××是万万想不到的！搬起石头狠狠地砸了自己的脚。

二、×××回来了，从千里之外应校友会长许祖云之邀专程而来，顶着"著名华裔女作家"的"光环"。揣着名作BT，像昂首走过凯旋门的英雄一样铿锵有声地跨进了校友会。满脸红光，不慌不忙地介绍了她与"涛哥"的会见：

——那是胡锦涛访问英国时，她所受到英国政府最高规格的政治礼遇：伦敦市长特意向她发出请帖，将她列为特邀嘉宾，还特派市长专车前往她家接她到市政厅。于是，她乘坐的市长专车在包括有中国留学生挥舞国旗标语欢迎的夹道欢呼声中来到市政厅，成为所有欢迎"涛哥"的英国嘉宾行列中唯一一个无一官半职的华人英国公民。

——在"涛哥"40多分钟的接见中，仅有的20多个座位中，就有她×××的一席之地，连参加接见的部长及其夫人们等等也都只有站的份，可见地位之尊，无人企及。

——更接踵而来的高潮是，接见之后的宴会中，×××居然又被安排坐在主桌第一排，更与"涛哥"面对面。这种超级礼遇，连陪同"涛哥"出访的商务部长薄熙来和其他随行马弁都呆若木鸡傻眼干瞪着，因为他们统统靠后吃。这还不算，宴会结束后，市长又亲自陪同她，向她一个个介绍所有参加宴会的英国高级官员和来宾。

×××充满回味地说，这种非一般的高规格政治待遇，令薄熙来等惊讶得目瞪口呆，从一开始两眼直愣愣盯着她，搞不清她乃何方神圣，有何奥妙来头。

谈及至此，×××兴奋之情溢于言表，感觉好极了。中国共产党的烈士子女，昂首阔步进入了英国上层社会，在中国几十年无法想象的，但在英国，她做到了。

校友会被震惊了，老三届中能有与"涛哥"平起平坐共进晚餐的人，大概更是凤毛麟角，拽得不行，这么有"份量"的光彩肯定要好好大书特书。闲话少说，快快将你与胡锦涛见面的文章写来。说时迟，那时快，《与胡锦涛主席共晚宴》的文章5月28日写就，立马登载在6月出版的《校友通讯》里，放在"特别关注"栏目中。

然而，校友不买校友会的账，质疑声不绝于耳：

——×××是为中国人争添光彩了呢？还是为英国人争添光彩了呢？是为她的烈士父母长脸了呢？还是为她烈士子女的称号长脸了呢？是为她著名学者加重分量了呢？还是为培养她的母国母校加重了分量了呢？

——吹捧她，是看中她的"华裔女作家"的"名望"。

——校友会的势利，这又不是第一次了，见怪不怪了，所以平头百姓的校友早就看透他们了。

——喋喋不休，死皮赖脸地搞反毛政治传销。祖国母亲喂你成人，有话说：儿不嫌母丑，不谈感恩，总不该为讨外人欢心和银子，昧着良心骂自己的娘往娘脸上泼脏水吧！有本事，为娘的健康出把力，娘确实有病，帮娘好好调理调理。你做了大牢，不是娘的过错是你自己作践自己，国内待不下去了，跑到外国去当三等公民。被人当枪使还不知耻辱，还有脸跑到母校来炫耀。

——你不能出于某种目的去瞎编或是曲解一些事，那就是人品问题了。人品不正，何以正人？

——许祖云政治上很糊涂。

——搞不懂许祖云怎么把这么一个人渣捧上天。

——唉！可怜的许老师，把一泡臭狗屎当金菩萨给供上了。

——×××出现在"涛哥"眼前是附中的荣耀呢还是耻辱？校友会许祖云考虑过这些吗？

——校友会把×××的文章登的栏目，还附上照片．以为这是附中的荣耀，实际是附中的耻辱。

——南师附中校友通讯上又刊登了G某的大作，又在吹嘘她的名作了。她一改骂人的姿态，又装成一个为祖国唱赞歌的模样了，健忘啊，变色龙，又想来中国换点什么了？可悲的是校友会的老师竟然还这样捧着它，是欣赏呢，还是被这块洋牌子唬住了，还是被这张巧嘴给忽悠住了？醒醒吧！

——嗨！很多人到了国外还能干什么，不靠骂这骂那，能赚多少钱？她不也是这样？

——英国人蛮二五的被她七花八花给花住了。

还有校友从政治、外交的角度分析了×××与"涛哥"共晚宴的背后原因：

——×××是以什么身份去见"涛哥"的？

——伦敦市长为什么特邀的×××？"源于我在英国成功地出版了我的自传，这本书在英国有一定的影响的缘故吧。"×××说得很明白。

——"涛哥"有没有和在第一排就座，与他仅一米之遥的市长特邀的×××寒暄两句？显然没有。为什么？

——这样重要的外交场合，每个参加的人都是精心挑选的，都是要有明确的名头的，都是要有外交意义的。挑选唯一一个华裔参加会见中国的国家主席，共产党的总书记，决不会没有含义的。特邀×××见"涛哥"，伦敦市长想向"涛哥"说明什么？

——要是×××在会见"涛哥"时,也能当着伦敦市长和诸多英国上流达官显贵的面对"涛哥"进行一番"非毛"启蒙,那将是怎样的绝对精彩啊!我想在场的所有记者都会将这个划时代的记录刻在历史的里程碑上。这么一下,整个地球都要被×××引爆,满世界都要四海翻腾五洲震荡颠狂不已。×××一定会得到整个西方世界主流社会更加热烈的捧场与喝彩的,那时她的知名度可就不仅仅局限在华人女作家的范畴内了,而再派专车接送她的恐怕就不仅仅是市长这个级别了,备不住小布什还会派他的"空军一号"总统专机亲自大驾光临,×××的姿容还会出现在《时代》杂志封面上。

——如果"涛哥"只要搭理了×××,英国各大媒体立马就会出现爆炸性新闻:中共总书记与著名反共女作家亲切交谈!……!×××这把毒剑就会刺了向母亲心脏!×××这个美女蛇就会咬人!

周总理和杜勒斯握手后,摔掉擦手的手帕是一种外交表示。看来,伦敦市长特邀×××接待"涛哥",确实是想用×××向"涛哥"表达他无法用语言表达的特殊意思。也是一种外交的表示,是一种外交挑战。

——拿她当反华的炮子子用。

——她是一把随时可以出鞘的毒剑!

三、×××回来了,曾小渤对她说,某某很多看法可能与她"呼悠"的观点相同,他还搞了个老三届网站,那上边或许有很多她的知音。×××果然找到了某某。

×××为什么要写小说 BT?目的是"我要告诉全世界关于中国的真相"。

×××和某某见面是相见恨晚,还是"道不同,不与为谋"我们无从知晓,只知道发生了争论。但是,在"告诉全世界关于中国的真相"这个节点上他们应该是能够共鸣的。

×××用自身的经历,她的心碎,损失和痛苦,她被非人道的对待(且不说黑白颠倒,造谣生事)"告诉全世界关于中国的真相"。某某也有优势:在南师附中这个高干子弟云集的地方,最集中地显示了 GCD 的本质。在这里,发生了抄家、铜头皮带打人等等骇人听闻的暴力。与×××不同的是：

×××生性好吹，不计后果。某某不然，他需要细节，需要故事情节，当然，这更具有说服力。可以更好地"告诉全世界关于中国的真相"。

当有校友说×××卖国求荣时，只有某某狗屁不通地回答：×××卖国不能苟同！高从来就没有掌握过国家政权，何以卖国？"没有掌握过国家政权，何以卖国"，什么逻辑！不提也罢，越搅越臭。有校友立马反驳他。

可是，某某又把曾小渤的大作全文置顶在南师附中老三届上，引发了这场如何评价×××及爱国问题的大讨论。

四、×××回来了，MCD跳出来了。在对×××的一片质疑声中，MCD无从为×××辩护，出人意料地抬出了"天才论"。

——骂高的不少，我没见过高，从各位的文字中已经确信她是个没有人缘的人。但是，据我所知，很多天才都没有人缘。MCD没词找话说。

——MCD没见过高，就恭称其为天才了，看来你更是天才。

——去拜她为师，向你心目中的女才人学两招。

——原本想MCD总比×××要强些吧，不会那么下作吧，谁知道有过之而无不及。热脸亲人冷屁股，她瞧得起曾，却不会瞧得起你。去舔天才的脚后跟吧。

——不知把MCD和×××放在一起会怎样？试试吧，搅一锅粥出来，到最后才知道是什么味道。

——MCD呀MCD，×××再臭，也能和曾小渤耍一耍"激扬文字"；×××再臭，也能把校友会"忽悠"的"热血沸腾"，视为千古绝作，大作小照登在《校友通讯》上；×××再臭，也能和王虹侃上一气，探讨如何"告诉全世界关于中国的真相"换些银两。你呢，只会千言万语汇成一句话："茅厕洞万碎万碎万万碎"。

——不管白猫黑猫，只要能骂中国，就是MCD的知音…

——MCD，不懂不要紧，别自以为是，别乱说！

——请不要再玷污本网了！求求你了。

偶然吗？挺佩服一位同学早早就提出："让×××和 MCD 见面，会有一台好戏"。看来，这位校友看透了 MCD，应验了他们是同病相怜，臭味相投。

五、×××回来了，像一股旋风，激起了曾小渤的文伐，引爆了对校友会的不满，激活了 NSFZLSJ 网，1000 多人次的阅读；100 多条评论。评论的内容从开始的对曾小渤文章观点的评说转而到对×××为人之道质疑再到如何对待祖国的态度这样大是大非问题。

——请不要再往母亲脸上抹黑，看到祖国有什么不足，出把力，帮它做点什么。有的海外校友（也是×××的同学）说，退休后有机会的话愿意来做志愿者，发挥自己的专长，为祖国做点贡献。多可敬的老人。

——×××的无耻与卖国求荣遭人唾弃。现在全世界都在瞩目中国、北京奥运，作为中国人，我们高兴，希望祖国更美好。

——"卖"很难听，但是事实就是这样。为了求得她所要的，无论何时何地何故，什么都可以出卖。

——不过现在到西方去卖这块牌子，给祖国抹灰的急先锋，却实在是不能让人忍受的……。同时，还有另外一种声音：

——骂政府就是监督政府，

——×××不简单嘛。能和"涛哥"坐在一桌，我看其意义不容易被我理解。

——多的道理就不讲了，关于爱"祖国"的问题，茅厕洞就回答了这个问题：他爱"中华民国"吗？那可是他的祖国啊。

这种声音一出来，立马遭到校友们的痛斥：

——不管白猫黑猫，只要能骂中国，就是 MCD 的知音…

——我理解 MCD 的意思是：他也爱"祖国"，但不是"中华人民共和国"，他要想改变国家的性质！终于露出他的真实目的了。

值得高兴的是：这种争议"不是狭隘的'造反军'与'红联'之间的口水仗"，而是如何对待祖国态度的问题。

——支持曾对高的批驳的人并非支持他的所有观点，但批高的部分大家深得赞同，还不分是红联还是造反军。

六、×××回来了，带来的一股旋风引发了如何对待祖国态度的交锋。超越了红联、造反军的恩恩怨怨，视野开阔了，境界提升了。

——感谢曾的这篇文章引起的讨论。我们爱自己的祖国，尽管我们的成长中也饱受痛苦和悲伤。但这些都过去了，中国现在强大了，非昔日可比了，你感受不到吗？

——请不要再往母亲脸上抹黑，看到祖国有什么不足，出把力，帮她做点什么。有的海外校友（也是×××的同学）说，退休后有机会的话愿意来做志愿者，发挥自己的专长，为祖国做点贡献。

——现在全世界都在瞩目中国、北京奥运，作为中国人，我们高兴，希望祖国更美好。

共和国历史，从三反五反、镇压反革命、反右派、大跃进，三面红旗、反右倾、顶峰是文革、而后一直到现在，有许许多多的事件需要研究，需要反思。祖国母亲历经磨难，坎坷艰辛，问题不少，积重难返，甚至是顽疾难改，有其深刻地历史原因。不同的视角、不同的理论、不同的感受，立意迥然的大文章可以写上一万篇，争论可能延续到一百年。

凡是有思想的中国人都可以有自己的看法。关键是立场，提意见、提看法、甚至言辞激烈，发些牢骚，说些气话，都是可以的。但目的是希望祖国去腐存善，日益发展，健康强盛。我们有能力多做点，没能力少做点，不做也行，烧把香，也是心意。

安享晚年，享受生活也是完全应该的。万万不能做的是为了一点碎银子，揭母亲的伤疤，再往伤口上洒几把盐。从这个根本点考量×××，我们不说她"卖国"，但她爱国吗？

社会的发展是一个渐进的过程，我国的经济改革已经在逐步地展开，效果是明显的。大家都享受着经济改革的成果。政治改革正在小心翼翼地进行着，大家应该可以看得出来。还有不少问题，盘根错节，积重难返，这需要一个很漫长的过程。

不能不改革，但千万不能操之过急，过激了可能引起反复，像戊戌变法一样失败；过激了会引起社会动荡，前苏联的解体就是活生生的例子，受害的只能是老百姓。政治改革关键是起步走了。

七、×××回来了，又走了。她还会回来吗？"我虽然年年回中国，却深感越来越不适应了，……在这儿当人民的一分子太开心了！""我不想回来了"。×××如是表示。

"慈母手中线，游子身上衣"，我们有很多海外游子，但他们始终有一颗"中国心"，始终爱他们的"慈母"。

走吧，×××。大千世界，各种人等都在顽强地表现自己。

没有秦桧，何以见岳飞的光辉！

八、王虹向我发出"邀约"："×××回来了"的校友是否可以将您的三个跟帖汇成一篇文章发表呢？我由衷地佩服王虹给我的"邀约"，这是需要胆量和气魄的。因为我的文章中涉及他。为了积极响应王虹给我的"邀约"，将原来的帖子做了一点补充。祈望校友批评指正。

我是一个匆匆来去的过客，看到因为×××的回来，引出的一幕色彩对比强烈的现代剧：曾小渤狠狠地修理了×××，可 MCD 却力挺×××；校友会慕名盛情邀请×××，视×××为著名作家，附中之荣耀；可是，老三届的校友却屏弃了红联、造反军的"芥蒂"，空前一致地批评×××，批评校友会毫无立场的错误追星行为，这是非常喜人的。国共两党斗了几十年，现在还能走到一起，红联、造反军有什么疙瘩解不开呢？所以，略做归纳，有感而发，不成体统，拙文陋见，实在是上不了大雅之堂，怡笑四方。因是无名鼠辈，就不署真名了，向各位学哥学姐致歉了。

既应邀写就，就随王虹处置吧。


以下是网友议论：

1. 老李《读曾小渤和×学友的文章有感》：

读了曾小渤和×学友的文章，我的感觉是：我现在只听到曾小渤和×学友的单方叙述，还不能得出任何结论。

我感觉曾小渤和×学友叙述时逻辑混乱，很多地方自相矛盾，漏洞百出；有很多叙述和议论，明显带有主观臆断、胡乱猜测的色彩；以点概面，夸大其词，捕风捉影，无中生有，三人成虎，上纲上线。

谁都不愿被曾小渤和×学友的一面之词所蒙蔽,我期待着真相总有一天会水落石出,小人终会暴露在阳光之下。

## 94. 高二乙一位学友有话说

学友高二乙

所谓的北美老李，你才41岁，×××60岁，只能称小李，这些南师附中极左年代的精神贵族们猖獗的年代，你还在吃奶呢！你如何知道我们受尽磨难的老三届和他们的老师们的心酸与痛苦，对高二乙班被打得屎尿失禁的男生和被强迫观看红卫兵杀鸡骇猴的众多"不良家庭出生"的同学所造成的心灵创伤，是终身难以抹去的。

高二乙班的这种伤害是从64年就开始的。就是你们提起的喜欢×××的那位老师，左得离谱的班主任姚某，在高一刚开学不久，同学们改选班委会时，为了怕失控，怕出身不好的同学被不懂圣意的同学们选上去，居然想出了让每个被选人在投票前自报家门，说父母是干什么的，有什么政治问题，等等，才十六、七岁啊，承受多大的心灵压力，他的目的很简单，让你们这些人知难而退。红色的很得意，黄白色的有些紧张，黑色的就别提了，几乎崩溃，有一位站起来颤抖地说"我家不好"，再也不说什么就坐下了，姚的目的达到了。这种把戏能和你们西方民主选举的竞选演说相媲美吧，真是难以想象，让人终生难忘，不能原谅。姚文革后，大约在90年代居然也熬到了南师附中校长的宝座上，现在当然无须再以极左的面目出现了，专家似的对学生家长们大谈如何学习，如何高考，全然忘记了自己过去迫害年幼的中学生，出身不好的如果学习好了，那就是资产阶级思想、个人成名成家思想严重，不和家庭划清界限，等等。所以这个班文革中成为全校的重灾区也是理所当然。

《小说BT》中还漏写了一段，补充如下：66年的一天，我（指

×××）身着红卫兵服，带着一群北京来串连的红卫兵哥们，到附中校园来找住的地方。抓住了同班的男生张某某，令他带我们去后山找我们班的男生宿舍（附中的规矩是男女生不可以互串异性宿舍的，所以我得找个带路的男生），张表示为难之意，我立刻扬起了铜头皮带，张害怕了，给我们带路了。我们命住校的男生统统滚回家去住，谁敢不从，很快搞定。只有一个朱某某，无亲母亲，后母的家中无他容身之地，无奈我们的淫威，他只好卷起铺盖滚到校园西南角的金工厂车间的活动铁皮房的角落里打地铺去了。同是天下没有母亲的人，怎么就没怜悯一下他呢？（这些人现在都还健在，同学们偶尔聚会还能见到，张不断地说"我当年做了坏事"，指被迫带路。）

文革后期，知青下乡"干革命"去了，可是有几个精神贵族去了，钦定的革命接班人都不愿去干这个革命，纷纷都利用各种关系手段，逃到军队去了。这可是天壤之别啊，你怎么就不奋起批驳当时中国的当权者利用特权、愚弄百姓的腐败行为，反而花笔墨来美化呢？公平吗？我们被注销城市户口，赶到社会的最底层接受再教育。记得印象最深的是，一旦城里出现了"反革命"事件，第一个排查的嫌疑对象一定是"回城知青"。你的正义感哪里去了呢？

你还想听吗？最讲平等人权的你，不知又该如何发挥了，如果把你放到那些个不堪的环境中，今天你还会说这些道貌岸然的话吗？还会为你的无知与幼稚说什么吗？自以为学法律的就能分辨清人间的所有是是非非吗？这是南师附中老三届的网站，附中的同学，不管当时是什么角色，不管参与到什么程度，都不会说出你的这些歪论来。曾小渤何许人，我们大家都知道，可是他对文革年代所做的错事，向受害的老师和同学道歉了，得到了原谅，没有理由要死揪住一个当时年少无知的孩子所犯的错不放。高二乙班一位在文革中同样做了错事的同学，现在也在北美，通过他的道歉与诚意，也得到了同学们的谅解。这就是附中人的素质和胸怀，也是我们作为附中人唯一还能引以为自豪的地方，你恐怕很难理解。

连"造反军"和"红联"这两个文革中严重对立的学生团体是什么你恐怕都不知道，也敢来此高谈阔论。对×××的风波，校友们摒弃了无聊的派别之争,空前一致地指责她,你怎么就不想想是为什么呢?曾小渤还有一点可贵的在于,人家怎么想,就怎么说,挺谁反谁是他个人的观点,认为错的能认错,认为对的继续坚持,拿得起放得下,不做变色龙,这是基本人格所在。相比之下,你那位可爱的高女士差远去了,不知感恩,当时的政府亏了任何人也没亏她,实在轮不着她去向世界控诉中国发生了什么事情,时而扮演一个受害者,去博得西方人,包括你在内的不知情者的同情与支持;时而出现在附中校友会老师主办的《校友通讯》上,又是当年烈士小姐的姿态,令人作呕。

作为中国人,我们希望自己的祖国好起来,希望过去的噩梦不再重演,这很正常。40多年过去了,一切都在变,不想再次提起这些往事,十几岁的孩子都成了花甲之人,大家不想再说这些。对于你的介入,无意伤害你,如果你是个正直的人,多听多看多分析,不要说些让人啼笑皆非的话来。×××若能放低姿态,和同学真诚相待,同学们为什么不能接纳她呢。(完)

## 95. 我的几点说明

×××（67届高二乙）

最近，经他人转告，才知道在南师附中校友博客里，因曾小渤评论我的一篇文章而引发了一场激烈的网上争论。我匆匆上网一一读过来，才知道有知情人和热心的读者根据他们所知道的情况，为我澄清了很多事实，驳斥了曾小渤文中的观点和态度，否定了他凭空编造的所谓"事实细节"。

但也有部分不知情者轻易地相信了这些谎言；某些人还添油加醋，趁火打劫；更有的人竟跟着落井下石。

我看完之后，心里很不舒服，情绪也很低落。我万万没有想到：曾小渤竟然把本属于我和他之间的私人谈话，那些纯属个人隐私的内容，指名道姓地写进政论性的文章里，用春秋笔法，丑化我的形象和人格。

他从未读过我的小说却冒充我的读者，大肆编造小说中根本没有，事实上也从不存在的所谓"小说细节"。对我侮辱诽谤，上纲上线，乱扣政治帽子，企图在网上利用攻击我、贬低我的名誉，来宣传他的"崇毛"思想，隔山打虎。

他以牺牲我的政治声誉和人格尊严为代价，来攻击否定如今的改革开放政策，终极目的是"非邓"，以发泄他对"邓和现时社会"的强烈不满。总之，他把我当成了他的垫脚石，过河桥。

我的丈夫海瑞先生知道后也很生气，他当时就想让我马上采取法律手段保护自己，惩罚恶人。但我决定先缓一缓，先了解一下情况再说，也许我可以找到更和平、更稳妥的方式来解决这个问题。先易后难，先礼后兵，诉诸法律还不是我最佳的选择。

由于他的文章影响十分恶劣，传播极为广泛，欧、亚、美三大洲的中文读者都能看到该文，并且有可能受到强烈误导与误信，严重丑化了我在亲朋好友、广大读者及不知情者心中的正面形象。为了使广大关注我的校友与网民了解真相，我想作几点简单的说明，以正视听。

## 一、我与曾小渤争论的始末

今年一月，我去广州探亲，偶然从校友通讯录上，发现有一位"文革"时代的附中校友—曾小渤也在广州。其实当年我（高二乙）和他（高三甲）在附中，从未有过任何交往，彼此一点都不熟悉，不但不熟悉，彼此连一句话都没说过，也从未在一起参加过任何校内外活动和政治运动。

那天，就因为考虑到我们毕竟还算是一个学校出来的校友，虽然彼此不认识，但因为我对附中的这份深情，所以就毫无戒备地去拜访他了。

一开始，我根本就没想过要和他聊毛泽东，只是想和往年回国与同学相聚一样，叙叙旧，拉拉家常。

结果，我们见面寒暄之后，曾小渤首先聊起了毛泽东。

他说：他很崇拜毛；彭德怀的万言书是放屁；历届运动都是别人的责任，与毛无关。

他不但批了周恩来、邓小平、陈云等人，就连谈到文革的性质，他竟说：发动文革本无可厚非，只是因为刘少奇错误地派了工作组才搞坏的。还说：毛整刘是对的。

我是头一次听到这种结论，十分惊愕，因而与他争论起来。由于谁也说服不了谁，我觉得再多谈也不会有什么结果，所以我两次提议：咱们不要谈毛泽东了，换个话题聊吧。可曾小渤却坚持说："别的有什么可聊的呢？"，我这才意识到：他只对与毛有关的话题感兴趣。可是他却在长文中对我反咬一口，倒打一耙，诬蔑我对他进行

"非毛"宣传,却不说他是先对我洗脑,对我进行"非邓"宣传。

曾小渤说,极少有人去他家里聊天儿,而他又极爱聊天,所以我就很同情他,怜悯他,决定留下来陪他多聊一会儿。我发现:他聊天时,可以滔滔不绝地讲很长时间,别人很难插上嘴。很多附中人是知道他的演讲能力的,就像他几万字的长文一样,夸夸其谈,很难停下来。

晚饭后,他夫妇二人主动留我过夜以便多聊聊,而不是我主动要求留宿的。通常,我的习惯是:如果我自己有住处,我就不会在别人家里过夜。

那天,从始至终,我对曾都十分友好,绝无什么"一副傲慢"。而在他的长文中,他就连这种细节都要含沙射影,颠倒黑白。

我与曾从没有个人恩怨,我也从来没有伤害过他。仅仅是因为我们彼此对毛邓的看法不同,他就既不打招呼也不经过我允许,就采用突然袭击,先发制人,恶人先告状的方式,将我们之间的谈话抛出来,在对全世界开放的互联网上对我本人和交心之谈,口诛笔伐,批倒批臭,这确实是我始料未及的。

曾小渤用"文革"式的方法,"文革"式的语言给我扣上了"卖国贼"的政治大帽子,还将我尊敬的、为国为民操劳过度而早逝的父亲,自杀的姐姐,可怜的弟弟,无辜的同学,尊敬的老师一块儿拉出来陪斗挨批,百般羞辱。

各位看一看,他的这种行为属于什么行为?相信广大博客朋友早已清楚,无须我多言。

## 二、所谓"我控诉我们X家三姐弟受迫害,小姐姐XYZ被迫害致死"的说法

这个说法纯属曾小渤造谣惑众,是子虚乌有。我从来没有在任何地方,对任何人,以任何方式控诉我们在母校时受过任何迫害;相反,我在很多文章里,对抚养我们长大的人民政府,对关心我们健康成长的、我的父母亲的老战友们都表达了深深的感激之情,也表达

对许多老同志深深地怀念。

对于×YZ的不幸之死,我至今心中仍感悲痛。她是死于忧郁症,我那天也是这样明明白白地告诉曾小渤的。

对于国内一家杂志社记者采访报道时,错误地报道了"我姐姐是被迫害致死"一事,我也清清楚楚地告诉曾小渤:我已郑重地通知杂志社,让他们将"我姐姐被迫害致死"这一条不实报道删除。

万万没想到的是:曾小渤竟用我已经明确告诉他是"错误报道"的内容大做文章,扭曲我的谈话,向我泼污水。他用这种"以假为真"地写作文风,指责我撒谎,欺骗广大不明真相的校友与网民,用心何其毒也!

其实,校友之间即使有不同的意见,也是完全可以心平气和地讨论的;而不要当面一套,背后一套。当面说好话,背后下毒手。他这种做法,我感到非常熟悉,非常可怕!

我认为:像我们这些经历过这么多风雨、这么多磨难,现在都上了年纪的校友之间相处时,应与人为善,对事不对人。

像曾小渤这样用人身攻击,背后下刀,毁人名誉的做法来证明他的观点正确,我很难接受,很难容忍。

## 三、所谓我的"自传体小说BT是卖国的"的说法

曾小渤诬蔑我"靠卖赚钱",说我一到了国外就骂祖国。这是他凭空扣下的又一顶政治大帽子,是地道的诽谤。他用这些完全没有事实的个人想象,给我乱贴标签,乱扣大帽子,试图挑起校友与网民对我的误解与仇恨。

他这样做,就把校友之间私下里、正常的、个人思想观点方面的讨论交流,变成了在网上面向全世界,公开地对持不同意见人的批斗会、讨伐会。

我在自传体小说BT里对"文革"这种激进的革命做法进行了批判。我认为:反思文革是每个中国人的责任,反思的目的是绝不能再让这样的悲剧在中国重演。

在我的书中，没有一句非难祖国的话。相反，我歌颂了中国在粉碎"四人帮"后的改革开放及取得的进步。

而恰恰是受广大中国人民欢迎的改革开放，却是曾小渤在谈话中，极力反对和嗤之以鼻的。

校友之间谈论时事政治，是对祖国命运前途的关心。如果一有不同意见就对对方大动干戈，栽赃陷害，无情斗争，残酷打击，用捏造的事实将人搞臭，让人百口莫辩，那么中国社会还能走向进步和和谐吗？

## 四、关于我在"文革"中的表现

1. "文革"中，我只在一张大字报上签过名。那是我小姐姐XYZ写的一份大字报，我弟弟也签了名。

那张大字报表达了我们姐弟对"校方硬让我弟弟留级"一事的不满。

事情的原委：

我弟弟在武汉读完了初一转学来宁，附中领导认为武汉教育水平不如附中。尽管我弟弟的成绩单已经写明了他的功课门门都是80分以上，可附中校方仍顽固坚持让他重读初一，否则就到其他学校去上学。

因为我们的父母都已去世，二姐就如母亲一样。我姐姐为了能与弟弟同校以便互相照顾，被迫答应了学校的荒唐决定。

而"留级生"这个词给我弟弟伤害很大，他为此经常责怪我姐姐，内心产生了极大的逆反心理。

文革初期，由我姐姐执笔，我们姐弟三人共同签名的大字报，引来众多的同情与支持。除此之外，我就再也没有写过一张大字报。

2. 我于1966年9月3日与陈晞光、汪铁羽、段奉昌一起外出大串联，先去上海，后到北京。这次串联后，我就再也没有参加过附中的"文革"运动，也没有参加过任何一场对同学和老师的批斗会。从没有参与抄家，破四旧。对附中的"文革"活动几乎一无所知。

直到近日在附中的博客中，才知道我们高二乙班是当年的重灾区，才知道那时竟有的同学被打得大小便失禁。

如果你们在我的书中没有看到我记述这些往事，是因为当时我根本就不在学校参加政治运动，所以，一点儿也不知道这些惨事。请校友们多多原谅，包涵。

3. 我书中描写的"文革"部分，只是仅就我亲眼所见的"文革"加以回忆记录。我在描述"文革"初期的"外语学校打死工人王金"事件中，对打死人的红卫兵进行了谴责，对这个红卫兵凶手后来竟逃脱制裁去当兵一事，表示了义愤和不平。

我还对整个运动中受到打击的老师表示了极大的同情，对这场运动表示了极大的不理解、不支持。

你们若能亲自读一读我的自传体小说 BT，便可知道我对"文革"的憎恶。

由于我在附中的"文革"运动中逍遥在外，几乎不了解详情。因此写小说时，感觉描述"文革"运动困难很大，写作素材太少。因此，在我的小说 BT 出版之前，我将全部手稿寄给一位懂英文的同学，请他过目检查，然后再根据他的意见作了修改。我之所以这样做，是想比较客观公正地描述"文革"。

4. 对于网上评论留言中，有位自称是"高二乙班的同学"，说：我曾带领北京的红卫兵去同学宿舍，还举起铜头皮带这件事。

我感到非常震惊，不知道说此话的同学是否是亲眼所见？还是道听途说？或者是记错姓名、面孔，张冠李戴了？我认为：这件事很有可能只是这位同学听来的而已。

5. 还有的网友在评论里留言说：我在高二乙班团支部里搞政变挤走了别的委员。我也对此事毫无印象。支部里有那么多委员，我怎么可能有那么大的能力逐一地说服其他人，和我一起挤走别人呢？我真心希望受害者本人能站出来作证说实话，那样，事实便可真相大白了。

6. 我在这里只想对高二乙班的全体同学说一句：假如"文革"中，我在学校里有得罪你们的地方，请允许我在这里向你们赔个不是。请你们多多原谅,忘掉仇恨吧!仇恨会像长在心中的毒瘤,腐蚀我们的灵魂。

不管过去发生过什么,都早已成为过去了。文革中无论我是"红五类",或你是"黑五类",其实大家都是封建专制统治下的受害者。只要大家能看到这一点,我们就一定可以互相宽容。

我班同学谭钢屏,在文革中受过不公正的待遇,听说他家也被本班同学所抄,可他从来就没有记过仇,也从未要求抄家的同学道歉。反而以善良博大的胸怀,主动向抄家的昔日"红五类"同学伸出了手,握手言和。

这几年,我回南京都去他的音像公司买碟,他总是热情接待我。我本人非常赞赏他"和为贵"的处人处事心态。他的宽容让我很感动,与这样的同学相处是非常愉快,也是很有意义的。

## 五、结束语

我想对关注这场讨论的广大校友、同学和热心的网友们说说心里话:

首先,我要对所有以各种方式同情我,劝导我,爱护我的校友、网友们表示最诚挚的感谢。尤其对那位素昧平生,从未谋面的读者——"北美老李",表示深深的谢意和敬意,感谢他在地球的另一端为我仗义执言,详细地阐明了我书中的所见所写,他引述的细节基本和我书中的描写一致。今天,像他这样无私的站出来为陌生人说公道话的,在中国人当中已不多见,实属难能可贵。再次感谢"北美老李"。

对于某些校友、网友对我的误解,非议,指责,谩骂,侮辱等等,我绝不会计较。如果有机会见面,我还会对你们表示理解、宽容、友爱。我只是希望校友之间,人与人之间,都要与人为善,不要轻易仇恨。那样,会引起更多的伤害。

大家都经历过不少厄运与苦难,谁的心灵没有受过创伤?我希望在我走向老年之时,能够看到世界上有更多的美好与和谐,更多的理解与体谅，更多的真实，更多的爱！

　　南师附中，我的母校，我永远爱你！校友们，老师们，我永远爱你们！所有的网民们，我的心永远与你们同在，跳动的永远是一颗中国心！

×××　2008.9.18.

　　以下是网友议论：

　　吴小白：你能到"南师附中老三届"博客上澄清一些传言，提出自己的见解，我表示十分理解和支持。对事物有不同的看法，本来就是十分正常的事情，听到不同意见，就暴跳如雷，恨不得口诛笔伐，置人于死地而后快，只是文革中的一贯做法。挑起人们的对立，以阶级斗争的手法去打击和消灭之，只能说明几十年的秉性未改。不要指望一次辩论就可以扭转一个人几十年形成的世界观。所以，对曾小渤等人的攻击，大可不必太在意，历史已说明了许多并将会说明一切。祝你有个好心情。

www.ingramcontent.com/pod-product-compliance
Lightning Source LLC
Chambersburg PA
CBHW052053300426

44117CB00013B/2100